回眸

——甘肃省政协脱贫攻坚帮扶工作纪实

政协甘肃省委员会 编

读者出版社

图书在版编目（CIP）数据

回眸：甘肃省政协脱贫攻坚帮扶工作纪实 / 政协甘肃省委员会编. -- 兰州：读者出版社，2023.4
ISBN 978-7-5527-0782-3

Ⅰ. ①回… Ⅱ. ①政… Ⅲ. ①扶贫－工作概况－甘肃 Ⅳ. ①F127.42

中国国家版本馆CIP数据核字（2023）第245034号

回眸——甘肃省政协脱贫攻坚帮扶工作纪实
政协甘肃省委员会 编

封面题字　王明寿
责任编辑　房金蓉
装帧设计　雷们起

出版发行	读者出版社
地　　址	兰州市城关区读者大道568号（730030）
邮　　箱	readerpress@163.com
电　　话	0931-2131529（编辑部）　0931-2131507（发行部）
印　　刷	兰州银声印务有限公司
规　　格	开本787毫米×1092毫米　1/16
	印张31.5　插页2　字数500千
版　　次	2023年4月第1版
印　　次	2023年4月第1次印刷
书　　号	ISBN 978-7-5527-0782-3
定　　价	98.00元

如发现印装质量问题，影响阅读，请与出版社联系调换。

政协甘肃省第十三届委员会
文史资料编纂工作指导委员会

主　任

庄国泰

副主任

| 何　伟 | 马文云 | 王　锐 | 郭承录 | 尚勋武 |
| 贠建民 | 郭天康 | 霍卫平 | 刘仲奎 | 王建太 |

成　员

王俊民	杨维军	马彩云	赵一红	杜尊贤
马相忠	张效林	王奋彦	王　军	郭玉芬
张文学	崔景瑜	李旺泽		

编委会

主　任

王　锐

副主任

张效林

成　员

李燕青	黎志强	王立泰	杨继军	张云戟
李学宏	许尔忠	郭清祥	段昌盛	王明寿
杜宏程	刘志帅

编写组

曹玉玺	尚克臻	孙　鹏	曹兆平	段振鹏
赵丰玲	李　梁	张　艺	马士嫒	房金蓉
赵相礼	袁　芳	方　嫒	谷　瑞

序　言

　　时间总是在回望中感到意味深长,情怀总是在沉淀后方显真挚热烈。习近平总书记在2021年新年贺词中说,2020年,全面建成小康社会取得伟大历史性成就,决战脱贫攻坚取得决定性胜利。我们向深度贫困堡垒发起总攻,啃下了最难啃的"硬骨头"。历经8年,现行标准下近1亿农村贫困人口全部脱贫,832个贫困县全部摘帽。

　　三年来,甘肃各级领导干部主动作为,各地百姓奋发有为。以坚定的信念和完胜的决心苦干实干、决战决胜,成功铸就了脱贫攻坚的胜利辉煌,彻底撕下了绝对贫困的历史标签。全省58个片区特困县、17个插花型贫困县,6220个贫困村全部退出贫困序列,减贫129万户、552万人,"两不愁三保障"全面实现,甘肃的父老乡亲们有了满满的获得感、幸福感、安全感。

　　山河为证、岁月为名。

　　三年来,甘肃政协认真贯彻落实习近平总书记重要讲话精神和省委、省政府领导批示精神,坚决扛起在全省脱贫攻坚大局中的职责使命,积极组织动员全省各级政协组织和广大政协委员、机关干部,凝心聚力、真抓实干、精准施策、乘胜追击,向最后的贫困堡垒发起总攻,为如期全面打赢脱贫攻坚战、全面建成小康社会谱写了政协担当,贡献了政协力量,特别是省政协各级领导率先垂范,推动形成领导带头示范、各级帮扶单位到村、各级干部到户、工作队驻村、专项小分队督办、社会各方力量参与的大扶贫格局,推动问题在一线解决、责任在一线落实、成效在一线体现。截至2020年底,省政协联系帮扶的11个县如期高质量实现脱贫。

波澜壮阔欣回首,奋楫扬帆新征程。此刻,我们站在"两个一百年"的历史交汇点上审视,凝结对过往历程的无比珍视,充满对未来事业的壮志豪情。

谨以此书献给每一位为脱贫攻坚奋战过的政协人。

编委会

2024年1月

目 录

第一章 战·齐心协力书写政协华章

致富深山僻谷　连通党心民心
　　——记荣获全国脱贫攻坚奖组织创新奖的甘肃省政协　　003
力量在这里汇聚
　　——甘肃省直帮扶单位脱贫攻坚帮扶工作综述　　014
发挥优势特长　助力脱贫收官
　　——甘肃省政协专项帮扶小分队工作纪实　　018
勇担使命　决战完胜
　　——甘肃省政协帮扶办脱贫攻坚工作纪实　　021
勠力同心共同攻克深度贫困堡垒
　　——甘肃省政协副主席陈青开展脱贫攻坚帮扶工作纪实　　024
坚决打赢最后的攻坚战
　　——甘肃省政协副主席德哇仓开展脱贫攻坚帮扶工作纪实　　028
全力攻克深度贫困堡垒　坚决打赢脱贫攻坚硬仗
　　——甘肃省政协副主席马文云开展脱贫攻坚帮扶工作纪实　　033
把群众放心上　用实干显担当
　　——甘肃省政协副主席王锐开展脱贫攻坚帮扶工作纪实　　037
从"庄浪精神"到"庄浪模式"
　　——甘肃省政协副主席郭承录开展脱贫攻坚帮扶工作纪实　　041
决战决胜脱贫攻坚　贡献政协智慧力量
　　——甘肃省政协副主席康国玺开展脱贫攻坚帮扶工作纪实　　044
情系"一号工程"　彰显使命担当
　　——甘肃省政协副主席尚勋武开展脱贫攻坚帮扶工作纪实　　047

脱贫攻坚的镇远答卷
　　——甘肃省政协副主席贠建民开展脱贫攻坚帮扶工作纪实　　050
情系漳县办实事　倾心帮扶助脱贫
　　——甘肃省政协副主席郭天康开展脱贫攻坚帮扶工作纪实　　053
坚决攻克深度贫困堡垒
　　——甘肃省政协副主席郝远开展脱贫攻坚帮扶工作纪实　　056
巍巍青山下　浓浓唐藏情
　　——民革甘肃省委会助力唐藏打造和美新农村纪实　　059
传薪火坚守民盟传统　助脱贫贡献民盟力量
　　——民盟甘肃省委会助力脱贫攻坚工作纪实　　062
弘扬优良传统　积极担当作为
　　——民建甘肃省委会积极助力脱贫攻坚工作纪实　　066
拉布村里的民进情
　　——民进甘肃省委会帮扶拉布村侧记　　069
大步走在脱贫攻坚的路上
　　——九三学社甘肃省委会脱贫攻坚帮扶工作纪实　　072
征程正未有穷期　奋楫扬帆奔小康
　　——农工党甘肃省委会脱贫攻坚帮扶工作纪实　　076
凝聚企业力量　助力脱贫攻坚
　　——甘肃省工商业联合会社会帮扶工作纪实　　080
履行包抓责任　助力打赢脱贫攻坚战
　　——兰州市政协脱贫攻坚帮扶工作侧记　　082
帮，就帮到老百姓心坎上
　　——嘉峪关市政协开展精准帮扶工作纪实　　085
脱贫路上，我们足音铿锵
　　——金昌市政协脱贫攻坚帮扶工作纪实　　088
脱贫攻坚战场上的政协力量
　　——酒泉市政协脱贫攻坚帮扶工作纪实　　093

在脱贫攻坚中贡献人民政协智慧力量
　　——张掖市政协脱贫攻坚帮扶工作纪实　　　　　　　　　　096

下足绣花功夫　助力打赢脱贫攻坚收官战
　　——武威市政协脱贫攻坚帮扶工作纪实　　　　　　　　　　099

全力助推　如期打赢脱贫攻坚战
　　——白银市政协脱贫攻坚帮扶工作纪实　　　　　　　　　　103

发挥政协组织优势　聚力脱贫攻坚主战场
　　——天水市政协脱贫攻坚帮扶工作纪实　　　　　　　　　　107

凝心聚力助脱贫　倾情帮扶结硕果
　　——平凉市政协脱贫攻坚帮扶工作纪实　　　　　　　　　　111

勠力同心　接续奋斗
　　——庆阳市政协脱贫攻坚帮扶工作纪实　　　　　　　　　　115

政协就在贫困户身边
　　——定西市政协脱贫攻坚帮扶工作纪实　　　　　　　　　　119

精准扶贫出实招　脱贫攻坚显担当
　　——陇南市政协脱贫攻坚帮扶工作纪实　　　　　　　　　　123

千条丝线织成缎
　　——甘南藏族自治州政协脱贫攻坚帮扶工作纪实　　　　　　125

助力脱贫攻坚　彰显政协力量
　　——临夏回族自治州政协脱贫攻坚帮扶工作纪实　　　　　　129

第二章　看·陇原儿女尽显英雄本色

展现政协责任担当　做好脱贫帮扶工作
　　——专访全国政协委员、甘肃省政协主席欧阳坚　　　　　　135

甘肃：决胜攻坚的政协担当　　　　　　　　　　　　　　　　　138

打好最后冲刺阶段攻坚战
　　——甘肃省政协帮扶办负责人谈当前西和县脱贫攻坚主要任务　142

决战决胜脱贫攻坚　我们有信心
　　——专访甘肃省政协帮扶办负责人张效林　　　　　　　　　147

西和县委书记曹勇答记者问　　151

脚踏实地抓建设　新征程上谱新篇
　　——记西和县委书记曹勇　　153

用脚步丈量山水　用真情照亮希望
　　——记西和县委副书记杜宏程　　155

帮扶干部的八百里路云和月
　　——记西和县帮扶办副主任曹玉玺　　158

勇当脱贫攻坚排头兵
　　——记甘肃省政协帮扶办干部赵丰玲　　162

做好群众工作的第一条是交心
　　——记甘肃省政协派驻西和县洛峪镇康河村帮扶工作队队长、第一书记魏继强　　165

用点滴关怀书写一份扶贫答卷
　　——记甘肃省政协派驻西和县洛峪镇关坝村帮扶工作队队长、第一书记张涛　　167

"实实在在为贫困群众做些好事"
　　——记甘肃省政协派驻西和县蒿林乡大唐村帮扶工作队队长、第一书记杜向国　　170

"不辜负乡亲们对我的殷切期望"
　　——记甘肃省政协派驻西和县蒿林乡赵沟村帮扶工作队队长刘奎　　173

"这里也有家的温情"
　　——记甘肃省政协派驻西和县蒿林乡杨魏村帮扶工作队队长、第一书记史大勇　　176

让青春在脱贫帮扶工作中闪耀光芒
　　——记甘肃省政协派驻西和县洛峪镇康河村帮扶工作队队长、第一书记马期远　　180

此生无悔　永远铭记
　　——记甘肃省政协派驻西和县洛峪镇关坝村帮扶工作队队长、第一书记段振鹏　　182

做好贫困群众的"贴心人"
　　——记甘肃省政协派驻西和县洛峪镇清水村帮扶工作队队长、第一书记王植本　　184
说一说大唐村第一书记
　　——记甘肃省政协派驻西和县蒿林乡大唐村帮扶工作队队长、第一书记贾殿阁　　186
退伍不褪色
　　——记甘肃省政协派驻西和县蒿林乡赵沟村第一书记张楠　　191
虚心向基层干部学习
　　——记甘肃省政协派驻西和县蒿林乡杨魏村帮扶工作队队长、第一书记曹兆平　　193
"你帮扶来我支教"　　195
　　——记甘肃长风电子科技有限责任公司派驻西和县十里镇仁义村帮扶支教的郁万盛、何润花夫妇　　195
老张"摘帽"　　199
栉风沐雨扶贫路　真情服务暖人心
　　——记甘肃省生态环境厅派驻西和县太石河乡崖湾村帮扶工作队队长、第一书记齐剑　　201
又是一年花椒红　　204
驻村在西和
　　——记一个金融驻村帮扶工作队的接力征程　　207
陇中扶贫难上难　七年攻坚显忠勇
　　——记白银市扶贫开发办公室主任闫志雄　　218
到最远的村　帮最穷的户
　　——定西市政协驻村帮扶工作队纪实　　224
真帮真扶连民心　用情用力固成果
　　——平凉市政协副秘书长梁吉瑞驻村帮扶工作纪实　　229
"输血"与"造血"铺就致富路
　　——记金川区宁远堡镇新华村驻村工作队队长、第一书记李天斌　　233

一枝一叶总关情
　　——记成县二郎乡安子村帮扶工作队队长、第一书记石晓娟　　236
一心为民办实事　乡村振兴写新篇
　　——记庆阳市正宁县永正镇佛堂村驻村工作队队长、第一书记杨波
　　　　241
科技扶贫攻坚　助力脱贫增收
　　——记甘肃省政协委员柴守玺　　244
情满黄土地　爱心哺桑梓
　　——记甘肃省政协委员田积林　　247
为有源头活水来
　　——记甘肃省政协委员任燕顺　　251
委员返乡带动引领　发展产业力促振兴
　　——记甘肃省政协委员龚志荣　　253
情系陇原　助力脱贫
　　——记甘肃省政协委员李忠鑫　　256
千斤重担众人挑　脱贫攻坚显身手
　　——记甘肃省政协委员安春锋　　258
书写脱贫攻坚和乡村振兴的忠诚和担当
　　——记甘肃省政协委员刘立善　　260
倾注真情发展藜麦产业　书写脱贫攻坚时代答卷
　　——记甘肃省政协委员刘羽桐　　265
用爱攻坚　用心帮扶
　　——记甘肃省政协委员李金田　　269
情系扶贫　心系百姓
　　——记甘肃省政协委员赵莉　　271
扎根天祝带动农户脱贫致富
　　——孔英：做有社会责任的企业家　　274
"乐村淘"淘出的"八宝茶"和"红灯笼"　　276

脱贫攻坚绽芳华　拼搏奋进担使命
　　——记张掖市政协委员张瑜　　282
脱贫攻坚中的委员力量
　　——记兰州市城关区政协委员魏永祥　　286
投身特色农业领域　助力富民特色产业
　　——记兰州市七里河区政协委员吕斐斌　　292
先富帮后富　恒昌路"恒昌"
　　——记金昌市政协委员施正迁　　296
情系东乡扶贫事　"孔雀"北飞做"羊倌"
　　——记兰州鑫源现代农业科技开发有限公司董事长尹建敏　　300
帮扶关爱，我们在行动　　303
委员中的扶贫先锋董西成　　306
情系贫困乡亲　　310
"天下帮扶"让白银农特产品"云上飘香"
　　——记白银市政协常委陶国林　　314
勇担社会责任的好乡贤
　　——记定西市政协常委陈作荣　　316
以"菇香"富家乡
　　——记徽县政协委员辛亮　　319
发挥教育优势　助力脱贫攻坚
　　——记碌曲县政协常委贡去乎才旦　　322
穷且益坚　不坠青云之志
　　——记永靖县政协常委李学文　　326
金银花"开"出致富路
　　——记通渭县政协委员助推金银花产业发展　　329
躬身前行　健康扶贫　助推脱贫攻坚
　　——记卓尼县政协委员安文熙　　334
不忘初心为民服务　履职尽责彰显担当
　　——记两当县政协委员刘开建　　337

发挥商会作用　助推精准扶贫　　　　　　　　　　341
默默无闻办实事　倾心竭力真扶贫
　　——记合水县政协委员赵星　　　　　　　　　345

第三章　忆·扶贫岁月稠

甘肃省政协系统脱贫攻坚帮扶工作回顾展　　　　351
记扶贫　　　　　　　　　　　　　　　　　　　352
黄河远上白云间
　　——甘肃省政协帮扶西和纪实　　　　　　　365
欣忻笑口向西风　　　　　　　　　　　　　　　373
在希望的田野上
　　——甘肃省政协帮扶西和县高质量脱贫摘帽工作纪实　381
青山遮不住
　　——记那些年我们一起走过的扶贫岁月　　　388
我的驻村日志　　　　　　　　　　　　　　　　439
业仁村辞章　　　　　　　　　　　　　　　　　452
回仁义
　　——甘肃长风电子科技公司驻村帮扶干部随笔　458
西和大桥欢迎您　　　　　　　　　　　　　　　464
我的扶贫故事　　　　　　　　　　　　　　　　466
守望农耕家园
　　——记"刚强兄弟"　　　　　　　　　　　471
礼县脱贫两三事　　　　　　　　　　　　　　　480
那时的我们　　　　　　　　　　　　　　　　　483
结　语　　　　　　　　　　　　　　　　　　　484

第一章 战·齐心协力书写政协华章

> 这是我们的力量，也是各级各方面上下同心、尽锐出战、合韵芬芳的脱贫攻坚伟大力量

致富深山僻谷　连通党心民心
——记荣获全国脱贫攻坚奖组织创新奖的甘肃省政协

山高谷深路陡,甘肃陇南西和。

西和县,甘肃23个深度贫困县之一。不同于印象里甘肃大漠飞沙的荒芜,西和地处秦岭南侧,属长江流域嘉陵江水系。

之所以贫困,并非被困于"水",而是受制于"山"——山高谷深、人多地少,资源紧张。

为了2020年与全国一道如期脱贫摘帽,甘肃省委决定由省政协主要领导联系西和县脱贫工作,并确定由省政协办公厅担任西和县省级帮扶组长单位。

近两年来,西和成为省政协领导和干部们跑得最多的地方,兰州到西和5个多小时的车程,几百次留下人民政协的车辙。

车辙多了,路就熟了;来往多了,心也近了。

甘肃省政协在对口帮扶西和脱贫过程中逐渐探索出了闻名全国的路子,2019年9月荣获国务院扶贫开发领导小组组织评选的全国脱贫攻坚奖组织创新奖,这在甘肃省政协历史上尚属首次,在整个全国政协系统也屈指可数。

2018年9月,国务院扶贫办《扶贫信息》曾以《甘肃省政协整合县级帮扶力量实现帮扶效益最大化》为题总结了省政协统筹开展帮扶工作的相关做法,受到中央领导同志高度肯定。

政协帮扶·前奏 | 全面动员　精心部署　书写政协担当

作为联系领导和组长单位,如何开展帮扶工作,一直是省政协党组书记、主席欧阳坚苦思求解的问题。经过多次蹲点调研论证,一套组合拳先后推出。

——成立以省政协党组书记、主席为组长,部门主要负责同志为成员的脱贫攻坚帮扶工作协调领导小组,抽调10名干部充实到省政协帮扶办,专职从事帮扶的联络、协调、推进、监督等工作。

——选派1名同志到西和县挂职县委副书记、7名同志担任驻村工作队长,深入一线宣传党的政策、抓实扶贫工作、建强基层组织、为民办事服务、助推乡村振兴。

——组织152名机关干部认领西和县6个贫困村346户贫困户,分批次深入贫困村、贫困户,积极做好知民情、解民忧、纾民怨、暖民心的工作。

同时,甘肃省政协还向全体政协委员发出号召,以投身脱贫攻坚主战场为荣,以取得帮扶实效为评判工作成绩、履职作业的主要标准,积极为脱贫攻坚贡献力量。

"2018年以来,欧阳坚主席带着我们,先后到西和蹲点调研20多次,召开扶贫协调推进会25次,亲自做指导、抓谋划,亲自带队赴广东、青岛等地开展扶贫招商,引进企业38家,落实项目55个,推动我县脱贫攻坚打了个漂亮的翻身仗。"言及省政协的帮扶,西和县委书记曹勇有说不完的话。

政协帮扶·本质丨整合帮扶力量　打通资源配置

"谁来帮"的问题已经解决,但在脱贫攻坚工作推进中,"怎么帮"才是问题的关键。总人口44.2万的西和县,帮扶单位就有全国妇联、青岛市市北区、甘肃省10家省级单位和陇南市直25家单位。按照原计划,每个单位负责帮扶几个定点特困村。散落在西和大山里的帮扶力量,就像世代散居在秦岭深处的山村农家一样,散而不聚、零而不合。扶贫对象散、帮扶力量散,脱贫攻坚就难以形成合力。

现在回想起当初帮扶力量的"散"状,各个帮扶单位各有"特色"——

省人民医院的同志说,除了给病人看病之外,别的我们都不懂,包抓几个村把卫生室建设好不在话下,组织产业发展、劳动力培训、修公路、建水窖,这些事情我们一概不懂、一窍不通,怎么办?

省农行的同志说,做金融服务贷款、帮助选择保险险种是我们的强项,去农村建学校、建卫生室、建合作社、选产业不是长项。

陇南市委政法委怎么扶贫?总不能专门就在包抓的几个村抓犯人、搞审讯?

电力公司,几个村的电网搞得再好,对于县域经济发展能有多少带动作用?

妇联呢?只是帮几个村几百名妇女?

……

"不同的单位,专业特点、帮扶能力参差不齐,有些可以做这个,有些可以做那个,甚至有些单位说什么都做不了。"经过深入调研,省政协主要领导发现,如果这个问题不解决,大量的干部是下去了,但是成效出不来,还会反过来干扰农村和村民的正常生产生活,增加乡村和农户的负担。

难题面前显功力,责任面前靠担当。2018年春节刚过,欧阳坚带领相关部门人员,第一时间深入西和县所有的贫困乡、贫困村调研脱贫工作。调研中大家明显感到:中央和各级的帮扶政策越来越完善、措施越来越管用、力度越来越大,各级帮扶单位对脱贫工作也高度重视,但帮扶成效与中央及各级给的政策、资金相比,还远未达到应有的预期。

不尽如人意,主要表现是各级帮扶单位各自为政、力量碎片化,没有形成帮扶合力。一方面,让一些单位勉为其难,做从来没有接触或不擅长的事;另一方面,一些单位的长项、优势又没有充分发挥出来,有劲没使完。

省政协帮扶西和的方案就此出炉——把来自中央定点扶贫、东西部协作、省市县各级帮扶力量整合起来,打通配置、各展所长、优势互补,形成打赢脱贫攻坚战的强大合力,实现帮扶效益最大化。

机制已经建立,怎样才能落到实处?省政协党组成员陈伟说:"我们采取了三个方面的措施:省政协与31家帮扶单位签订了责任状,并牵头制定了帮扶工作三年规划、年度行动计划和考核办法;建立挂牌销号制度,先后76次到相关厅局、单位对接,落实一项、销号一项;组建产业扶贫、安全住房、环境整治等8个帮扶小分队,由厅级领导担任队长,对西和县脱贫攻坚重点任务进行专项督办。"

机制一新,全盘皆活——

省生态环境厅不仅完成了联系8个村的垃圾、污水处理和村容村貌的改造,同时对10个乡镇实施了饮用水水源地保护项目。

省人民医院除了把负责的两个村卫生室配置和医务人员的培训做好之外,帮助全县200多个贫困村建设标准卫生室,建成5个专业医疗中心,轮训了全部贫困村的医务人员,网上远程医疗服务实现了全覆盖。

西和是乞巧之乡,妇联发挥在组织劳务输转、开展家政服务上的优势,出面联系适合妇女的刺绣、编织、手工劳作的订单,每人每月600~1000元的收入虽然不多,但让妇女在家庭中有了地位。

农行帮助贫困户设计定做的特种贷款,指导保率怎么确定,保金怎么通过正常渠道获取,最大限度减少农户损失。

市委政法委负责做好法制宣传和文明道德教育,以法制为基础,进行道德宣传教育,普及法律意识,宣传公民道德,让犯罪发生率大幅度下降,为脱贫创造人文条件……

机制创新让各单位在抓好自己联系村的同时,把帮扶工作覆盖到了全县所有的贫困村,各单位的强项、优势得到了发挥,短处得以规避,帮扶工作由过去的"独奏曲"变成了"大合唱",取得了事半功倍的帮扶效果。

用一个对比就能说明问题。机制创新前,全国妇联2017年在西和县共培训输转贫困妇女836人;机制创新后,2019年上半年就培训输转1128人,外出从事家政服务的妇女人均年收入超过3万元。

政协帮扶·部署丨用好党的干部 尽锐出战力量全覆盖

任何工作,都是靠人来推动的。路线一经确定,干部就是决定因素。在组长单位的带动下,全省上下共整合投入1035名精干力量,精准投向西和县223个贫困村,全覆盖配齐驻村帮扶工作队,把最会打仗、能打硬仗的干部派到脱贫攻坚最前线、最难处,合力啃最难啃的"硬骨头"。

驻村工作队纵向到底、帮扶小分队横向到边，全体干部动员覆盖到贫困户。一张密织的大网把政协的力量覆盖到西和全境。

省政协帮扶办是扶贫工作的总指挥部，欧阳坚指示，要谁给谁、抽调最强力量组建帮扶办。帮扶小分队分作8个领域，每个领域都是由政协中曾经分管或从事过此项工作的地厅级干部牵头，他们经验丰富、熟悉基层情况，统筹起各种资源来得心应手。驻村工作队成员，都是省政协选派的青年才俊，到贫困地区为老百姓干实事，磨炼的是意志，积攒的是本领，升华的是精神。

全体政协干部结下了深山远亲，贫困户的事比自家事还要"门清"。

扎根到山村里，才能体味乡亲们的疾苦忧盼。

每位驻村干部，都有一本饱含真情的扶贫日记——

帮扶干部魏继强在日记里写道："看着老乡们负重在陡峭的山坡上盖房子运砂石十分危险，我的心是痛的。我也是陇南走出的娃，我要帮乡亲们修一条路。"

"初来几日，住在山雾缭绕间，恍若仙境。出了三日，恍如隔世，山村的基础设施、人居环境之苦，想都想不到的。为乡亲做点实事吧！"帮扶干部杜向国从不习惯到想做点事的转变，仅仅用了几天时间。

帮扶干部崔娟是省妇联的干部，她的爱人在省政协机关，两人都在各自单位联系帮扶西和的工作，有时都在西和出差却难得见上一面。她在一篇日记中写道："从西和大礼堂开会出来，看见他，憔悴了一些，忙着回村里，招呼都没顾上打……"

嵩林乡杨魏村驻村帮扶干部曹兆平写道："我们帮助村民蔚顺艮做手术治好了多年的白内障，他重见光明后第一次看到了自己最疼爱的孙子长啥模样后，老泪纵横，我们在场的人也都掉泪了。"

每位驻村干部，都留下一段段感人故事——

50多岁的甘肃长风电子科技公司帮扶干部郁万盛，来到西和县十里镇仁义村驻村帮扶后，作为中学教师的妻子何润花也申请到十里镇的学校支教。虽同在一个镇上，两口子往往忙到一周难得见上一面，两人携手共同奋战在扶贫一线的事迹,在西和传为佳话。2019年底,老郁的帮扶工作应该结束了,但他向组织申请再留一年,他想为乡亲再做点力所能及的事情。

省政协驻村帮扶干部曹玉玺,在身患大病手术出院后不久,不顾领导同事们的一再劝阻,提出要继续去驻村帮扶,他心心念念的,是和他已经产生深厚感情的贫困乡亲……

洛峪镇康河村驻村帮扶干部段振鹏是个"段子手",省政协庆祝新中国和人民政协成立70周年的演出中,他自编自导自演了一个微话剧《高岭之变》,讲述的就是驻村干部们的艰苦奋斗精神,饱含着共产党员守初心、担使命的情怀、担当和作为。

用将爱将。省政协和西和县对帮扶干部的爱护也是无微不至的。曹勇告诉记者,这些城里来的娃起初都不熟悉农村生活,一扎进大山全都得重新适应,要理解他们,帮助他们适应工作。

"优先提拔使用实绩突出的帮扶干部,这是省政协树立的鲜明用人导向。"陈伟这样告诉记者。采访期间,省政协刚刚提拔了一批年轻干部到处级岗位,其中5位都是在帮扶一线锻炼过的干部。有一名干部被提拔时还在驻村,直到同事从公示栏里看到他的名字打电话时,他才知道此事。

政协帮扶·力量 | 动员各级委员 引入各方力量齐帮扶

动员起来的,还有各级政协委员和各方面的社会力量。

"政协委员助推脱贫不是都要去拿钱,搞科技的你去辅导推广点科技;搞教育的下去帮着搞培训;搞医药的下去开展巡诊,或者是去推广普及一些医疗保健知识,都是扶贫的形式;是企业的下去指导一下当地的扶贫车间,教他们生产经营应该怎么搞,什么叫品牌意识,什么叫投入产出,什么叫提高效益、降低成本,那都是做贡献,不是非要带多少钱去才是做扶贫;是律师和从事司法工作的,你帮着提供一些法律咨询也是扶贫,这些都可以帮老百姓,对贫困老百姓的帮助支持是多方面的。"省政协对委员参与帮扶的部署细化又具体。

在积极发动政协委员的同时,省政协还充分发挥联系面广的优势,动员社会各界力量参与到脱贫攻坚工作中来——

向甘肃港澳政协委员、民营企业家发出了投身西和脱贫攻坚的倡议书,先后组织7批次港澳委员、民营企业家到西和县开展扶贫济困活动,协调组织系列扶贫项目推介会,推动奇正集团、伎乐天文化传媒、众城拍卖等民营企业与西和县签约启动了10个扶贫项目,帮助建成55个扶贫车间,解决了西和县长期以来想解决而无法解决的一些难题。

先后帮助引进了中国中药控股、北京德清源、云南百年置业、云南丽江正龙集团等大型企业到西和县实施扶贫项目,累计引进项目170多项、引入扶贫资金8亿多元。

记者采访过程中,听闻了一件非常感人的事迹。一位机关干部联系到了一位海外华侨友人,为西和的乡亲们捐赠了一批高档的羽绒服装。"衣服还没寄到西和,这位先生就辞世了。"干部一边讲一边流下眼泪。

政协帮扶·目标丨实现高质量脱贫 摘帽后要有长远发展

扶贫是党对人民的承诺,是以人民为中心的具体行动。

2019年,西和县脱贫99个村,减贫7005户30944人。2020年,摘帽没问题。

同样是脱贫摘帽,脱得好和脱得差不一样。省政协对帮扶工作的要求是——不仅要保证如期脱贫,而且要高质量脱贫。验收的时候,不能有一户、一个人的收入在正常情况下低于标准。

想要高质量,就必须有高效率、务求精准。省政协在西和的帮扶机制,已然调动起较为充裕的资源,需要做的就是在落实层面求实效、提高资金资源的使用效率和科学性,让每一分投入都能见到效益。

"省政协帮助西和计算扶贫资金的投入产出比,设计如何让有限的资源达到最充分的、最好的结果。不仅是现在让他们达到脱贫的标准和条件,还要帮助他们打下一个坚实的基础,让他们能够持续稳定脱贫。"省政协副秘书长张效林告诉记者。

戴惯了帽子,陡然一摘,容易感冒。这种感冒的表现就是一朝脱贫、继而返贫。高质量脱贫,就要求脱贫有长效机制、确保不返贫,必须打下稳定坚实的产业发展基础。

高质量脱贫,要求扶贫要扶起群众脱贫的志气和智慧。实现"两不愁三保障",提升基础设施建设水平和公共服务能力,这些容易实现。驻村干部都反映,啃"硬骨头"的关键在于扶起劳动态度和劳动技能。"等着天上掉馅饼的'懒汉'也还是有的,扶志还要继续研究管用的办法。"

"扶贫先扶志、救贫不救懒""一等二靠三落空、一想二干三成功""扶贫先扶志和智、帮人先帮技和艺",这是省政协领导在西和县脱贫推进会议上多次强调的,也是西和人能听懂的大白话,如今已经成为路边红底白字醒目的大标语。

除了不想干的问题,部分贫困户还存在想干但不会干的问题。"同样是种植中药材,会种的一年收入6000元,不会种的1000元都不一定能收到,这就是有没有技能的差别。"

动员不想干的,帮助不会干的。把这两个问题解决好,贫困户就会自生出脱贫的志气和信心,靠自己的双手来改变自己的命运。

内生动力问题解决了,高质量脱贫还需要党委政府创造好基本的产业条件——必要的农业设施、供水、道路畅通、养殖的水源。保证种养出来的农产品在当地实现粗加工,做好流通、保鲜,通过电商、网络把东西宣传销售出去。

半夏和花椒,一种药材,一种食材,是西和闻名全国的两大招牌优质农副产品。

以前散种的花椒如今在合作社带动下实现了规模化生产,打通了外销渠道。优质的花椒卖到火锅店云集的四川、重庆等省市备受欢迎。合作社做纽带,小生产对接上了大市场,西和花椒如今供不应求、价格稳定,成为很多贫困户脱贫的主要倚仗。

半夏,一种用途广泛的中药材,清凉、解毒、降火,很多感冒药中都要使用。如今,全国70%~80%的半夏就生产在西和县。省政协帮助引进了一家广东的药企就地进行深加工,中药材就会直接就地增值转化,掌握了全国市场的定价权。通过设立最低保护价集中收购,避免了过去药贩子压低价格造成的"药贱坑农"的弊端。同时,省农行因地制宜开发的"半夏宝""半夏贷"和中药材保险等金融产品,成为半夏风光出嫁的"伴娘"。

十里镇地处四面环山的一片幽谷,群山环绕、山风通透。蛋鸡产业化重点龙头企业德清源相中后,在这里投资1.2亿元建设全国领先水准的"金鸡产业扶贫项目产业园",项目建成后将带动全县4000~5000名贫困群众脱贫。这个西和县历史上最大的产业项目就是由省政协引进的。

未来,这山谷里的"金鸡",将成为带动西和快速发展的"领头雁"。

帮扶机制成熟后,三年脱贫计划原本"334"的年度进度配比结构,被改为了"442"。"这如同足球战术变化的调整,表明了'及早不及晚、求快更求好'的战术思路,先拿下'大头儿',再做'精装修'。"西和县县长杨永贵说。

脱贫工作进行到最后一年,是啃最硬骨头的时候,更是展示"绣花功夫"的时刻,在这个阶段,"拆违治乱"成为衔接脱贫攻坚和美丽乡村建设的抓手。

沉睡千年的西和,遍布着人未识的深山村落,有着静谧的美,也有着杂乱的陋。告别了贫困的山村应该有个新的样子。在西和县委、县政府的统一安排下,一场向违建乱建宣战的"绣花战",打响在脱贫攻坚战役的最后一刻。

让家乡美起来的愿望人人都有,但根除陈规陋习、治理私搭乱建,引导群众过上健康整洁的新生活也不那么容易。

在嵩林乡赵沟村,帮扶干部张楠和村里的干部分工协作,张楠负责做乡亲们的思想工作,村里的干部则拿起皮尺一寸一寸地厘清农户与邻家之间的地界房限,划好"楚河汉界"。

帮扶干部马期远还帮村民谋划着幸福新生活的样子,告诉他们使用电取暖比以前的炭火盆少了煤烟,更有利于呼吸系统健康。

功夫不负有心人,如今在西和的山村,旧房拆下来的木料被做成了花径的护栏,烂漫的山花开在木栏和小溪之间。

政协帮扶·效应｜党的温暖到基层 换回民心值千金

"在省政协帮扶办协调下，西和县的各级帮扶力量和扶贫干部、贫困群众已融为一体，由物理组合产生了化学反应，推动全县扶贫工作发生了根本性的改变。"曹勇说。截至2019年底，西和县贫困人口从帮扶前的16万多减至1.3万，贫困村基础设施、基本公共服务已基本达标，农村整体面貌开始向美丽乡村转变，极大地提振了全县干部群众打赢打好脱贫攻坚战的精气神。

52寸大彩电、高档的家具、窗明几净的生活环境，村民赵贵子家100多平方米的新房正中间，挂着省政协组织委员和书画家题写的中堂字画，这是农村人最喜欢的乔迁礼物。堂屋最显眼的位置，摆着2018年冬天，省政协领导来到他的新家时和全家的合影。

53岁的赵贵子夫妇疾病缠身，日子原本过得恓惶。如今在各方帮扶之下，外出打工加养殖种植，日子一天天好起来了，幸福洋溢在每个家庭成员的脸上。

村里的另一户李彦伯家也是省政协领导的帮扶户，房中的陈设与赵贵子家基本一样，日子同样一天比一天好。

2018年，李彦伯偶然得知帮扶他家的省政协领导的生日后，他将这个日子记在了心里。2019年他和儿子按照日子，从山村辗转来到兰州，不巧的是这位省政协领导那天外出开会没在，知晓后也专门表达了谢意。"虽然没见到俺的帮扶领导，但是见到了很多认真为咱办实事的政协干部，这一趟也值。"

西和的口音很难懂，但西和乡亲对政协的赞誉很清晰。

日子好了，乡亲们的精神面貌也好了。扶贫组初来乍到时，老百姓的眼神往往充满质疑和冷漠。如今，省政协的车子到了村里，帮扶户就会往车里塞自家地里种的萝卜、白菜等土特产。司机不敢收，让乡亲们追得满村跑。

驻村干部王植本说，现在群众的眼神里有了光，有了一种党心民心连通之后、富裕前景近在眼前带来的精气神。现在,即便是在最边远的山村里,群众也有了文化体育活动的场所,乡村大舞台、群众广场、篮球场、健身器材建起来了,以前沉迷于酒桌牌桌的人少了。

卫生室配齐了,远程医疗可以直接接到省城兰州的大医院,农村群众看病难的问题得到有效缓解,小病不出村、一般疾病不出县。人口比较密集的村都建了幼儿园,回乡就近务工的青年人多了,乡村里有了爱情也有了活力。

一切工作到支部,这是党执政的强大优势,基层党建的活力在于党心民心相连相通。"大道理群众不爱听、听不懂,实实在在摆在眼前的成绩让群众感恩党、信服党的干部。"挂职县委副书记的省政协干部杜宏程说。

脱贫致富的是西和群众,同时连通的还有党心民心。

在康河村,前任驻村干部两年前编下的发展顺口溜挂在了墙上:"阳坡椒,阴坡药,川坝旱地变水浇,大棚蔬菜往外销。"言简意赅的几句话,乡亲们照着干,富了。

接任的驻村干部继续坚持并丰富了这个发展思路,继续带领着乡亲们增收致富。

……

西和县的帮扶成效告诉我们——中国之治的基础,就在于党的为民执政理念和群众听党话、跟党走的觉悟高度契合。

西和县帮扶工作的成功实践告诉我们——政协凝聚社会各方力量共识的抓手,在于为群众办实事和群众高度认同的良性互动。

来源:《人民政协报》2020-03-20

力量在这里汇聚
——甘肃省直帮扶单位脱贫攻坚帮扶工作综述

2020年是打赢脱贫攻坚战的决战决胜之年,也是全面建成小康社会和"十三五"规划的收官之年,西和县脱贫攻坚工作任务更重、要求更高、难度也更大。

劳动力外出务工受阻、扶贫车间开工复产推迟、生产经营活动受限……2020年的帮扶工作面临着一系列的新问题和新挑战。新冠疫情发生后,省政协主席欧阳坚立即赴西和县调研疫情防控和脱贫攻坚工作,先后6次主持召开西和县脱贫攻坚整县退出动员部署视频会、陇南市复工复产情况座谈会、西和县脱贫攻坚帮扶工作推进会等,及时谋划部署,指导西和县科学防控、精准施策,坚决打赢疫情防控和脱贫攻坚两场硬仗。

"疫情之下,西和县如何决战决胜脱贫攻坚?脱贫摘帽,西和县还存在哪些短板弱项?"

"3+1"冲刺清零后续行动;"5+1"专项提升行动;中央专项巡视"回头看"、国家2019年成效考核、中央纪委监委调研督导反馈问题整改……为确保所有问题全部整改到位,省政协办公厅督促指导西和县紧盯"作战图""任务书""时间表",开展了一系列整改提升活动。同时,制定省政协挂牌督战实施方案,建立月调度、季分析机制,通过靠前调度、现场调度、远程调度等方式,全力以赴开展挂牌督战。

欧阳坚主席作为西和县脱贫攻坚省级督战领导,坚持以上率下、带头示范,多次深入西和县开展挂牌督战,主持召开挂牌督战月调度和季分析会,分析研判、及时协调相关厅局,推动问题在一线解决。

在欧阳坚主席的示范带动下,省政协机关12个部门主要领导靠前指挥、勇当先锋,坚持冲在前、干在先,带领动员政协机关161名干部先后40多次深入联系帮扶的6个贫困村533户贫困户开展督战调研,积极协调落实村容村貌整治、党群服务中心建设等项目实施。

挂牌督战、真抓实干,省政协充分发挥统筹统揽协调作用,推动形成了领导带头示范、帮扶单位到村、干部到户、工作队驻村、专项小分队督办、社会力量参与的良好格局。

"西和不仅要脱贫,而且要高质量脱贫。"在西和县脱贫攻坚进入攻城拔寨、全面收官的关键阶段,按照欧阳坚主席的指示要求,省政协办公厅在探索优化"西和帮扶模式"的基础上,发出高质量示范性退出倡议书,在省市帮扶单位大力开展"高质量示范性退出"行动,鼓励省市帮扶单位争当高质量脱贫的引领者、践行者、推动者、示范者……省市帮扶单位纷纷响应号召,发挥部门优势,各展所长,强强联合,涌现出一批典型经验和典型做法。

省生态环境厅在推进脱贫攻坚过程中,努力打造现代农业扶贫、政策产业扶贫、"一户多品"等一批亮点工作,得到了西和县党委、政府和群众的一致好评。结合拆违治乱行动,省生态环境厅指导西和县实施国道省道公路沿线环境整治,对县城南北两个进出口实施亮化美化工程,清理河道垃圾,疏浚小沟渠,实施改厕改圈改炕工程,硬化庭院,复垦绿化,打造小花园、小菜园、小景点,全面改善城乡人居环境,提升村容村貌。

推进扶贫工厂落地,实现贫困户就地就近就业增收。目前已引进落地扶贫工厂5家,陆续建成了牛、鹅、中蜂合作社。采取"引进来、帮一把"的策略,通过适当补助资金的办法吸引企业落地建设,补助资金作为贫困户入股分红资金,进一步解决贫困户稳定增收、就地务工等问题,帮助贫困群众树牢增收信心,找准致富路径,实现贫困户就地就近就业,带动群众持续稳定增收致富。

省人民医院发挥行业优势开展卫生扶贫,在帮扶中,省人民医院因人施策,精准制定"一人一策",做好家庭医生签约服务工作,确保贫困患病群众长期有效享受省级医生对口服务。签约医生和"一人一策"建策联系户、乡村医生建立微信医疗服务群,制定长效化、动态化管理机制,精准指导,随时掌握情况并进行诊疗康复指导,真正做到"脱贫不脱政策"。

针对省政协对健康扶贫工作的总体安排,省人民医院增加驻点帮扶人员,通过门诊诊疗、教学查房、手术示教、会诊、疑难病例讨论、举办培训班和学术讲座等,对帮建医院全面扶持,现场进行传、帮、带,毫无保留地传授医疗技术。针对薄弱专科、亚专业学科发展,医院选派主治医生开展1—3个月的轮转帮扶,通过帮扶工作既锻炼青年医生又整合驻点帮扶力量,有效形成"组团式"帮扶合力,快速提升了县医院技术水平。

省农行充分发挥金融支持产业发展国家队、主力军的作用,结合西和县县情和脱贫攻坚工作需要,紧紧围绕高质量脱贫工作目标,多策并举,兴产业,助增收,取得了显著成效。省农行今年创新"富民产业贷"模式,推出了"半夏贷""粉条贷""花椒贷""辣椒贷"等特色产业贷产品,真正实现"一产业一快贷",更好地提升了金融服务的普惠化、便捷化、线上化。

实现高质量脱贫的难点之一是贫困户稳收和增收。省农行利用农业银行"扶贫商城"这个全国性的电商平台,积极推荐西和县代表地方特色、质量可靠、市场需求旺盛的农副产品上台,拓宽电商扶贫服务范围,向全国的消费者大力宣传和展示西和优质农副产品。通过线上线下联动,西和县农产品销往全国各地,上半年线上订单数39775笔,共计536.09万元,实实在在地宣传了西和,实实在在地帮助农民增收。

省电力公司把西和县大桥镇5个贫困村作为帮扶工作的重中之重,从产业扶贫、消费扶贫、科技扶贫、就业扶贫、教育扶贫等方面多点发力,助力帮扶村高质量示范性退出。截至目前,5个村已全部脱贫出列。

自帮扶以来,省电力公司在西和县累计投入农网改造资金超过2.6亿元,建设农村电网,满足老百姓脱贫致富和全面建成小康社会的用电需求,实现农村电网从"温饱型"向"小康型"转型升级。围绕帮助贫困群众持续稳定增收,投入700多万元项目捐赠资金,培育形成了以珍珠鸡、土鸡、中蜂为主的养殖产业,发展了以花椒、食用菌、金耳、蔬菜、金丝皇菊为主的种植产业。探索形成"合作社+村集体经济+贫困户"模式,建立利益分享联结机制。同时通过消费扶贫助力贫困群众稳定增收脱贫,开展就业培训扶贫,让贫困群众脱贫有"出路",创新科技扶贫助力产业精耕细作,坚持开展"金秋助学",累计资助528名贫困学子。

甘肃长风电子科技有限责任公司发挥懂经营、善管理的优势,成立扶贫车间建设工作指导小分队,对合作社和扶贫车间的经营管理、市场开拓进行专业指导,督促指导龚庄村酿造厂扶贫产业项目规范、健康、有序发展,创造就业机会,增加就业渠道。截至目前,已带动24户贫困户实现了稳定就业,接收当地临时务工人员1400多人次。

中国银联甘肃分公司在云闪付App上,开通了甘肃"消费扶贫专区",借力云闪付3亿用户的体量和全国影响力,将西和县农产品、土特产等特色产品搬到网上,帮助当地特色农产品在云闪付App商城进行销售,利用互联网经济帮助西和农户和经营户,广开销路,增收致富。

在各级各方面的倾心帮扶和大力支持下,西和县脱贫攻坚工作取得了良好的成效。2020年9月份,西和县完成乡村自验自评,组建22个工作组逐村逐户开展县级验收,3995户13111名未脱贫人口全部脱贫退出,通过市级验收,剩余48个未脱贫村已进行达标公示。从验收、检视和自评情况看,西和县一定能够如期高质量打赢脱贫攻坚收官战。

来源:《民主协商报》

发挥优势特长 助力脱贫收官
——甘肃省政协专项帮扶小分队工作纪实

2018年,为进一步贯彻落实中央和省委省政府脱贫攻坚各项决策部署,省政协发挥智慧密集、领导干部经验丰富的优势,组建了8个专项帮扶小分队,由厅级领导担任队长。在脱贫攻坚进入全面收官的关键阶段,省政协再次调整充实了小分队人员力量,将政协中曾经分管或从事过相关工作的地厅级干部纳入工作机构。尽锐出战,决战决胜。自挂牌督战工作开展以来,省政协8个小分队先后40多次深入西和县、通渭县开展挂牌督战工作,协调解决了一批影响脱贫摘帽的重点难点问题。

产业扶贫帮扶小分队:坚持发展产业是脱贫攻坚的根本出路的思路,先后赴西和县、通渭县调研招商引资产业对接、农民专业合作社、扶贫车间发展等情况。针对合作社发展质量不高、管理不够规范、发展资金不足、扶贫特色产业链条短、技术保障能力和风险防控措施不足等问题,及时召开座谈会,与县乡两级分管领导、驻村干部、技术人员等交流经验和方法,提出了18条产业扶贫方面的意见建议,为扶贫产业合理布局和长远发展贡献了智慧。

教育健康帮扶小分队:坚持以教育和健康工作为重点,针对个别群众重收入轻教育、个别适龄儿童存在厌学情况,部分群众乱投医等突出问题,积极开展基层党建"堡垒行动"和教育、医疗引导宣传活动,做好辍学儿童劝返、家庭医生签约服务、慢病管理、重大疾病救治等工作,先后入村劝返辍学儿童10余人。督促省、市、县、乡四级专家落实"一人一策""一病一方"帮扶措施,积极协调省人民医院、省中医院等帮扶单位为基层开展义诊及医护人员技能培训等活动。

安全住房帮扶小分队：以危房"清零"行动为契机，先后深入西和县20多个乡镇50多个村以及通渭县、漳县、康县、徽县、和政县、碌曲等县的重点乡镇，对危房改造和易地搬迁工作进行调研指导。制定月度检查计划，对未脱贫的48个村逐月进行检查指导，持续开展"3+1"冲刺清零后续成果巩固行动，持续排查农村住房，对结构安全但观感较差的农户住房进行巩固提升，对常年烟熏形成的"黑房子"动员农户、社会、企业等力量进行亮化美化整治。聘请有资质的第三方对全县所有四类农户主要居住用房进行安全鉴定。完善档案资料，动态管理农户档案信息，确保数据采集录入与工作进展情况同农户档案信息完全一致。

安全饮水帮扶小分队：创新工作方法，和省水利厅暗访组组成联合调研组，以不发通知、不打招呼、不用陪同的方式赴西和县开展调研督促指导工作，形成工作情况汇报呈送欧阳坚主席和郝远副主席（欧阳坚主席作出批示2次，郝远副主席作出批示1次）。针对调研督导中发现的问题及时与省水利厅沟通对接，商讨解决的办法和途径，提出了接地气、可操作、有针对性的具体建议。注重发掘先进典型，将懂管理、会维修的基层水管员推荐给省水利厅，发挥好示范带动作用。加强对基层水管员的培训，做到西和县384个行政村的396名水管员培训全覆盖。

金融保险帮扶小分队：大力推进承办银行优化业务流程，开通扶贫信贷绿色通道。在西和全县各村建起了农金室，撰写的《西和县农金室建设成效和建议》获欧阳坚主席批示。针对全省农村金融综合服务室存在的共性问题，在《甘肃政协信息》（第31期）提出《建议尽快制定甘肃省农村金融服务室工作人员薪酬等相关指导意见》，省委常委、常务副省长宋亮作出批示，推动农村金融服务室工作人员薪酬问题提升到省级层面研究解决。广泛动员社会力量参与爱心助学和消费扶贫活动，联系中国儿童协会在甘肃设立"童悦工程"，联系协调在华邦女子广场内免费提供通渭县"巧手"产品扶贫销售专柜，联系省高速公路服务公司，与西和县供销社扶贫超市、刺绣扶贫车间建立扶贫销售关系，使西和粉条和刺绣产品顺利进入了高速公路服务区50家超市。积极协调省农发行、农商银行、邮储银行等银行为德清源金鸡扶贫产业园、双孢菇种植企业、凹凸棒肥料加工等企业发放贷款2.2亿元。

就业技能培训帮扶小分队：会同西和县就业专责工作组共同查找就业等方面存在的阶段性困难和问题，针对22个问题提出32条意见建议。目前，建议开展了"线上培训"和实操培训。积极与省人社厅协调沟通，为西和县下达2020年第一批就业资金1046万元，第二批就业资金1100万元。督促西和县结合"一户一策"中的培训需求和实际情况，积极推广"培训券式""嵌入式"培训和现场培训，解决培训科目单一、培训后使用率不高等问题。

贫困村人居环境整治帮扶小分队：协调省生态环境厅、省住建厅对接西和县农村垃圾处理有关事宜，争取住建厅为西和县追加环境整治资金1000万元。协调省生态环境厅在农村环境整治资金安排上给予西和县重点倾斜支持，分两批向西和县下达了农村环境整治资金1370万元。召开小分队与西和县、相关环保企业对接会，与已经在西和县开展相关前期工作的光大集团、北京基亚特公司、中环国投环保集团有限公司、山东商会等环保企业集体座谈，了解工作进展情况，提出了推进落实的意见建议。邀请省环保厅相关负责同志现场查看西和县洛峪镇、蒿林乡垃圾处理项目选址情况，协助解决工作推进中存在的困难和问题。

抓党建促脱贫攻坚帮扶小分队：指导西和县、通渭县委组织部门对166个软弱涣散村级党组织进行了整顿提升。以省政协办公厅名义向省委组织部专题呈送了《关于协调解决西和县、通渭县有关问题的报告》。省委常委、组织部长李元平同志作出相关批示，经对接，省委组织部分别向西和县和通渭县下拨专项资金722.5万元、850万元。先后邀请省委组织部分管脱贫攻坚和基层组织建设的处级领导对西和县、通渭县99个未脱贫村驻村第一书记、38个乡镇总队长开展专题培训。协调省党员教育中心通过网络培训、"现场教学+远程视频"培训等方式，对西和县、通渭县乡村两级领导干部进行省级培训，共培训1000余人次。

来源：《民主协商报》

勇担使命　决战完胜
——甘肃省政协帮扶办脱贫攻坚工作纪实

这里不是"战场",却胜似"战场"。一道道指令从这里发出,一份份文件在这里传递,一个个问题在这里解决……省政协帮扶办作为脱贫攻坚帮扶工作的指挥部、协调部、保障部,充分发挥了统筹协调、组织联络、上传下达的作用,为西和县打赢脱贫攻坚战提供了坚强有力的后盾和保障。

挂牌督战,坚决攻克最后的贫困堡垒

1月25日,国务院扶贫开发领导小组印发文件,明确将对未摘帽的贫困县和贫困人口多、脱贫难度大的村挂牌督战。

挂牌督战,督什么,战什么?

2月26日,省政协帮扶办制定印发了《省政协脱贫攻坚挂牌督战执行方案》,明确了督战主体和督战内容,将西和县48个未脱贫村及未脱贫人口、175个已脱贫村和160个非贫困村的未脱贫人口共4054户13233人全部纳入督战范围。

挂牌督战,怎么督,怎么战?

一张贫困村挂牌实战示意图、一张西和县各乡镇领导联系表、一张贫困村一览表,一两个带队领导,两三个干部,不打招呼、不定路线,随机入户、随机抽查……从3月份开始,省政协帮扶办每月赴西和县开展挂牌督战10天左右,做到了48个未脱贫村和53个贫困发生率较高的非贫困村挂牌督战全覆盖。召开月调度和季分析会议10多次,及时分析研判、协调推动问题解决。

脚下沾有多少泥土,心中就沉淀多少真情。"到目前这个阶段,我们的

工作任务大致已经完成,大家也干得很好,现在需要静下心来再回顾、再完善、再总结,大家平时没事相互多翻翻以前写的驻村日志、会议记录,相互学习、相互改进""督查发现问题时先不要着急,不要解释,先承认错误再改进""要特别注重合作社的风险防控,推动合作社和产业持续健康发展"……这些熟得不能再熟的话语,每到一个村子,每到一个合作社,省政协帮扶办负责人都会给驻村干部和合作社负责人一遍一遍讲、一遍一遍教,不厌其烦、语重心长。

授人以鱼不如授人以渔。调研督战中,省政协帮扶办领导走到哪里教到哪里,给大家想办法、出点子、教方法。但令大家感动的不仅仅是这些,还有更多的关怀和关爱。为西和县乡镇干部协调洗衣机、建洗衣房,为扶贫车间联销路、找订单,为合作社负责人排忧虑、解困惑,以书信的方式和县委县政府主要领导谋思路、谋发展,提前谋划"十四五"规划编制、乡村振兴战略实施、乡村旅游示范村培育打造……省政协帮扶办坚持谋划在先、实干在前。

挂牌督战、以督促战、以战促干、以干促变。在挂牌督战和实战的推动下,西和县城乡面貌焕然一新、干部的精气神不断提振、贫困群众的发展信心十足、扶贫产业多点"开花",西和县的挂牌督战工作成果显著,挂牌督战经验也频频获得全国的关注和肯定。2020年8月10日,国务院举行新闻发布会,西和县委书记曹勇代表全国52个挂牌督战县介绍了西和脱贫攻坚成果和情况,西和这个"乞巧之乡"被更多的人知晓、关注。

这是西和的荣光,也是省政协帮扶办的荣光。

坚持人民至上,彰显为民情怀

2020年8月11日以来,西和县遭受了70年一遇的强降雨。降雨强度大、范围广、持续时间长,给全县20个乡镇不同程度造成了较为严重的灾害。道路塌方、河堤被毁、山体滑坡……面对突如其来的洪灾,西和县各级领导干部冲锋在前、连续作战,一些乡镇领导和干部因长时间坚守岗位病倒在一线。"经过三年攻坚战,各项工作好不容易有了起色,很快就有更大的成效,可一场暴雨又摧毁了这一切。"太石河乡党委书记王奉权指着被水冲毁的道路说着,眼里泛起了泪花。看着他因劳累过度泛黑的脸,省政协帮扶办负责人既感动又揪心。如何尽快恢复群众生产生活秩序、启动灾后重建工作一时成为帮扶工作的重点和难点。

8月25日—9月2日,省政协帮扶办负责人带领帮扶办干部利用一周的时间一口气跑完了西和县受灾严重的11个乡镇近30个村,对一些受灾较轻的乡镇也通过电话询问的方式进行了了解,查灾情、访民情、排隐患。每到一处,都会和县乡村三级领导、驻村干部、受灾群众座谈交流,详细了解受灾群众生产生活状况以及目前存在的困难和问题。在深入一线全面系统摸排的基础上,省政协帮扶办在西和县主持召开了县脱贫攻坚挂牌督战暨防汛抢险救灾分析调度会,就调研中梳理的近20个对脱贫摘帽有影响和存在安全隐患的突出问题,与西和县有关领导、相关业务部门负责同志进行了研究讨论并形成相关意见建议。按照欧阳坚主席的指示要求及时将意见建议报省扶贫办,积极争取防灾减灾项目的政策和资金支持,努力将灾情对西和的影响降到最低。

讲好脱贫好故事,奏响攻坚最强音

习近平总书记强调:"脱贫攻坚不仅要做得好,而且要讲得好。"在脱贫攻坚进入全面收官的关键时刻,为营造全社会关心关注、决战决胜的浓厚氛围,省政协帮扶办认真贯彻落实欧阳坚主席关于做好脱贫攻坚宣传工作的指示精神,指导西和县及早筹备、提前部署《决战西和》大型电视片的拍摄工作,并衍生出13部系列短片《脱贫路上》。系列短片已于2020年7月7日至18日在甘肃卫视、学习强国、甘肃党建、新甘肃、腾讯视频、今日头条等近20个媒体平台同步播出。短片播出后,引发了强烈反响,各级各方面纷纷点赞、评论、转发,在甘肃省内掀起了一股"西和热",以响亮的主旋律、强劲的正能量奏响西和县脱贫攻坚的最强音。

来源:《民主协商报》

勠力同心共同攻克深度贫困堡垒
——甘肃省政协副主席陈青开展脱贫攻坚帮扶工作纪实

脱贫攻坚期间,静宁县作为国家扶贫开发工作重点县、全省23个深度贫困县之一,始终深入贯彻习近平总书记新时期扶贫开发战略思想和重要讲话精神,认真落实中央和省市关于打赢脱贫攻坚战的各项决策部署,全面聚焦"两不愁三保障"目标任务,切实用足用好各级帮扶资源,持续强化使命担当,不断创新实干攻坚,贫困人口由2014年底的16.09万人减少到2019年底的3346人,贫困发生率由35.88%下降至0.78%,226个贫困村全部退出,2020年2月省政府批准退出贫困县序列,脱贫攻坚工作取得了决定性成效。

原安镇地处静宁县最北部,是脱贫攻坚期间全省40个深度贫困乡镇之一,也是省政协原副主席陈青和省委宣传部、省审计厅联系帮扶的重点乡镇之一。全镇辖14个村100个社3626户16938人,14个行政村均为贫困村,有建档立卡贫困人口2198户9232人,自然条件相对恶劣,基础设施建设滞后,产业发展动力不足,整体贫困程度较深。脱贫攻坚行动开展以来,在县委、县政府的坚强领导下,在对口帮扶单位的大力帮扶下,原安镇紧盯自身短板弱项,树立必胜信心,落实精准举措,集中各方力量坚决攻克深度贫困"堡垒",路、水、电房等基础设施短板全面补齐,产业扶贫体系不断健全完善,群众生产生活条件得到极大改善,如期实现了现行标准下农村贫困人口全部脱贫、贫困村全部退出,为促进乡村振兴奠定了坚实基础。

事虽难、做必成,以愚公移山之志向深度贫困宣战

面对党中央吹响的脱贫攻坚战号角,面对现行标准下贫困人口全部脱贫的历史使命和重大任务,贫困程度深、脱贫难度大的镇情实际让镇党委、镇政府一班人感受到了前所未有的压力。但在产业发展滞后、基础设施薄弱、群众观念落后等现状面前,原安镇党委、镇政府没有被困难吓倒,而是变压力为动力,知重负重,迎难而上,从确定工作思路到明确方法路径,从精准识别对象到精细落实措施,从促进群众增收到补齐基础短板,一步一个脚印向决战决胜迈进。脱贫攻坚以来,镇党委、镇政府领导班子成员尽管有一定调整,但始终把脱贫攻坚作为一号工程和头等大事,充分发扬愚公移山精神,接续努力,持续奋斗,在精准扶贫上投入最大的精力、人力和财力,有力推动了精准扶贫各项任务的落地落实,为打赢脱贫攻坚战提供了坚实有力的支撑。

建体系、兴产业,帮助贫困群众增收有门路可持续

打赢脱贫攻坚战,产业扶贫是关键。针对全镇贫困群众缺乏增收产业、没有致富门路的实际,联系帮扶单位省委宣传部、审计厅结合镇情实际,精准发力、多方施策、真帮实扶,镇上充分发掘土地面积大、劳动力充足等优势,确定了以"牛果劳"主导产业为支撑,食用菌、小杂粮、养蜂等为补充的产业扶贫思路,努力从根本上解决群众收入不高的问题。为了切实提升产业发展水平,促进群众更好增收,按照"产业公司统领、经营实体承接、股份合作运营、多方共同收益"的发展思路,积极推行"国有平台公司+龙头企业+合作社+农户(贫困户)"的产业扶贫模式,以14个村集体为共同投资主体成立原安产业扶贫开发有限公司,通过全资组建和投资持股的方式,引进扶持培育甘肃启途牧业有限公司、丰之华食用菌有限公司等经营实体14个,扶持抓建恒茂养殖(蜂)、新时代果业、红康养殖、聚益农产品加工等农民专业合作社34个,引导2201户贫困户与龙头企业、合作社通过委托经营、参社入股方式参与特色种养产业开发,资产总规模超过4000万元,把群众嵌入产业发展链条,保障了村集体和贫困群众共同增收。特别在肉牛产业发展上,原安镇立足土地面积宽广、秸秆资源丰富、群众素有养牛传统的优势,秉持"小群体、大规模"的发展思路,采取政府引导、政策扶持、金融支持等一系列务实有效的措施,先后建成年产6万吨饲草加工厂、2万吨有机肥加工厂各1处,每年推广种植饲草玉米4万亩以上,促进全镇牛存栏量稳定在1.4万头以上,年出栏8000头以上,形成了"玉米种植—饲草加工—红牛养殖—粪污转化—肥料还田"的循环产业发展格局,2021年7月被市上评为首批平凉红牛特色产业强镇。

强基础、补短板,让家家户户都能过上幸福好日子

"穿黄衣裳、喝拉运水、住土坯房"曾经是原安镇广大群众生活的真实写照,"晴天一身土,雨天一身泥"的问题曾经长期困扰着原安人的出行。打赢脱贫攻坚战,不仅要让群众增收致富,更要有效解决路、水、电、房和教育、医疗等群众关注关切的问题,让全镇群众真正过上好日子。脱贫攻坚工作开展以来,全镇累计硬化村组道路82.45公里、村社巷道97万平方米,沙化产业道路71.4公里,建成高标准农田3.08万亩,配套田间道路39.9公里,实施易地搬迁项目8个、搬迁农户228户,精准落实危房改造政策消除农户危房1484户,建成户用卫生厕所1706座,完成新一轮退耕还林1.4万亩、三荒生态林2.7万亩,退耕还林还草面积达到4.3万亩,农业生产条件和群众生活条件得到显著改善。持续改善乡村学校办学条件,大力推进健康扶贫,全镇14个村都有村小学和标准化卫生室,乡村舞台、文化广场等设施布局合理,农村公共服务水平得到极大提升。现在的原安镇,高标准梯田错落有致,一条条干净平坦的水泥路蜿蜒曲折,一座座红瓦白墙的民居布落到安静美丽的村庄,无不见证着当下原安人民的幸福美好生活。

倾真情、办实事,着力解决贫困群众的急难愁盼事

脱贫攻坚的成效怎么样,群众满意不满意、认可不认可才是最关键、最有意义的考核标准。脱贫攻坚帮扶工作开展以来,陈青主席在百忙之中抽挤时间,先后10多次深入静宁县指导扶贫工作,每次都进村入户开展详细调查,务实谋划发展举措,积极协调有关部门筹措帮扶资金、落实帮扶项目,为聚力做好帮扶、全力脱贫攻坚作出了引领示范。省委宣传部、省审计

厅等省市帮扶单位以高度的责任心和强烈的使命感,倾心帮扶、真情投入,进村入户、帮解难题,累计为静宁县协调落实帮扶资金2.33亿元,走访帮扶户10.4万余次,宣传政策3800场次,化解矛盾纠纷1992件,帮办群众就医、上学等急事难事2775件,涌现出了省审计厅驻庙川村帮扶队长张忠江积极筹措资金帮助贫困户建新房等一批先进典型事迹,为静宁县打赢脱贫攻坚战发挥了不可替代的作用。特别是省委宣传部充分发挥组长单位职能,广泛联系社会各界人士开展捐资助学、妇女培训、文艺汇演、节日慰问等活动,不仅为贫困村、贫困户捐助了大量的图书、学习用品、米油等生活物资,也为基层群众送来了字画墨宝、红色文艺演出等精神食粮,有效丰富了基层群众的精神世界,为激发困难群众自主发展、摆脱贫困发挥了积极作用。几年来,通过用情联系、真帮实扶,帮扶单位与贫困群众建立了深厚感情,得到了全县广大干部群众的高度好评。

不全胜、不收兵,全面小康路上不让一户一人掉队

产业扶贫解决了原安镇大多数贫困群众的脱贫增收问题,但87位特困供养对象、628户建档立卡低保户中大部分家庭缺乏劳动力,难以通过发展生产实现脱贫。镇党委、镇政府和联系帮扶单位高度关注这些特殊困难群体,逐户制定兜底保障计划,有效落实低保、五保、困难救助等各项保障救助政策,确保在脱贫路上一户一人不掉队。同时,针对一些群众不想脱贫、不愿脱贫、不会脱贫的问题,坚持扶智扶志、立德启智相结合,在全县率先启动开展一次扶贫政策宣讲、赠送一批农业科技图书、搭建一个产业扶贫服务平台、宣传一批脱贫致富示范户等为内容的精神扶贫"六个一"示范活动,教育引导贫困群众克服"等靠要"思想,不断激发"我能脱贫"的信心,着力培养"我会脱贫"的能力,引导激励广大贫困群众通过勤干苦干实现脱贫致富,与全国一道同步迈入小康社会。

供稿:静宁县政协

坚决打赢最后的攻坚战
——甘肃省政协副主席德哇仓开展脱贫攻坚帮扶工作纪实

碌曲县现辖5镇2乡2场、24个行政村、3个社区、95个村民小组,全县总人口3.78万人,农牧村人口2.87万人,藏族人口占总人口的88%,属国家"三区三州"深度贫困地区,也是甘肃省58个集中连片贫困县之一,全县有贫困村11个。截至目前,全县累计减少贫困人口1784户8550人,贫困发生率由2013年底的24.7%下降至0,实现贫困户全部如期脱贫、贫困村全部脱贫退出。2018年实现全县整体脱贫摘帽,脱贫攻坚取得了决定性胜利。2020年9月高质量通过国家脱贫攻坚普查工作。主要做法及经验总结如下。

提高政治站位,统一思想认识

全县上下把加强理论武装作为提升脱贫攻坚能力水平的首要任务,认真学习深入领会习近平总书记关于扶贫开发的一系列重要论述和中央、省委关于脱贫攻坚的重大决策部署,进一步深化了对脱贫攻坚工作的认识和理解,增强了如期打赢脱贫攻坚战的坚定信心和决心。始终在思想上、政治上、行动上同以习近平同志为核心的党中央保持高度一致,全县所有工作都围绕精准脱贫展开,工作重心都向基层下沉,各级干部的精力都向精准扶贫集中,形成了举全县之力合力攻坚的工作局面,为打赢脱贫攻坚战奠定了坚实基础。

聚焦底线目标,全面固强补弱

紧紧围绕贫困户实现"两不愁三保障"底线性目标任务,夯基础、抓产业、促增收,全力巩固脱贫成果。一是狠抓到户产业培育。大力发展生态畜牧业和乡村旅游等富民产业,建立紫青稞、黄芪、当归、林下菌等新品种推广种植基地,建设规范提升农牧民专业合作社272个,组建联合社7个,以"百社带千户"行动为依托,农牧户全部参与了主导产业发展,合作社带动贫困户比例达到100%,带动农牧户比例达90%。壮大村级集体经济,集体经济收入达到167.15万元,其中11个贫困村收入85.5万元。截至目前,全县出栏各类牲畜16.99万头只,奶产量达到1.69万吨,群众收入明显增加。开启"旅游+"新模式,扎实开展国家全域旅游示范区创建工作,郎木寺、则岔石林、夏泽滩、尕秀等景区景点建设持续推进,旅游基础设施、公共服务设施不断健全提升,建设牧家乐180家,全年接待国内外游客持续增长,旅游综合收入不断增长,农牧民收入持续增加。二是扩大贫困人口就业。以"百社带千户"行动为依托,推广"企业+合作社+车间+贫困户"模式,14家扶贫车间吸纳带动就业人员155人,其中建档立卡户90人。成立人力资源中介机构,开展了"点对点"劳务输转,组织劳动力赴天津、江苏、浙江务工,同时制定《关于鼓励吸纳农民工就业及劳动力输转补贴方案的通知》,鼓励带动农牧民群众务工积极性。截至目前,全县贫困人口务工人数同比增加22%。2020年开发乡村公益性岗位96个,其中省级补助资金发放48人,县级自筹资金发放48人。开发了以生态护林员为主的乡村各类公益性岗位1738个,每人落实岗位工资6000元至8000不等,既解决了就业问题,也让贫困群众稳稳地吃上了生态饭。三是保障农村住房安全。通过易地扶贫搬迁工程和危旧房改造,加快实施农村住房安全保障工程,做到农牧村住房鉴定全覆盖、危房改造全覆盖。累计实施危旧房改造1887户,搬迁安置农牧民群众974户4831人,其中建档立卡贫困户613户2963人。四是强化义务教育保障。落实"政府主导、部门联动、齐抓共管"控辍保学联控联保机制,全面落实控辍保学、送教上门两个标准和"两免一补""营养改善计划"、生源地贷款三项政策,努力实现控辍保学率、资助覆盖率、政策知晓率"三个百分百"。继续督促学校用好"甘肃省控辍保学动态监测信息管理系统",动态监测在校学生出勤情况,保证学生到校率,发现疑似辍学学生严格按照"三报告"制度及时采取控辍措施。五是提升基本医疗服务。严格落实农村贫困人口定点医院"先诊疗后付费"及"一站式即时结报"制度，全县18个村卫生室、4家定点医疗机构、6家乡镇卫生院、1家社区卫生服务中心已全部落实"先诊疗后付费""一站式"结算政策。各村卫生室、乡镇卫生院、定点医疗机构全部联通"全省基础医疗机构管理系统"，并完成与人社部门的医保系统对接，全部实现了"一站式"即时结报工作，信息共享、互联互通。为全县建档立卡贫困人口面对面制定个性化的"一人一策""一病一方"健康帮扶措施，对其中重大疾病患者、慢病患者、常见病和多发病患者，全部落实大病专项救治、慢病签约服务、重病兜底保障等措施，"三个一批"落实率100%。六是巩固提升饮水安全。累计建成供水工程104处，解决了所有建档立卡贫困人口的饮水安全问题，自来水入户率达到98%，农牧户安全饮水达到100%。年内实施饮水安全巩固集中供水巩固提升工程5处，通过管网改造延伸、水源替换、设施配套、加强水质检测等措施，进一步提升农牧民安全饮水。

深化东西协作，全面合力攻坚

认真贯彻落实习近平总书记东西扶贫协作座谈会重要讲话精神，主动加强与对口援藏单位天津市、东西部协作单位天津市红桥区的对接联系，积极争取项目、资金、人才等方面的支持，整合资源、借力发展。天津市、天津市红桥区党政负责人及红桥区人社、教育、卫计、招商、工信等相关部门先后多次到碌曲县考察对接，围绕脱贫攻坚短板，深入教育、卫生、农业产业、旅游、基层组织等领域开展帮扶调研，精准制定帮扶措施，达成协作共识。县党政主要领导、分管领导也多次带领相关部门到红桥区对接考察，从人才交流培训、招商引资、旅游产业发展、富民产业培育、劳务输转等方面建立扶贫协作任务台账，明确了扶贫协作任务，分年度落实产业培育、劳务培训输转、教育人才（支教）、医疗人才（支医）和职业教育需求清单，建立了东西扶贫协作项目库。天津市累计向碌曲县选派党政干部3名、专技人员78名，碌曲县向天津市选派党政干部23名、专技人员43名，累计落实帮扶资金9373万元,重点实施了特色产业培育、教育卫生发展、藏族民俗旅游特色村建设、旱厕改造、村集体经济发展、基层党组织建设和就业培训等项目。

建立监测机制,健全帮扶措施

制定印发了《碌曲县返贫监测和帮扶工作实施办法》,把防止返贫致贫作为当前及今后五年巩固时期扶贫工作的重要任务,围绕"两不愁三保障"主要指标,统筹政府、市场和社会资源,建立健全防贫监测和帮扶机制,完善脱贫防贫长效机制,进一步巩固脱贫成果,着力防范脱贫不稳定户返贫风险,统筹解决边缘易致贫户以及因其他原因收入骤减或支出骤增户致贫问题,实现脱贫成果持续稳定、贫困增量持续可控,确保全县高质量巩固脱贫攻坚成果。

扎实整改问题,提升脱贫质量

高度重视巡视反馈问题,坚决整改中央脱贫攻坚专项巡视和省委巡视反馈的问题,组建了整改工作领导小组办公室,加强对整改工作的统筹协调,明确了整改责任分工和时限要求,实行分级调度、周报告制度,督导落实。坚持举一反三、全面排查,突出问题导向,坚持从严从实,严格按照时间节点,全部完成整改工作,确保扶贫领域存在的问题全面彻底整改到位,为高质量完成决战决胜脱贫攻坚收官任务奠定坚实基础。

党建促脱贫,强化党建引领

把抓好党建工作与脱贫攻坚工作有机结合,同部署、同推进,不断提高党建工作科学化水平,引领脱贫攻坚工作。把学习贯彻习近平新时代中国特色社会主义思想和党的十九大精神同经济建设、脱贫攻坚、乡村振兴、维护稳定、环境保护等重点工作紧密结合起来,通过召开研讨会、组织培训、媒体宣传和开展"党员固定活动日"活动、"草根"宣讲团、乡镇干部夜校、新时代农牧民讲习所等形式,把全县上下思想和行动统一到党的十九大确定的目标任务上来,把智慧和力量凝聚到党的十九大报告作出的部署要求和决战脱贫奔小康目标上来,以实际行动全面推动脱贫攻坚工作稳步推进。强化作风和执纪监督力度,把监督执纪问责的聚光灯投射到村组和扶贫一线,加大整治群众身边的不正之风,强化不敢腐的震慑,扎牢不能腐的笼子,增强不想腐的自觉,不断形成风清气正的政治生态,推动全面从严治党向纵深推进,促进干部队伍作风好转。

供稿:碌曲县政协

全力攻克深度贫困堡垒　坚决打赢脱贫攻坚硬仗

——甘肃省政协副主席马文云开展脱贫攻坚帮扶工作纪实

马文云副主席联系和政县以来,坚持以习近平新时代中国特色社会主义思想为指导,深入学习领会习近平总书记关于扶贫工作的重要论述,以扶贫工作统揽经济社会发展全局,围绕稳定实现"两不愁三保障"目标,严格按照"六个精准"和"五个一批"要求,与省、州、县帮扶单位一道,集各方之智,下足"绣花"功夫,在领导关心、干部用心、群众同心的大扶贫格局中,打出了一系列精准扶贫政策措施的组合拳,脱贫攻坚工作取得了决定性成效。减贫任务全面完成。2013年底,全县共有建档立卡贫困人口1.11万户4.95万人,贫困发生率为31.55%。经过动态管理,现有建档立卡人口1.17万户6.01万人。截至目前,全县建档立卡贫困人口全部实现脱贫,贫困发生率下降到0;57个贫困村全部按期实现退出,贫困村退出比例达到100%;经县级自评、州级初验、省级审核公示,省政府于2020年2月,正式批准和政县整县脱贫摘帽。基础设施大幅改善,坚持资金向扶贫领域倾斜。2014年以来,累计在扶贫领域投入资金53亿多元,全面补齐了义务教育、基本医疗、住房安全、饮水安全等方面的短板,农村面貌焕然一新,人居环境明显改善。群众收入持续增长。坚持因地制宜发展旅游、畜牧养殖、啤特果、油菜、中药材、劳务等富民产业,大力发展扶贫车间和扶贫工厂,通过政府扶持、企业带动、奖补激励等措施,全方位拓宽群众增收渠道,全县农民人均可支配收入从2013年底的3394元增加到2019年底的7122元,净增3728元。干事热情充分激发。各级干部以"5+2""白+黑"的超常规工作模式,滚石上山、爬坡过坎,夜以继日奋战在脱贫攻坚一线,展现出了前所未有的勇气和担当,凝聚形成了爱国爱党爱家乡、团结奋进创一流的新时代精神。

坚决扛牢压实政治责任，集中力量尽锐出战决胜脱贫攻坚

一是严格落实各方责任。严格落实脱贫攻坚责任制，从严靠实党政主要领导、分管领导、专责部门、乡镇、驻村工作队、帮扶单位、帮扶干部、村班子、社干部、贫困户的"十方"责任，构建了程序规范、标准统一、责任清晰的脱贫攻坚责任体系。二是注重加强工作调度。在召开的历次省、州、县三级精准扶贫帮扶工作推进会上，对脱贫攻坚工作进行深入研究谋划和安排部署，确保各项政策落实到位。三是选优配强扶贫队伍。坚持好中选优、优中选强的原则，累计选派724名干部担任122个村驻村帮扶工作队第一书记和队员。省州县乡四级3251名帮扶干部对接帮扶1.17万户贫困户，帮扶干部至少每月1次深入帮扶户家中，及时了解贫困群众的所需所盼，协调解决生产生活中的实际问题，真正做到了帮扶队伍不撤、帮扶关系不变、帮扶力量不减、帮扶工作精准有效。

扎实开展"3+1"冲刺清零行动，着力夯实脱贫攻坚基础

坚持目标不变、靶心不散，对全县所有农户"两不愁三保障"达标情况进行全覆盖、无遗漏大核查，下功夫解决突出问题、夯实基础、对标达标。义务教育方面。累计投资7.7亿元，新（改）建学校291所，满足了适龄学生就近入学的需求。实行小学到高中阶段教育全免费，累计投入2.51亿元，全面落实免除学杂费、免费提供教科书、提供营养餐等教育优惠政策。坚持"政府主导、部门联动、齐抓共管"的控辍保学联控联保机制，全面实行学长制和"八包八到位"制度，全县义务教育阶段无失辍学学生。医疗保障方面。累计投资1.3亿元，实施了县医院能力提升、乡村医疗机构改扩建及设备配备等8个项目，全县13所乡镇卫生院、122个行政村卫生室全部达到标准化水平。全面落实对特困供养人员、低保对象、建档立卡贫困人口等特殊群体资助政策，建档立卡人口参保率达到100%。全面落实建档立卡贫困人口"先诊疗后付费"免交住院押金政策，实现了建档立卡贫困户在定点医院住院享受基本医保、大病保险、医疗救助等"一站式"结算服务，充分发挥了医疗保障的托底作用。安全住房方面。围绕实现户户有安居房的目标，多措并举推进危房改造，按照"村不漏社、社不漏户"的原则，对所有农户住房开展排查摸底和鉴别鉴定，对排查出的危房进行达标改造，累计投入资金1.44亿元，改造危旧房1.06万户，切实保障了群众的住房安全。饮水安全方面。坚持"源头"与"龙头"齐抓，累计投资3.7亿元，实施了中南部农村饮水安全巩固提升工程、城乡供水用水户户内设施提升改造等33个饮水安全项目，全县集中供水率、自来水入户率达到99%以上，群众饮水安全得到有效保障。

强力推进"5+1"专项提升行动，切实提高脱贫攻坚质量

全面贯彻落实习近平总书记"着力夯实贫困人口稳定脱贫基础"的指示要求，大力发展支柱产业，坚持因户因人施策，增强"造血"功能，不断提升脱贫质量。产业扶贫方面。按照"一心、三带、三区"的总体发展格局，因地制宜发展特色优势产业，逐步形成了以旅游、油菜、畜牧养殖、啤特果、中药材、劳务六大产业为支撑，扶贫车间（工厂）、藜麦、食用菌、高原夏菜等潜力产业为补充的产业发展新格局。全县啤特果栽培面积达17万亩，产值达1.9亿元；油菜种植面积达16万亩，产值达1.6亿元；中药材种植面积达5.8万亩，产值达2.3亿元；畜牧业增加值达1.6亿元；接待游客126.4万人次，实现旅游综合收入6.09亿元。就业扶贫方面。全免费开展"菜单式"培训，精准把握市场需求，充分尊重群众愿望，科学设置培训项目，免费提供技能培训，实现了有需求的贫困劳动力培训全覆盖。扎实开展"订单式"输转，充分发挥已建立的各大劳务基地（站）的作用，加大有组织输转力度，足额落实务工补助资金，实现了贫困劳动力的充分就业，年输转劳动力稳定在5万人以上，劳务收入稳定在7亿元以上。今年已输转劳务人员5.58万人次，劳务创收达11.28亿元。村组道路建设方面。大力实施省道公路建设、县乡道改造、通畅工程、"畅返不畅"、农村安保、危桥改造等项目。全县各级农村公路总里程达3511.97公里，122个建制村全部通水泥（沥青）路、通客车，县内高速公路、二级公路、国省道、县乡村社道纵横交错，路网结构日益完善,有效改善了群众的出行条件。易地扶贫搬迁方面。"十三五"期间投资1.39亿元,采取集中安置、插花安置等多种方式,搬迁的502户2399名建档立卡贫困群众已全部搬迁入住,配套建设了养殖、光伏、扶贫车间等后续产业扶持项目,确保了群众"搬得出、稳得住、能致富",并按照"一户一宅、占新腾旧"规定,扎实开展拆旧复垦,旧房全部应拆尽拆。中央定点扶贫方面。加强与中国银保监会的对接联系,积极争取金融、教育、基础设施建设、产业、智力等方面的帮扶项目和资金支持,中国银保监会累计投入帮扶资金5299.89万元,先后实施了危旧房改造、道路硬化、产业扶贫等扶贫项目74个,资助建档立卡贫困学生2800多人,为和政县实现整县脱贫摘帽、消除全面贫困给予了积极支持和大力帮助。兜底保障方面。始终坚持以人民为中心的思想不动摇,动态管理所有保障对象,全县共有农村低保户6655户22678人(其中一、二类低保户4248户12107人)、特困供养对象1026户1163人。全面落实提标政策,2014—2020年共计发放各类社会救助保障资金8.69亿元。为建档立卡人口、重度残疾、低保人口等5.14万特殊人员落实政府全额代缴政策,贫困人口养老保险参保率达100%,切实做到了认定精准、程序规范、应兜尽兜。

供稿:和政县政协

把群众放心上　用实干显担当
——甘肃省政协副主席王锐开展脱贫攻坚帮扶工作纪实

"经过八年的艰苦奋斗,全市累计减贫92.08万人,1165个贫困村全部退出,两区五县全部摘掉了贫困帽子……全市脱贫攻坚战取得了全面的决定性胜利,基本做到了脱贫工作务实、脱贫过程扎实、脱贫结果真实。"

这份脱贫攻坚成绩单,是市委、市政府把打赢脱贫攻坚战作为守初心、担使命的直接体现,是天水广大干部群众扎扎实实干出来的,也凝聚了省政协副主席、天水市委书记王锐的心血。

近年来,围绕初心、使命和目标、任务,省政协副主席、天水市委书记王锐同志一以贯之扛牢脱贫攻坚责任,充分发挥省级领导统筹谋划、协调联动的优势,盘活用好各级帮扶力量和各类帮扶资源,精准落实到村到户到人帮扶措施和项目,用心用情用力开展脱贫攻坚帮扶工作,助推天水市脱贫攻坚工作取得了决定性进展。

围绕"一号工程"聚合力

"脱贫攻坚是我们党极为严肃、极其重大的一项政治任务,是全面建成小康社会的底线任务,是一场没有后路退路、必须打赢打好的硬仗。"市委书记王锐的话语掷地有声。

作为天水市脱贫攻坚领导小组组长,王锐始终把打赢打好脱贫攻坚战作为首要政治任务、头等大事和第一民生工程,始终把扶贫工作记在心上、扛在肩上、落实在行动上,坚持高位推动,做到全局思路带头议、整体部署直接抓、重大问题现场督,以上率下、示范带动,全面凝聚起了打赢脱贫攻坚战的强大合力。他认真履行省级领导帮扶深度贫困县、市级领导联县区包乡镇抓贫困村制度,带动市四大班子领导及县区领导干部同步落实包抓制度,实现了全市所有贫困乡镇和贫困村省、市、县三级领导包抓全覆盖。

特别是2020以来,为了攻克深度贫困堡垒,王锐带头挂牌督战29个未退出贫困村,深入包抓乡镇、督战村开展调研督导和帮扶工作,进一步推动脱贫攻坚走深走实。聚焦解决"两不愁三保障"突出问题这一最大民生实事,他督促市、县区各级各部门逐村逐户开展全覆盖、地毯式、无遗漏的排查摸底,盯人盯事、清单管理、对账销号,加快补齐"两不愁三保障"薄弱环节和短板问题,较好实现了义务教育、基本医疗、住房安全、安全饮水问题清零目标。省、市、县区824个帮扶单位、1165名县级脱贫攻坚联络员、1165个贫困村帮扶工作队、3653名驻村帮扶工作队员常态化走访帮扶贫困村,督查指导工作,协调解决问题,推动脱贫攻坚各项工作任务落地见效。

选派精兵强将助脱贫

向贫困宣战,得有一批指战员,动员贫困群众在脱贫攻坚的战场上拿起锄头、挥起镰刀,一往无前。为此,天水市按照"精准选人、因村派人"要求,采取贫困程度"倒排序"方式,对全市脱贫攻坚帮扶工作力量进行了持续评估和调整优化。

根据市级领导联系县区情况,王锐要求将市、县区领导所在单位或分管单位确定为帮扶工作组长单位,并将省上分配的44个省直及中央驻甘单位全部安排到特困乡镇和深度贫困村,推动较强帮扶单位依次向最弱贫困村帮扶的倾斜,实现了省直和中央在甘单位在全市5个特困乡镇全覆盖。及时调整驻村帮扶工作队队长和队员,保证选派队员数量稳定在3—5人,以保持脱贫攻坚工作连续性和有效性;指导各县区各部门各单位精准选派帮扶干部3.97万人,实现了所有贫困户帮扶责任人全覆盖。

咬定攻坚目标强调度

高质量全面打赢脱贫攻坚战,是上级交给天水市委、市政府的神圣使命,也是王锐义不容辞的重大责任。

作为一个市级"战区"的主要负责人,王锐坚决扮演好"战区""指挥长"的角色。他聚焦贫困人口减贫、贫困村退出和边缘人口监测防止致贫,强化省级包抓领导和市委书记主抓调度职能,以攻克贫困最后堡垒为目标,统筹推进各项工作任务见底见效。

王锐动员各级党政扶贫力量、社会组织、企业积极响应脱贫攻坚战,协调东西部协作地区和中央定点帮扶单位加大对天水支持帮扶力度,引导各方面力量倾情关注、倾心参与、倾力投入,集聚有效资金、项目、资源和人力等向脱贫攻坚一线倾斜,确保资金用在刀刃上、项目建在关键处、队伍派向最前沿。组织全市12个专责部门力量主动深入脱贫攻坚一线,与1165名县级脱贫攻坚联络员一道进村入户开展帮扶,压紧压实市、县区、乡镇、村各级各方责任,确保政策落实、工作落实、责任落实"三到位",做到目标明、底子清、措施硬、成效实;督促各县区和乡镇全面组织村组干部、驻村帮扶工作队、广大群众共同参与,投身脱贫攻坚,形成各级力量抓推动、抓落实、抓见效格局,确保队伍力量下得去、干得实、效果好。

三年来,天水市15.04万减贫人口计划全部完成,秦州、麦积、武山、甘谷、秦安、清水、张家川7县区全部摘帽,1165个贫困村达标退出。

采取有效措施抓帮扶

作为省政协主席会议成员和联系帮扶秦安县的省级领导,如何抓好脱贫帮扶任务落实?王锐始终把抓推进、抓落实作为工作的出发点和落脚点,率先垂范、示范带动,认真履行好联系县帮扶包抓总职责,开展蹲点调研、解剖麻雀,一对一协调解决问题,手把手指导工作落实,发挥了统筹、统揽、统领作用。

据了解,2018年以来,在帮扶联系上,王锐扑下身子,真抓实干,先后主持召开省直、市直组长单位帮扶秦安县工作推进会7次,开展调研督导17次,协调解决帮扶村户各类问题25个,协调帮办实事好事16件,确保包抓联系的秦安县各项工作任务顺利推进。

在联系村,王锐还多次主持召开村级座谈会,分析研判帮扶联系的何山、肖渠、景家和周边胥堡等贫困村的发展基础、致贫原因,深入了解群众需求,精准指导制定村户帮扶措施;按季度进村入户走访群众,对联系户车永库、王祥顺、高俊喜、高俊明等开展慰问,并指导开展花椒、中药材种植,落实危房改造补助救助资金47000元,发放慰问金2000元。协助所帮扶的贫困村加快培育致富增收产业,及时解决农户种养中遇到的难题。2019年以来,中山镇林下经济种植万寿菊和冬花共计1100亩,亩均收入1800元。

同时,王锐紧盯农村"八差"问题,加大项目实施,协调解决资金,为帮扶村协调修建仿古牌坊门2座、凉亭2座,新建了中山镇何山村村级组织活动场所,硬化文化广场4个3400平方米,修建肖渠村村组道路2条3.3公里、簸箕村村组道路1.7公里,安装太阳能路灯90盏。紧盯农村致富带头人、外出务工人员、留守劳动力、贫困妇女等四个方面的重点人群,协调有关部门举办各类实用技术培训班10余期,培训农民300多人次,赠送各类科技图书100余册、"科技明白纸"1000多份,进一步增强了贫困群众脱贫致富的内生动力。

新年伊始谋大计,扬帆启航再出发!在羲皇故里天水,王锐正带领全市广大干部群众以昂扬的斗志、饱满的热情、旺盛的干劲投入工作,扎实推进脱贫攻坚和乡村振兴有效衔接,确保脱贫质量能巩固、可持续。

供稿:天水市政协

从"庄浪精神"到"庄浪模式"
——甘肃省政协副主席郭承录开展脱贫攻坚帮扶工作纪实

庄浪县地处六盘山贫困片带和关山林缘区特困带,这里山大沟深,自然条件严酷,产业发展滞后,贫困程度深,脱贫攻坚任务重、难度大,是平凉两个全国深度贫困县之一,郑河乡又是地处关山深处的深度贫困乡。为了改变这种状况,庄浪县广大干部群众几十年如一日,一代接一代大力兴修梯田,建成了占全县总耕地面积90%以上的百万亩梯田,创立了"庄浪精神",为彻底摆脱贫困奠定了物质和精神基础。

为坚决打赢打好脱贫攻坚战,实现全面小康目标,2018年以来,郭承录坚决扛起帮扶工作第一责任人责任,带头联系帮扶最贫困的庄浪县和郑河乡,扎实履职,倾力帮扶,指导形成了符合实际的"庄浪模式",推动庄浪县脱贫攻坚工作取得了决定性成果。经过近几年持续不懈努力,全县196个贫困村全部脱贫退出、3.23万户13.8万贫困人口全部稳定脱贫,今年2月庄浪退出贫困县序列,彻底撕掉了千百年来的绝对贫困标签,实现了从深度贫困到全面小康的历史性转变。庄浪县连续4年在全省脱贫攻坚评估考核中位居前列,荣获2018年全国脱贫攻坚组织创新奖。

一是深入调查研究,创新机制模式。郭承录先后12次深入庄浪县开展调查研究,绝大部分调研都采取"四不两直"方式,在吃透市情县情的基础上,对扶贫工作重点进行了战略性调整,由过去的大水漫灌转向了"五个聚焦"(聚焦深度贫困区域、聚焦富民产业、聚焦补齐短板弱项、聚焦整合帮扶力量、聚焦政策落地),实现了粗放式扶贫向精准扶贫的转变。同时,针对剩余贫困人口多、产业发展基础弱、县域龙头企业少、带动能力有限、短期难以引进龙头企业的实际,将资本运营的理念植入了产业开发实践,创立了扶贫开发的"庄浪模式"。即指导县上注入5000万元财政担保基金,设立1000万元风险补偿金,组建政府主导的农业产业扶贫开发有限责任公司,下设种植业、养殖业、林果业等3个子公司,在18个乡镇设立分公司,在293个行政村每村组建种、养专业合作社,联结县内龙头企业、农民合作社、家庭农场等经营主体900多个,贫困户全方位、全环节融入产业链条中拿租金、分股金、挣薪金,获取稳定收入,探索形成了"党组织+国有公司+龙头企业+专业合作社+贫困群众"的产业扶贫"庄浪模式",为全市、全省实现稳定脱贫蹚出了路子、创造了经验,省委、省政府向全省推广了这一模式。

二是突出区域特色,构建产业体系。始终把发展富民增收产业作为开展帮扶工作的首要任务,按照"远抓苹果近抓牛,当年脱贫抓劳务"的总体思路,指导庄浪县一手抓苹果、红牛、种薯、劳务等主导产业,一手抓大蒜、中药材、乡村旅游等区域特色产业,形成了多渠道发展、综合性增收的产业发展体系,全县70%的贫困群众依靠产业稳定脱贫。目前,全县果园面积达到65万亩、挂果园35万亩,年果品产值达20亿元,人均苹果产业收入达到2800元以上;建成规模养牛场42个,全县牛饲养量12万头,是2017年底的2.1倍,苹果、红牛产业已经成为贫困群众持续增收的重要支柱产业;着力打造"梯田人"劳务品牌,累计组织输转务工人员55.56万人次,创劳务收入105.76亿元;大力挖掘资源优势,下功夫推进关山大景区建设,高标准打造了韩店石桥、郑河上寨等乡村旅游示范村,庄浪县被农业部认定为全国休闲农业和乡村旅游示范县。

三是聚焦瓶颈攻坚,补齐短板弱项。坚持把抓当前和谋长远结合起来,统筹考虑脱贫攻坚和乡村振兴,从根本上解决群众的急难愁盼问题,尽最大努力提高贫困群众生产生活水平,提升幸福指数。聚焦"两不愁三保障"重点任务,指导庄浪县持续推进"九大冲刺行动""十查十看十补课"、"3+1"冲刺清零和"5+1"专项提升行动,采取"过筛子"和"填空补缺"的办法,下功夫补短板强弱项。多方衔接争取资金9.33亿元,实施了县职教中心整体迁建等重大校舍建设项目,新建改扩建校舍7.22万平方米,改造义务教育薄弱学校245所,义务教育阶段学龄教育阶段儿童上学实现应入尽入,庄浪县通过国家职成教育示范县验收命名;建成标准化村卫生室275个,全县标准化村卫生室实现了全覆盖,贫困人口参保率达到100%,政策范围内平均报销比例达到94.6%;累计改造农村危房3.9万户,完成农村住房易地扶贫搬迁安置区42处,安置农户1769户7890人,全面消除了农村危房;建成人饮巩固提升工程17项,改造更换供水管道1113.7公里,全县293个行政村全部达到安全饮水标准,入户率达到99%以上,供水保证率达到90%以上,水质达标率达到95%以上;实施各类农村公路项目798.7公里,改造省道干线公路118公里,庄静高速建成通车,庄天高速全面开工,彻底改写了庄浪不通高速的历史。

四是强化党建引领,凝聚帮扶合力。指导庄浪县融合推进党支部建设标准化与党建统领"一强三创"行动,全面推广"党建+"引领脱贫攻坚模式和"四链"引领产业发展模式,全面提升基层党组织的组织力,为坚决打赢打好脱贫攻坚战提供了坚强的组织保证。认真落实"四抓两整治"措施,整顿提升软弱涣散基层党组织323个,考聘专职化村党支部书记87名、大学生村支书185名,"一肩挑"村达到93.9%,培养"三个带头人"5635名,新建改扩建高标准村级活动场所211个、高标准示范社区2个。选派590名党员干部驻村开展帮扶工作,每年至少主持召开1次中央在甘单位和省直部门帮扶庄浪工作推进会议,协调省、市、县166个帮扶单位累计实施帮扶项目5000多个,形成了齐心协力、共同帮扶的强大合力。

帮扶郑河乡以来,针对全乡地处关山林缘区、基础条件差、贫困程度深的实际,指导乡村制定了发展规划,确定了"大产业致富、小产业脱贫"的工作思路,广泛动员群众大力发展饲草种植、红牛养殖和劳务输转,协调落实产业发展资金20万元,带动全乡种植紫花苜蓿、藜麦、甜高粱等饲草6700多亩,饲养肉牛8500头,组织输转劳务3200人次,创劳务收入3500万元,全面夯实了产业发展基础。目前全乡12个贫困村全部脱贫退出,1535户6417人贫困人口全部稳定脱贫。

供稿:庄浪县政协

决战决胜脱贫攻坚　贡献政协智慧力量
——甘肃省政协副主席康国玺开展脱贫攻坚帮扶工作纪实

2018年以来,根据中央、省委和省政协党组关于脱贫攻坚的部署要求,康国玺副主席从全局和讲政治的高度出发,紧盯康县和礼县桥头镇脱贫攻坚的短板,与省直市县各级帮扶单位一同精准发力,精准帮扶,认真督、合力战、真心帮,一锤接着一锤敲,一件接着一件干,全力以赴打好脱贫攻坚战,切实发挥了省级领导统领、统筹、统揽的作用。

一是始终把责任担当扛在肩上。将脱贫攻坚看作是最大的政治责任、最大的民生工程、最大的发展机遇,坚持把习近平总书记对甘肃重要讲话和指示精神作为脱贫攻坚工作的统揽和主线,注重统筹协调各级帮扶单位力量,推动帮扶单位发挥优势、资源共享、优势互补,切实推动形成帮扶工作合力,共同推进康县帮扶工作力量深度融合。积极督促省科技厅履行省直单位帮扶职责,加大对联系县的资金、人才、技术等的支持力度。建立脱贫攻坚工作定期研判、统筹调度机制,每季度总结通报帮扶单位工作开展情况,对推进情况进行梳理汇总、跟踪盘点、分析研判,通过抓进度协调、抓方向协调、抓重难点协调,确保工作取得成效。定期召开脱贫攻坚帮扶工作推进会,专题研究和安排部署脱贫攻坚工作,帮助理清发展思路,协调解决重大问题,做到了把包抓点脱贫攻坚的责任时刻扛在肩上、抓在手上、记在心上。

二是始终把调研贯彻在脱贫攻坚全过程。调查研究是谋事之基、成事之道,没有调查就没有发言权,没有调查就没有决策权。3年来,先后多次深入联系点调研指导脱贫攻坚工作,开展"解剖麻雀"式的调研,分析研判工作面临的新情况新问题,了解掌握工作进展和动态。每次调研都及时宣讲中央有关会议精神和全省脱贫攻坚最新部署,紧盯责任落实、政策落实、工作落实情况和精准识别、精准施策、精准退出情况,深入贫困村、贫困户家中,与群众拉家常、算收入、查表册、看住房、问满意度,通过各种途径和渠道,详细掌握贫困村的现状、群众的居住条件、收入来源、面临的困难和问题,并叮嘱基层干部及时帮助解决。几年来足迹遍布康县所有的贫困乡镇和桥头镇的所有贫困村。

三是始终把协调落实项目资金作为重中之重。省级领导联系包抓点调整后,在深入调研的基础上,针对基层干部群众反映的突出问题,多方协调落实项目资金,为贫困地区群众办了一大批打基础、管长远、惠民生的实事好事。针对省政协领导包抓的西和、礼县、康县暴洪灾害频发多发,道路、河床年年损毁的实际,从水利部协调2000万元中小河流治理资金分别用于西和、礼县和其他贫困县的河堤加固维修;为了更好地筹办"一带一路"美丽乡村论坛,协调落实3000万元涉水项目支持康县"一带一路"美丽乡村论坛前期建设;为礼县桥头镇在省上每年配套1000万元财政专项扶贫资金的基础上,另外协调落实到位1680万元,集中用于桥梁、河堤加固维修,河道清淤,村社道路、农村人居环境整治,地质灾害治理和产业扶持等,同时为礼县协调落实生态护林员指标1820名。为了督促省直帮扶单位加大对康县帮扶投入力度,以省脱贫攻坚领导小组副组长名义分别给帮扶单位主要领导写信,要求从贯彻落实习近平总书记重要讲话的政治高度和行动自觉,一把手挂帅蹲点调研,提高帮扶资金额度,协调解决问题,2019年省直6个帮扶单位共为联系村落实到位资金2098万元,实现了帮扶资金翻番;2020年为康县落实帮扶资金1168万元。通过一系列项目的实施,有效缓解了贫困村的贫困程度,改善了贫困群众的生产生活条件,一些长期制约群众出行、增收、灾害频发多发的老大难问题得到有效解决。

四是始终把产业发展作为重要抓手。产业扶贫是最直接、最有效的办法,也是增强贫困地区造血功能、帮助群众就地就业的长远之计。紧紧抓住产业扶贫这个关键,立足于资源禀赋实际情况和产业发展切实需求,协调指导康县做好产业发展规划,帮助打造优势产业。针对康县产业小而精、特而全的多元化实际,指导康县大力培育和发展特色农业、劳务输转、农村电商等多元富民产业,指导确立了"整县核桃、南茶北椒,区域优势、做精做优"的特色产业发展思路,发展核桃、茶叶、花椒、天麻特色产业,以农林牧为主的多元富民五小产业村村户户普及,实现了村有主导产业、户有致富门路、人有一技之长,有效调动了贫困群众发展产业的积极性和主动性。同时,把改善农村人居环境作为重要措施,推进全域美丽乡村建设,从根本上改善群众最期盼的路、水、电、房、上学、就医等设施条件,补齐发展短板,缩小城乡差距,让群众实现安居乐业。依托得天独厚的康养旅游条件,探索走出了旅游扶贫的新路子,用美丽战胜贫困,夯实脱贫根基。

2020年2月28日省政府办公厅发文正式批准康县退出贫困县序列,5月份、8月份分别通过了国家脱贫攻坚第三方评估和国家脱贫攻坚普查;11月21日省政府办公厅发文正式批准桥头镇所在的礼县退出贫困县序列,为全面建成小康社会奠定了坚实基础。下一步,康国玺将继续指导康县和礼县桥头镇进一步巩固拓展脱贫攻坚成果,扎实实施乡村建设行动,大力培育发展特色产业,不断提升群众发展的能力水平,走稳、走实、走好乡村振兴发展之路。

供稿:陇南市政协

情系"一号工程" 彰显使命担当
——甘肃省政协副主席尚勋武开展脱贫攻坚帮扶工作纪实

党的十八大以来,以习近平同志为核心的党中央带领人民打响了脱贫攻坚战,战天斗地,攻克贫中之贫、坚中之坚,改天换地,创造了彪炳史册的人间奇迹。在这场伟大斗争中,尚勋武深入学习贯彻习近平总书记关于脱贫攻坚的重要论述,按照中共中央和中共甘肃省委统一部署,情系"一号工程",聚焦帮扶重点,统筹各方力量,扶真贫、真扶贫,彰显使命担当,助力脱贫县乡全面完成各项帮扶任务,确保如期脱贫。

坚决扛起脱贫攻坚帮扶联系责任

根据省委、省政府安排,分别联系陇南市徽县及东乡县春台乡脱贫攻坚帮扶联系工作。徽县地处秦巴山区,发展基础薄弱,产业结构单一。2011年被纳入秦巴山片区特困县,是全省58个连片贫困县之一。2013年,徽县共有行政村213个,建档立卡贫困村88个(2017年新确定非建档立卡深度贫困村2个,贫困村总数为90个),建档立卡贫困人口11440户41882人,贫困发生率22.24%。春台乡属于东乡县深度贫困乡。自2018年联系帮扶以来,尚勋武先后主持召开徽县脱贫攻坚帮扶协调推进会及座谈会12次,主持春台乡帮扶座谈会6次,听取工作汇报,交流意见建议,研究解决困难问题。多次深入徽县、春台乡实地调研走访当地苗木、中蜂、黄牛、花椒等种植养殖产业项目及扶贫车间,提出指导意见。扎实开展安全住房"回头看",持续推进教育扶贫,有力推进健康扶贫,全力保障饮水安全,抓好产业培育和劳务输转,拓宽贫困群众增收渠道。协调安排徽县50名帮扶干部参加了"甘肃省粮食和物资储备局和徽县干部(扶贫)能力提升"深圳培训班;在深圳海吉星市场(深圳市消费扶贫中心)设立了徽县特色农产品专柜,助推产业扶贫。2019年4月,徽县实现全县脱贫摘帽。2020年徽县及春台乡圆满完成脱贫攻坚收官任务。同时,利用政协平台优势,把脱贫攻坚与参政议政相结合,在建言资政和凝聚共识上双向发力,先后提交了《关于"打好精准脱贫攻坚战"监督性调研报告》《紧扣"两不愁三保障"完善精准脱贫考核工作》《基层扶贫干部有"三怕"》《关于提升脱贫攻坚单位帮扶工作成效的建议》《完善精准扶贫资金保障机制,助力打赢打好精准脱贫攻坚战》等调研报告、提案建议等,得到了中共甘肃省委、省政府和有关部门的重视和采纳,为推动全省打赢脱贫攻坚战贡献了智慧和力量。

扎实开展脱贫攻坚对口帮扶工作

甘南藏族自治州临潭县羊永镇拉布村地处偏远落后的高原地区,海拔在2900~3100米之间,全村207户989人,5个自然村落,交通不便,是全省最贫困的村之一。按照中共甘肃省委部署,民进甘肃省委会自2012年以来对该村开展脱贫攻坚对口帮扶。八年来,带领民进省委会立足拉布村实际,制定年度帮扶计划,调整产业结构,加强基础设施建设,不断增强脱贫群众内生动力等,制定采取一系列切实有效的措施,真正变"要我脱贫"为"我要脱贫",不断提高脱贫帮扶实效。同时,多次邀请农业专家赴当地开展种植培训,组织村民代表外出考察学习,向拉布村群众捐赠良种和生产设备。通过帮扶,拉布村种植结构得到优化,由原本以种植小麦、青稞、油菜等传统作物为主转变为以种植当归、柴胡、党参等中药材为主,中药材种植占全村种植面积的70%,并陆续成立了高原藏鸡养殖、肉牛养殖、肉兔养殖、藏羊养殖、高原夏菜种植等专业合作社,持续增加农民收入。重视人文关怀,注重精神文明建设,争取项目资金及兄弟发达省份民进组织的帮助,翻建了村小学,整合村委会与村小学资源,组建了村文化活动中心和小广场,定期开展文化讲座,组织文体等活动,村民精神面貌发生了质的变化。2019年,拉布村顺利通过省上验收,实现了整村脱贫。2020年通过了国家脱贫攻坚普查。民进省委会脱贫攻坚工作荣获"民进为全面建成小康社会作贡献社会服务优秀成果奖"。

深入实施脱贫攻坚民主监督工作

按照中共甘肃省委的统一部署,2017年9月起,民进省委会对口宕昌县开展脱贫攻坚民主监督工作。安排聘请会内21名各行业专家学者组成"脱贫攻坚民主监督专家工作组",发挥专业优势,为宕昌县旅游产业、冷水鱼养殖、中药材、食用菌等产业的发展提供专业指导,使民主监督更具专业知识、更多理性思考和数据支持。多次主持召开主委会议、领导小组会议,研究部署工作。先后12次带队赴宕昌县开展调研、多次在县上召开座谈会,先后选派2名处级干部到宕昌县挂职担任副县长,围绕县上脱贫攻坚阶段性重点任务开展督查、提出意见建议。坚持聚焦重点问题,紧盯脱贫攻坚任务,按照省上政策出台是否切合地方实际和县上对政策落地执行度"两条线"开展监督,并形成了一批高质量的参政议政成果,为甘肃省深度贫困地区实现高质量脱贫提供参考。《关于进一步完善我省合作医疗有关政策的建议》《关于依托乡村旅游推进乡村振兴战略的建议》《加强整体性协调性 推动我省山区农村人居环境改善》《关于鼓励和支持青辣椒冬储解决好陇南深度贫困县青辣椒卖难的建议》等提案和建议,受到省上领导和相关部门的重视和采纳。注重"寓帮于监、寓监于帮",将民主监督与社会服务相结合,为宕昌县在产业扶贫、教育扶贫、健康扶贫等方面提供帮助支持。积极联系外省民进企业家到宕昌县考察扶贫项目,协调江苏省甘肃商会资助30万元用于发展农家乐脱贫产业;开展"童心同行——先心病普查"和师生应急知识宣传活动;联系甘肃民进企业家联谊会向宕昌县捐赠防疫物资;联合民进北京市委会在陇南市开展教师培训;广泛宣传宕昌资源优势和农特产品,引导消费扶贫。2020年11月,宕昌县顺利通过贫困县退出验收。

"脱贫摘帽不是终点,而是新生活、新奋斗的起点。"征途漫漫,唯有奋斗。作为脱贫攻坚伟大战役的参与者、见证者、奉献者,将接续做好巩固拓展脱贫攻坚成果同乡村振兴有效衔接帮扶工作,锐意进取,不懈奋斗,助力谱写加快建设幸福美好新甘肃、不断开创富民兴陇新局面的时代篇章。

供稿:徽县政协

脱贫攻坚的镇远答卷
——甘肃省政协副主席贠建民开展脱贫攻坚帮扶工作纪实

这是一场消除贫困的伟大战役,这是一项惠泽百姓的民生工程,这是一部波澜壮阔的时代史诗。伴随全国脱贫攻坚的号角吹响,镇远县在习近平新时代中国特色社会主义思想的正确指引下,带领全县27万各族同胞,永葆"闯"的精神、"创"的劲头、"干"的作风,决战脱贫攻坚、决胜全面小康,共同书写了新时代"百姓富、生态美"的镇远新篇章。

镇原县是省政协副主席贠建民联系帮扶县。镇原县地处甘肃省东部,庆阳市西南部,全县辖13镇6乡、215个行政村、5个社区、1991个村民小组,总人口53.15万人,总面积3506平方公里,耕地228.48万亩,属于黄土高原沟壑区,境内山川塬兼有,沟峁梁相间,地势西北高东南低,平均海拔1456米,平均气温10.4℃,年均降水量589.1毫米,无霜期175天左右。镇原历史源远流长,人文底蕴厚重,文化资源丰富,自然景观独特,民俗产业多彩,是陇上久负盛名的地域人口大县、历史文化大县、旅游资源大县、传统农业大县和矿产储备大县。镇原是国扶贫困县、革命老区县,是全省23个深度贫困县之一,有深度贫困乡镇1个(殷家城乡),贫困村120个,其中深度贫困村80个,贫困村占行政村总数的55.8%,建档立卡贫困人口17.23万人,贫困发生率36.21%。2019年底,完成全县生产总值77.53亿元,增长7.4%;规模以上工业增加值3.58亿元,增长27.2%;固定资产投资25.21亿元,增长19.46%;社会消费品零售总额36.14亿元,增长8.04%;财政大口径收入3.68亿元,增长10.13%;一般公共预算收入2.49亿元,增长16.57%;城镇居民人均可支配收入30739元,增长7.8%;农村居民人均可支配收入9422元,增长9.3%。

近年来,面对贫困人口多、脱贫难度大、贫困程度深等县情实际,县委、县政府坚持把脱贫攻坚作为最大的政治责任、最大的民生工程、最大的发展机遇,以习近平新时代中国特色社会主义思想为指导,深入学习贯彻习近平总书记考察甘肃重要讲话精神,坚持思想认识上高于一切、安排部署上重于一切、工作落实上细于一切、纪律要求上严于一切,聚焦"两不愁三保障"目标,紧盯深度贫困乡村,苦下"绣花功",敢啃"硬骨头",全力决战决胜脱贫攻坚,努力改变贫困面貌,全县脱贫攻坚在"量"上得到突破,在"质"上得到提升,贫困乡村基础设施和生产生活条件明显改善,群众生活水平稳步提高,幸福感、获得感明显增强。

——脱贫任务全面完成。2014—2020年七年标注脱贫44790户178261人(其中2014年脱贫8157户34600人,2015年脱贫8406户36274人,2016年脱贫4805户20250人,2017年脱贫4754户20744人,2018年脱贫6263户24054人,2019年脱贫9302户34010人,2020年脱贫3103户8329人;动态调整后国扶办系统现有贫困人口42040户166814人)。退出贫困村120个,整县脱贫退出指标全部达标,贫困发生率下降为0。

——基础条件明显改善。2014年底全县还有75个行政村不通硬化路,561个自然村不通砂石路,384个自然村不通动力电,1.07万农户未进行电网改造,4.62万人未实现安全饮水。经过七年努力,全县215个行政村实现了安全住房、安全饮水,通沥青(水泥)路,光纤、4G网络信号全覆盖。实现了1991个自然村动力电和生活用电户"两个全覆盖"。

——民生保障持续加强。实现了建档立卡贫困家庭义务教育阶段适龄儿童少年无因贫失学辍学,符合条件的学生应助尽助,不漏一人。医疗机构达到"三个一"目标(即县级有1家二级医院、乡级有1家标准化卫生院、村级有1所标准化卫生室),县内23家县乡定点医疗机构全部落实了基本医保、大病保险、医疗救助"一站式"即时结报,215个村卫生室门诊全部实现即时结报,农村贫困人口"三重保障"全覆盖。全面落实养老保险、农村低保、特困供养、残疾人补贴、经济困难老年人补贴、临时救助等综合资助、救助政策,实现应保尽保、应养尽养、应补尽补。

——增收能力稳步提高。统筹推进一、二、三产业融合发展,产业体系不断完善,产业集群不断扩大,产业链条不断延伸,品牌效应不断凸显,有力地促进了产业增效、农民增收。农民人均可支配收入由2014年的5898.9元增长到2020年的10271元(预计),年均增长9.68%。贫困人口人均可支配收入由2014年的2831元增长到2020年的8901元,年均增长21.04%。

——乡村面貌焕然一新。实施文化基础设施提升、全域无垃圾专项治理、厕所革命、农村环境"十乱"整治、美丽乡村建设"五大工程",多形式开展乡风涵养、家风传承、典型评树、移风易俗"四项主题活动",建成乡村舞台215个、文化广场75个,提升改造乡镇文化站19个,创建省市县美丽示范村14个。村级"一约四会"自治组织实现了全覆盖,选树了一批乡贤、星级文明户、镇原好人等身边先进典型,全民知善行、学善言、比善行的氛围更加浓厚,社风民风、村容村貌明显改善。

供稿:镇原县政协

情系漳县办实事　倾心帮扶助脱贫
——甘肃省政协副主席郭天康开展脱贫攻坚帮扶工作纪实

2018年，省政协副主席郭天康联系帮扶漳县以来，始终心系漳县人民，以助力漳县脱贫为己任，用心用力、亲力亲为、倾心帮扶，积极协调省直帮扶单位，发挥行业优势，密切协作配合，精心谋划推进各项帮扶任务落实，为漳县全面完成脱贫攻坚任务给予了关心关注和大力帮助。2018年至2019年，帮助漳县累计实现81个贫困村、6439户2.5774万人脱贫，贫困发生率下降到0.76%，实现整县脱贫摘帽。2020年继续固强补弱、加压推进，协调落细落实各项帮扶工作任务，实现了贫困村全部退出，贫困人口全部脱贫。

坚持率先垂范，带头履行帮扶责任

三年来，他始终把帮扶工作作为义不容辞的政治责任和必须完成好的政治任务，认真履行省级责任领导帮扶责任，定期协调、广聚合力，协调推动解决脱贫攻坚工作中遇到的困难问题。一是深学细悟扶贫政策。坚持常学常新、真学真用，通过自己学、集体学等多种方式，深入学习习近平总书记关于扶贫工作重要论述、脱贫攻坚最新讲话精神以及中央和省上脱贫攻坚政策文件，不断在学习中领悟，在领悟中践行，始终用心用情、精准精细推进帮扶工作。二是深入一线督导调研。坚持深入基层、深入一线，调研指导脱贫攻坚工作，走访慰问各级帮扶干部，面对面听取基层干部群众对脱贫攻坚工作的切身感受和意见建议。先后8次深入漳县，专题走访调研，详细了解相关扶贫政策、资金、项目、措施落实到位情况。三是定期调度推动落实。先后多次召集省直相关部门在漳县召开现场办公会、工作推进会,帮助漳县研究解决工作推进中遇到的困难问题。特别是2019年8月,同省委副书记孙伟深入漳县调研并组织召开脱贫攻坚现场办公会,紧扣"两不愁三保障"突出问题,要求省直有关部门充分发挥职能作用,切实加大支持力度,全力推动漳县帮扶项目落地和产业发展。

坚持精准发力,帮助补齐短板弱项

三年来,他用自己的实际行动践行着习近平总书记关于扶贫工作的部署要求,协调督促省直帮扶单位会同漳县紧盯"两不愁三保障"底线任务,对症下药、精准发力,推动帮扶工作帮到点上扶到根上。全面落实控辍保学工作机制,全县义务教育阶段适龄儿童实现了"零辍学"。持续推进建档立卡贫困人口基本医疗保险、大病保险"一站式"结算、定点医疗机构"先诊疗后付费"等措施落地,贫困人口参合率、资助率均达到100%,基本医疗保险、大病保险、医疗救助实现全覆盖;135个村卫生室全部达到标准化建设要求,配备合格村医199名;家庭医生签约服务实现全覆盖,有需求且符合条件的贫困户慢特病卡持有率达到100%。推动实施农村饮水安全巩固提升工程,农村自来水管网实现135个村全覆盖,自来水总入户率达到96%,农村安全饮水保障率达到100%。严格落实农村危房动态监测机制,精准推进四类重点对象危房清零。排查鉴定房屋4万多户,改造C、D级危房2787户,其中贫困户1332户,有效消除农村C、D级危房。持续推进"厕所革命"、拆危治乱、污染治理等工作,累计改建户用卫生厕所13084座,新建卫生公厕135座,创建"清洁村庄"96个。同时,要求漳县"全面整改巡视反馈问题,以整改的实际行动不折不扣落实好党中央和省委决策部署",2019年、2020年漳县分别认领各级各类巡视巡察、考核评估、监督检查反馈问题8类158条、18类251条,已全部完成整改,综合整改率100%。

坚持多方筹措,协调落实帮扶项目

三年来,他积极督促协调4个省直帮扶单位紧密配合漳县县委县政府,紧紧围绕2019年脱贫摘帽和2020年全面建成小康社会这一目标任务,扎实开展精细精确精微的"绣花"式扶贫。协调省工信厅,捐赠价值27万元的建筑用砖30万块、水泥300吨,价值14.4万元的童装及书包等学生用品1200余件。举办产业扶贫培训班2期,培训100余人次。累计投入资金950万元建设年产30万件的服装加工扶贫车间。为部分帮扶村协调解决补货资金1.2万元。筹资50多万元,支持灾后维修、村集体经济和村容整治工作。为贵清山镇铁炉村协调人居环境整治项目资金30万元。协调省妇联,投入资金26.1万元,支持帮扶村基础设施建设,并安装价值48万元的太阳能路灯120盏。先后投入14.7万元的物资、资金帮建巾帼家美积分超市17个。落实项目资金30万元,发展中蜂养殖24户,良种牛养殖10户。引进毛衣缝合加工扶贫车间1个、金箔加工合作项目1个,申报全国巾帼脱贫示范基地1个。争取项目资金300万元,建成年菌棒容量110万棒,黑木耳种植基地1个。争取全国巾帼脱贫示范基地1个。协调省工商联,投入30万元对赵家庄村委会进行升级改造和购买办公用品、生活用品。组织民营企业对贫困大学生和留守儿童捐助7.48万元。衔接兰州鑫源现代农业科技开发有限公司投入200万元实施菌类种植帮扶项目。对接甘谷县腾达实业集团,帮建服装加工扶贫车间。建设了占地200平方米的扶贫车间。协调西北永新集团,投入资金6万元维修翻新了鸡架村卫生室。提供价值4.3万元的外墙涂料3.6吨支持开展农村人居环境整治。衔接陇西保和堂与27名致富带头人签订了2000亩道地药材种植订单。提供帮扶资金40万元,发展壮大农民专业合作社和村集体经济。

供稿:漳县政协

坚决攻克深度贫困堡垒
——甘肃省政协副主席郝远开展脱贫攻坚帮扶工作纪实

通渭县生态环境脆弱、自然灾害频发，贫困面大、贫困程度深，2011年被国家列入六盘山区集中连片特困地区，2017年被列为省定深度贫困县。党的十八大以来经过持续攻坚，到2017年底全县仍有未脱贫人口1.5万户6.86万人，贫困发生率高达17.6%。2017年7月以来，郝远同志先后21次深入通渭县18个乡镇开展调研，召开座谈会和推进会15次，并委派相关同志定期赴通渭调研协调工作30余次，累计争取和协调各类帮扶资金841941万元，帮助通渭县协调解决了制约"两不愁三保障"和稳定增收的各类急难险重问题，为通渭县如期摘帽脱贫作出了重要贡献。

一是整合帮扶资源"聚合力"。在统筹协调中央单位定点扶贫、东西扶贫协作、省市县三级帮扶力量的基础上，吸纳省政协社法委、经济委、外事委和省工商联作为支持单位，并以开展"百村攻坚"行动为依托引导9家商会和6家民营企业对口帮扶通渭县7个深度贫困村和产业基础薄弱的非贫困村，形成了领导力量统筹、帮扶力量整合、支持力量跟进、干部力量集中、社会力量对口帮扶的脱贫攻坚合力。推进实施驻村帮扶"八大行动"，即"巡视反馈整改行动、户情民意走访行动、驻村帮扶力量优化行动、帮扶措施落实见效行动、帮扶干部能力提升行动、驻村帮扶任务量化行动、内生动力激发提升行动、责任倒逼任务落实行动"。强化督帮督战，指导省、市组长单位和通渭县组成联合督导组，对通渭县风雹灾害抗灾减灾补救措施落实情况和完成脱贫任务进展情况及时进行督促落实；指导8个专项小分队从产业扶贫、教育健康扶贫、安全住房、安全饮水、金融保险、就业技能培训、贫困村人居环境整治、抓党建促脱贫等8个领域对通渭县18个乡镇进行全方位、全覆盖调研,帮助通渭县查缺补漏;组织开展省、市帮扶项目竣工验收工作,并对未完成的项目进行督促,推动帮扶项目全面如期完工;邀请10个省直行业督战部门和各帮扶单位、支持单位,协调和指导通渭县全面解决脱贫攻坚中发现的问题,有力推动各项帮扶任务落实落细落到位。

二是帮抓项目建设"强支撑"。紧盯"两不愁三保障"脱贫标准,以项目建设为抓手,先后协调国家能源局落实帮扶资金745575万元,建成光伏扶贫电站16.24万千瓦,实施总装机容量120万千瓦的通渭风电基地、已建成并网42.6万千瓦。协调福清市落实帮扶资金21173.36万元,实施产业发展、教育扶贫、扶贫车间、生态扶贫、就业扶贫、消费扶贫、残疾人帮扶等10大类303个项目。协调省发改、财政、农业、公航旅等单位倾斜和落实各类资金38985万元,帮助通渭县发展产业项目、建设通村公路、维修水毁道路;特别是"5·30"风雹灾害发生后,及时协调省住建、应急、农业、财政、民政、交通及人保财险等多家单位落实各类救灾和保险理赔资金30881万元,将灾情造成的损失降到了最低程度。协调省住建厅等8个省直帮扶单位落实帮扶资金4693.88万元,建成基础设施、产业扶贫、就业扶贫、消费扶贫、人居环境改善等各类到村到户帮扶项目288个。协调商会和民营企业落实帮扶资金303.4万元,实施产业发展、道路硬化、爱心助学、改善村容村貌等项目18个;为常河镇引进投资额1.56亿元的田园综合体项目1个;协调资金80万元为通渭县的乡村中小学校建成梦想教室4个;为榜罗镇4户帮扶户协调安装了智能电暖炕。同时,多方协调在甘央企、省属建筑企业及省内外各类资源为通渭县落实劳务输转工作,有效降低了"5·30"风雹灾害对贫困群众外出务工造成的双重叠加影响。

三是培育扶贫产业"促脱贫"。指导制定《通渭县打赢产业扶贫攻坚战三年行动方案》,为通渭县谋划构建了以金银花、草畜、果品、花椒、新能源、劳务"六大特色产业"为主,小庭院、小家禽、小手工、小买卖、小作坊"五小产业"为辅的"6+5"扶贫产业体系。推动通渭县金银花种植由小规模试验田向大田种植推广,协调建成南部、环县城中部、东北部三大产业园区,使全县金银花种植总面积由2017年的220亩提升至现在的10万亩,种植户达

4.06万户（贫困户1.93万户、户均种植3亩以上），年产值达到3.15亿元，成为西北最大的金银花标准化种植基地、金银花种苗繁育基地、优质金银花产品生产和供销基地。协调引进"工厂化生产+农民轻简化+产品低成本+大众菌仓"的循环产业扶贫模式，发展以食用菌生产为核心的区域循环农业产业链，现已建成双孢菇智能周年化菇房一栋18间、可周年化用工60余人，建成平双一体化菇房一栋16间、可周年化解决当地农户务工40余人。协调各帮扶单位和相关金融机构筹集资金250万元建成扶贫车间34个，带动就业1044人。协调引进中国轻工商会发制品分会按照"县有发制品产业龙头企业，乡村有发制品加工车间，户有居家式发制品加工作坊"的渐进式发展模式，推动假发产业在通渭县落地，现已吸纳126名务工人员就近就业，使通渭县实现了户有主导稳定增收的带动项目，为全县打赢打好脱贫攻坚战并有序推动与乡村振兴有效衔接夯实了产业基础。

供稿：通渭县政协

巍巍青山下　浓浓唐藏情
——民革甘肃省委会助力唐藏打造和美新农村纪实

走进临夏回族自治州积石山县小关乡唐藏村,这里地处甘青黄土高原和青藏高原交界地,植被良好,景色旖旎,高山树林、天然草坡和河道耕地相映成趣;这里回汉人民和谐共处,团结和睦,民风淳朴,勤劳善良,延续着以牛羊畜牧养殖和小麦油菜花耕种为主的田园生活。

灾后修复保安全

"以前我们村里样貌可差了,道路水利年久失修,闲散院落破墙败瓦,污水垃圾遍地积存,今年又是遇见五十年一遇的大暴雨,引发洪水冲垮了山上百亩经济林,上山的硬化路被冲毁了,几户老百姓房屋倒塌了,川道成片农田都被冲走了,老百姓那个损失大呀!"这是2018年8月,生产小组组长、回族群众马阿卜都在村委会办公室向我们讲述的,字字句句透露着群众对自然灾害的恐惧和对美好生活的向往,至今让我记忆犹新。

民革省委会自从接受对小关乡唐藏村的帮扶任务后,帮扶队员在最短时间内走进农户家中、走进田间地头,全面梳理掌握了村子的发展情况和面临的困境。小关乡唐藏村位于积石山县西南部,处于两高原交接地带,海拔高,落差大,属于高寒阴湿地区,农作物生长条件差;村中基础设施条件差,逢雨季时大小泄洪道排洪不足,村道路和防洪沟时常损毁,给村上老百姓造成财产损失和出行不便。

民革省委会领导得知唐藏村基础设施遭暴雨损毁这一情况后,亲自率领调研组赴村中调研水利基础设施损毁情况,和县乡政府召开座谈会集中商议,商讨修水渠整治河道等工作。

整治河道刻不容缓、迫在眉睫。2019年至今，经过民革省委会协调争取，向省上申请水利设施项目资金300多万元，帮助唐藏村申请了8.7公里泄洪防洪水道、7座便民农桥修建项目。唐藏村响应积石山县号召，配合全县旅游大通道建设，成立村民施工队，与县水务部门、乡政府打响了清理淤泥、兴修水利、疏通河道的大会战，对3条河道进行彻底治理，发动群众清淤泥、铲杂草、通堵点。几经努力下来，河道蜿蜒逶迤、整齐有序，有效防止了暴雨再次带来损失，切实保障了群众生命财产安全。

全面治理换新貌

"按照全乡整体整治工作，抓好农村人居环境整治，把它作为提高群众生活水平和生活品质的事实来抓，积极推动在补齐基础设施建设短板上发力，全域全面改善村容村貌。"小关乡乡长马磊介绍说，2019年全乡推出了一套"三乱"治理方案，紧盯违章搭建、河道污染等人居环境整治重点难点，努力实现全乡全域整治、人居环境持续改善、治理质效大幅提升。

"三乱"整治重在抓治理抓成效。民革省委会驻村干部积极申请，协助唐藏村村委班子积极行动起来，共同前往东乡和宕昌等地学习美丽乡村"三乱"整治和乡村建设管理经验。驻村干部和县乡参与人员挨家挨户敲门，查看鉴定房屋，拆除私搭乱建棚子，帮助打扫家居庭院，清除村民生活垃圾，在门前路中打造精致景观，粉刷白色墙皮，使全村的面貌焕然一新。

民革省委会筹措资金购买小区民用生活垃圾桶13个，协助落实企业捐赠垃圾转运仓摆放，积极帮助落实生活垃圾转运清理工作。唐藏村共清理生活垃圾12吨，拆除废弃危房和废弃圈舍16个，疏通沟渠河道17公里，清理畜禽粪污3吨，拆除残垣断壁和私搭乱建草堆杂物30多处。

宽敞平坦的乡村道路，精美别致的农家庭院，绿意盎然的田野风光，美观大方的路边文化墙，从"天然美"到"和谐美"，从"短暂美"到"持续美"，唐藏村人居环境整治不仅改善了村民居住环境，更让美丽乡村焕发出新的活力。

建设和美新农村

"唐藏村的环境和面貌改善了,乡风文明的精神要求也要落实——这是我们推进美丽乡村建设的初衷和根本。"民革省委会领导这样说。近几年来,民革省委会坚持把推动唐藏村乡风文明建设作为重要任务,积极帮助村上打造农村道德红黑榜、建积分爱心超市开展送文化艺术下乡活动,利用多个载体,积极培树文明乡风、良好家风、淳朴民风。

12盏电热取暖器,500套保温杯,12节生活超市货柜、2000件衣裤、8万多医疗物资……这些物品都是民革省委会无偿捐赠给唐藏村村委会、卫生室和积分超市的。村民平时要花钱买的东西,现在确实有困难可以向村委会申请领取和换购。"村上现在有了光荣榜和积分超市,就有了新气象,倡导了新乡村新风貌理念,激发了群众参与乡村治理的内生动力,形成了互帮互助、互敬互爱的和谐新局面。"唐藏村党支部相关负责人说。

唐藏村乡村振兴与脱贫攻坚成果衔接工作正在持续,健全完善乡村治理、提高村民收入水平和幸福指数的工作仍须推进,民革省委会帮扶工作仍然在路上。"今年还要协调落实村上的一些项目建设,要关注留守儿童和资助大学生上学,真正让唐藏村基础面貌和精神面貌焕然一新,用文明乡风扮靓美丽乡村。"民革省委会副主委这样说。

巍巍青山下,浓浓唐藏情,绿意盎然的唐藏村村民过上了宜居和美的新生活。不久的将来,伴随草甸旅游大通道的开发建设,唐藏村正酝酿着更多和美乡村的诗情画意。

作者:潘军峰　民革甘肃省委员会社会服务处三级调研员

传薪火坚守民盟传统　助脱贫贡献民盟力量
——民盟甘肃省委会助力脱贫攻坚工作纪实

脱贫攻坚，精准是要义。近年来，民盟甘肃省委会紧紧围绕甘肃省"打赢脱贫攻坚战"这一战略部署，紧扣精准这一关键，在做好帮扶村和监督点脱贫攻坚帮扶工作的前提下，兼顾我省其他贫困地区，精准施策，开展了"烛光行动""送医送药"等脱贫攻坚系列帮扶活动，积极履行脱贫攻坚民主监督之责，为全省"打赢脱贫攻坚战"贡献了民盟力量。

深入调研、精准施策，是做好脱贫攻坚帮扶工作的前提和基础

民盟甘肃省委会先后对口帮扶古浪县古浪镇联泉村、十八里堡乡赵家庄村和西靖镇感恩新村。建立脱贫攻坚帮扶机制。成立脱贫攻坚领导小组，选派1名机关党员干部赴古浪县横梁乡上条村担任第一书记，3名机关干部分别担任十八堡乡赵家庄村、西靖镇感恩新村驻村工作队队长、队员，协助机关落实各项帮扶活动。明确帮扶干部的责任和要求。明确工作意义和目标，熟悉帮扶工作规定，了解清楚政策，分析贫困原因，精准制定帮扶措施。探索脱贫攻坚工作路径。加大帮扶村农业技术培训力度，培育壮大特色产业；加强农民职业技能培训，积极发展劳务经济；发挥民盟"烛光行动"、医疗扶贫等社会服务品牌优势，加强对教师和医务人员素质的提升；协调项目建设资金，进一步提高公共服务水平，加强基础设施建设。

发挥优势、精准发力，是做好脱贫攻坚工作的有效途径和重要抓手

积极争取民盟中央扶贫项目落地甘肃。民盟中央始终对甘肃经济社会发展给予高度关注和大力支持。费孝通主席曾11次到甘肃、7下定西，足迹遍布甘肃各地。之后，民盟中央历任主席丁石孙、蒋树声、张宝文、丁仲礼等均亲临甘肃视察，为甘肃省经济社会发展问诊把脉，提出了很多建设性的意见和建议。民盟中央协调各方资源，在甘南、定西、天水、武威等贫困地区成功开展"烛光行动""增爱义诊""守护天使工程"等教育扶贫、医疗扶贫活动。2017年以来，民盟中央社会服务部携手西门子医疗系统有限公司开展"守护天使工程"项目落地甘肃省华池、文县、东乡、古浪等县，捐赠优质医疗设备，节约医疗设备采购资金达6000万元以上；向秦安、古浪、东乡等县捐赠24期"守护天使工程"空中课堂项目。争取资金联系项目。建设帮扶村扶贫产业和公共服务基础设施，逐步壮大集体经济，协调或直接投资175万元，建设古浪镇联泉村文化活动室、日间照料中心、脱毒马铃薯原种繁育基地、牛羊养殖基地，西靖镇感恩新村乡村绿化和湖羊养殖基地，拓展农民增收渠道。发挥社会服务品牌优势。与民盟青岛市委、民盟江苏省委建立长期的培训机制，全省先后选送183名优秀骨干老师参加在青岛举办的"民盟农村教育'烛光行动'——青岛国开第一中学'烛光行动'培训教师暑期班、农村校长暑假培训班"；选送62名中小学校长及骨干教师赴江苏省南京市等地参加了培训。与民盟上海市委、民盟浙江省委、民盟湖北省委、兰州新东方学校展开合作，培训优秀骨干教师和校长10000多名。发挥专家密集的优势，开展"送医送药""送文化""送技术"下乡活动。组织民盟界别医疗专家50余人次，深入甘肃省6个贫困县开展"送医送药"活动，免费诊治1200余名病患，发放55万余元的药品，培训500余名医务人员。开展红提葡萄种植技术培训和现场指导，350余名村民参加培训；开展实用劳务技能和养殖技术培训，200余名村民和养殖能手参加培训；举办"我们的中国梦——文化进万家暨陇原'红色文化轻骑兵'文化惠民演出"。积极引导盟内外企业家开展爱心捐助活动。联系"明日之星"基金会向甘肃省14个市（州）80个县（区）的中小学校捐赠4000余万元的教育物资。发起民盟"百万图书爱心捐赠活动"，捐赠100万元图书。向东乡县龙泉学校和兰州市三十五中捐赠价值167万元的"智慧校园"系统。动员药医爱心企业捐赠价值52.6万元的药品和器材。动员盟内企业家及盟省委机关干部职工积极采购帮扶村贫困群众农特产品。

积极履职、在参与中监督，扎实开展脱贫攻坚民主监督工作

甘肃省委、省政府赋予民盟甘肃省委会对全省义务教育和东乡县脱贫攻坚民主监督工作任务。民盟甘肃省委会坚持问题导向，与省直相关部门和东乡县委、县政府共同努力，全力助推全省义务教育和东乡县脱贫攻坚工作。紧扣脱贫重点，履职尽责落实工作。先后组织开展了"易地扶贫搬迁危房改造专项调研""脱贫攻坚工作实效"等调研和督查活动，提出了加强农村危房改造工程技术指导，严格按技术标准施工，严把质量关；加大对失学、辍学学生摸排力度等建议。2018年调研成果得到省委主要领导的批示。紧扣协调资源，以社会服务助力帮扶。推动东乡教育、危房改造等脱贫攻坚工作，将盟员书画义拍款30万元捐助赵家乡甘土沟村30户无能力建房户；发起民盟"烛光行动·童亨计划"，向阳洼小学捐赠了教学用品；联系北京远华公益基金会为五家乡学区捐赠价值3万余元的学习及生活用品；协调民盟中央和西门子医疗向东乡县医疗系统捐赠24期"守护天使工程"空中课堂项目，免费培训医疗影像技术，向赵家乡卫生院捐赠一台价值68万元的彩超机。

今后，民盟省委会将继续发扬民盟优良传统，充分发挥自身优势，广泛动员各方资源和各种力量，全力拓展社会服务空间和渠道，着力提升传统品牌优势效应，不断提升社会服务品质，继续在乡村振兴战略实施中精准发力，贡献民盟智慧和力量。

优势发力，积极开展"烛光行动"。加强与发达省份民盟组织的联系，积极拓展与兄弟省民盟组织的沟通与协调工作，持续开展农村教师培训，进一步提升农村教师自身素质和教育教学水平，不断促进城乡教育均衡发展。

多方争取，持续推进医疗扶贫。保持与民盟中央的良好沟通与协调，加大对甘肃省民族地区的医疗救助和帮扶力度；整合盟内医疗专家队伍，持续开展"送医送药"义诊活动，免费为困难群众看病治病；组织热心盟员企业家开展捐药助医活动。

探索"社区+"模式,促进社会和谐稳定。加强与社区工作人员及司法部门的沟通与合作,推动全省各级民盟组织大力开展法律教育、心理咨询、技能培训等"进社区"活动,增强活动的社会效益。

供稿:民盟甘肃省委员会

弘扬优良传统　积极担当作为
——民建甘肃省委会积极助力脱贫攻坚工作纪实

党的十八大以来，民建甘肃省委会认真学习贯彻习近平总书记关于扶贫工作的重要论述，按照省委、省政府关于打赢脱贫攻坚战的决策部署，聚焦深度贫困，用心用情用力参与脱贫攻坚，持续开展智力扶贫、咨询培训、帮困助学、春节送温暖、消费扶贫等活动。民建省委会配合中华思源工程扶贫基金会，在甘肃省开展了"思源·救护中国行"等公益活动，为甘肃省贫困县捐赠救护车158辆；开办"思源·教育移民班"18个，帮助900名贫困家庭的小学毕业生完成了初中学业，培训幼儿教师70名，培训初高中骨干教师400多名。据不完全统计，争取民建中央和省外组织为甘肃省捐款捐物共计4926万元。全省民建组织和民建会员捐款捐物3506万元，培训劳动力11015人次，会员企业安置就业人员11668名。5个民建组织、15名会员受到民建中央表彰。

自脱贫攻坚工作开展以来，民建甘肃省委领导班子始终高度重视，多次实地调研帮扶地（临夏州和政县三十里铺镇张家沟村和祁家沟村）社会经济发展情况，与干部群众共同探讨脱贫致富途径，并捐赠了农业科普书籍、电脑等物品。先后选派3名同志担任驻村干部，协助开展脱贫攻坚工作。协助帮扶村建立了互助合作社和"爱心书屋"。在帮扶村修建彩钢房，安装了路灯，为帮扶村小学修建了食堂，硬化了操场。这些成效，是民建中央大力支持的结果，也是民建省委会机关、全省民建成员共同努力的结果，更是社会各方共同努力的结果。

立足长远关注教育

帮扶村由于普遍贫困,不少孩子上不起学。经过多次努力争取,民建中央"思源·教育移民"扶贫工程2012年秋季成功落户和政县一中。至2020年底,民建中央中华思源扶贫基金会联合民建甘肃省委捐助180万元,在和政县开办"思源·教育移民班"6个,共资助贫困家庭300余名初中学生完成学业。

张家沟村小学教学、生活设施老旧缺乏,2012年5月,民建送去节能热水器2台,让100多名师生喝上了热水;2013年6月,会员企业家捐助建成食堂,解决了师生们吃饭难的问题;2017年会员企业家出资硬化张家沟小学操场,为学校捐助图书8000多册,电脑4台。

筹集了600多册关于家畜养殖、农业技术、科学法律等方面的图书,提高了村民科学养殖和种植技能,增强了法制观念。

为开拓群众视野,畅通信息,拓宽增收渠道,2018年,民建会员企业家出资安装,网络进村入户80户,村级电子商务已畅通,电视全覆盖。

2020年6月,经过省民建争取,甘肃新星慈善公益组织每年资助帮扶地祁家沟村近3万元,帮助10多名贫困家庭中学生完成学业。

重视基础,畅通道路

以前的张家沟村,山路陡峭难行,省民建积极反映争取,在党和政府的关怀下,省扶贫办拨付15万立项启动资金,2013年和政县把硬化村社道路列入项目,张家沟村社道路硬化当年年底竣工,村社通了水泥路。

祁家沟村进村道路坡陡弯急,晚上漆黑,很难正常通行,2018年,会员企业家出资捐助安装太阳能路灯30盏,方便了群众安全出行。

配合政策 产业扶持

当地群众普遍外出务工、做小生意、开小饭馆等,收入较稳定,但是苦于没有本钱,无法扩大生产。2014年初,配合临夏州村级产业互助社项目,会员企业家为张家沟村互助社无偿借款20万元,解决了村互助社农户创业启动难的问题,同时也缓解了农户应急或流动资金不足的问题。

为了提高和优化张家沟村养羊质量,省民建捐助了5只种羊,几年间繁殖了400多只优质绵羊。

2017年至2018年,会员企业家捐款,为祁家沟村委会新盖7间彩钢房,分别用于村委会厨房、农家书屋、合作社、村级金融服务点等。

2018年4月,经省民建联系协调、负担费用,省委会干部、驻村帮扶队长王健带领祁家沟村20名养蜂骨干赴陇南王旗镇考察学习,后来成立了和政县祁家沟村祁诚蜜蜂养殖专业合作社。

关注病患　捐助设备

和政县医院急救中心医疗抢救车辆少,难以保证正常急救工作。2014年至2018年,民建中央、中华思源扶贫基金会向和政县医院捐助4台救护车,有效缓解了急救难的矛盾。2015年会员企业家为三十里铺镇贫困残障学生捐款3万元。

脱贫攻坚以来,经过省民建努力争取,民建中央中华思源工程扶贫基金会还为临夏州做了一些实事:2013年为临夏市枹罕镇卫生院捐赠1台心电监护仪,为临夏州医院捐赠2台救护车及160多万元的医疗器械采购补助;2014年为东乡县妇幼保健院捐赠救护车1台;2015年在康乐县开办"思源·教育移民班"1个;2018年,在积石山县开办"思源·教育移民班"1个。2017年至2018年,给临夏州7个县共计捐助20台救护车。2019年11月,中华思源扶贫工程基金会"扬帆计划"图书捐赠项目向临夏州100所学校捐赠价值92万元的图书。

甘肃省虽然已经全面完成了脱贫攻坚任务,但还面临着县域经济不强、农业特色主导产业较弱、群众增收不稳定、容易因患病和自然灾害返贫等突出问题。民建省委会将持续关注,积极行动,在扎实巩固脱贫攻坚成果、促进乡村全面振兴中作出应有的努力。

供稿:民建甘肃省委员会

拉布村里的民进情
——民进甘肃省委会帮扶拉布村侧记

"村庄凋敝,村民神情木讷,抄着手懒洋洋地或蹲或站在墙边晒太阳,街上到处都是家畜粪便。"全国政协常委、省政协副主席、民进甘肃省委会主委尚勋武在回忆第一次来到拉布村留下的印象时这样说。

临潭县羊永镇拉布村,地处青藏高原东北边缘,全村地形以山地为主,地势北高南低,为侵蚀堆积地貌。气候寒冷多雨,四季不分明,冬季漫长夏季短暂。截至2022年底,全村共有5个自然村社,农户207户,村民938人。拉布村距离所属的羊永镇仅4公里,西距临潭县城约20公里,东南距卓尼县城15公里,村口紧邻248国道,建设中的合(作)卓(尼)高速公路穿村而过,交通区位优势相对显著。

然而,谁都不会想到,就是这样一个交通便利、临近县城,又没有明显资源短板的村庄,竟然成了一个在全省都数得上的深度贫困村。让第一次到村里开展扶贫工作的民进甘肃省委会干部感到惊讶的是,地里种出的土豆只有核桃般大小,且几十年来都未曾换过品种。村民的思想保守,对外面的世界几乎一无所知,家家户户本就不多的几亩薄田,即便都用来种植小麦、青稞这样的口粮作物,很多时候也仅能勉强够一家人填饱肚子。

为了尽快扭转这种局面,曾多年从事农业科研工作的尚勋武主委经过反复研究和实地考察,制定了将种植小麦、青稞等传统农作物改为种植中草药、马铃薯等经济作物,变农业自然生产为特色商品生产,与市场有效对接,增加农民收入的产业发展计划。

说干就干!民进省委会的干部们挨家挨户登门给村民们做动员工作,向他们宣传讲解国家的扶贫政策,用手机和电脑给他们展示、介绍外面的世界，帮他们一笔一笔地算种植中药材等经济作物能够带来的收益，和他们一起畅想脱贫后的美好生活。一开始，村民中间也有"不敢不敢，我种的够我吃就行"或"不够吃还有政府管我们"之类的声音，但慢慢地，民进干部们的努力开始有了效果，村民们的思想逐渐有了改变，希望通过自己努力和政府帮助摆脱贫穷落后面貌的人越来越多。农田里，当归、党参、胡麻逐渐开始取代小麦、青稞，农业种植结构逐步得到了调整，一些有文化、外出打过工的村民在民进省委会的鼓励下，成立了中药材种植专业合作社，民进会员创办的龙头企业和扶贫车间都在拉布村扎下了根。

曾在拉布村驻村帮扶将近5年的民进省委会干部石磊初到拉布村时，虽早有心理准备，但这里的贫穷落后还是让他大感意外。村委会没有电，村里不通自来水，一到旱季很多村民吃不上水。村里的小学停办多年、校舍年久失修，村里的孩子上学都只能去羊永镇……尽管通过种植中药材等经济作物，村民们收入有了一定增长，但村里生活还远远算不上便利，更达不到小康。民进省委会决定从吃水、用电、上学这些群众身边的事入手，逐步改变整个村子的面貌。经过民进省委会多年来连续不断的努力，全村的人饮工程全面竣工，拉布村从此家家户户喝上了洁净的自来水；村里的小学、幼儿园有了新的校舍，孩子们入学终于不用"舍近求远"，家长们也不用再起早贪黑地接送；新的村委会拔地而起，村民办事更加便利，农家书屋和新建的篮球场也让村民们闲暇时有了文体娱乐的好去处；村卫生室有了更新、更现代化的诊疗设备，村民的健康更有保障，从此实现了小病不出村；塔哇、莫多、扎路沟三个山坡上的村社安装了太阳能路灯，村民们从此再也不用担心走夜路。正如石磊所说："对幸福生活的追求到哪儿都一样，谁都不愿意守着贫穷过，都想过上好日子。"现在的拉布村，自来水、电、网、公路都通了，村民医疗、教育更有保障，生活环境有了较大改善，街道更干净，房屋更整洁，曾经的贫困户有了稳定的收入来源，全村人一起摘掉了贫困帽子，村民们对未来生活充满着希望与憧憬，村民的心气也随之变高了，精神面貌与之前有了翻天覆地的变化。"农民的眼神变亮了"。尚勋武主委说。

"拉布村脱贫了，以后民进还会管我们吗？"2019年，就在拉布村脱贫摘帽前夕，在民进省委会机关干部同拉布村干部、群众的座谈会上有村民提出了这样的问题。尚勋武笑着答道："随着拉布村脱贫退出，以后也许不会来得这么频繁,但我们一定会来,民进省委会和拉布村结成的帮扶感情会一直延续下去,永远不会断!"

拉布村的山上有多股常年流淌的水流,水体含氟较多,水质偏硬,既不适合人畜饮用,也无法用来浇灌农田。而常年的水流冲刷侵蚀,在村子中间形成了一条长约2公里,最宽处超80米的深沟,且沟道有进一步向宽发展的趋势,已经严重威胁到周边村民住房和农田安全。

2019年,建设中的合(作)卓(尼)高速公路的一条隧道在拉布村西侧的山上开工建设,隧道掘出的渣土正好可以用来填平拉布村内的深沟。为此,拉布村村民以村集体名义给民进省委会领导写了一封信,希望借助民进的力量促成此事。

了解到相关情况后,民进省委会立即着手开展相关工作,多次由主要领导带队赴拉布村实地查看,与村干部和村民代表座谈交流、了解情况。尚勋武主委给时任甘南州州长写了一封亲笔信,希望甘南州有关部门予以协助。

2021年,在民进省委会的推动下,拉布村沟道填埋治理项目顺利落地实施。在此基础上,民进省委会进一步加大工作力度,2022年,又积极推动完成了拉布村填埋沟道小流域治理项目的立项审批和落地实施,在沟道填埋的基础上合理规划了排水渠,更好地解决了沟道填埋后的排涝问题。两个项目的综合实施不仅解决了困扰拉布村长期以来的水土流失问题,极大改善了村庄周边生态和环境面貌,还使拉布村新增公共和产业用地约200亩,为拉布村未来发展奠定了坚实基础,更兑现了民进省委会在脱贫攻坚结束后继续关心、帮助拉布村发展的承诺。

"现在的日子,每天都有奔头,每天都像过节一样高兴。"村民朱满生说。巧合的是,"拉布"一词在藏语中恰有"节日的庆典"之意。如今的拉布村生态环境宜居、基础设施齐全、村民生活便利、产业发展兴旺,村民精神面貌和村庄整体面貌焕然一新。在新征程上,民进省委会与拉布村将继续携手,谱写乡村振兴的新篇章,迎接一个又一个属于他们的"节日庆典"。

作者:张明磊　民进甘肃省委员会议政调研部三级主任科员

大步走在脱贫攻坚的路上
——九三学社甘肃省委会脱贫攻坚帮扶工作纪实

党的十八大以来,以习近平同志为核心的党中央把脱贫攻坚工作纳入"五位一体"总体布局和"四个全面"战略布局,作为实现第一个百年奋斗目标的重点任务,作出了一系列重大部署和安排。根据中共甘肃省委的安排部署,九三学社甘肃省委员会先后在甘南州卓尼县藏巴哇乡和庆阳市庆城县马岭镇开展脱贫攻坚帮扶行动。针对这两个地方分别属于涉藏地区和革命老区的实际情况,社甘肃省委高度重视,精心组织,在充分调研了解当地实际情况的基础上,提出了因地制宜、精准施策、立体帮扶、打组合拳的帮扶原则,全面推行帮扶任务数量化、管理精细化,帮扶工作年初有计划、年终有总结。真正做到了做给群众看、领着群众干、实惠群众得、带领群众富,所联系的贫困村面貌得到了根本改观,贫困户收入大幅增加,贫困人口大幅减少,脱贫攻坚成效明显。

打牢产业基础,走产业发展的脱贫之路

(一)发展特色农业,夯实产业基础

针对藏巴哇乡的现实情况,社省委最终选定将核桃、花椒和中药材种植三种产业作为当地农牧民群众的支撑产业,先后筹措投入资金近50万元购买种苗和农药化肥,免费发放给贫困户进行种植,打牢产业发展基础。

(二)壮大优势产业,拓宽收入渠道

黄花菜作为庆阳地区的传统产业,有着良好的发展基础和广阔的前景,社省委投入资金10万元,建立了黄花菜产业发展基金,鼓励贫困户积极发展黄花菜产业,拓宽了贫困群众的增收渠道。

(三)培育畜牧产业,增加收入来源

在马岭镇纸房村,社省委投入资金10万元建立了肉羊养殖产业发展基金,补贴贫困户种羊引种贷款利息5万元,由贫困户把基础种羊集中投放到合作社统一管理、统一饲养,共同发展的"331+"草畜产业发展新模式成了贫困户增加收入的新来源。

发挥项目作用,走特色鲜明的发展之路

(一)开展地质灾害治理项目,保障群众生命财产安全

藏巴哇乡有一条沙拉沟,每到雨季,从沟里奔泻而下的泥石流严重影响着群众的生命财产安全。社省委组织社内地质专家现场勘察,实地测量,编制完成了《甘肃省卓尼县藏巴哇乡泥石流治理项目建议书》,最终促使沙拉沟泥石流综合治理项目得到审批立项,投入1580万元专门用于沙拉沟治理工作,有效保护了当地群众的生命财产安全。

(二)实施"一带一路"发展项目,助推地方经济快速发展

社省委积极争取九三学社中央的支持,先后累计投入资金50多万元,在庆城县马岭镇实施了"新农村建设项目""'一带一路'助推地方经济发展项目"和"农村卫生室建设"等多个项目,通过这些项目的实施,有力促进了当地经济发展。

转变发展观念,走科技兴农的振兴之路

(一)大力开展技能培训,提升劳动技能

社省委在藏巴哇乡建立了"九三学社农民技能培训中心"和"文化阅览室",投入资金30万元,配套电脑51台,通过运用"互联网+技能"的培训方式,积极开展了核桃栽培种植、网箱养鱼技术、农村电子商务、务工维权法律知识等各类培训,提高群众的劳动生产技能和发展能力。

(二)组织外出参观学习,开拓思维眼界

由社省委出资,举办了生态文明乡村建设学习班,组织乡村干部、大学

生村干部外出学习周边地区发展经验,转变发展观念。

(三)开展科普活动,提升科学素养

先后在两地多所中小学开展了"科普进学堂"活动,邀请多位专家教授开展通俗易懂的科普讲座,激发起农村地区青少年学科学、爱科学、用科学的热情,有效提升了他们的课外科学文化素养,还向学校捐赠大量的图书和文体用品。争取美中下一代教育基金会,为庆城县陇东中学20名品学兼优、家庭困难的学生每人发放奖学金人民币3000元,共计6万元。

补齐民生短板,走协调发展的健康之路

(一)开展"亮康"行动,实施免费复明手术

争取到九三学社中央的支持,在卓尼县医院开展"亮康"行动。为当地农牧民贫困群众进行了104例免费白内障复明手术,受到了群众的热烈欢迎。

(二)建立专家工作站,积极开展义诊活动

联合省级多家医院,在卓尼、庆城开展义诊活动,累计为上千人次送去高水平的医疗卫生健康服务。在庆城县人民医院挂牌成立了"九三学社医疗专家工作站"。我们还组织天津市的医疗专家专程来到庆阳市,开展义诊和示教活动,促进了甘津两地的医疗交流。

(三)实施养老服务建设,加强农村卫生室建设

我们在卓尼县藏巴哇乡实施了"藏巴哇乡老人日间照料中心"项目,投入资金15万元,为养老院配置相应设施,建立了日间照料中心。筹措资金5万多元,为马岭镇纸房村卫生室购买了480多件(台)各类医疗器械和电脑、打印机等设备,成立了"九三学社庆城县马岭镇纸房村健康扶贫点"。

作为民主党派,九三学社甘肃省委员会在过去的脱贫攻坚帮扶工作中取得的成绩来之不易,离不开九三学社中央和中共甘肃省委的正确领导,离不开中共甘肃省委统战部的帮助指导,离不开全省各级组织和广大社员的大力支持。脱贫摘帽不是终点,而是新生活、新奋斗的起点。雄关漫道

真如铁,而今迈步从头越!今后,九三学社甘肃省委员会将坚定不移高举中国特色社会主义伟大旗帜,以习近平新时代中国特色社会主义思想为指导,切实承担起中国特色社会主义亲历者、实践者、维护者和捍卫者的政治责任,不忘合作初心、继续携手前进、共担时代使命,为实现中华民族伟大复兴的中国梦作出新的贡献!

供稿:九三学社甘肃省委员会

征程正未有穷期　奋楫扬帆奔小康
——农工党甘肃省委会脱贫攻坚帮扶工作纪实

甘南州临潭县店子镇业仁村是农工党甘肃省委会脱贫攻坚联系村,自2012开展脱贫攻坚工作以来,积极发挥民主党派医疗卫生界别优势,团结各方面力量,以助力脱贫攻坚为抓手,以维护民族团结、促进地方经济社会发展为目标,积极助力当地医疗卫生、经济社会发展,截至2021年2月,业仁村贫困发生率由2012年的41.82%降至0.64%。目前已经退出贫困村序列,现为农工党甘肃省委会乡村振兴帮扶村。

发挥优势,全力推动民族地区医疗卫生事业发展

(一)发挥界别优势,开展医疗咨询服务和项目引进

从2013年起,积极联合兰大二院在双联点店子乡卫生院开展送医疗、送科技咨询服务活动,捐赠了价值近5000元的医疗设备和常用药品,义诊群众300多人次。2014年,省委会联合兰州大学第一医院医疗专家以及书画、教育界专家等20人,在店子乡卫生院和业仁村委会开展了系列活动,免费给300多名藏、汉族农民群众开展了医疗服务和健康咨询,发放价值4000多元的常用药品。邀请心理咨询中心专家针对"教育缺失、亲情缺失、安全缺失、健康缺失"等问题,开展了向农村留守妇女儿童献爱心活动。向业仁村留守妇女儿童捐赠40个健康包、40个书包,以及健康教育手册100余份。2014年6月邀请北京同仁医院心内科、眼科著名专家在临潭县第一医院开展"先天性心脏病筛查行动",并免费做白内障手术6例。2016年6月,积极联合兰大一院专家在临潭县第二人民医院开展大型义诊活动,现场免费发放了300余份宣传资料和价值4000余元的常用药品。2017年元月,联合农

工党浙商总支为精准扶贫联系点学龄儿童捐赠了总价值6000元的棉衣52件。2017年10月联合省人民医院专家在临潭县新城镇扁都卫生院开展了义诊活动,向群众免费发放了价值5000余元的常用药品和宣传资料300余份。2018年先后两次在精准扶贫点开展健康扶贫专题活动,累计投资19万元。2019年7月,联系爱心企业家为村内小学生捐赠价值2万元的图书、文具60余套,并向品学兼优的10名学生发放爱心助学金10000余元。

(二)发挥界别优势,牵头组织省人民医院与临潭县第一人民医院签订帮扶协议

2015年5月,在甘肃省开展第12个民族团结进步宣传月活动时,在省政协副主席、农工党甘肃省委会主委、原省人民医院院长郭天康的支持下,机关负责帮扶的同志积极协调省人民医院专家定点帮扶临潭县人民医院,根据对方急需专业和人才,选派了儿科、普外、骨科、检验和护理5个专业的业务骨干,赴定点帮扶医院开展为期一年的帮扶工作。2016年10月,经过省委会帮扶办努力,争取国家级基层综合眼病防治网络建设模式探索项目,使临潭县第一人民医院成为国家卫计委在全国第一个县级项目实施医院。积极协调省人民医院与甘南藏族自治州临潭县第一人民医院签订整体帮扶协议,并为"甘肃省人民医院协作医院""甘肃省远程会诊中心临潭县分中心"举行了挂牌仪式。科室之间签订《科室合作协议》,帮助基层医院学科建设;医生之间签订《专业指导学习关系认证书》,确定"一帮一"的导师终身指导关系。定期指派专家进行坐诊,帮助基层医疗机构提升服务能力。这些做法得到了帮扶医院、医生的普遍好评。2016年第13个民族团结进步月期间,积极争取民建中央援助甘肃"民建思源救护中国行"救护车1辆,用于临潭县中医院医疗卫生事业。

聚焦发展,在脱贫攻坚帮扶责任中持续助推联系村经济社会发展

自2012年至2019年,省委会机关连续8年列计划、列清单、组团队深入临潭县店子镇业仁村开展维稳工作。每批三人一组,机关干部基本都轮流蹲点十余次至数十次不等,累计天数超过200天。干部们克服困难,在饮食

和交通不便的情况下,坚持访贫问苦、宣讲政策、排查矛盾、化解纠纷、深度调研、谋划发展。在此基础上,机关帮扶办负责本单位制订干部轮流驻村计划,要求每位干部年平均驻村天数不能低于15天,蹲点次数不能低于4次。截至2021年2月,农工党甘肃省委会已累计为精准扶贫联系村争取到村道建设项目、种植养殖发展项目、太阳能路灯项目、村容村貌改造项目、安全饮水项目、村道绿化项目等,累计投入项目资金453万元。为业仁村委会捐赠价值6万多元的办公用品;为32户贫困户以每户5万元标准协调落实惠农专项贷款和精准扶贫小额贷款160万元;先后开办种植养殖培训班,培训762人次;帮办实事好事45件。

及时落实单位的主体帮扶责任,在民族地区灾后重建中发挥重要作用

2011年、2013年间甘肃省相继发生了舟曲泥石流、岷县暴洪灾害、"7·22"甘肃定西6.6级地震等,经济损失惨重。农工党甘肃省委会及全省党员大力发扬"一方有难,八方支援"的精神,第一时间组织农工党员捐款捐物,帮助灾区共渡难关。经与省红十字会多次协商,最终确定了甘南藏族自治州临潭县新城镇扁都卫生院为重建卫生院之一,重建业务用房300平方米,资金76万元。2019年10月甘肃省委、省政府召开甘肃省第八次民族团结进步模范集体和先进个人表彰大会,农工党甘肃省委会参政议政部喜获"民族团结进步模范集体",这是省级民主党派暨工商联唯一获得的殊荣。

积极完成省委确定的民主监督脱贫攻坚监督县各项任务

2017年,根据省委安排,农工党甘肃省委会对口联系"民主监督脱贫攻坚古浪县"的监督工作。省委会先后组织开展了易地扶贫搬迁中富民产业发展、健康扶贫、"一户一策"精准脱贫计划落实、戈壁农业发展等专项调研6次,应邀列席古浪县各类脱贫攻坚情况通报会9次。分别提出了"易地扶贫搬迁中富民产业发展存在现代农业基础条件较差、稳定增收产业基础不稳固""发展戈壁农业需要资金支持、科技支撑"等问题的意见建议,得到省、市、县相关部门高度重视和积极采纳。找抓手,设立哨点村。于2018年

7月选择古浪县黑松驿镇黑松驿村和西靖镇感恩新村两个村,设立民主监督监测点,持续跟踪监督脱贫攻坚成效。设立省农工党监督电话、电子邮箱及公开公示栏,依托驻村帮扶工作队开展工作,并将监测点公布的通告抄报省级帮扶单位。提要求、定方案、配人员、下任务、查进度。从2017年至2020年,组织各类专家共开展了11次调研工作,累计在11个乡镇17个村(社),走访调研非贫困户及建档立卡户238户,患大病和慢病管理户31户,了解实情、反映民意、督促整改;向省委统战部累计提交调研报告4份,向古浪县委、县政府反映问题及提意见建议21条。

供稿:农工民主党甘肃省委员会

凝聚企业力量　助力脱贫攻坚
——甘肃省工商业联合会社会帮扶工作纪实

党的十八大以来,省工商联深刻领会习近平总书记"深化脱贫攻坚,坚决攻克最后的贫困堡垒"重要指示精神,紧盯目标任务,充分发挥广泛联系民营经济优势,依托全省脱贫攻坚联系帮扶、"千企帮千村"精准扶贫行动、驻村帮扶等扶贫工作载体,充分履职尽责,在定西市漳县扎实开展了招商引资、产业扶贫、就业扶贫、公益扶贫、教育扶贫等扶贫工作,为漳县实现脱贫摘帽和接续乡村振兴作出了积极的贡献。

省工商联是最早在全国工商联系统调动商会和民营企业力量开展扶贫工作的省级工商联之一,在对口帮扶漳县的工作中,省工商联充分发挥组织优势,引导社会力量精准帮扶,依托"千企帮千村"精准扶贫行动,商会对口帮扶贫困县,"民企陇上行"等活动,引导民营企业和商会走进漳县,通过招商引资,产业带动,公益扶贫,教育扶贫,就业扶贫等多种形式助推漳县脱贫攻坚和县域经济发展。

大力推进引企入漳

从2012年开始,省工商联就以建档立卡的贫困村为帮扶对象,以签约结对、村企共建为主要形式,广泛动员省工商联会员企业参与漳县经济社会发展,先后组织甘肃省粮油商会、温州投资商会,甘肃伊真集团、兰州天正中广投资控股集团,兰州手足外科医院与漳县马泉乡签订帮扶协议。动员甘肃天庆房地产集团有限公司,甘肃伊真堂药业等省内著名企业分别以基础设施建设、药材订单种植等形式支持马泉乡脱贫攻坚工作。随着脱贫攻坚决胜时间的临近,省工商联将帮扶力量投入到脱贫攻坚任务更为艰巨的石川镇。省工商联加大引企力度,把漳县列为省工商联"百村脱贫攻坚行动"帮扶县区,先后6批次组织企业赴石川镇开展前期考察,充分调研和发现民营企业与贫困乡镇产业的契合点,有针对性地开展引企行动,先后组织甘肃省粮油商会、甘肃省女企业家商会、甘肃省金银珠宝业商会、甘肃渭河源生物科技有限公司、甘肃安居建设集团有限公司、甘肃远达投资集团有限公司、兰州海鸿房地产有限公司、甘肃同济药业有限责任公司等50多家商会、企业到石川镇考察对接,发展产业项目,开展公益扶贫。目前已有兰州鑫源现代农业科技开发有限公司投资的食用菌产业园,甘谷腾达实业有限公司帮建的就业扶贫车间,兰州宏建集团帮建的就业扶贫车间,甘肃豫兰生物科技有限公司帮建的新型燕麦种植基地、兰州高压阀门有限公司帮建的三眼泉农村电子商务服务室等项目落地,投资总额700万元。组织十二届甘肃省政协工商联界别委员、人大代表,省内知名商会、企业来漳县调研考察,促成漳县8家农民专业合作社与民营企业签订帮扶协议,为筑强当地主导产业、带动群众增收发挥了重要作用,特别是兰州鑫源现代农业科技开发有限公司帮助发展的黑木耳产业,已辐射石川、四族、三岔等乡镇,成为当地富民产业发展的名片。

指导推进"千企帮千村"工作

省工商联不断加强对漳县工商联工作的指导,发挥民营企业和民营经济人士在资金、技术、市场、信息等方面的独特优势,结合贫困村和企业发展实际,广泛征求群众意见,发挥当地资源优势,采取"公司+基地+农户""公司+合作社+农户+标准化"的模式,大力发展中药材种植加工、高原夏菜、沙棘深加工、特色养殖、乡村旅游等主导产业。5年来,先后动员组织40多家民营企业与40多个贫困村结成帮扶对子,累计流转土地11000多亩,开办专业合作社和发展种植基地,带动2600多户贫困群众发展,户均年增收5000多元,并依托全县民营企业、合作社、扶贫车间等平台,引导企业在用工方面向贫困群众倾斜,安置就业贫困群众2000多人,岗前技术培训600多人,发放工资1亿多元。累计向全县贫困村、贫困户捐款捐物1000余万元。

供稿:甘肃省工商业联合会

履行包抓责任　助力打赢脱贫攻坚战
——兰州市政协脱贫攻坚帮扶工作侧记

近年来,市政协认真履行包抓职责,积极开展脱贫攻坚监督性调研及帮扶工作,按照"两不愁三保障"底线要求和稳定脱贫奔小康的总目标,强化责任,改进工作,结合政协工作实际开展帮扶,取得了一些好做法好经验。

主动靠前指挥全面履行职责

2018年以来,坚持每年不少于4次深入皋兰县各乡村,与皋兰县委县政府一起研究脱贫攻坚工作,具体指导脱贫攻坚任务落实,同心解决脱贫攻坚中遇到的难题。市政协主席李宏亚带队深入调研,形成的调研报告《在脱贫攻坚中发挥政协作用》被《人民政协报》刊登,为皋兰县在已经实现脱贫摘帽的基础上,继续按照新的要求持续抓好贫困人口的动态管理,严控返贫风险,巩固和稳定脱贫攻坚成效提供了借鉴。

同时,市政协各位副主席分别包抓永登县3个贫困村、榆中县2个贫困村、皋兰县5个贫困村的脱贫攻坚任务。

调研把握关键点精准性

在兰州市脱贫攻坚进入啃"硬骨头"的攻坚阶段,如何提高工作的精准性、实效性成为各级党委政府关注的焦点。2018年,市政协及时开展了"打好精准脱贫攻坚战"监督性调研,形成了13000余字的《"打好精准脱贫攻坚战"监督性调研报告》,获得了党委政府的高度评价,同时所提的意见建议被采纳进兰州市委、市政府印发的《关于打好打赢脱贫攻坚战巩固提升脱贫成果三年行动的实施方案》中,彰显了人民政协的优势和作用,也是政协民主监督、参政议政的一次生动实践。

确保调研成果可落实

"参政参到点子上、议政议到关键处"是对政协参政议政的基本要求,也是市政协选择调研课题的基本遵循。2019年针对脱贫攻坚进入巩固提升阶段的实际,适时开展了《加大美丽乡村建设力度 推进实施乡村振兴战略》的调研,形成了专项调研报告,从强化组织领导、建立完善多元投入机制等8个方面,提出了35条建议,对兰州市实施乡村振兴战略提出了建设性意见和建议。与此同时,还向市委、市政府报送了《关于建立健全脱贫攻坚长效机制的建议》,提出了抓好脱贫攻坚与乡村振兴的有序衔接,打牢长久脱贫的基础等10条建议。

紧盯弱项问题搞调研

紧盯上级巡视反馈问题和县区脱贫攻坚弱项搞调研是兰州市政协近年来开展调研的显著特点。2019年以来,市政协根据中央巡视组对甘肃脱贫攻坚工作指出的问题,坚持把整改反馈问题、打赢脱贫攻坚战作为重大政治责任,认真梳理,精选突破口,用政协智慧和力量助力问题整改。主席会议成员根据个人包抓乡镇的实际,分别开展了专题调研,帮助联系县区"把脉会诊",找准问题出实招,助推中央和省委巡视反馈问题在皋兰县的有力整改。

积极协调发挥帮扶单位作用

根据市委安排部署,皋兰县所属乡镇分别由46家市级单位进行具体帮扶,市政协坚持每年召开帮扶单位协调会及帮扶工作推进会,协调并督促帮扶单位出钱出力出技术,突出帮扶重点,体现帮扶实效,推动扶贫产业落地见效。

九合镇钱家窑村的塑料大棚种植产业通过几年的努力,现已初具规模,成为农民脱贫致富的好项目。市政协办公室包抓的九合镇李家沟村通过多年的持续投入,基础设施和村容村貌发生了极大改善,村民生活质量显著提高。据不完全统计,各市级帮扶单位共协调资金达3800万元。

广泛发动社会力量作贡献

市政协发动政协委员,通过各种渠道和形式为贫困村牵线搭桥、协调资金、提供技术。2018年以来,政协委员在助推帮扶活动中捐款捐物2527万元,帮助贫困学生330人,组织劳务输出2470人,举办培训班80多期、培训2100人次,帮助协调落实项目846个、资金1130万元。

同时,加强与各民主党派、工商联和人民团体、无党派人士的经常性联系,充分调动积极性,支持他们通过调研视察、大会发言、集体提案等途径建言献策。市民盟开展的"脱贫攻坚巩固提升活动"、市工商联开展的"助力贫困户发展养殖业"等都取得了较好效果。

抓难点解痛点发挥协调优势

在帮扶中,市政协发现影响农村脱贫致富的难点是缺技术,痛点在没资金,有好的想法难以变成现实,有好的项目难以有效推进,导致帮扶工作始终在低层次上徘徊。为此,主席会议成员积极为各乡镇牵线搭桥,引导企业(商会)参与"百企帮百村"精准扶贫行动,为村民提供技术培训和就业帮助,促成了阳光酒店集团为帮扶村青年免费培训厨师、酒店服务、市场营销等职业技能,达成帮助农户订单种植黑花生和珍珠土豆、养殖黑毛猪和土鸡等特色优势产业意向,取得了较好社会效益。

抓实干全出战彰显政协本色

市政协主席会议成员、市政协委员、政协各参加单位、政协机关干部都能够积极投身脱贫攻坚工作中。自实施结对帮扶以来,主席会议成员共深入乡村组开展指导联系300余人次;政协委员、政协机关干部累计深入村组开展帮扶5000余人次,进村入户开展乡村扶贫政策宣传培训、党的十九大精神宣讲等80余场次。市政协荣获"2019年度全省脱贫攻坚帮扶先进集体"。

供稿:兰州市政协

帮，就帮到老百姓心坎上
——嘉峪关市政协开展精准帮扶工作纪实

自全省开展脱贫攻坚帮扶工作以来，嘉峪关市政协认真贯彻落实市委工作部署，全力投身嘉峪关市"双促双增"精准帮扶行动，在充分调研的基础上，制定实施"帮班子、帮思路、帮产业、帮生态、帮文化、帮教育、帮健康"的具体措施，着力推进帮扶单位——嘉峪关市新城镇野麻湾村整村发展，人居环境改善，农民收入持续增加，为深化精准帮扶工作探索出了一条新路子。

帮班子，提升带头能力。全力协助抓好村"三委"班子建设，通过交心谈心、组织联谊活动、开展政策法规宣讲等方式，帮助村级班子提高农业农村工作创新能力、依法办事能力，强化农村党员队伍、干部队伍和致富能手队伍建设。按照农村党支部标准化建设的要求，协助村党支部加强组织建设，逐项对标，去虚存实，真正把党支部建成带领村民脱贫致富奔小康的战斗堡垒，把党员培养成脱贫致富能手和带头人。积极组织开展"支部连支部、党员进农户"固定党日活动10余次，促进机关党员在固定党日入农户、结亲戚、真帮扶、助增收。

帮思路，咬定发展目标。坚持问题导向，扎实开展调查研究，进村入户，访农户、察民情，结合实际帮助村"三委"班子查找影响和制约农业农村工作的短板弱项，理清发展思路，完善发展规划，建立农村产业、基础设施、人居环境的规划体系，制定"双促双增"精准帮扶行动工作各年度计划，助推村"三委"班子主动作为、精准发力。坚持思路引领，教育村民克服"等靠要""小富即安、小富即满"思想，激发村民脱贫致富奔小康的内生动力和主动性、创造性、积极性。

帮产业，壮大集体经济。在以往形成的农业产业基础上，制定切实可行的项目推进计划，市政协主席、副主席牵头包抓项目，专委会分工协作，办公室齐心协力，各帮扶单位整体发力，协调解决帮扶资金65.5万元，积极助推野麻湾村滴灌西瓜特色产业，恒温库、日光温室建设，孝老饭庄，居民区、产业园区绿化，手工醋厂等项目落地生效。按照"扶优、扶强、扶大"的原则，立足农民专业合作社，核实农户种植养殖品种、价格、种植面积、总产量及上市时间，做好对接销售工作。近年来，累计帮扶完成100亩滴灌西瓜科技实验培育，修缮5座温室大棚，建设3000立方米恒温库；联系落实农产品销售20万元，销售各类农产品达2.5万公斤，持续做精做优特色优势产业，辐射带动农民增收。

帮生态，改善人居环境。学习借鉴浙江"千村示范、万村整治"工程经验，按照市委、市政府《农村人居环境综合整治三年行动实施方案》确定的任务，配合实施好农村风貌整治、农村生活污水治理、农村垃圾无害化处理、农村户用卫生厕所改造等12项具体任务。组织开展"植树播绿·美化家园"等活动，完成野麻湾村7个小组居民点及庭院植树、野麻湾产业园区绿化目标任务，种植白蜡树、杏树、西梅、杨树、毛柳等5000余棵，持续改善村容村貌，绿化美化家园。配合开展人居环境整治，联系铲车、挖机等大型设备，清除后院乱堆乱放杂物500余吨，验收人居环境整治合格396户，合格率达97.2%。野麻湾村在全市人居环境整治综合考评中取得优异成绩。

帮文化，提升乡风文明。协助开展"美丽乡村·文明家园"乡村文明行动，深化精神文明"八个一"示范工程建设，持续巩固野麻湾村"省级文明单位"成果，并于2020年成功创建全国文明村镇。积极联系国内知名文创公司，开展野麻湾西瓜外包装设计，为野麻湾村设计专用LOGO，制作野麻湾村"戈壁砂瓜"，推广野麻湾村品牌产品，推进"文化+农产品"进程。协助建成野麻湾村新时代文明实践站，邀请专家、农业农村局科技人员、医务人员到村进行专题宣讲20场次，不断提升村民文化素质和农业技能。组织策划实施新城镇野麻湾村第六届、第七届西瓜节，扩大品牌影响力。联系全市各机关单位、社区、房地产企业，帮助野麻湾村销售西瓜10万公斤，促进农民增收20万元。协助建成以暖心服务为主的"孝老饭庄",解决了全村75岁以上35名老人午饭困难问题。帮助修改完善《野麻湾村幸福公约》,评选表彰"邻里和睦家庭""孝亲敬老好媳妇"等先进典型,助推乡风文明建设。

帮教育,厚植发展动力。积极协助村"三委"班子开展教育培训工作,提升农村基层党组织创新创业和带领农民致富能力,先后组织村班子成员和村民30余人次到酒泉市瓜州县、银达镇等地学习借鉴先进经验,掌握农业科技知识,提升创新能力和工作素质,引导村民走科技致富之路。大力宣传和推进中小学生"两免一补一改善"、高中学生资助"两免一助""雨露计划"等教育补贴政策,深入了解掌握困难户学生及其家庭实际情况,帮助落实贫困学生教育补贴,帮助农民子弟有学上、上好学,树立知识改变命运、科技兴农的鲜明导向。多方联系筹集资金7.5万元,对35名考生和6户尊师重教好家庭进行帮扶教育奖励,营造尊师重教良好氛围。

帮健康,纾解就医困难。全面梳理村低保户、残疾人、老年人患病情况,建立全村因病困难人群信息台账。组织协调各帮扶单位与野麻湾村55户村民签订健康帮扶结对"明白卡",建立健全健康档案,协调开展"送医上门"和"送病就医"工作,为结对户持续提供健康管理和医疗服务。协调市残联为9位残疾老人捐赠轮椅6把、助听器3个,联系市第一人民医院等医疗机构,派出专家义诊团举办义诊活动,在家门口为村民特别是困难村民进行免费体检和专项诊疗,有效纾解困难村民看病难问题。

嘉峪关市政协通过实施"七个帮",促进帮扶村新城镇野麻湾村党支部凝聚力战斗力进一步提升,村集体经济进一步壮大,村容村貌明显改善,尊师重教、尊老爱幼、邻里互助的氛围更加浓厚,各项工作健康发展。2020年,野麻湾村被评为第六届全国文明村镇,野麻湾村党支部被评为"全市农村基层党支部建设标准化样板支部",市政协办公室被评为全市帮扶工作先进集体。

供稿:嘉峪关市政协

脱贫路上，我们足音铿锵
——金昌市政协脱贫攻坚帮扶工作纪实

永昌县南坝乡是金昌市最小的一个乡镇，2013年全乡识别建档立卡贫困户149户488人，永安、何家湾两个村被列为省列建档立卡贫困村。随着产业到户、入股分红、健康保障、教育扶贫、小额信贷、就业务工、民生兜底、住房改造等一系列扶贫政策措施的实施，经过6年的不懈努力，在2018年全乡所有贫困户均实现脱贫，如今正在阔步打造和美乡村。

而在南坝乡脱贫奔小康的背后，有一个组织一直在默默付出！

从为民帮办实事，到引导群众发展富民产业；从带着感情帮扶，到坚决落实脱贫攻坚任务；从聚焦"三农"开展调研，到带动政协委员助力乡村振兴……近年来，金昌市政协把脱贫攻坚作为履职的重中之重，紧密结合定点帮扶南坝乡实际，立足职能建言献策，投身一线积极作为，为金昌市全面打赢脱贫攻坚战贡献了政协智慧和力量。

精诚一致：主动担责不放手

哪些家庭还存在因病因灾致贫的隐患？"两不愁三保障"的政策措施如何落实？如何提升脱贫质量？摘帽之后会不会返贫？这是每次市政协组织召开的帮扶工作专题会议上的常有问题。从2013年开始，针对"地少人少收入少"和主导产业单一、农民增收渠道窄、基础设施薄弱等实际情况，市政协结合南坝乡实际，提供了一套打赢脱贫攻坚战的"政协方案"。

市政协党组始终抓稳扛牢政治责任，高度重视脱贫攻坚工作，将定点帮扶工作纳入党组工作议程，并多次召开党组会议进行专题研究，对市政协助力脱贫攻坚作了全面动员部署，拿出任务书，列出清单表，持续推进，狠抓落实,进一步明确责任部门,细化工作措施,保障任务落实。

与此同时,市政协机关树牢"为担当者担当,让有为者有位"的导向,持续选派4名优秀干部担任帮扶村第一书记兼驻村帮扶工作队队长,协调市税务局、市自然资源局等帮扶单位各派1名优秀干部,组建了能征善战的一流队伍。组织市、县、乡11个单位150名帮扶干部与150户农户结对帮扶,实现了建档立卡贫困户结对帮扶全覆盖。

作为人民政协广泛联系委员和各界人士的桥梁和纽带,各专门委员会充分发挥优势,各展其长,积极对接地方所需,让扶贫之花遍开南坝大地:教科卫体界委员每年开展"送医送药帮困助学活动",组织医疗专家进村入户开展义诊送药;农牧林界别委员围绕"促进农村人居环境整治"进行调研,围绕"产业扶贫助力打赢脱贫攻坚战"进行视察……通过专题调研、协商和视察,发现问题、提出建议、抓好落实。

——2013年,全市政协委员为联系村、联系户等筹集帮扶资金100多万元,帮助解决群众急事、难事90多件。

——2014年,累计协调争取项目资金573.6万元,实施村级道路、人饮工程、蔬菜暖棚、养殖小区等富民产业项目93项,培育农民专业合作社47家。

——2015年累计协调争取项目资金511.7万元,实施村级道路、人饮工程、养殖小区等重点项目21项,开展农民实用技术培训1369人次。

——2016年至2018年,每年为建档立卡贫困户送去化肥80吨;协调争取资金40余万元,为永安村村委会架设暖气,实施外墙保温工程,并新建停车棚等。

……

——2022年,联合市人大,动员各帮扶单位捐助资金175.77万元、苗木2.12万株;协调市自然资源、水务、交通、林草、体育等相关部门单位向上争取项目资金3345.8万元。

一任接着一任干,一年接着一年帮,在"政协方案"下,历经10年,南坝乡实现了巩固拓展脱贫攻坚成果同乡村振兴的有效衔接。

授人以渔：脱贫内生力更足

2020年，在永安村"两委"和驻村工作队的帮助下，被确定为建档立卡贫困户的李英一家不仅拿到二类低保，解决了生活上的困难，而且趁着"五小产业"发展机会，通过养羊走上脱贫致富的道路。

为拓宽农民增收渠道，永安村积极联系协调，由市政协及工商联牵头，组织部分市政协委员、非公经济人士向永安村的肉羊养殖大户捐赠基础母羊和种公羊27只，饲草2吨，通过养殖大户示范带动，全村肉羊养殖数量达到2000余只，从事肉羊养殖的农户占到26%，逐步拓宽群众致富路。

当时市政协选派到永安村任驻村第一书记、工作队长的赵磊记忆犹新："那时候，村'两委'和驻村工作队利用发展'五小产业'的政策，在44户建档立卡户中广泛进行宣传，促成23户开展家禽养殖，最后21户通过验收，领取了'五小产业'的发展补贴。"

为进一步巩固拓展脱贫攻坚成果，坚决守住不发生规模性返贫底线，市政协办公室积极组织机关干部入户走访农户，及时掌握农户"两不愁三保障"情况、生产生活现状、家庭收入情况，积极协调争取发展项目，形成长效帮扶机制，引导群众依靠自己双手勤劳致富，切实激发群众内生动力。

"原来的生活是靠几亩山岗薄地，养几只山羊，现在我们却吃上了旅游饭。"64岁的西校村村民李万义说，"现在除了土地收入，还能经常到合作社务工，干些浇水、修剪树木、采摘果实的一些零活儿，一天能挣150元。"

村民口中的"旅游饭"其实是西校村党支部领办的校尉营生态旅游农民专业合作社。合作社通过土地入股、订单带动、就业牵引，实现村集体经济增收15万元，带动全村290户1025人分红8.1万元，真正实现了群众在家门口"有股份、有就业、有收入"。

市政协紧盯"村有主导产业，户有脱贫项目、人有增收技能"的目标，因地制宜整合各级帮扶资源，持续培育壮大富民产业。

——发展生态产业，打造南坝乡"花果山"乡村特色旅游示范基地，建成线下体验馆和山楂、菊花加工车间，吸引当地劳动力就业增收。

——发展文化产业,深入挖掘文旅特色资源,强化乡村旅游产业链条,积极培育发展南坝乡云庄生态休闲小镇,实现村集体和村民"双增收"。

——强化项目支撑,近年来全市政协组织和委员累计协调争取项目资金722.4万元,实施村级道路、人饮工程、蔬菜暖棚、养殖小区等富民产业项目93项。

……

在用足用好各项帮扶支持政策的基础上,市政协争取乡村振兴有效衔接资金957.22万元,全面推广"党支部领办合作社",全乡55户农户入股甘肃元生农牧科技有限公司102.3万元,每年分红9.2万元。全乡5个村集体经济收入均达到10万元以上,村级集体经济实力不断增强,集体利益联结更加紧密,群众增收基础更加牢靠。

脱胎换骨:和美乡村展新颜

今年夏天,一拨拨慕名而来的游客来到"花果山",在菊花丛中、山楂果前,进行生态采摘、拍照"打卡",尽情感受生态美景,体验乡村乐趣。南坝乡群众赞叹道:"'花果山'能建这么好,与市政协和社会各界的大力支持和援助是分不开的。"

云庄铺翠绝胜景,山清水秀'花果山',激情飞扬滑雪场,采菊悠然见南山。作为帮扶工作牵头单位,市政协立足加强生态文明建设,在南坝乡"花果山"持续开展植树造林活动,发动政协委员捐款60余万元,建成500亩"政协委员林"。在市政协的引领带动下,4年来累计动员社会各界捐助资金286万元,种植树木40余万株,完成绿化面积1200余亩,带动建成"人大代表林""长安林""同心林""劳模林""金融林"等17个绿化基地。今年4月份,继续动员政协委员开展植树造林活动,种植山楂、云杉、菊花、山杏等4000余株,新增绿化面积80余亩。

想起今年秋季在菊花基地采摘的场景,西校村6社的秦建玲高兴地说:"采摘菊花的活学起来容易,干起来轻松,手快点一天能挣到100多块钱,能在家门口找到这样的工作,真是好!"

从前零乱破旧的土坯房,变成了红瓦白墙的小康房;过去坑坑洼洼的土路,变成了平坦宽阔的水泥路;道路两侧一排排造型别致的太阳能路灯,更为这个偏远山村增添了一丝现代气息;农民健身广场、百姓大舞台等文化阵地,满足了农民对精神文化的需求。

这一派和美乡村的背后,有一批批政协人的精心呵护。

市政协按照"农房安全宜居、环境干净整洁、基础设施完善、乡村风貌突出、乡风文明淳朴"的总体目标,聚政协之力,压茬推进、分步实施,全乡面貌发生深刻变化,人居环境得到有效提升,人民群众的获得感、幸福感、满意度不断增强,奏响了生态美、产业兴、百姓富、乡风好、党建强的乡村振兴时代号角。

漫步南坝乡,整齐的房舍,宽阔的马路,蓬勃兴旺的富民产业,如诗如画的田园风光,诉说着这里天翻地覆的变化。精准扶贫的春风让南坝乡的幸福生活从梦想变成现实,在市政协的助力下,一个崭新的南坝正在时代的变革中,阔步向前……

作者:李军强　金昌市政协办公室一级主任科员
　　　刘伟业　金昌市融媒体中心首席记者

脱贫攻坚战场上的政协力量

——酒泉市政协脱贫攻坚帮扶工作纪实

酒泉市政协在市委的坚强领导下,积极主动投身脱贫攻坚主战场,高举旗帜、迎难而进,充分发挥职能优势,用实干诠释政协担当,用实绩彰显政协力量,用心用情用力助力全市如期打赢脱贫攻坚战,为决胜同步小康和全市经济社会高质量发展贡献政协智慧和力量。2019年底,肃州区建档立卡贫困户4243户、11381人稳定实现了"两不愁三保障"脱贫目标。

提高政治站位强担当,聚焦要事展作为

在推进脱贫攻坚的伟大事业中,酒泉市政协始终坚实扛牢政治责任,深入学习贯彻习近平总书记关于扶贫工作的重要论述,紧扣市委坚决打赢打好脱贫攻坚战的部署要求,将脱贫攻坚及帮扶工作作为政协工作的重点任务、作为协商议政和建言献策的重要议题,作为围绕中心、服务大局的工作主线,助力市委、市政府的决策部署落到实处,有力促进了全市脱贫攻坚工作向纵深发展。每年数次召开常委会议、党组会议、主席会议、秘书长办公会议研究部署脱贫攻坚工作。进一步完善委员履职管理和考核办法,把政协委员参与脱贫攻坚作为委员履职考核评价的重要内容和评选优秀政协委员的重要依据。强化主要领导第一责任。市政协主要领导率先垂范,做到肃州区和包抓乡镇的脱贫攻坚工作亲自研究、亲自部署、亲自检查,先后20多次组织召开部署会、推进会、现场办公会和工作督查会,强力推进全区及包抓乡镇的精准扶贫工作。强化主席会议成员包抓责任。主席会议成员认真履行包抓责任,在生产关键环节到乡、进村、入户,督促包抓乡镇积极强化精准扶贫工作,协调落实省市精准扶贫政策和帮扶户精准脱贫任务。强化机关委室包村责任。机关各委室分工协作,帮扶肃州区丰乐镇3个重点村,按照"六个精准""一户一策"要求,帮助村组研究、安排、推进脱贫攻坚工作。强化机关干部包户责任。建立精准脱贫工作责任清单,每年至少6次组织机关干部进村入户,宣传党的强农、惠农、富农政策和省委、市委的决策部署,及时了解村情民意,精准制定"一户一策"脱贫计划,落实各项帮扶措施。强化组长单位组织协调责任。市政协办公室作为包抓肃州区脱贫攻坚组长单位,充分发挥统筹谋划、指导协调作用,每年组织召开市直帮扶部门单位推进会议3次以上,推进贯彻落实省委、市委有关安排部署,靠实工作责任,落实帮扶措施。

深入调查研究建真言,助力脱贫破难题

面对脱贫攻坚重任,酒泉市政协紧紧围绕重点工作,开展多层次、多形式、多领域的协商议政、民主监督、提案办理、委员视察、专题调研等活动,积极为联系包抓肃州区脱贫攻坚工作把脉问诊、建言献策、加油助力。市政协班子成员率先垂范、主动带头投身脱贫攻坚主战场,动员组织广大政协委员参与"政协委员助力精准扶贫"和"三下乡"活动,广大政协委员捐款捐物达到800余万元。调研协商纾民困。围绕加快促进种业创新发展、加快构建现代农业产业体系、持续增加农民收入、戈壁农业发展情况等开展调研协商,以建议案和专项建议的形式提出意见建议50余条,为市委、市政府决策提供了参考。专项视察解民忧。积极联系帮扶的64户建档立卡贫困户,围绕群众关注的基层医疗卫生机构队伍建设、电商带动产业扶贫等开展了专项视察,提出意见建议16条,促进了民生实事落实。提案办理惠民生。围绕促进农业产业转型升级、加大戈壁农业扶持力度、人居环境改善、实施乡村振兴战略、加大教育医疗基础投入、健全社会保障体系等方面提出提案82件,助力脱贫攻坚战的深入推进,为脱贫攻坚事业献计出力。

突出示范引领聚合力,帮扶解困有温度

酒泉市政协团结带领全市各级政协组织和广大政协委员,与市委市政府同频共振、与贫困群众同舟共济,为助力决战决胜全面小康展现了政协作为、凝聚了政协智慧、贡献了政协力量。以持续增加贫困户收入为核心，突出已脱贫对象巩固提升和未脱贫对象集中攻坚两大重点，聚焦肃州区贫困人口集中的沿山乡镇，组织协调市、区两级包抓部门单位，找准发力方向，找好帮扶路径。积极协调争取各类帮扶资金960余万元，其中市政协机关筹资67.8万元，为每户帮扶户提供产业发展补助资金5000元。着力培育富民产业。大力推行"户均输转1个劳动力、种植2亩高效田、饲养2头母牛或30只羊"的"123"脱贫增收模式。指导肃州区丰乐镇大力发展设施养殖、优质林果、高效制种等优势产业，形成了以林果、种业、草畜"三大产业"为主导，以"五小产业"为补充的产业扶贫格局。全镇制种面积达到2.5万亩，5000元以上高效田达到5100亩；特色林果种植面积达到1653亩；建成标准化养殖示范小区6个，发展规模养殖户1300户，畜禽饲养量达到23万头只。着力提升致富本领。采取"菜单式"培训方式，满足贫困户多样化、个性化的培训需求。组织帮扶干部深入乡、村、组和农户，了解农业科技培训和技术指导项目、时间、方法，征询科技专家，由乡、村、组和农户根据主导产业发展需要"点菜"；按照"菜单"组织开展种植业、林果业、养殖业、电商、电焊、厨师、微商等农村实用技术培训，累计培训建档立卡劳动力360余人次。着力改善乡村基础条件。市政协为包抓肃州区丰乐镇争取道路硬化项目资金、镇政府危旧办公用房改造资金、贫困户危房改造和"视角贫困"改善资金280余万元。协调帮助肃州区丰乐镇完成镇村组道路铺筑50公里，打通村组居民点"断头路"20处，架设太阳能路灯260盏，新建组级文化室23个。建设丰乐镇二坝村美丽乡村示范点1个、村级党群服务中心2个，较好地提升了镇村基础条件，丰富了群众业余文化生活。

脱贫摘帽不是终点，而是新的起点。酒泉市政协将持续围绕脱贫攻坚和乡村振兴工作履职尽责，推动巩固拓展脱贫攻坚成果同乡村振兴有机衔接，团结和带领全市各级政协组织和广大政协委员积极建言资政、勇于担当作为，奋发进取、勇毅前行，用实际行动诠释"人民政协为人民"，在推进中国式现代化酒泉实践的新征程中谱写新的华章。

供稿：酒泉市政协

在脱贫攻坚中贡献人民政协智慧力量
——张掖市政协脱贫攻坚帮扶工作纪实

打赢脱贫攻坚战,如期实现全面脱贫,是党中央向全国人民作出的郑重承诺。脱贫攻坚是全社会的事,需要动员和凝聚社会力量广泛参与。近年来,张掖市各级政协组织和广大政协委员系统学习贯彻习近平总书记关于扶贫工作的重要论述和一系列重要指示批示精神,按照中央和省市统一部署,充分发挥自身优势,凝聚共识,建言献策,积极参与,为决胜脱贫攻坚、全面建成小康社会贡献了政协智慧和力量。

强化党建引领,助力脱贫攻坚工作提质增效

精准扶贫精准脱贫工作开展以来,市政协始终把抓党建促脱贫攻坚作为首要政治任务,按照"建强一个班子、培育一项产业、带富一方群众"的思路,坚持"围绕中心抓党建,抓好党建促脱贫攻坚",以推进党支部建设标准化为主要抓手,引导基层党组织把活动开展到脱贫攻坚第一线,将党建与脱贫攻坚深度融合,组织党员走村入户。高台县、民乐县政协帮扶联系村,创新党建模式,将产业发展与脱贫攻坚、乡村振兴有效衔接,引导村党组织和党员领办创办专业合作社,大力推行"党支部+扶贫车间""党支部+集体经济"等发展模式,按照"党建引领、多元融合、为民服务、共建共享"的思路,采取"产业扶贫+入股分红""龙头企业+入股分红"等多种方式,带动困难群众增收致富,引导党员群众充分发挥脱贫致富先锋模范引领作用,有效增强了村级组织"造血"功能。

充分协商议政,广泛凝聚决胜脱贫攻坚共识

围绕党委政府决策部署,充分发挥政协优势,动员各方面力量助力全市脱贫攻坚。始终把精准扶贫、脱贫攻坚等中心工作纳入政协协商议题，精准思考对策建议，重点围绕脱贫攻坚成果巩固提升、农牧村人居环境改善、乡村振兴战略推进、肉牛产业培育等开展协商议政。山丹县政协围绕"扶贫开发、'三农'工作、精准扶贫重点项目进展、金融扶贫、产业扶贫"开展专题议政，坚持把促进民生改善作为脱贫攻坚工作的重要着力点，抓住民生领域重要问题资政建言，协助党和政府破解民生难题，增进人民福祉。每年跟踪开展脱贫攻坚情况的协商或调研，为县委政府提供决策参考，彰显政治担当。高台县政协组织广大政协委员开展了"我为脱贫攻坚做些事"专题活动，运用政党协商、参政议政、社会服务等各类平台和渠道，组织委员积极参与全县重大事项、重要规划、重点项目的协商讨论，提出建设性意见建议，力促产业扶贫、教育扶贫、医疗扶贫、就业扶贫等工作深入扎实推进。肃南县政协组织基层政协委员赴外考察学习，发挥各民主党派、工商联、社会团体在人才和智力扶贫上的优势和作用，唱好拿手戏、打好优势牌，在基础设施上帮建设、在特色产业上帮发展、在农牧民素质上帮提升、在群众困难上帮济困，凝聚打赢脱贫攻坚战的强大合力。通过一系列的帮扶活动，在全体政协委员中涌现出了一大批助力脱贫攻坚的先进典型，以实际行动为脱贫攻坚贡献了政协力量。

围绕中心大局，积极为决胜脱贫攻坚建言献策

自觉把精准扶贫、精准脱贫融入政协履职工作之中，积极探索创新活动载体，组织和引导广大政协委员在脱贫攻坚主战场彰显新作为，在精准扶贫实践中发挥新作用。肃南县政协创新委员活动载体，在政协委员中开展以每个委员联系一户贫困户、每季度入户听取一次联系户诉求、每年帮助联系户办成一件实事为内容的助力精准扶贫"进百家门、听百人言、办百件事"活动，采取一对一、一对多的联系帮扶措施，充分发挥各自优势，真情投入脱贫攻坚，尽心尽力办实事办好事，赢得了群众好评，彰显了新时代委员的风采。山丹县政协在全体政协委员中开展了"五个一履职实践"活动及"政协委员助推脱贫攻坚"行动，组织和动员全体政协委员积极参与扶贫济困活动，每年帮扶的困难群众达500多人次，帮办实事达300多件，为贫困户帮扶物资、帮办实事。高台县政协始终坚持把开展脱贫攻坚行动与履行政协职能紧密结合，先后组织开展了扶贫开发、羊产业发展、现代农业大县建设、农村土地流转、戈壁农业发展、乡村振兴规划实施、促进农民增收、脱贫攻坚工作成效监督等10多项调研，提出了增加农业投入、保护农村环境、培育农业产业化龙头企业等40多件提案，搜集和报送有关农村发展的社情民意信息200多条，为党政科学决策提供了参考依据，真正达到了让群众得实惠、委员受教育、"三农"工作上台阶、政协委员履职显成效的互促双赢效果。

健全制度机制，有效落实脱贫攻坚各项措施

按照省、市精准扶贫工作的要求，严格落实联村包户责任制。市政协领导多次带队到镇、村走访调研了解实情，深入各自联系的乡镇村和帮扶户，走田间、进棚舍、访群众、听民生，指导乡镇村制定发展规划，帮助联系户理清发展思路，从政策引导、劳务输转、项目争取、增收致富等方面全力帮扶，协调解决基础设施建设、产业发展、资金筹措等实际问题，促进了帮扶工作深入推进。县区政协积极配合乡镇建立健全了帮扶工作联席会议制度和监督机制，承担衔接协调、情况汇总、信息报送、典型推广、督促检查等工作。在了解实情的基础上，与镇、村领导班子及建档立卡户从发展目标、主要任务、帮扶措施及工作要求等方面，共同商量制定帮扶措施和增收计划，帮助调整种植计划，优化种植结构，引导农户发展规模畜禽养殖和劳务输出，逐年增加农民可支配收入，确保了各项帮扶工作有的放矢，措施得当。

坚决打赢脱贫攻坚战，让贫困人口和贫困地区同全国一道进入全面小康社会是我们党的庄严承诺，也是人民政协围绕中心、履职为民的重大任务。全市政协组织和广大政协委员始终坚持把智慧和力量凝聚到带领广大群众发家致富的目标任务上来，力促群众从"扶着发展"向"自我发展"转变，有力地推动了精准扶贫工作向纵深发展。

供稿：张掖市政协

下足绣花功夫　助力打赢脱贫攻坚收官战
——武威市政协脱贫攻坚帮扶工作纪实

武威市政协机关自2017年8月调整为古浪县民权镇峡口村的帮扶单位以来,在市政协党组的领导下,深入学习习近平总书记考察甘肃重要讲话和指示精神,认真贯彻落实中央决策部署和省、市、县关于脱贫攻坚的各项工作安排。在充分发挥驻村工作队作用的同时,通过每季度组织机关干部入户走访了解村情民意、宣传党的各项惠民政策、积极协调项目等方式,认真履行帮扶职责,助力打赢脱贫攻坚收官战。

抓党建强基础,增强群众致富信心

坚持抓党建促脱贫,以党支部标准化建设为抓手,助推帮扶工作。市政协机关党支部和峡口村党支部结对共建,积极开展帮扶工作。认真组织开展"不忘初心、牢记使命"主题教育和"三会一课"、主题党日等活动,推动基层党组织生活规范化、程序化。机关党组负责人定期为村"两委"班子成员、驻村帮扶工作队全体成员讲党课,开展廉政约谈,提高党支部一班人的思想认识和凝聚力,帮助带动党员群众提高认识、转变观念、拓宽思路,进一步增强脱贫致富的信心,引导贫困群众通过自身努力早日实现脱贫致富。坚持每季度组织帮扶干部入户,深入宣传各项扶贫惠农政策,协调落实帮扶措施,解决群众生产、生活方面的急难事,认真做好疏解情绪、化解矛盾工作,切实把群众的思想统一到脱贫致富工作上来。

抓项目优环境,加强基础设施建设

针对峡口村居住分散,群众往来不便,农业灌溉水供给不稳定,农业生产基础设施陈旧落后,缺乏灌溉调蓄工程,村庄建设无序,人畜混居,环境脏乱差的实际,2017年8月以来,市政协机关协调完成峡口村2.35公里村组道路硬化项目,连通村内外各主干道,方便群众生产生活;争取项目资金800余万元,实施峡口村农田灌溉蓄水池项目,该项目计划于2020年6月竣工并投入使用;积极联系企业协调资金40万元,完成了村文化广场改扩建项目,协调安装体育健身器材和篮球架,丰富群众日常文化生活;筹集资金2.8万元,制作大型公益广告宣传牌10块,用于美化村内环境;扎实开展环境卫生整治,协调峡口村制定《峡口村环境卫生整治方案》,支持帮助村"两委"对长期废弃的畜圈、土厕、残墙断壁、破旧房屋和影响村民安全出行的违章建筑物进行拆除;争取协调各类苗木3000余棵,动员村民在主干道路、闲滩空地及各自房前屋后植树,美化绿化村容村貌,使人居环境得到显著改善。

抓产业促带动,增加贫困群众收入

针对峡口村养殖业小型分散,缺乏规模,标准化程度较低,农业种植品种单一,商品率低,群众增收致富路窄的实际,市政协机关积极协调帮扶资金20余万元,用于支持村养殖小区建设和富民产业培育。通过帮扶责任人经常联系走访,积极宣传惠农政策,帮助贫困户对接市县产业发展扶持政策。2019年全村共对接羊产业29户,鸡产业10户,牛产业3户,对接"十大产业"补助政策9户,"五小产业"补助政策16户,到户产业扶持资金7户。易地扶贫搬迁户报名修建日光温室43户43座、养殖暖棚48户244座。实现劳动力输出244人,劳动力培训34人。

办好事暖人心,关爱困难群众生活

三年来,坚持在每年春节,组织政协委员和机关干部开展"送春联、送技术、送书包、送温暖"帮扶活动,共为村民送出春联3000余副,为121名贫困学生赠送羽绒服和运动鞋,为小学生送出安全书包36个,为村民送出养殖技术书籍400余本,并组织开展现场培训。2019年,积极协调市政协委员企业家共捐赠扶贫资金53万元、垃圾清运车5辆、学生棉衣50套和图书100册。积极筹措资金2万元，购买秧歌队服装、腰鼓、篮球等文体活动器材，组建村民秧歌队，支持峡口村组织开展群众趣味运动会暨春节联欢活动，丰富村民年节精神文化生活。坚持走访慰问特困群众和老党员30多人，为他们送上棉衣、棉被、清油、大米等生活物资及慰问金，使他们感受到了党和政府的温暖。

建机制利长远，严格落实帮扶责任

始终把脱贫攻坚作为头号政治任务，认真履行帮扶职责。充分发挥牵头作用。及时组织召开民权镇帮扶单位脱贫攻坚联席会议，传达中央和省市关于扶贫工作相关精神，听取掌握各帮扶单位工作情况，共同研究解决帮扶工作中出现的新情况新问题，先后组织召开帮扶单位联诊3次，及时分析研究帮扶工作中的问题，做好对各帮扶单位的考核工作，切实加强对民权镇各帮扶单位的督促指导。积极与民权镇党委、市县各职能部门沟通衔接，协调解决实际困难和问题。力求充分发挥各帮扶单位优势，形成工作合力。机关领导坚持每月到联系贫困村实地了解脱贫攻坚重点工作推进情况，关心驻村帮扶工作队工作生活。机关帮扶干部严格落实脱贫攻坚帮扶责任人职责，围绕制定"一户一策"精准脱贫计划、开展"3+1"冲刺清零后续行动、脱贫人口"回头看"核查等重点工作，进村入户察民情听民意，真帮实扶开展帮扶工作。

聚焦重点工作，全面开展帮扶

一、着眼"一户一策"，落实帮扶措施。抓细抓实"一户一策"精准脱贫计划，每季度坚持对"一户一策"精准脱贫计划进行"回头看"，动态掌握贫困户家庭情况、脱贫需求和增收目标，对基础信息、收入情况、增收措施和帮扶措施等内容进行及时更新、补充、完善，确保"一户一策"精准脱贫计划和帮扶措施落实落细、落地见效。

二、积极配合镇村两级开展"3+1"冲刺清零后续行动和"5+1"专项提升行动。组织机关所有帮扶责任人从义务教育、基本医疗、住房安全、饮水安全、产业发展、移民搬迁等方面进行详细入户摸底,指导驻村帮扶工作队建立完善问题台账,逐项与镇村对接,协调推进问题解决。

三、认真开展脱贫人口"回头看"。按照市、县脱贫攻坚部署要求,组织机关所有帮扶责任人,对照户籍资料清单,完善贫困户脱贫攻坚档案资料,认真排查脱贫户"两不愁三保障"存在问题,采集核对贫困户脱贫各项指标,摸清脱贫户后续发展需求,制定巩固脱贫的有效措施,切实提高脱贫质量,巩固脱贫成果。

供稿:武威市政协

全力助推 如期打赢脱贫攻坚战
——白银市政协脱贫攻坚帮扶工作纪实

近年来,白银市政协坚持以习近平新时代中国特色社会主义思想为指导,深入贯彻落实党中央和省、市委关于脱贫攻坚帮扶工作的相关决策部署,勇担脱贫攻坚政治责任,着力调动政协委员和机关干部积极性,大力推进脱贫攻坚帮扶工作,圆满完成脱贫攻坚帮扶工作目标任务。市政协机关帮扶的平川区李沟村,于2018年整体脱贫退出,贫困发生率由2013年的51.8%下降至2018年的2.4%。

领导班子以上率下,层层压实责任,各负其责开展帮扶工作

市政协党组坚持高标准严要求,以上率下,示范带动,主席、副主席按照市委的统一部署,分别联系9个贫困村,共开展脱贫攻坚督查、调研30多次。2018年,成立2个专项监督工作组,对会宁、靖远2个深度贫困县开展专题监督视察,向市委、市政府报送脱贫攻坚帮扶工作专项监督报告,提出的对策建议被相关部门及时采纳落实。2019年,对全市产业扶持资金到户及农业保险落实等情况进行专项督查,向市委主要领导专题报告督查情况。市政协机关党组严格落实市级组长单位职责,建立"月报告、季分析、半年小结、年度总结"等工作制度,压实办公室、各专委会和其他单位的帮扶责任。紧盯所帮扶的李沟村实际情况,坚持聚焦"两不愁三保障"等政策落实,推动帮扶单位发挥各自优势,积极为李沟村争取扶贫项目、落实扶贫资金。共投资300余万元,完成自来水入户、通社道路硬化绿化亮化、排洪渠护坡、村卫生室、幼儿园、文化广场及健身器材、土地整理、村党群服务中心办公室建设及维修、电子商务点、垃圾运输车、垃圾池、公厕等项目工程。

自2015年以来,每年选派优秀干部驻村担任第一书记或工作队员,切实保障工作队生活、工作条件。机关全体帮扶干部定期进村入户走访,紧盯致贫原因,制定务实、管用、可操作的脱贫措施和帮扶办法,动态调整完善"一户一策"台账,确保各项帮扶措施落实落地。

充分发挥政协优势,汇聚各界力量,扎实开展委员助推脱贫攻坚行动

市政协党组研究制定政协委员助推脱贫攻坚行动实施方案,倡议全市政协委员立足本职,发挥各自优势,积极投身脱贫攻坚主战场,1027名各级政协委员围绕落实"四个一"要求(即围绕脱贫攻坚提一条合理化意见建议,反映一条社情民意信息,做一次扶贫政策宣传教育,办一件具体的实事好事),开展产业扶贫、教育扶贫、科技扶贫、医疗扶贫、文化扶贫、生态扶贫等各具特色的帮扶活动。截至2019年底,共联系帮扶贫困村165个、贫困户1726户,帮办实事好事1159件,开展科技培训、上门医疗7356人次,协调解决就业630人,累计捐助物资1670多万元。组织工商界委员积极参与"千企帮千村"行动。举办以"讲政策、助脱贫、话发展、庆佳节"为主题的台胞台属界委员联谊暨委员助推精准扶贫活动,引导委员为脱贫攻坚帮扶工作献计出力。

努力克服疫情影响,着力冲刺清零,多措并举巩固脱贫攻坚成果

面对疫情对决战决胜脱贫攻坚的影响,市政协党组坚持把巩固提高脱贫攻坚成效作为帮扶工作的重中之重,积极参与全市脱贫攻坚大会战,全面落实"3+1"冲刺清零要求,严格贯彻市委"五盯紧五整改"决战决胜脱贫攻坚大会战和"过筛子、补漏洞、化矛盾"工作安排部署。主席、副主席分别到各自所包抓乡镇实地查看群众生产生活状况,现场帮助解决自来水管冻裂、村组道路硬化等实际问题。市政协机关党组加强与平川区帮扶办、区直各帮扶单位、复兴乡党委政府的沟通联系,多次召开联席会议和帮扶工作协调推进会,督促落实各帮扶单位的职责任务。驻村工作队和机关帮扶干部积极响应,坚决落实相关会议和文件精神,通过检视清零行动,进行全面筛查,38名帮扶干部入户"过筛子"82户农户,现场解决筛查出的13个问题,按期完成"三个一"(一轮走访、一轮会议、一轮协商)任务。市政协领导及时联系政协委员为帮扶村捐赠疫情防控所需物资,通过"钉钉电话"、微信群等渠道,向村民宣传中央和省、市委关于疫情防控的部署要求,深入浅出、系统科学普及疫情防控知识,指导群众落实各项防控措施,全力支持帮扶村开展"四抓四促"城乡环境专项整治行动。

积极利用电商平台,线上线下结合,大力实施消费扶贫行动

市政协党组深入贯彻习近平总书记关于开展消费扶贫行动的重要指示精神,年初成功引进市政协常委陶国林创建的中创博利科技控股有限公司,在白银成立"天下帮扶"电子商务平台,培育了一批既能从事农业生产又能展示乡土风貌的农村电商达人。主席、副主席积极支持中创博利、甘肃邦农等龙头企业发展,经常前往所联系的龙头企业,帮助协调解决有关问题。市政协主要领导主持召开全市网络时代与商业经济发展座谈会,为全市网络经济发展营造了良好的社会环境。市政协机关党组第一时间要求全体干部职工关注"天下帮扶""邦农购"等小程序,并利用工会福利和合规经费,优先购买消费扶贫产品,各种慰问活动优先采购贫困村产品,以高于市场价的价格销售李沟村大蒜4.5吨、马铃薯6吨。驻村工作队在平川区复兴乡李沟村两次举行送温暖活动,向复兴中学、小学和幼儿园捐赠棉衣棉裤200余套。全体帮扶干部不但积极参与消费扶贫,还向全市政协委员、社会各界和亲朋好友广泛传递消费扶贫理念,倡导消费扶贫方式,宣传消费扶贫典型,真正做消费扶贫行动的宣传者、参与者和引领者。各界人士大力支持白银市农产品直播带货,积极参与"我为帮扶户农产品代言"活动,宣传推销农产品,在微信朋友圈帮助贫困户推销大蒜和马铃薯,成功销售马铃薯4000余斤。

立足建立长效机制,协商议政建言,推进脱贫攻坚与乡村振兴有效衔接

面对巩固脱贫攻坚成果、全力推进乡村振兴的新任务,市政协党组力求出管用之招、办惠民实事,确保脱贫攻坚与乡村振兴有效衔接。主席、副主席围绕职业教育助推脱贫攻坚、乡村文化历史传承与保护、农村土地流转、发展乡村休闲文化旅游、脱贫产业培育、基层卫生人才队伍建设等课题开展专题调研,向市委、市政府报送调研报告,提出意见建议。召开"巩固扩大脱贫成果,实现脱贫攻坚与乡村振兴有序衔接"专题协商议政会,梳理汇总的意见和建议,被相关部门采纳落实。市政协机关党组帮助李沟村加强扶贫资金整合、加大到户产业扶持力度,建立"马铃薯+大蒜"脱贫产业园,成立种植农民专业合作社,帮助发展以猪和羊为主的养殖业。协助村民何志俊、陈忠、韩保仓等人成立白银天润源种植农民专业合作社。挤压办公经费3.6万元,帮助李沟村实施村部大门改建、村文化站维修,发展农业机械、壮大村级集体经济等项目。举办"精准扶贫·文化惠民"书画作品展,为贫困户捐赠作品100余件。机关帮扶干部挨家挨户讲解种植养殖方面的专业知识,帮助贫困户提高致富技能,有效提升贫困户依靠产业脱贫的信心和决心。驻村工作队利用现场会、印发手册等方式,持续深入开展普法教育活动。帮助村两委完善各项管理制度、会议制度、学习制度和监督机制,健全村级财务制度和村务公开制度,协助制定《李沟村村规民约》和《李沟村红白理事会章程》。

供稿:白银市政协

发挥政协组织优势　聚力脱贫攻坚主战场
——天水市政协脱贫攻坚帮扶工作纪实

近年来，天水市各级政协组织和政协委员深入学习贯彻习近平总书记关于扶贫开发的重要论述和习近平总书记考察甘肃重要讲话和指示精神，认真贯彻落实中央和省、市委关于脱贫攻坚帮扶工作的总体部署和要求，提高政治站位，突出示范引领，发挥政协优势，深入开展调查研究，倾心倾力开展帮扶，为决战脱贫攻坚、决胜全面建成小康社会贡献了智慧和力量。

提高政治站位　突出示范引领

一、领导率先垂范，发挥示范引领作用。市政协党组多次召开会议，研究帮扶工作，推动脱贫攻坚任务精准落实到村到户。市政协党组书记、主席赵卫东任天水市脱贫攻坚领导小组常务副组长，分管全市脱贫攻坚工作。目前天水市2013年建档立卡贫困人口92.08万人、1165个贫困村全部脱贫退出，如期实现了脱贫摘帽目标任务。市政协党组成员先后为帮扶村争取协调落实各级各类帮扶资金1200多万元，用于改善贫困村基础设施建设和富民产业发展。市政协办公室先后为帮扶村落实帮扶资金800多万元，捐赠价值30多万元的地膜、化肥，捐赠20多万元的电脑、办公桌椅，帮助联系村改善基础设施条件。先后选派9名优秀科级干部到贫困村担任驻村帮扶工作队第一书记兼工作队队长，长期驻村开展帮扶工作。市政协机关帮扶的清水县白驼镇万安村、化岭村已于2019年实现了脱贫摘帽。

二、建立联席会议，发挥统筹协调作用。市政协办公室认真履行市直单位联系清水县脱贫攻坚帮扶工作组长单位职责，加强与成员单位的协作、与地方党委的协调、与市扶贫办及相关单位的联系，先后组织召开脱贫攻坚帮扶工作联席会、推进会15次,切实做到精准帮扶、真帮真扶。2017年以来,市直清水县帮扶单位为清水县投入各类帮扶资金6000多万元,培训各类农业技能人才2000多人,捐款捐物折合人民币200多万元,帮办好事实事600多件。

三、积极牵线搭桥,发挥特色引领作用。2018年12月,市政协举行政协委员助推脱贫攻坚捐赠活动,向全市各级政协组织及全体政协委员发出倡议,号召广大政协委员履职尽责,担负社会责任,为全市脱贫攻坚贡献自己的智慧和力量,捐赠当日筹集委员捐款37.8万余元,全部用于帮扶工作。全市各级政协组织积极响应,采取"全面动员、重点引导、自由选择、自愿结对"的方式,组织动员有帮扶意愿和能力的政协委员与贫困村特困户开展结对帮扶,或兴富民产业、或强劳务输转、或建扶贫车间,积极投身到全市脱贫攻坚帮扶行动之中。

四、推广典型经验,发挥典型引领作用。全市各级政协组织充分运用各级主流媒体平台和自身宣传阵地,及时宣传帮扶工作先进典型、感人事迹和成功经验。同时积极向省、市推荐先进典型和优秀事迹,扩大活动影响,营造良好氛围,先后在《人民政协报》《甘肃日报》《民主协商报》等媒体刊发宣传稿件30余篇。

深入调研视察,凝聚攻坚合力

一、通过调研视察问诊脱贫攻坚。市政协常委会紧盯中央和省、市委关于精准扶贫、精准脱贫的战略部署,组织政协委员重点围绕"果品产业产加销一体化发展""农村人居环境整治""'十四五'乡村振兴战略规划""农村'三变'改革""农民专业合作社带动脱贫攻坚"等12项课题开展调研视察活动,积极为精准脱贫工作"问诊把脉",共提出60多条意见建议,为全市决战决胜脱贫攻坚建诤言、献良策,得到了市委、市政府主要领导的充分肯定。

二、通过监督机制助推惠民政策落地。围绕扶贫政策落实、项目落地、资金安排开展民主监督,持续助推脱贫攻坚决策部署和目标任务落地落细落实。2018年,组织天水市6个市级民主党派对口6个县区开展了脱贫攻坚民主监督工作。2019年5月,对清水县脱贫攻坚及市直单位帮扶工作进行督查调研,重点了解市直单位帮扶力量配备及工作开展情况、"两不愁三保障"落实及开展"3+3"清零行动、中央脱贫攻坚专项巡视反馈意见整改和基层党支部标准化建设等情况,为迎接国家脱贫攻坚退出验收奠定了坚实的基础。

三、通过社情民意信息凝聚合力。及时了解掌握社情民意,真实反映困难群众在改善基础条件、发展特色产业、完善社会事业方面的愿望和诉求,在协商议政、献计出力中凝聚了共识、增强了合力。围绕农民发展产业掌握技术难、融资贷款难、流转土地难以及农村留守儿童、空巢老人、新生代农民工等社会问题提出意见建议300余条,为市委、市政府科学民主决策提供有价值的资政参考。政协系统中的县级以上领导干部深入各自联系村户,与乡村干部、贫困群众面对面交流,倾听群众呼声,了解群众生产生活状况,共同商讨脱贫致富之策。

突出产业帮扶,拓宽增收渠道

一、广泛汇聚力量,谋划产业富民新举措。全市各级政协组织把培育富民产业、促进增产增收作为工作的着力点,凝聚委员力量,制定富民产业发展帮扶计划,联系落实帮扶项目,在培育致富产业和助推精准扶贫上建言献策,建功立业。市政协委员高世扬创办职业培训学校,通过"田地+实习+创业"方式,组织农技员、"乡土专家"送教下乡,开办种植业、林果业等技术培训班850多期,培训农民9.1万人次,为建档立卡贫困户开展职业技能培训260期、培训3.9万人次,免费上门培训5.2万人次,先后与国内100多家企业建立长期稳定的劳务输转合作关系,累计开展劳务输出19批次,输转13万多人次。麦积区廖永强委员通过发展甘泉樱桃基地为周边300多名群众提供了稳定就业,带动上千户农民走上了农业产业致富的道路,被授予"全国劳动模范"荣誉称号。

二、突出品牌战略,打造产业富民示范园。市政协组织全体政协委员充分利用提案、建议案、重点视察、专题议政等形式,真情建言,精准施策,积极打造特色富民产业品牌。清水县政协牵线搭桥,引导部分政协委员建设"五园一中心"产业扶贫示范园,积极引导产业扶贫示范园发挥强龙头、补链条、拓市场、促脱贫重要功能,完善资金分红、土地入股、园区务工、入园就业、承包经营、农产品收购等11种带贫模式,带动8351户贫困户实现增收2374.19万元。麦积区政协开展了委员消费扶贫活动,购买贫困群众农特产品价值65.3万元,直接受益农户260余户,户均增收1400多元。

三、强化科技服务,提供产业富民新技术。市政协积极组织农林、科技界的政协委员充分发挥自身优势,在帮扶村开展产前、产中、产后全程服务,大力推广农业新品种、新技术。先后组织1200多人次参与培训,劳务输转2000余人,创劳务收入4500余万元。武山县政协组织农林、科技界委员实施改扩建农业生产项目30多个、试验引进新品种50多个,推广新技术53项,建成养殖场80多处,开展技术培训74期4300人次。经济、金融界委员带动成立专业合作经济组织30多个。麦积区政协委员史利军通过电商平台帮助贫困群众销售农产品价值1560余万元。

四、学习先进经验,推动产业富民大发展。积极组织召开脱贫攻坚帮扶工作"互看互学"活动现场会,引导大家相互学习、相互启发,转变思想观念,找出差距,总结交流工作中的好方法好经验。

供稿:天水市政协

凝心聚力助脱贫　倾情帮扶结硕果
——平凉市政协脱贫攻坚帮扶工作纪实

党的十八大以来,政协平凉市委员会认真落实中央和省市打赢脱贫攻坚战的决策部署,积极组织各级政协组织和广大政协委员融入脱贫攻坚伟大实践,在助推全市脱贫攻坚、全面建成小康社会中彰显了独特优势,发挥了积极作用。全市政协组织共联系包抓7个县(市、区)的22个乡镇48个贫困村,帮扶贫困户837户;先后有2575名政协委员参与脱贫攻坚帮扶工作,帮扶贫困户3768户,为全市打赢脱贫攻坚战作出了应有的贡献。

强化组织领导,扛稳抓实脱贫攻坚帮扶工作责任

坚持把助推脱贫攻坚工作作为政协围绕中心、服务大局的重要方面,积极谋划、扎实部署、高位推进脱贫攻坚帮扶工作。一是加强组织领导。全市政协组织均成立脱贫攻坚帮扶工作领导小组和办公室,建立地级领导包县联乡、县级领导包乡联村、干部职工包抓帮扶贫困户制度,细化帮扶工作组长单位工作职责,做到了组织领导到位、责任落实到位、人员安排到位。二是坚持高位推动。先后召开帮扶工作协调推进会120次、经验交流会64次,帮扶项目对接会60次,开展督导检查128次、考核评议120次,纵深推进帮扶工作健康开展。同时,建立联村单位帮扶工作台账,对帮扶目标、措施和成效实行台账式动态化管理,做到了年初有安排、年中有督察、年末有考核。三是广泛宣传发动。将政协委员参与帮扶工作成效作为年终履职考核的重要内容,向各级委员发出"参与脱贫攻坚,助推小康建设"的倡议书,下发《关于发挥委员优势助推脱贫攻坚的实施意见》,并利用《平凉日报》、政协网站、刊物、微信公众号等媒体平台,开设"政协委员助推脱贫攻坚"专栏,及时挖掘、宣传各级政协组织和政协委员助力脱贫攻坚的先进事迹174篇,市政协办公室得到省委和市委表彰奖励,全市涌现出脱贫攻坚帮扶工作先进政协委员190多名。

聚焦帮扶重点,全力提升脱贫攻坚帮扶工作质效

全市各级政协组织和广大政协委员紧盯"两不愁三保障"脱贫指标,着力从解决贫困群众最关心、受益最直接、需求最迫切的问题入手,不断提升脱贫攻坚帮扶工作质效。一是改善基础设施。把改善基础设施条件作为普惠群众的主要切入点,积极帮助贫困村谋划、争取、实施水、电、路、房等基础设施建设项目和资金。2013年以来,累计为贫困乡、村争取实施基础设施建设项目196个、落实资金9556.6万元,先后硬化、改造村社道路33条146公里,兴修梯田6877亩,实施自来水入户8243户,改电1990户,修房245户。二是培育富民产业。坚持把培育产业作为提高贫困群众"造血"功能的根本措施,千方百计帮助贫困群众发展牛、果、菜等优势主导产业和"五小产业",累计为贫困乡、村争取实施产业发展项目258个、落实资金1.38亿元。先后新建肉牛养殖场7处、养牛2624头,新植果园13550亩,种植马铃薯、蔬菜、中药材8422亩,发展"五小产业"户138户,带动2.4万名贫困群众发展富民产业。三是措办为民实事。深入实施智力扶贫、健康扶贫,积极帮助贫困群众解决生产生活中遇到的困难和问题,累计为贫困村筹措落实各类帮扶资金7473.5万元,开展农村实用技术培训125期、培训农民8879人次,组织劳务输出1.21万人次,捐资助学2488人148.8万元,开展文化、科技、卫生"三下乡"活动228次,发放药品价值45万元,帮助群众解决实际困难2625件,化解矛盾纠纷1419件。

发挥委员作用,不断汇聚脱贫攻坚帮扶工作合力

组织、引导广大政协委员在助推脱贫攻坚中发挥委员作用、担当社会责任。一是发挥委员优势。依托政协委员智力密集、人才荟萃的优势,积极鼓励经济界、工商界委员在贫困村办企业、建项目,拓宽群众增收渠道;

动员农业界、科技界委员在贫困村领办示范基地,开展技术培训,提高群众增收本领;引导教育、文化、医药卫生界的委员在贫困村开展支农支教、文化下乡、扶贫义诊、法律援助等活动,解决群众的实际困难,使脱贫攻坚帮扶工作更加体现政协特色、符合委员实际、贴近群众需求。先后有19名委员在贫困村建办企业24个,建成种养殖示范基地16个。二是丰富活动载体。围绕提高政协委员参与脱贫攻坚帮扶工作的组织化程度,市政协组织委员开展了以"领导干部讲时事送政策,科技骨干讲科学送技术,医护人员讲健康送医疗,产业典型讲事迹送经验,干部职工讲爱心送温暖"为内容的"政协委员五讲五送"活动。各县(区)政协也创设了"先富帮后富、共同奔小康""三问五送六帮""五带头三参与两争先"等活动载体,极大地丰富了委员助推脱贫攻坚活动内容。三是积极履职建言。引导各级政协组织和广大政协委员聚焦脱贫攻坚工作,积极履职建言,提出涉及脱贫攻坚工作的提案411件、社情民意信息258条,撰写调研报告44篇,提出意见建议2776条,其中一些被市、县党委、政府采纳,转化为推动全市脱贫攻坚工作的具体举措。

突出示范引领,彰显政协脱贫攻坚帮扶工作担当

坚持把发挥领导机关和领导干部的示范带动作用作为推动脱贫攻坚帮扶工作深入开展的有效抓手,努力为帮扶单位和帮扶工作树立标杆、做出榜样。一是领导干部率先垂范。市、县两级政协的所有领导干部既做指导员又做战斗员,先后为帮扶的贫困乡村争取落实各类项目158个,协调项目资金2115.8万元,深入联系点督导检查892次,开展调研688次,宣讲政策344场次,上党课296次,有效推动了全市脱贫攻坚决策部署和目标任务的落地见效。二是政协机关勇于担当。市、县两级政协机关积极履行脱贫攻坚帮扶工作组长单位职责和联村帮扶责任,先后选派驻村第一书记24名,驻村帮扶干部31名,先后为46个贫困村投入和争取帮扶项目86个、帮扶资金1720.6万元,助力7个县(市、区)的17个贫困村脱贫出列、1.1万贫困人口稳定脱贫,为全市打赢脱贫攻坚战作出了积极贡献。平凉市政协办公室连续3年获得市委授予的脱贫攻坚"先进组织奖"。三是帮扶干部冲锋在前。广大政协干部认真履行帮扶责任,市、县两级政协有218名干部职工结对帮扶贫困户744户,先后帮助制定"一户一策"脱贫(巩固提升)计划2232份,自筹投入各类帮扶资金15.8万元,捐赠各类物资价值约6.5万元,为贫困群众措办实事好事782件,展现了新时代政协人实干担当、奋勇争先的良好形象。

供稿:平凉市政协

勠力同心　接续奋斗

——庆阳市政协脱贫攻坚帮扶工作纪实

保障和改善民生,是人民政协履行职能的出发点和落脚点,党的十八大以来,庆阳市政协紧紧围绕全市改革发展大局和民生福祉,立足让人民群众过上美好生活和让全体人民共享改革发展成果的价值追求,与市委、市政府一道,在打赢脱贫攻坚战中全力以赴、履职尽责,为全面建成小康社会作出了积极努力。

汇聚各方力量,倾力帮扶贫困群众

中央、省市向来高度重视扶贫开发工作,基于人民政协与民族工作的紧密联系,市委、市政府把绝对贫困人口在29%以上的正宁县五顷塬回族乡确定为市政协结对帮扶乡。

一是深入调研议大事、借力问计定思路。确定结对帮扶对象后,市政协把帮扶工作作为履职为民的重要抓手,组织调研组,深入基层,采取分组调研的方式,对五顷塬回族乡进行了深入调查了解,并召开市、县帮扶部门联席会议,开展"综合会诊",确定了帮扶工作要把逐步消除区位劣势和基础条件差造成的障碍放在第一位,着眼于全方位改善基础条件,把帮扶工作的重心转移到抓项目工作上,依托项目建设,帮助五顷塬乡借外力、聚内力,实现整体脱贫和提速发展。

二是着眼长远抓项目、立足当前办实事。帮助五顷塬回族乡群众脱贫致富奔小康不仅是各级党政机关的职责,也是政协组织义不容辞的责任。2013年12月6日,市政协组织召开五顷塬帮扶座谈会,现场捐资捐物26.1万元,确定龙咀子整村推进、学校建设等扶贫项目16个,落实项目资金400

多万元。经过多年帮扶,该乡基础面貌得到有效改善,群众发展生产能力进一步增强,窑洞校舍成为历史,村级办学水平和质量明显提升。

三是心系群众送真情、履职尽责助脱贫。在项目帮扶的同时,市政协领导集体也积极引导政协干部和广大政协委员各尽所能,开展结对帮扶活动。市政协先后组织部署机关干部和政协委员在五顷塬开展"察民情、听民声、解民忧、办民事、聚民心"和"3211"结对帮扶贫困户主题实践活动。机关干部问民需、解民难,为结对帮扶的贫困户捐赠衣物、棉被,送去米面油及急需的现金,组织界别委员先后举办技术培训班36期,开展义诊、信息咨询、政策法规讲座71次,使群众的思想观念、生活保障、发展基础都有了深刻变化。

聚焦目标任务,全力助推精准脱贫

党的十八大,开启了全面建成小康社会的新目标,坚决打赢脱贫攻坚战成为摆在全市各级党委政府面前的一号工程,市政协认真贯彻省、市精准扶贫、精准脱贫的系列决策部署,始终坚持"六个结合",全面落实"六大任务",机关全体帮扶干部攻坚克难,扎实工作,形成了帮扶干部和贫困村户双向互动、驻村帮扶和产业培育有效结合、精准扶贫与精准脱贫纵深推进的多元效应,机关扶贫工作呈现出"帮扶力量与干群关系有效融合,工作作风与村容村貌明显转变,干部能力与帮扶成效切实提升"的良好局面。

一是坚持领导带头,倾心帮扶村户。市政协始终把脱贫攻坚工作作为首要政治任务,作为服务经济社会转型跨越发展、推进政协工作创新发展的重要抓手,通过召开主席会议,传达省、市脱贫攻坚帮扶工作会议精神,讨论研究帮扶计划,调整工作小组,构建起了市政协主要领导和分管领导谋划部署、督促检查、推动落实,办公室主要负责人具体负责、机关帮扶办组织实施、政协委员全力助推的良性互动机制。三届、四届市政协主席接续推进脱贫攻坚,先后争取项目80多个,落实帮扶资金2000多万元,有力推动了脱贫攻坚工作进程,加快了贫困村经济社会发展步伐。

二是尽力帮办实事,夯实增收基础。十八大以来,市政协累计为机关帮扶的3个村和各位副主席帮扶的6个村协调落实各类发展项目140多个、资金5000多万元,捐助化肥、地膜、棉被、衣物、药品、农用器械、体育运动器材价值28万多元、现金18.57万元。2019年底,市政协帮扶的佛堂村贫困户人均纯收入较2014年的2506元,实现翻番,达到6742元,贫困发生率由2013年初的40.03%下降到0.69%,实现了整村脱贫,取得了群众得实惠、干部受教育的良好效果。2020年市政协办公室荣获全省脱贫攻坚帮扶先进集体荣誉称号,受到省委省政府的表彰。

三是提高农民素质,改善生活条件。脱贫不脱贫,关键看自身。贫困户自身是发展的主体,是脱贫致富的根本。市政协机关从教育群众转变观念入手,加大政策宣传力度,将扶贫政策宣传重点从"扶贫能让你得多少实惠"向"扶贫是扶持发展而不是包揽发展"转变,不断纠正群众的认识偏差,转变贫困户等、靠、要思想,变"要我脱贫"为"我要脱贫",真正激发群众的内生动力,防止扶贫工作"政府热群众冷"的现象。协调争取扶贫超市物品资金18万元;帮助成立春年民间演艺公司,组织编排《供暖风波》等群众喜闻乐见、反映帮扶成效的文艺节目,开展巡回演出30多场次,弘扬主旋律,传递正能量,丰富和活跃群众的业余文化生活,积极促进农村精神文明建设。

激发委员活力,助推脱贫攻坚

政协委员是政协工作的主体,也是政协组织助推脱贫攻坚的最大优势,市政协坚持加强引导、精心组织,充分发挥委员自身优势和政协履职优势,接力助推脱贫攻坚的工作思路,使脱贫攻坚不仅成为政协委员联系群众、服务群众的重要渠道,也成为广大政协委员长袖善舞的履职大舞台。

一是坚持履职为民,加强组织引导。人民政协是大团结大联合的政治组织。党的十八大以来,市政协党组针对新形势新任务,精心谋划,组织委员积极投身脱贫攻坚一线。先后组织市县两级政协1500多名委员投身脱贫攻坚实践,累计帮办民生实事1500件,发展增收产业256个,组织劳务输出3万多人。2013年以来,先后有100多名委员受到省、市级表彰奖励。

二是发挥委员优势，帮办为民实事。全市各级政协委员充分发挥优势，积极为帮联村户出主意、想办法，真心为群众解困难、办实事。市政协委员、庆阳农机局工程师刘万里走遍全市所有贫困村宣传农机具补贴政策、推广小型实用农机具，大大提高了群众生产效率；委员吕成虎通过招引项目，为正宁县山河镇东关村争取建成了村级便民服务中心、村部办公场所、文化广场、日间照料中心等基础建设，方便了群众办事，优化了村干部办公场所，丰富了群众业余文化生活。

三是发挥履职优势，助力脱贫攻坚。着眼助推脱贫攻坚调研视察，围绕全面建成小康社会建言献策是政协委员履职为民的重要方式。十八大以来，广大委员充分发挥履职优势，深入调查研究，积极建言献策，为加快全市脱贫攻坚、实现全面小康作出了积极努力。先后组织开展脱贫攻坚专项调研（视察）20多次，提交脱贫攻坚提案600多件，形成社情民意2000多条，促使一些群众关心的具体问题得到相关部门和领导的重视和解决，为密切党委政府同群众的联系，推动全市扶贫攻坚工作不断向纵深发展起到了积极作用。

供稿：庆阳市政协

政协就在贫困户身边
——定西市政协脱贫攻坚帮扶工作纪实

党的十八大以来,定西市政协坚持以习近平新时代中国特色社会主义思想为指导,认真学习贯彻习近平总书记关于扶贫工作重要论述,全面贯彻落实习近平总书记对甘肃重要讲话和指示精神,按照中央和省市委的统一部署,把脱贫攻坚摆在履职尽责的突出位置,充分发挥自身优势,围绕"两不愁三保障"脱贫标准,下足精细精确精微的"绣花"功夫,理思路、找对策、办实事,在脱贫攻坚伟大事业中描绘了一幅政协扶真贫、真扶贫的精彩画卷。

第一卷:解贫济困,在渭源县开启政协帮扶征程

听民声、察民情、解民忧、纾民困,切切实实把事情办在群众心坎上。八年来,市政协领导及机关干部脚沾着泥土,心贴着群众,为联系村、贫困户早日脱贫致富贡献着自己的一份力量,以强劲的脉动让群众感受到政协离他们很近。

一是围绕基础设施改善"聚合力"。坚持把改善基础设施作为帮扶工作的切入点,发挥市政协联系广泛的特色优势,积极牵线搭桥,努力争取项目18个,筹措资金6000万元,先后为联系村硬化、砂化道路132公里,完成自来水入户工程621户,实施农网改造36个社,实施危房改造156户,易地扶贫搬迁农户96户,在各帮扶村新建和维修村址、卫生室、体育广场、戏台12处,极大地改善了贫困群众的生产生活条件。

二是围绕培育富民产业"增动力"。坚持把产业发展作为彻底解决贫困问题的主抓手。大力发展养殖业,为18个贫困村的贫困户捐赠价值50

万元的多功能铡草机300台;支持帮助联系户改建圈舍80座,引进良种羊1045只,良种牛204头,发展养殖大户168户。着力发展特色种植业,帮助建设塑料种植大棚110座,建立标准化种植基地32个,培训劳动力5000人次。播下了致富奔小康的种子,群众内生动力不断增强。

三是围绕帮办好事实事"添活力"。坚持把深入群众为民办事作为守初心担使命的试金石。市政协主席会议成员率先垂范,深入田间地头,了解村民所急所盼,为贫困村发展"号脉开方"。市政协机关干部职工多次深入贫困村户,捐款捐物,协调项目,帮办实事,架起了党和政府与人民群众的"连心桥"。市政协共为贫困村捐款捐物121.3万元,帮办实事829件,将党的温暖传递到每一个贫困村民的心中。

第二卷:全力以赴,助力漳县打赢脱贫攻坚战役

2017年8月,按照市委安排部署,市政协帮扶工作转战到漳县,担任漳县帮扶市直组长单位,帮扶东泉乡胭脂村、直沟村和盐井镇高峰村3个深度贫困村,打出了一套扛起责任、攻坚克难、内引外联、扶志扶智的"组合拳",倾力助推脱贫攻坚。

一是扛责任、挑担子,积聚力量"摘穷帽"。发挥专门协商机构作用,聚焦脱贫攻坚底线性任务,连续两年召开专题议政性常委会会议协商议政,在省政协协商会议层面积极呼吁,为定西决战决胜脱贫攻坚贡献政协力量。主席会议成员坚持以挂牌督战为抓手,开展督导调研,指导解决问题。主席会议成员包抓1县、联系9个乡镇18个贫困村,机关干部帮扶140户贫困户,尽力而为帮办实事,有效巩固脱贫攻坚成果。充分发挥帮扶漳县市直组长单位作用,统筹调度帮扶单位优势资源,建成一批产业扶贫基地,助推漳县提升脱贫攻坚成效。

二是补短板、强弱项,攻坚克难"拔穷根"。按照《定西市脱贫攻坚领导小组关于深入开展"四巩固六提升五促进"行动高质量打赢脱贫攻坚战的实施意见》精神,开展脱贫短板补齐工作。衔接民政资金10万元修缮直沟村五保家园,解决8户特困供养户住房短板问题;衔接财政资金20万元为

胭脂村修建便民桥1座,硬化胭脂、直沟村巷道14000平方米,解决群众出行难问题;指导3个村卫生室建设,组织专家现场办理慢性病卡,解决看病难问题;联系广东省民建会员为东泉乡韩川小学、直沟小学捐赠钢琴5架、智能机器人60个、蓝牙无线音箱20个,发放助学金等共计价值42000元;衔接团市委资助大学生12名,阻断贫困代际传递;联系香港施永青基金会捐赠11万元,帮助群众实施改厕项目,转变生活方式,改善生活环境。一件件惠民实事的落地,一个个民生项目的实施,拔掉了边远山区的穷根。

三是靠资源、找出路,提质增效"换穷业"。把产业扶贫作为根植发展基因、激活发展动力的主要途径,竭力打造的农业产业托起了群众致富增收的小康梦。帮扶胭脂村建立金田园食用菌种植基地,建成20座种植棚、8座晾晒棚,1个菌棒生产加工车间,实现菌棒挂袋30万棒,年产值90万元,为直沟、胭脂村集体经济分红12万元,吸纳就近务工村民30人,带动43户贫困户每年增收3000元;在木耳基地受灾后,联系保险公司赔付止损,增添发展动力。帮扶直沟村联系龙头企业,建立200亩当归育苗基地和100亩猫尾草种植基地,吸纳当地贫困户就地就业,辐射带动25户贫困户脱贫;依托当地资源,鼓励引导群众发展养殖业,一年多时间牛羊基础母畜存栏量翻了一番,达到782头牛和1200只羊,养殖业已成为当地群众增收的主导产业。

四是抓党建、带队伍,提振精神"扶穷志"。把基层党建作为脱贫攻坚的根本保障,市政协办公室党支部与贫困村党支部先后开展9次支部共建活动,办公室全体党员捐款3700元,帮助胭脂村受灾的老党员、老干部渡过难关,唤醒农村党员组织意识、责任意识、党员意识。把扶志扶智作为增强内生动力的有效措施,在3个村开展农业实用技术、务工技能培训16场次,推进农村劳动力由苦力型向技能型转变;组织村社干部、致富带头人先后3次赴外地学习,拓视野、添举措、长见识,提振精神,建设美丽家乡。把驻村工作队作为一线帮扶的攻坚力量,先后选派10名优秀年轻干部驻村帮扶,落实生活补贴、交通补贴、通信补贴,保证下得去、留得住、干得成,成为战贫一线的生力军。

第三卷:倾情参与,政协委员展现良好政治担当

八年来,定西市政协号召广大政协委员积极投身"政协委员携手共筑小康梦"行动,主动联系特困户,帮助找准发展路子、争取扶贫项目、帮办民生实事、输转剩余劳动力,形成了政协组织倡议引导、各级委员积极参与、因地制宜谋划引导、发挥优势聚力扶贫的生动局面。各级政协委员力所能及帮助贫困村落实各类项目359个,帮办实事360多件,资助贫困学生700多名,帮助输转劳动力1.9万多人次,为贫困村、特困户捐款捐物,共投入资金达3.8亿元,充分展示了政协委员的社会责任和担当精神,并涌现出了一批战贫先进人物和先进事迹,受到省市级表彰奖励。

供稿:定西市政协

精准扶贫出实招　脱贫攻坚显担当
——陇南市政协脱贫攻坚帮扶工作纪实

市政协深入贯彻落实习近平总书记扶贫脱贫重要思想和总书记对甘肃重要讲话、指示精神，按照省委、市委的安排部署，坚定必胜信念，落实精准方略，瞄准短板弱项，持续精准发力，全力抓好各项任务措施落实，为坚决打赢打好脱贫攻坚战作出政协组织和政协委员的贡献。

发挥政协优势，积极协商议政。就深度贫困县区面临的一些共性的、关键性的问题深入研究，开展文化旅游产业扶贫、特色产业扶贫、电商扶贫、健康扶贫等调研视察、专题议政会、远程协商会，推动相关问题的解决。向省政协报送的《关于进一步促进我市扶贫攻坚工作有关建议的报告》和《关于开设绿色通道解决非贫困村基础设施短板的建议》《关于非建档立卡群众易地扶贫搬迁的建议》《关于进一步推进新疆生产建设兵团招录新职工工作的建议》，得到了省政协高度重视，全部转报省委、省政府主要领导决策参考，实现了更高层次的建言献策。

广泛凝聚共识，积极汇聚力量。深入开展政协委员"携手同心助力脱贫攻坚"活动，召开全市政协系统助推脱贫攻坚工作座谈会、市政协委员助推脱贫攻坚座谈会，印发《关于开展政协委员携手同心助力脱贫攻坚活动的实施意见》及《倡议书》《通知》，调动委员在各自领域为实施精准扶贫、精准脱贫建睿智之言、献务实之策、尽精诚之力。全市各级政协组织和广大政协委员积极响应，尽己所能、无私奉献，自觉投身脱贫攻坚实践，以实际行动展现了政协委员的风采与担当。

开展东西协作，促进交流合作。市政协班子成员多次赴青岛市进行考察对接，与青岛市政协签订了《协作交流框架协议》，实现两地政协在经济、科技、人才、文化、旅游等多领域的交流合作。邀请青岛市政协考察团到陇南考察调研,捐赠产业发展扶贫资金,开展科技帮扶助学,促进两地企业合作,签订了旅游开发、特色农产品开发等合作项目助力"青企入陇",搭建共享平台,创新消费扶贫,全力推动"陇货入青"。以文化交流为平台,两市联合举办了庆祝改革开放40周年暨陇南·青岛"山海情深"书画摄影展,开展了"陇山情·琴岛韵"书画联谊活动,促进了两市书画艺术的创作、交流和发展。

抓好联系帮扶,参与脱贫实践。主席会议成员经常性深入各自联系的特困片区和贫困村、贫困户,认真组织开展视察调研、挂牌督战等工作,及时了解群众的发展意愿和对脱贫攻坚工作的满意度,协调各方资源,解决缺口资金,竭尽全力帮扶,有效推进脱贫项目实施,实现了高质量脱贫目标。张昉主席亲自抓、带头干、重点推,多次召开帮扶成县脱贫攻坚推进会议,签订帮扶责任书,对照成县脱贫攻坚目标任务进行分工,靠实帮扶成县10个市直单位的责任,有力助推了成县整县脱贫摘帽。市政协办公室充分发挥组长单位作用,督促市直各成员单位就精准扶贫重点项目进行协调对接,发挥了各帮扶单位的作用。省市县三级政协帮扶徽县麻沿河特困片区的做法分别在全国政协《人民政协报》和省政协《民主协商报》头版头条刊发,受到赞誉。市政协机关整合帮扶资源支持联系村发展,先后选派10名优秀年轻干部长期驻村帮扶成县二郎乡店子村、武坝村等贫困村,机关干部全员参与脱贫攻坚帮扶工作,市政协机关获得全省帮扶工作先进组长单位"组织奖",并在全省脱贫攻坚帮扶工作暨先进事迹报告视频会议上作了交流发言,为进一步做好扶贫帮扶工作提供了有益借鉴。

供稿:陇南市政协

千条丝线织成缎

——甘南藏族自治州政协脱贫攻坚帮扶工作纪实

甘南州长期以来曾是国家确定的深度贫困区。自2015年自治州发起全面打响精准扶贫攻坚战以来,州政协机关先后定点帮扶卓尼县喀尔钦乡革古行政村和夏河县麻当镇孜合孜行政村,负责推进夏河县王格尔塘镇旦岗村生态文明小康村建设。几年来,州政协机关党组织以州委决策为使命,努力施行"四个确保"——确保脱贫攻坚"众人划船",确保脱贫措施"靶向定位",确保脱贫对象"阳光普照",确保脱贫成果"升级改版",为贫困乡村织就了一幅生产发展、生活改善、面貌改观的新画卷。

革古村:建设村道和广场

卓尼县喀尔钦乡革古村位于深山沟里,全村198户820人,交通条件较差,贫困面较大。2015年底州政协开始定点帮扶该村,机关全体干部先后多次深入联系村,站在高位,谋划精准脱贫的路子,利用各种关系在州直部门牵线搭桥,争取基础建设、产业补贴等方面的项目资金。2016年,该村实施了通村进户道路建设工程,昔日"晴天一身土,雨天一身泥"的通村进户土路被一条条干净整洁的水泥路所更替;实施总投资118万元的危房改造项目,使许多破、陋、黑的房屋面貌一新。2017年州政协为革古村的达日卡和哇日两个自然村争取到15万元的文化广场建设资金,政协秘书长随时视察建设情况,确保资金安全到位,确保工程质量和标准,年内准时建成。在州政协机关的倾力帮扶下,党员示范带头作用得到发挥,中药材种植已初具规模,成了乡亲们的"聚宝盆",7个小组的面貌发生了明显变化。

孜合孜村：实施棚户区改造

夏河县麻当镇孜合孜行政村有8个自然村、213户、856人,初期建档立卡贫困户共有84户323人,低保7户15人。2017年8月起州政协办公室副主任科员王晓任该村帮扶工作队队长,一直吃住在该村,始终全程驻村开展帮扶工作。州政协机关与州烟草专卖局、县检察院及乡镇共5名干部组成孜合孜村驻村帮扶工作队,州政协56名干部帮扶43户163人,机关干部和政协委员发挥"六大员"作用,为该村协调落实扶贫贷款及农牧产业发展、基础设施建设、危房改造资金等240多万元。经过全力挂牌作战,对全村未脱贫户采取"一对一,多对一"等办法,使脱贫攻坚工作日益向纵深推进。

2018年,孜合孜村的上麻力巴、下麻力巴、新兴村共计81户实施了危房改造项目,极大地改善了贫困群众的居住条件。在此期间,帮扶队还组织该村贫困户参加县人社局举办的烹饪、电焊、砖瓦等技能业务培训班,有70多人取得相关证书;先后还调解4起矛盾纠纷。是年12月初,州政协得知下麻力巴(组)的建档立卡户辛燕利家常年患有白血病的丈夫于一月前病逝,生前花去医疗费15万多元,家里还有一个患智力听力障碍等多重残疾的叔叔需要专人服侍,家庭收入主要靠5.7亩的水浇地,全家生活陷入困顿。州政协立即在全体干部职工中发出"献爱心捐款"倡议,为这个困难家庭筹集善款6150元,并派代表赶赴其家中进行慰问。

在各方的共同努力下,2018年孜合孜全村按计划实现整村脱贫。2020年孜合孜行政村建档立卡贫困户全部脱贫,贫困发生率从2013年的35.23%下降到0,全村贫困人口"两不愁三保障"全部达标,农牧民人均纯收入达1万元。全村通过国家贫困退出普查验收。

旦岗村：打造全面小康示范村

为巩固脱贫攻坚成果、推进生态文明小康村建设,州政协还认领了帮扶夏河县王格尔塘镇旦岗村产业升级和打造文化旅游村的工作。州政协通过联系企业、争取项目等工作,促进该村构建起"农户+企业+公司"三位一体发展模式,使每户每年最低收益达到5000元以上。

2017年4月,时任州政协主席徐强带领机关干部职工近30人赴旦岗村开展了规模较大的帮扶活动,为旦岗村购买了400多棵树苗、300多株花卉苗、50公斤进口草籽、500公斤肥料。州政协一行到达旦岗村后,与当地干部群众共同在村道路两旁栽种花草树木,场面干劲十足。

2018年5月,州政协组织旦岗村18个致富带头人赴云南昆明市万溪村、斗南花卉基地、迪庆香格里拉独克宗古镇、扎雅土司庄园等地观摩学习,着重考察这些地方的乡村旅游业,了解招商引资、宣传营销、特色产品开发、民宿和精品客栈发展、配套服务设置等情况,使他们亲身感受外地发展旅游业的做法和经验,使这些村干部和致富带头人的观念有了新变化、思路有了新拓宽,为推动旦岗村的旅游发展注入了信心和动力。

2020年4月27日,州政协机关干部赴旦岗村委会,为该村捐赠了20台电脑,价值8万余元,切实帮扶该村解决了办公硬件不足的问题,使硬件软件齐头并进,进一步推动了该村精准脱贫和生态文明小康村建设。

经验:四个确保推进脱贫攻坚和小康建设

五年来,甘南州政协机关党组织高度重视助推脱贫攻坚和小康建设这一政治任务,自觉把脱贫攻坚任务扛在肩上、放在心上、抓在手上、落实在行动上,坚持驻村队员当代表、单位做后盾、"一把手"负总责,用藏族谚语来说,就是"十根柳条编成框,千条丝线织成缎",在帮扶脱贫攻坚和小康建设工作中取得了一定的成效。

一是加强组织领导,确保脱贫攻坚"众人划船"。一直以来,州政协党组每两月召开一次扩大会议集体研究脱贫攻坚工作,有针对性地制定工作措施。特别是在结对帮扶麻当镇孜合孜贫困村中,加强与其"两委"班子的沟通交流,认真解决帮扶中群众反映的热点、难点问题。同时推动基层党组织认真落实"四抓两整治"措施,督促"两委"班子成员严格执行轮流坐值制度,加强了基层组织建设。

二是深入走访调研,确保脱贫措施"靶向定位"。州政协领导班子曾先后26次组织职工集体到孜合孜村进行入户慰问、调查研究,听取群众在产业培育、项目建设、住房保障、集体经济发展上的意见和建议,对以上项目进行客观分析,提出工作建议。帮扶责任人着眼解决"两不愁三保障"问题,同贫困户一道分析致贫原因,商讨脱贫方式,精准制定"一户一策"帮扶计划,帮助协调落实项目资金。

三是落实帮扶责任,确保脱贫对象"阳光普照"。州政协56名帮扶干部能够严格按照要求定期联系贫困户,四年来,机关干部入户走访达580余人次,安排干部值班120人次,组织慰问活动7次,为43户贫困户送去慰问金及慰问物品共计价值4万余元。

四是多方助推发展,确保脱贫成果"升级改版"。近年来,州政协机关干部和政协委员在为联系村帮扶户开展捐款捐物、智力扶贫的同时,立足旦岗村地理区位优势,积极协调落实扶贫贷款,争取到农牧产业发展、基础设施建设、危房改造项目资金300多万元,把村辖区内的长途客运服务区打造成了甘南特色产品展销区、民族美食体验区、游客综合休闲区、安多产业园观光区,使其内增动力、外树形象,在雪域甘南树立了一个生态文明小康村、文化旅游特色村的典范。

供稿:甘南藏族自治州政协

助力脱贫攻坚　彰显政协力量
——临夏回族自治州政协脱贫攻坚帮扶工作纪实

临夏是全国两个回族自治州和甘肃两个少数民族自治州之一,是国家"三区三州"深度贫困地区,自然条件严酷、基础设施薄弱、产业发展滞后,贫困范围之广、贫困程度之深、脱贫难度之大可谓全国之最。

临夏州政协把助推脱贫攻坚作为一项重要工作,汇智聚力,组织全体政协委员和政协干部务实而为,倾力贡献政协智慧和力量。2018年以来,临夏州政协机关全面学习领会习近平总书记关于扶贫工作重要论述精神,以钉钉子精神坚决贯彻落实省委、州委决策部署,凝心聚力、建言献策、积极参与,认真履行帮扶单位工作职责,当好脱贫攻坚的参谋员、战斗员、宣传员、监督员,在精准施策上出实招、在精准推进上下实功、在精准帮扶上求实效,实现了投入力量"强保障"、精准施策"全覆盖"、扶贫帮困"广参与"、落实政策"不走样",为全州脱贫攻坚工作提质增效贡献了政协力量。

精准献策,当好参谋员

坚持谋党政之所需、急群众之所盼、尽委员之所能,充分发挥人民政协人才荟萃、智力密集的优势,汇智聚力,献计献策,助推扶贫攻坚。党的十八大以来,临夏州政协系统充分发挥专门协商机构作用,紧紧围绕决战决胜脱贫攻坚的重点任务、重要环节,注重建言资政与凝聚共识双向发力,努力将政协的制度优势转化为助力脱贫攻坚的实际效能。一是围绕脱贫攻坚开展协商建言。在年度重点协商议政活动上,委员们深入了解临夏州脱贫攻坚所做的工作、采取的措施、取得的成效、存在的困难以及需要反映的情况和需要研究解决的问题等,多角度提出有价值的意见建议,为高质量打赢脱贫攻坚战建言献策。同时,委员们还结合参政议政、政治协商和反映社情民意信息工作,加强监督情况和对策的研究,为决策和决策执行建言献策,得到州委、州政府领导的重要批示。

二是围绕脱贫攻坚鼓呼呐喊。十八大以来,全州政协委员提出涉及脱贫攻坚的提案近百条,提出社情民意信息986条,内容涉及"五个一批"方方面面,很多信息被相关部门采纳。

三是围绕脱贫攻坚开展调研视察。州政协主动请州委、州政府主要领导点题,由政协组织开展调研、视察、协商等活动,为党政部门科学决策提供依据,有效提高了建言献策的精准度、前瞻性和成果转化率。围绕深度贫困县脱贫攻坚就业扶贫、健康扶贫等问题开展了6次专题调研视察,召开6次以脱贫攻坚为主题的专题议政性常委会和8次双月协商座谈会。此外,先后协调配合全国政协、省政协在临夏州开展了16次脱贫攻坚调研视察,为国家、省级层面掌握临夏州脱贫攻坚情况发挥了重要作用,有效发挥了政协协商民主重要渠道和专门协商机构作用。

情系民生,当好战斗员

习近平总书记强调:"脱贫攻坚,各方参与是合力。必须坚持充分发挥政府和社会两方面力量作用,构建专项扶贫、行业扶贫、社会扶贫互为补充的大扶贫格局,调动各方面积极性,引领市场、社会协同发力,形成全社会广泛参与脱贫攻坚格局。"临夏州政协党组向全州政协系统工作者和各级政协委员发出倡议:"脱贫攻坚的征程中,临夏州没有旁观者,政协委员要众志成城,为困难群众谋出路、想对策。"

严格按照州委部署,州政协机关认真开展了永靖县王台镇湾子村帮扶工作。选派精兵强将充实机关帮扶办公室和驻村工作队,以各委室为单位成立11个工作小组,实行组长负责、灵活机动、组员互助、共担责任的工作机制,整合工作力量,靠实工作责任;全力支持驻村工作,改善驻村工作队办公生活条件,购置配备电脑、床、灶具等工作生活用具,按标准落实生活补助,购买人身意外保险,为工作队开展工作提供了保障。日常帮扶工作中,州政协主要领导率先垂范,经常进村入户开展调研指导,面对面解决问题,点对点协调项目,带动和推进机关帮扶工作。如,针对湾子村大部分群众有养殖传统但圈舍简陋的实际,衔接州县有关部门,实施了湾子村牛羊暖棚修建项目,采取统一标准、农户自建、群众自筹、政府补助的方式,协调落实资金160万元,为该村有养殖意愿的群众修建牛羊圈棚;帮助62户贫困户落实产业到户项目资金124万元发展养殖业,投放基础母牛、良种羊,使牛羊养殖成为该村支柱产业。帮助68户贫困户落实产业到户项目资金136万元用于发展种植业,种植黄芪502亩。针对村民行路难的问题,协调有关部门对3.4公里的村组道路进行了硬化,整修边沟1.04公里,全村分散居住2户以上农户均通了硬化路,有效解决了行路难的问题。协调林业部门争取到香花槐、刺柏等2500多株绿化树苗,在村主干道进行栽植,极大绿化美化了村容村貌。2019年,湾子村顺利通过国家验收,如期脱贫摘帽。

凝聚共识,当好宣传员

临夏州政协把宣传扶贫政策作为委员和干部开展帮扶工作的重要内容,组织委员认真学习政策、研究政策、宣传政策。一是积极向困难群众宣传扶贫政策。将《扶贫手册》《脱贫攻坚政策汇编》等小册子送到贫困户手中,向贫困户宣传、解释生态、医疗救助、产业、教育、社会保障兜底、就业、金融、易地搬迁和农村危房改造扶贫等扶贫政策,根据贫困户的需求对接相应的政策,让贫困家庭在享受扶贫政策上"不吃亏"。二是积极开展"百企帮百村"活动,引导非公企业经济人士参与脱贫攻坚。充分发挥政协组织联系广泛、人才荟萃的优势,积极动员社会各方为困难群众办实事、办好事。如,经济界、工商界委员结合"百企帮百村"活动,所属企业与23个贫困村对口联系帮扶,吸纳1.32万群众稳定就业;教育界委员主动认领控学保辍任务,劝返653失辍学儿童返校;医药卫生界委员参与健康扶贫,开展义诊21场次,发放价值56万元的药品;农林牧界、科技界委员开展讲座培训81场次,将农业新技术送到田间地头;246名委员捐款捐物920多万元资助722名贫困学生,31名委员捐资700多万元修建53条道路,36名委员捐资

390万元改造185户危房,306名委员捐资720万元用于社会救助,3名委员筹集35万元开展湾子村村容村貌整治。三是积极动员引导社会力量助力脱贫攻坚。在州政协党组的带领下,广大政协工作者和政协委员把临夏的脱贫、临夏的发展与个人的利益荣辱紧紧结合,激发了大家心系困难群众、助力脱贫攻坚的责任感、使命感和自豪感。据不完全统计,1443名州县市政协委员累计捐款捐物5700多万元,开展政策宣讲628场次,化解矛盾纠纷478件,输转务工人员2.35万人,为临夏脱贫攻坚汇聚起了磅礴的政协力量。

关注重点,当好监督员

临夏州政协把脱贫攻坚工作与开展民主监督结合起来,对全州脱贫攻坚工作实行全程监督,坚持"监"到点子上,"督"在要害处,达到发现问题、解决问题、促进工作的目的。一是加强对实施扶贫工程的监督。州政协对全州实施产业、易地搬迁和危房改造、教育帮扶、保障兜底、医疗救助、生态、基础设施扶贫等脱贫攻坚工程实行跟踪监督,确保脱贫攻坚工程阳光操作,保证工程进度、工程质量,真正造福群众。二是加强对落实扶贫政策的监督。在联系走访帮扶困难户的过程中,充分发挥委员联系群众密切的优势,随时了解、掌握扶贫措施、扶贫政策的落实情况,有效助推了脱贫攻坚工作规范有序、有力有效地开展。

十八大以来,临夏州政协始终把助力脱贫攻坚作为一以贯之的工作主线,举全州政协系统之力,在决战决胜脱贫攻坚中彰显政协担当作为。脱贫摘帽不是终点,而是新生活、新奋斗的起点。站在"两个一百年"奋斗目标的历史交汇点上,承载着临夏人民对美好生活的无限向往,临夏州政协还将继续带领全州政协委员和干部职工紧密团结在以习近平同志为核心的党中央周围,凝聚最大共识,坚定必胜信心,保持战略定力,铆足精神干劲,为谱写不断增加群众福祉、加快建设幸福美好新临夏、开创富民兴临新局面的时代篇章而继续奋斗!

供稿:临夏回族自治州政协

第二章 看·陇原儿女尽显英雄本色

> 这是我们的事业,也是陇原儿女不负人民、攻坚克难、英勇奋战的脱贫攻坚伟大事业

展现政协责任担当　做好脱贫帮扶工作
——专访全国政协委员、甘肃省政协主席欧阳坚

新华网：打好打赢脱贫攻坚战、实现贫困群众对美好生活的向往，事关全面建成小康社会，是我们党向全国人民乃至全世界作出的庄严承诺。中国特色社会主义进入了新时代，新时代要有新作为，新时代要有新担当。请问，甘肃省政协是如何在助力脱贫攻坚中体现新作为、展示新担当的？

欧阳坚：2018年，在习近平新时代中国特色社会主义思想指引下，新一届甘肃省政协深入贯彻落实习近平总书记考察甘肃重要讲话精神和扶贫开发重要论述，始终与党委政府风雨同舟、同心同德、同频共振，把脱贫攻坚作为分内工作、第一责任、头号任务，全方位、全身心投入主战场，紧紧围绕"两不愁三保障"目标，坚持在精准施策上出实招，在精准推进上下实功，在精准帮扶上求实效，整合各级帮扶资源，凝聚干部群众力量，在脱贫攻坚中展现了政协责任和政协担当。

新华网：据我们了解，甘肃省政协在助力脱贫攻坚中探索创新帮扶机制，整合帮扶资源力量，一些经验得到了国家有关方面的肯定，能给我们具体介绍一下吗？

欧阳坚：针对脱贫攻坚"怎么帮"、如何实现帮扶效益最大化的问题，去年，甘肃省政协作为帮扶陇南市西和县的组长单位，探索了把来自国家定点扶贫、东西协作、省市县各级帮扶单位的力量整合起来，在全县范围内打通配置，让有实力、专业性强的帮扶单位，面向全县所有的贫困村，专做自己最擅长、最专业的事情，实现强强联合、优势互补，以充分释放帮扶效能的路子。比如，全国妇联、省妇联牵头抓西和县贫困户家政服务培训、劳务输转和妇女手工制作的组织、产品销路联系；青岛市市北区牵头负责招商

引资和劳动力转移就业;省生态环境厅牵头负责全县所有贫困村农村环境综合治理和村容村貌整治;农业银行甘肃分行"量身制作"针对全县产业发展的金融服务项目,等等,取得了事半功倍的帮扶效果。

新华网:甘肃省政协充分发挥平台优势作用,更广泛地动员各方面力量参与脱贫攻坚,取得了不俗的成绩,请问你们是怎么谋划和开展的?

欧阳坚:在培育重点产业、筹措项目资金、拓宽市场销路等方面,甘肃省政协采取"请进来"和"走出去"相结合的方式,进行全产业链帮扶,形成了多点发力、各方出力、共同给力的工作大格局。我作为省政协主要领导,利用自己的各种关系、人脉和资源,外引内联,想方设法为联系县招项目、引资金、聚人才、促增收。比如,动员民营企业家委员参与脱贫攻坚,积极协调争取北京德清源公司、云南正龙集团等开展捐资助学、旅游开发等帮扶项目和支持事项。带队赴广东、深圳等地召开扶贫项目推介会,开展扶贫产业招商,为联系县引进项目140多项,协调各种扶贫资金及物资价值近8亿元,全县贫困人口人均增收1000元以上。

新华网:政治协商、民主监督、参政议政是人民政协的主要职能。在脱贫攻坚中,甘肃省政协是如何履行好这三大职能的?

欧阳坚:脱贫攻坚成效怎么样,能否如期实现脱贫目标,是全省上下共同关注的重大问题。新一届甘肃省政协主动作为、勇于担当,把"如何打好打赢脱贫攻坚战"作为常委会年度重点调研课题,首次组织省市县三级政协组织、委员和民主党派、工商联,在全省30个县开展监督性调研,针对发现的突出问题,提出了11个方面34条具体工作建议,促进了中央和省委脱贫攻坚决策部署的落地见效。同时,按照甘肃省委部署,甘肃省政协通过综合监督、对口监督、监督员监督、社会监督等方式,组织机关各部门,各民主党派、工商联和三级政协组织、政协委员,并从"两州一县"和18个深度贫困县政协聘请40名监督员,扎实开展脱贫攻坚帮扶工作常态化、制度化专项监督,形成6个方面18条意见建议上报省委省政府,相关建议被全部采纳。

新华网:习近平总书记强调,脱贫攻坚时间紧、任务重,必须真抓实干、埋头苦干。甘肃省政协是如何抓好脱贫帮扶任务落实的?

欧阳坚：新一届甘肃省政协始终把抓推进、抓落实作为工作的出发点和落脚点。我作为省政协主要领导，把联系县脱贫工作牢牢扛在肩上、抓在手上，先后9次深入乡村一线、农户家中、田间地头、扶贫车间、项目工地、产业园区开展蹲点调研、解剖麻雀，16次主持召开各类推进会议和对接会议，一对一协调解决问题，手把手指导工作落实，发挥了统筹、统揽、统领作用。

在省政协主席会议成员的率先垂范、示范带动下，机关各部门和帮扶干部深入基层，扑下身子，真抓实干，紧盯"一户一策"，引进省内外企业建立扶贫车间和专业合作社，推进产业扶贫、就业扶贫等，让贫困群众真正收益。去年共开展驻村帮扶、走访调研162批、调研620余人次，协调落实各类项目260多项、筹资11亿元。同时，省政协机关坚持"尽锐出战"，选派"精兵强将"担任贫困县挂职县委副书记、驻村工作队长，围绕问题突出的8个领域，组建了8个帮扶小分队，尽心尽力为贫困群众服务。

新华网：通过您上面介绍的这些做法，甘肃省政协在工作中取得了哪些明显的变化和成效？

欧阳坚：一年来，新一届甘肃省政协圆满完成了西和县2.2万农村贫困人口稳定脱贫的目标任务，取得了阶段性成效。特别是对整合帮扶资源力量的做法，汪洋主席、胡春华副总理分别作出了重要批示，国务院扶贫办专门刊发简报，在情况类似的地方推介。关于脱贫攻坚的监督性调研报告，甘肃省委常委会专题听取汇报，省委主要领导给予了充分肯定，许多建议已转化为工作方案和政策文件。我在联系县脱贫帮扶推进会上的相关讲话稿，省委省政府主要领导作出了批示，印发全省各级各部门学习参考。

通过一系列的苦干、实干、巧干，进一步凝聚了政协机关干事创业的合力和人心，增强了政协干部履职尽责的荣誉感和成就感，提升了政协工作的话语权和影响力，省委省政府许多重要工作、重大事项事前都会征求政协的意见建议，真正体现了汪洋主席强调的"人民政协处于凝心聚力第一线、决策咨询第一线、协商民主第一线、国家治理第一线，是党和国家一线工作的重要组成部分"。

来源：新华社2019-03-07

甘肃：决胜攻坚的政协担当

陇南市西和县曾经是甘肃省贫困程度最深的县之一。千百年来，这里大山环绕，贫困深锁。自2017年以来，甘肃省政协开始联系帮扶西和县，助力高质量打赢脱贫攻坚战。

甘肃省政协3年的倾力帮扶，让西和县摘掉了穷帽子。也因此，甘肃省政协脱贫攻坚帮扶工作协调领导小组办公室荣获了"全国脱贫攻坚先进集体"荣誉称号，并在全国脱贫攻坚总结表彰大会上受到表彰。

强产业　筑根基

2018年12月，在广州长隆国际会展中心，由甘肃省政协主要领导带队，一场红红火火的西和县脱贫攻坚项目推介会在这里举行。西和布鞋、西和草编、西和草药……60多种包装精美的农产品和乞巧文化产品琳琅满目，吸引了众多广东客商的目光。

自联系帮扶以来，甘肃省政协主要领导多次带领西和县领导开展扶贫项目专题招商活动，先后在广州、深圳、佛山签约企业38家，落实项目55个；在青岛签约企业31家，落实项目32个，累计引进项目170多项、引入扶贫资金近11亿元。

在一大批带贫能力强、成长潜力好的招商大项目、大企业辐射带动下，甘肃省政协帮扶西和县建成了一批特色优势产业基地。先后帮扶建成了以半夏为主的中药材产业体系，以花椒、八盘梨和食用菌为主的林果产业体系，以肉鸡、中蜂和养猪为主的养殖产业体系，并配套发展加工、流通企业，实现了扶贫产业的全产业链发展。

此外，甘肃省政协还充分发挥政协联系面广、人才荟萃的优势，先后组织7批次港澳委员、民营企业家到西和县开展扶贫济困活动，推动奇正集团等民营企业与西和县签约启动扶贫项目10个，帮助建成扶贫车间55个等。这让西和县扶贫产业产生了聚合效应，成了促进全县一、二、三产业协调发展的新引擎，形成了"八区一带一中心"的产业发展格局，有力带动了西和县乃至陇南市的经济发展，为巩固脱贫成果、接续推进乡村振兴奠定了坚实基础。

建机制 聚合力

在脱贫攻坚过程中，西和县既有中央定点帮扶单位和东西部协作对口单位，还有省级和市级帮扶单位。如何才能让这些帮扶力量握拳而战，发挥最大作用？这是甘肃省政协主要领导一直在思考的问题。

在帮扶初期，每个帮扶单位负责帮扶几个深度贫困村，扶贫对象分散、帮扶力量分散，难以形成合力。经过甘肃省政协领导多次深入西和县蹲点调研，并与当地干部一起"解剖麻雀"，找到了解决问题的方法——把来自中央定点扶贫、东西部协作、省市县各级的帮扶力量整合起来，打通配置、各展所长、优势互补，形成打赢脱贫攻坚战的强大合力，实现帮扶效益最大化。

同时，针对西和县脱贫攻坚重点任务，甘肃省政协机关派出由厅级干部带队的8个专项帮扶小分队，紧扣产业扶贫、住房安全、教育健康等领域存在的突出短板，进行专业指导、精准帮扶，取得明显成效。

甘肃省生态环境厅不仅完成了联系8个村的垃圾、污水处理和村容村貌的改造，还帮助西和县全面改善城乡人居环境，提升村容村貌；中国农业银行甘肃省分行主抓全县扶贫小额贷款和农业保险，推出了"半夏贷""粉条贷""花椒贷"等特色信贷产品，累计发放贷款近35亿元；甘肃省人民医院除了把负责帮扶的两个村卫生室建设和培训医务人员的工作做好之外，还帮助全县200多个贫困村建设了标准化卫生室，建成5个专业医疗中心，轮训了全部贫困村的医务人员，网上远程医疗服务实现了全覆盖；甘肃省妇联发挥在组织劳务输转、开展家政服务上的优势，出面联系适合妇女的刺绣、编织等手工制作的订单，使每位妇女人均月收入达到800元以上，让妇女就近就能务工增收。

机制创新让各单位的优势得到了充分发挥，短处得以规避，帮扶工作由过去的"独奏曲"变成了"大合唱"，取得了事半功倍的帮扶效果。

选强将　惠民生

脱贫攻坚，关键在人。甘肃省政协把会打仗、能打硬仗的干部派到脱贫攻坚最前线、最难处，帮助西和县啃掉最难啃的"硬骨头"。

驻村工作队纵向到底，8个专项小分队横向到边，全体干部动员覆盖到所有贫困群众……一张织密的帮扶大网，把政协的帮扶力量覆盖到西和县全境。

2017年8月以来，甘肃省政协先后选派10多名干部带着政协党组的殷切嘱托，踏上了西和县的土地，开始驻村工作。

在这支队伍中，有的队员父母年迈体弱多病，有的队员新婚宴尔之际就告别妻子，有的队员孩子尚在襁褓之中。面对组织的重托、亲人的牵挂、群众的期盼，他们带着笔和本，背着馍和水，翻过一座又一座大山，走进一户又一户贫困家庭，帮助贫困群众找到了脱贫致富的"金钥匙"，留下了一段段感人肺腑的故事。

帮扶干部曹玉玺在西和县工作一年后患上严重胃病，胃部三分之二被切除。躺在病床上的他，却对同事和领导说："现在正是吃劲的时候，希望不要因为病情将我调离脱贫一线。"牵挂着帮扶工作的他，一个月后就重新踏上了赶赴西和县的"征途"。

杨魏村驻村队长史大勇积极争取通村道路升级改造项目，拓宽道路，新修护坡、河堤。

硬化通社路，修建村民图书馆和文化广场，安装健身器……赵沟村驻村队长张楠来到村里后忙得不亦乐乎。

杨魏村第二任驻村队长曹兆平协调联系医院，帮助村民蔚顺良治好了多年的白内障,让他重见光明。第一次看到自己最疼爱的孙子时,蔚顺艮老泪纵横。

"前些年,想都不敢想我们全家能住上新房子,感谢党和政府的恩情,感谢省政协干部的操心、帮忙,大人娃娃都过得好得很……"朴实的关坝村特困户雍响战不善言辞,但谈起甘肃省政协的帮扶却句句饱含深情。原来,在甘肃省政协选派干部的帮扶下,雍响战从住了几十年的破旧土房里搬进了宽敞明亮的新房。

2020年11月21日,甘肃省政府批准西和县退出贫困序列。而在西和县告别贫困通往小康的路上,甘肃省政协展现出的高度的政治自觉和使命担当,桩桩件件、点点滴滴都被记录在西和县的扶贫档案中,其形象也镌刻在西和县45万百姓心中,永不磨灭。

来源:《中国扶贫》2021-07

打好最后冲刺阶段攻坚战
——甘肃省政协帮扶办负责人谈当前西和县脱贫攻坚主要任务

2019年是全面完成脱贫攻坚目标任务的关键之年,西和县作为省政协帮扶联系县,脱贫攻坚工作总体情况如何?今后一段时间的重点工作是什么?日前,省政协帮扶办负责人(简称负责人)接受了省政协《民主协商报》记者专访,介绍了西和县帮扶工作相关情况。

记者:现在距离2020年全面完成脱贫攻坚任务只有500多天的时间,选择在这样一个关键时间节点,举办省、市、县三级帮扶干部帮扶能力提升专题培训班包含了哪些深层次含义?

负责人:当前,三年攻坚行动时间已经过半,但西和县脱贫攻坚任务仍然十分繁重,如期拿下脱贫攻坚重点任务,夯实脱贫摘帽验收基础工作,首先需要我们大家同心同德、奋力拼搏。其次,脱贫攻坚战打响以来,西和县脱贫攻坚工作虽然取得了阶段性成效,但目前还有147个贫困村、1.12万贫困户、4.49万贫困人口,仍然是全省贫困发生率超过10%的六个重点县之一。一定要保持清醒的头脑,克服厌战情绪和懈怠心理,群策群力、一鼓作气,攻克最后堡垒,夺取这场脱贫攻坚战的完全胜利。第三,根据省委有关工作要求,近期省直各帮扶单位、兰州市城关区向西和县增派补派了一批帮扶干部。如何管好、用好这支力量,提升这支力量的凝聚力、战斗力,发挥好这支有生力量的突击队作用,显得尤为重要、尤为迫切。

记者:在完成"3+4"冲刺清零行动任务中,还需要在哪些方面有所侧重?

负责人:义务教育方面,要做好辍学重点群体监测,解决好贫困家庭学生辍学问题。基本医疗方面,要进一步加快村级标准化卫生室的建设,加强设备配置和人才培养,提高服务能力。同时,要进一步简化、优化报销程序,解决好乡村医生对贫困群众的签约服务工作。住房安全方面,主要是确保底数清、改造质量、程序规范、如期完工、如期验收、如期入住。饮水安全方面要把握两条:一条是查工程、查水质、查管理;另一条是工程合格、水质达标、管理规范。

记者:打赢脱贫攻坚战,离不开产业扶贫支撑。目前,西和县在产业发展方面取得了哪些成效?

负责人:产业的发展,无外乎产业选择、产业培育、产业保险、产业政策、产销对接等重点环节。从目前来看,我们已经探索出了适合西和产业发展的基本路子。在产业选择上,西和县按照"长中短结合、多元化发展"和群众"点菜"、政府"配菜"、干部"上菜"的思路,积极培育到户产业,大力发展以半夏为主的中药材产业,以花椒、八盘梨为主的经济林果业,以高山油菜、食用菌为主的蔬菜产业,以养鸡为主的养殖业,以草编、刺绣为主的家庭手工业,产业规模化、科学化、集约化、专业化水平逐步提升。在产业政策上,西和县在认真落实好中央、省市产业发展相关政策的同时,制定出台了《西和县2019年产业发展实施方案》《新型农业经营主体农业产业规模化发展奖补办法》《农业产业脱贫"双扶双带"奖补办法》等一系列产业发展政策,从贫困户到合作社、从到户产业到合作社产业,全方位、一条龙给予政策支持,为全县扶贫产业发展提供了坚实的政策保障。产业保险方面,在省政协主席欧阳坚的大力协调和积极推动下,西和县农业保险工作步入了快车道,走在了全省前列。目前,一个是增加险种、分类施保;另一个是扩大保面、及时理赔。同时,要善于及时总结以专项保险推动特色产业健康发展的有益经验。

记者:如何保持好产业发展的良好势头,真正发挥好产业扶贫带贫的作用?

负责人:产业扶贫,既要管当下,也要管长远,关键要在产业培育和产销对接两个方面下功夫。

产业培育方面,要重点解决好"由谁来干"和"怎么干好"的问题。"由谁来干"要求要选准产业发展的主体,解决"怎么干好"的问题,要重点抓住培训环节、农民专业合作社发展、扶贫工厂及扶贫车间的建设发展环节。

产销对接方面,一是抱团出征,打通产销对接"大动脉"。建议县上重视和研究西和特色农产品市场开拓和特色优质产业升级发展。二是发展冷链物流,实现错峰销售。建议县上重视和支持海通现代物流园项目的建设工作。三是"触网"生金,促进产销精准对接。建议县上研究出台具体扶持政策,鼓励县内电商企业加大与淘宝、京东、苏宁等国内知名电商平台的合作。

记者:刚才在产业培育中您提到要重点抓住农民专业合作社这个环节,请问在推进农民专业合作社规范化建设方面还需要在哪些方面给予重点关注?

负责人:首先,要主动学习借鉴"宕昌模式"和"庄浪模式",不断完善农民专业合作社带贫机制;其次,要注重农民专业合作社发展能力的巩固和提升;再次,要注重农民专业合作社运营中各种风险的防范、控制和化解;第四,要加强农民专业合作社辅导员队伍建设。

记者:党建是脱贫攻坚的根本保证。如何让党建在脱贫攻坚一线切实发挥引领作用?

负责人:抓好基层党建工作,就是要结合当前开展的"不忘初心、牢记使命"主题教育,认真贯彻落实习近平总书记重要讲话精神,加强帮扶单位党组织和帮扶村党组织的结对共建工作。结合"扫黑除恶"专项斗争,集中整治黑恶势力、宗族恶势力、"村霸"干扰侵蚀问题。结合推进带头人队伍整体优化提升,集中整治村党支部书记不胜任不尽职、班子不团结问题。按照党建引领基层治理的要求,集中整治党组织发挥领导作用不明显、村级管理混乱问题。结合发展壮大村级集体经济,集中整治基层党组织服务群众资源和能力不足问题。

记者:发展壮大村级集体经济是脱贫攻坚中的重点。结合西和县实际,您认为西和县贫困村发展壮大村集体经济的关键点在哪里?

负责人:发展壮大村级集体经济,选优配强村"两委"班子是关键所在,推进农村"三变"改革是主要抓手,建立健全发展机制是重要保障,要立足当前、着眼长远,统筹谋划、一体推进,以村集体经济的发展壮大助力脱贫攻坚、助推乡村振兴。

记者:您认为如何才能切实发挥好驻村帮扶工作队的作用?

负责人:一方面要通过靠紧压实县级直接管理责任、完善落实各项管理制度,切实加强驻村帮扶工作队的管理。另一方面,要重点发挥好政策法规宣讲员、脱贫攻坚服务员、矛盾纠纷调解员、基层工作监督员、基层党建指导员的作用。

记者:省政协成立专项帮扶小分队可以说在全省开了先河,他们的主要工作是什么?

负责人:去年底,针对西和县脱贫攻坚工作中存在的短板弱项,按照省政协主席欧阳坚的要求,省政协组建了专项帮扶小分队。各帮扶小分队紧紧围绕2020年实现整县脱贫目标和脱贫验收标准,坚持"缺什么补什么,缺多少补多少"的原则,有力有序推进西和县脱贫攻坚各项工作。

当前,各帮扶小分队共性的工作任务有:对西和县脱贫攻坚重点任务推进和完成情况进行督查,并将发现的问题向县委、县政府反馈,提出意见和建议;对西和县各乡镇、各部门落实县委、县政府关于脱贫攻坚各项决策部署的情况进行随机督查、抽查,并将督查、抽查情况向县委、县政府反馈,提出意见和建议;对省、市、县三级帮扶单位开展帮扶工作情况进行督查,并协调有关帮扶单位加大帮扶力度;对全县各驻村帮扶工作队到岗到位情况、履职尽责情况进行督查,并将督查情况向县委、县政府反馈;指导西和县挖掘和总结脱贫攻坚工作中的典型经验、典型做法,以及单位和个人的先进事迹,并从多种渠道予以宣传推介。

记者:帮扶小分队怎样才能做好专项帮扶工作?

负责人:一是要学习、了解、掌握相关政策和省里的部署要求;二是要及时了解、掌握基层第一手资料,善于发现问题,摸准基层情况,找出工作短板,提出解决个性问题和共性问题的意见建议;三是要积极主动争取社会各界和上级组织的帮助支持;四是要保持与县委、县政府层面的及时、有效沟通；五是要坚持分类指导的原则，及时总结典型经验，推动面上工作。

记者：您认为目前帮扶干部工作中还存在哪些不足，应该如何更好地弥补这些差距？

负责人：目前，我们有的帮扶干部，特别是机关联户的少数干部对脱贫攻坚政策的学习不系统、不深入，满足于一知半解，止步于似懂非懂；有的帮扶干部对联系贫困户的做法到现在仍然停留在捐款捐物、平时打打电话、过年过节搞些慰问这样的认识水平和工作层面上；有的帮扶干部在解决现实问题上，不敢直面矛盾、不愿动真碰硬、不想承担责任，表态多、调门高、想法多、落实差，作风不实、形象不佳，在群众中缺乏威信，推动工作缺乏号召力；有的帮扶干部遇事独断，缺乏与人合作共事的精神，工作中遇到一点阻力，就抱怨群众觉悟低、素质不高，工作方法简单粗暴，推动工作缺乏手段；有的帮扶干部会上表决心，会后没信心，工作没动静，见贤思齐缺乏境界，开拓创新缺乏锐气，攻坚克难缺乏斗志。以上五种现象，希望各位帮扶干部结合目前正在开展的主题教育，按照我们在"3+4"冲刺清零行动中摸排梳理出的短板弱项和突出问题，按照专项巡视反馈问题整改方案，刀刃向内、自我检视、认真反思，有则改之、取长补短，做一名名副其实的帮扶干部，做一名有能力、有口碑的帮扶干部。

作者：张柳　《民主协商报》记者

决战决胜脱贫攻坚　我们有信心
——专访甘肃省政协帮扶办负责人张效林

近日,省政协在西和县组织召开了省市县三级帮扶组长单位暨省直帮扶单位联席会议和脱贫攻坚挂牌督战月调度会。会后,省政协《民主协商报》记者对省政协副秘书长、省政协脱贫攻坚帮扶工作协调领导小组办公室主任张效林(简称负责人)进行了专访。

记者:三年攻坚战以来,西和县脱贫攻坚工作取得了显著成效,您觉得这主要得益于什么?

负责人:5月20日下午,省政协主席欧阳坚在接受中央媒体采访时指出,甘肃省扶贫开发之所以取得成就,主要得益于"五个前所未有"。我觉得讲得特别好。西和县的脱贫攻坚之所以会取得显著成效也是得益于各级各方面的高度关注、大力支持和积极努力。三年来,省市县三级组长单位充分发挥了参谋助手、协调服务、统筹推进、督促指导作用。省市帮扶单位按照高质量示范性退出的要求,充分发挥优势特长,下足绣花功夫,做到了以下几点:一是倾情帮扶,高位谋划三年攻坚战。二是尽其所能,各显身手。发挥部门优势,打通资源配置,整合帮扶力量成为我们西和县的帮扶工作品牌。三是对标对表,聚焦"两不愁三保障",帮助解决突出问题。四是尽锐出战,为脱贫一线干部提供坚强后方保障。特别是甘肃省电力公司近年来发挥专长,扎实推进帮扶工作,得到了欧阳坚主席的高度肯定,值得其他帮扶单位借鉴。

记者:目前,还存在哪些不足?

负责人:当前最大的问题是防止松劲懈怠、精力转移。一是帮扶单位不同程度存在盲目乐观、懈怠松劲情绪。二是帮扶干部不同程度存在心浮气躁、盲目跟风、畏难应付、厌战过关等情绪。三是村"两委"班子不同程度存在自转能力不足的问题。四是一般贫困户不同程度存在内生动力不足、发展愿望不强的问题。

记者：下一步西和将如何乘势而上，坚决打赢脱贫攻坚收官之战？

负责人：脱贫攻坚已进入倒计时节奏、大决战状态。下一步我们将重点抓好以下工作：关于冲刺清零。义务教育方面：主要是控辍保学。"控"要做到对象精准，"保"要落实具体措施，要盯得牢、控得好、保得住。安全住房方面：群众"黑房子"在贫困村和非贫困村均有一定存量。生产用房不能简单喷几个字就万事大吉，要确保生产用房不住人，确保生产用房不是危房。饮水安全方面：主要解决好季节性缺水和水质达标问题。关于产业扶贫。要树立久久为功的思想抓产业，持续发力，力争在现有基础上保持健康可持续发展势头。要落实落细产业扶持政策，防止和纠偏"一发了之""一股了之"的问题。要注重因地制宜培育发展特色优势产业，要研究如何做优，怎么做强。要更加重视农业产业保险对优势产业的发展和助农增收的积极作用，实现稳定脱贫。同时，要精准落实好"脱贫保险"。要重视和研究加大消费扶贫的政策支持力度，充分利用好网络扶贫、电商扶贫平台，从渠道上、机制上解决农产品"卖难"问题。关于农民专业合作社发展。要坚持分类指导的原则，促进各种类型的农民专业合作社规范健康发展。要及时帮助解决农民专业合作社生产经营活动中遇到的各种困难和问题，努力增强经营管理能力、增强抵御市场风险能力、提高竞争力、提高带贫能力，确保家家有资本、户户成股东、人人持股权、个个能就业、户户见分红。要高度重视各种风险的防范、控制和化解工作，完善规章制度，健全组织机构，规范财务管理，强化服务功能，推进合作联合。关于劳务就业。充分发挥政府的协调组织作用，加大点对点输转力度。同时，对劳务收入要实行动态监测和阶段性分析研判。要积极发展设施农业，提高农业产业化水平，提高农业生产组织化程度，提高农民从事农业生产经营活动的技能，加大农业生产新技术的推广力度。要千方百计就地拓展农村剩余劳动力就业岗位，使贫困户在家门口有机会就业、有岗位增收。要动态性研究解决公益性岗位就业方面存在的问题,合理设置、公平安排公益性岗位。关于拆危治乱、环境治理和村容村貌整治工作。重点要在治"乱"上下功夫。一是注重长效机制建设,突出一个"治"字,坚持干群一心,以村庄整洁、乡村美丽为目标,常态化整治村容村貌。二是注重村规民约建设,发动群众自己的事自己干,群众的事群众干,发挥好典型示范引领作用。比如,5月20日的甘肃新闻报道了西和县六巷乡村容村貌整治和乡风文明的典型做法,这个就很好。三是处理好"破"和"立"的关系,抓好"厕所革命",倡导电炕改造,做好复垦植绿以及庭院美化、绿化、亮化工作,教育引导农民群众养成良好的生活习惯和卫生习惯。四是注重古村落的保护问题。关于边缘户、监测户和建立防止返贫监测预警和动态帮扶机制的问题。对边缘户、监测户要做到情况明、底数清。要及早谋划巩固脱贫攻坚成果的具体政策措施。要积极探索建立防止返贫监测预警和动态帮扶机制。关于帮扶干部和帮扶成效。帮扶责任人要盯住"一户一策"落实好自己的帮扶责任。帮扶干部要做到懂政策、善谋划;有使命、有责任、有情怀;会做群众工作,讲究工作方法;善于发现问题,有能力解决问题。要研究谋划乡村振兴、人才培养、创新创业致富带头人培训等长效帮扶问题。要站在完善乡村治理体系、提高治理能力的高度,重视乡村治理效能、村级组织建设、村干部能力提升等问题,不断增强村"两委"班子的自转能力。要克服盲目乐观、松懈麻痹的思想,高度重视苗头性问题,提高分析研判预判能力,早发现、早纠偏、早补弱、早改错。关于驻村干部的管理。省市帮扶单位要通过强化"派""管"和"作用发挥"各环节,管好驻村工作队;要高度重视帮扶村软件资料的规范完善。县级总队长和县委组织部、县扶贫办要进一步传导责任压力,严格落实乡镇党委、政府属地管理责任。同时,要总结属地管理的经验,讲究管理方法,注重管理效果。管出积极性、创造性,管出同心同德、攻坚克难的新局面。关于管好用好资金。重点要把握好资金的来源、用途、流速、流向、流量。优化资金投向,提高产业扶持比重,完善带贫机制,建立和完善产权制度。强化资金监管,以改革的方法解决脱贫攻坚中遇到的困难和问题。注重资金使用效益,切实做到项目跟着任务走,资金跟着项目走。关于脱贫攻坚工作的宣传。要以感恩之心报帮扶之情,保存好中央定点和东西部协作帮扶单位的帮扶印迹。正面宣传要客观真实,话不能说得太满;舆论监督和批评性报道要正确对待。

记者:习近平总书记强调,脱贫摘帽不是终点,而是新生活、新奋斗的起点。您认为如何做好脱贫攻坚和乡村振兴的衔接?

负责人:要充分认识乡村振兴、乡村治理、脱贫攻坚三大机遇,以脱贫攻坚统领县域经济社会发展全局,全要素、全产业链、全地域谋划推动县域经济高质量发展,为乡村振兴提供有力支持。要处理好市场与政府的关系。在引导社会资源参与、协调各方力量发力、监管规范市场运行、服务打造营商环境上下实功,让社会资源愿意进来,进来后有所保障,参与后获得价值。要健全产业、人才、文化、生态、组织振兴等方面的衔接体系。要紧紧抓住乡村产业这个关键枢纽,统筹推进贫困人口当期脱贫和乡村产业发展,实现脱贫效果的可持续性。要因地制宜改善贫困村发展条件。要促进各项政策之间相互协调,梳理、调整优化现有政策,留出政策接口和缓冲期,为乡村振兴良好开局奠定基础。

记者:李克强总理在《政府工作报告》中强调,今年要编制好"十四五"规划。关于西和县的"十四五"规划,您有什么好的意见建议?

负责人:建议县委县政府准确把握规划编制的具体要求,抓紧抓早、谋远谋深,把发展机遇研判准,把困难挑战分析透,聚焦优化政策环境,在巩固脱贫成果、实施乡村振兴战略、重点项目建设、加强新型基础设施建设、推进产业数字化和数字化产业发展等工作上下功夫,高标准高质量做好"十四五"规划编制工作。

作者:师向东 《民主协商报》记者

西和县委书记曹勇答记者问

国务院新闻办公室于2020年8月10日下午3时举行新闻发布会,请国务院扶贫办副主任欧青平,广西壮族自治区政府副秘书长、扶贫办主任蒋家柏,甘肃省陇南市西和县委书记曹勇,四川省凉山州昭觉县署觉洼五村第一书记斯日鲁方介绍挂牌督战工作成果情况,并答记者问。

中国日报记者:

西和县作为我国52个挂牌督战县之一,请问县级层面是如何落实督战一体要求推进工作的?谢谢。

甘肃省陇南市西和县委书记曹勇:

谢谢你的提问。

首先我简要介绍一下西和县的基础情况,甘肃省西和县地处秦巴山片区,贫困面广,贫困程度深,扶贫难度大是我们的基本县情。全县有223个贫困村,2013年建档立卡时,我们有贫困人口15.38万人,贫困发生率高达39.52%,到去年底,我们还有未退出村48个,挂牌村6个,未脱贫人口13233人,贫困发生率降到了3.43%。挂牌任务是我们的作战方向,我们坚决贯彻落实习近平总书记关于对工作难度大的县、村挂牌督战的重要指示精神,以整县实战承接挂牌督战。在具体工作当中,我们首先做到了精准施策,明确了"怎么战",打仗要获得全胜,关键是要把贫困的问题和症结摸清楚。为此,我们逐村逐户、逐人逐项,自下而上地把贫困村的问题、贫困户的短板弱项摸得一清二楚,制定了"一户一策",在"策"字上下功夫,把帮扶措施谁来实施、完成时限弄得一清二楚,形成了详尽的作战方案,让我们的干部、让我们的群众都有一本明白账。

二是聚焦重点,瞄准"战什么"。通过半年来的挂牌实战,我们的"两不愁三保障"工作任务已全部完成。义务教育上,贫困家庭义务教育阶段无因贫失学辍学。基本医疗保障上,标准化村卫生室、合格村医、家庭医生签约、贫困人口医疗保险做到了全覆盖。住房安全上,我们完成了危房改造清单任务和住房安全的核验工作。在劳务产业上,我们早行动、早安排,整合了1.78亿元资金,出台了差异化、阶梯式的劳务奖补政策,积极动员组织外出就业,目前我们全县劳动力就业58491人,比去年同期增长了28.2%。在产业发展上,我们坚持特色化、多样化、市场化,累计整合资金2.97亿元,发放1.65亿元的小额信贷,出台了到户产业奖补办法,积极引进农业龙头企业,发展专业合作社,提高组织化程度,基本构建形成了"中药材、经济林果蔬、畜牧养殖"三大主导产业体系,今年贫困户仅产业一项,预计人均可增收1300元。在消费扶贫上,我们充分发挥陇南电商平台的优势,一手抓电商扶贫,一手抓企业和帮扶单位促销扶贫,实现了农产品销售2.46亿元。在改善生产生活条件上,我们坚持建新与拆旧并举,全县拆除危房8.2万间,残垣断壁14万平方米,复垦土地1670亩,农村面貌发生了脱胎换骨的变化。

三是组建队伍,定责"谁来战"。我们坚决扛起"县抓落实"的主体责任,统筹整合东西协作、定点帮扶和帮扶单位、县乡村干部全员参战,县级干部带头包抓最偏远、最困难、工作难度最大的村,结对帮扶最困难的户,对标作战任务,和群众绑在一起干,"一村一专班"开展工作。我们的干部"5+2""白+黑"地奋战在脱贫攻坚一线,舍弃了"小我",成就了老百姓的"大我"。截至目前,我们县"两不愁三保障"作战目标、作战任务全部实现,我们有信心在年底完成整县脱贫摘帽工作任务。西和县贫困农村的历史巨变归根到底是以习近平同志为核心的党中央坚强领导的结果,我们一定能够如期高质量脱贫,一定能够把农村建设得更加美好,让群众的生活更加幸福。非常感谢各位记者朋友对我们西和人民的关心关爱。谢谢。

来源:中华人民共和国中央政府网站2020-08-10

脚踏实地抓建设　新征程上谱新篇
——记西和县委书记曹勇

"虽然脱贫攻坚工作任务重，但伟大的时代赋予了我们这一历史使命，能够参与其中我感到无比荣幸。"从北京参加完全国脱贫攻坚总结表彰大会的西和县委书记曹勇心情久久不能平静，他说，"现场聆听了总书记的重要讲话，我深感荣耀，备受鼓舞。"陇南市西和县地处秦巴山片区，贫困面广、贫困程度深、脱贫难度大，是国家52个挂牌督战县之一，也是甘肃省去年刚刚脱贫摘帽的8个深度贫困县之一。自2015年担任西和县委书记以来，曹勇始终把脱贫攻坚作为最大的政治任务和践行初心使命的主战场，他认真履行"一县总指挥"和"遍访贫困村"职责，团结带领全县干部群众，保持敢死拼命的精神、争分夺秒的劲头、苦干实干的作风、前所未有的力度，集中攻克坚中之坚，突破难中之难，以"零错退、零漏评、高满意度"实现整县高质量脱贫摘帽，历史性消除绝对贫困。

全国妇联选派到西和县挂职的第一任副县长马菁观看了全国脱贫攻坚总结表彰大会后给曹勇发来一条信息，其中写道："亲爱的书记，虽然好久不联系了，但内心深处永远记挂着西和，在西和挂职一年使我受益终生！昨天的脱贫攻坚表彰大会，我是流着眼泪看完的，一直记得您说过的那句话：'西和不脱贫，我曹勇不会走！'"

作为脱贫攻坚战的亲历者和参与者，曹勇既是一个县的指挥员，也是战斗员。"这次能够荣获'全国脱贫攻坚先进个人'，不仅仅是对我个人工作的肯定，更是对西和高质量、高成效完成脱贫攻坚任务的肯定。荣誉不仅仅代表我个人，更代表着西和县44.2万干部群众，代表着东西协作和中央定点扶贫单位，代表着省、市各级帮扶干部和社会各界。"曹勇说，"为官一任,就要造福一方,要对得起这一方水土,这一方人。"在脱贫一线,曹勇一直这么说,也一直这么干。作为全省最贫困的县区之一,打赢脱贫攻坚战,没有退路,也不留退路。8年来,在曹勇的带领下,西和县围绕"两不愁三保障"集中发力,成效显著,老百姓有了稳定的收入,乡村基础设施和公共服务条件得到全面改善,扶贫产业持续发展壮大,不断增强县域经济高质量发展后劲,锻造了一支懂农业、爱农村、爱农民的干部队伍,激发了当地群众的内生动力。"妈在手机上看了表彰大会,很激动,让你好好干。"走出人民大会堂,妻子的一条短信让曹勇泪眼模糊。这些年,他始终奋战在脱贫一线,85岁的老母亲卧病在床,他却不能陪伴尽孝。"回去要当面给母亲报个喜,感谢她这些年对我的理解和支持。我也想能在老母亲身边多陪几天,可是任务在身。"说起家人,曹勇十分内疚。

获得全国先进,既是荣誉,也是责任。曹勇说,未来将继续当好乡村振兴的"一县总指挥"和战斗员,把主要精力放在"三农"工作上,落实好"十四五"规划和巩固拓展脱贫攻坚成果同乡村振兴有效衔接规划,脚踏实地抓好产业建设、人才建设、文化建设、生态建设和组织建设,把西和建设得更加秀美、更加富庶。

来源:西和新闻网 2021-02-28

用脚步丈量山水　用真情照亮希望
——记西和县委副书记杜宏程

2020年11月21日,是属于秦巴山特困片区的西和县载入史册的一天。经县级自评、市级初审、省级验收核查、第三方评估和省脱贫攻坚领导小组审定,西和县脱贫摘帽退出。这是一个时代的终结,更是新生活、新奋斗的起点,与贫困斗争了一代又一代的西和儿女,终于见证了整县摘除"贫帽"的历史性时刻。

脱贫攻坚给西和人民带来了历史性的变化,不仅让贫困群众过上了幸福生活,也转变了他们的思想观念;不仅使乡村面貌发生了脱胎换骨的变化,也夯实了发展后劲;不仅使各级干部经受了洗礼和锤炼,也进一步密切了党群干群关系。西和脱贫攻坚取得的成就,是全国脱贫攻坚生动实践的缩影,真切反映了习近平总书记领导人民向贫困宣战的宏伟实践,有力彰显了中国共产党和中国特色社会主义制度的显著优势。

作为脱贫攻坚的亲历者和践行者,从自愿报名参加脱贫攻坚一线工作起,杜宏程副书记就做好了克服家庭困难,挑重担、打硬仗的准备。从省政协机关到西和县,工作环境、对象范围、方式方法都发生了改变,要履行好帮扶职责任务,就必须不断学习提高自身工作能力。他在群众的期望中,汲取了不竭动力;在与全县干部共克贫困堡垒的过程中,体会到执着与坚守;在与党政班子共同研究解决问题中,积累了办法与经验;在落实部署中,学会了掌握运用政策;在处理一个个复杂问题中,练就了沉着和理智;在处理突发事件、化解矛盾纠纷中,深感调查研究是前提;在推进全县的帮扶工作中,综合协调能力得到了全面提升、全局意识得到强化。

两年来,他始终把守纪律、讲规矩挺在前面,切实把增强"四个意识"、坚定"四个自信"、做到"两个维护"贯穿到做好帮扶工作的全过程;牢记省政协党组的嘱托,始终把讲政治摆在做好一切工作的首位,及时转换角色,自觉服从县委的领导安排和工作分工,严格按制度办事。凡事多请示、多汇报,多调研、多沟通。他主动向县委请缨,联系包抓了西和最贫困的蒿林乡,全面参与"3+1"冲刺清零、"5+1"巩固提升、抓党建促脱贫、拆危治乱、招商引资以及劳务输转、扶贫车间建设等全局工作。

两年来,杜宏程副书记切身体会到了贫困地区群众的具体困难,感受到了他们的淳朴善良和对美好生活的向往,增强了参与脱贫攻坚的责任感和使命感。总有些人、有些事感动并激励着他,让他看到责任和担当。脱贫攻坚中,战贫一线的干部们不畏困难、勇往直前,很多时候"白+黑""5+2"地工作,"床前不能为父母尽孝,家中不能为子女尽责"。有些帮扶干部舍小家顾大家,因为帮扶工作而放弃孩子在县城读书的机会,孩子随迁至帮扶地就读;有些干部因为帮扶工作无法照看小孩,只能由父母照看,想孩子了也只能在工作之余通过微信视频见面,在山大沟深的地方驻村,有时因信号不好,就是和孩子视频一次也是一种奢侈;也有因为父母年迈,孩子没人带,只能带着孩子驻村,孩子也就跟着到了村里。就是这样一群可敬可爱的人,用脚步丈量着西和的山山水水,用真情照亮千家万户的希望,用真心扛起向深度贫困发起总攻的大旗,用担当书写脱贫攻坚崭新篇章。

两年来,各级帮扶单位充分发挥自身优势,尽锐出战,全力做好帮扶工作,省政协主席欧阳坚作为联县领导亲力亲为,走遍了西和的山山水水、沟沟坎坎,主持召开各类扶贫推进会、协调会和对接会,与帮扶单位进行面对面协商沟通,为西和脱贫攻坚工作指明了方向。省人民医院发挥行业优势,为西和培训医务人员,为西和群众进行远程诊疗,让群众在家门口就能就医。省农行利用金融优势推出符合西和实际的"半夏贷""精准贷"等金融支持项目,切实让群众体会到了帮扶成效。还有许多省直、市直帮扶单位,利用自身优势为西和群众帮办了一大批实事好事。有了各级帮扶单位的倾心帮扶和省政协的全力推进,西和的脱贫事业一年一个大变样。走在西和的地界,说起省政协,可谓无人不知无人不晓,特别是省直帮扶单位驻村的地方,提起省政协的帮扶工作,群众无不竖起大拇指点赞。

两年来,杜宏程副书记目睹了群众由"要我脱贫"到"我要脱贫""我要致富"的精神面貌和思想观念的变化,感受到他们的淳朴善良和对美好生活的向往,从中他接受了党情、民情的生动教育。脱贫攻坚已成为一代中国人共同的精神史诗。每一个脱贫故事背后,都凝结着西和全县人民团结一心、艰苦奋斗的付出,倾注着省市县乡村各级干部的心血汗水,饱含着社会各界的倾情帮扶和鼎力相助。岁月不居,时光如流,一直不变的是内心的执着和坚定。我们要珍惜和把握来之不易的局面,进一步坚定高质量全面建成小康社会的信心,深入贯彻落实党的十九届五中全会精神,努力提高脱贫攻坚的质量水平,为开启西和县全面建设社会主义现代化新征程打下更加坚实的基础。

来源:《民主协商报》2020-12-03

帮扶干部的八百里路云和月
——记西和县帮扶办副主任曹玉玺

再次从兰州启程,踏上去往西和县的八百里路,担任西和县帮扶办挂职副主任的曹玉玺和从前一样,一边赶路,一边急切地想看到扶贫项目的进展情况。不同的是,疼痛从他腹部传来,那是手术伤口还未痊愈⋯⋯

时值2019年11月中旬,进入冬季,天地染上一层白茫茫的凌厉之气。坐在车内向外望去,窗户上凝结的薄霜让视线不甚清晰。然而,曹玉玺清楚地知道去往目的地的每一段路,因为这条路他走了上百次。

2018年7月,省政协机关选派干部赴陇南市西和县进行脱贫攻坚帮扶工作。宣传信息处干部曹玉玺主动报名,次月他就坐上开往县城的车,挂职县帮扶办副主任。党的十九大明确把精准脱贫作为决胜全面建成小康社会必须打好的三大攻坚战之一,打赢脱贫攻坚战更是党员干部的使命担当。作为一名从军23年的转业老兵,曹玉玺渴望在脱贫攻坚战中冲锋陷阵,他怀揣着"上前线"的激情与热血,开始了帮扶工作。

"轻伤绝不下火线"

如何立足岗位发挥好职能作用?这是曹玉玺到任后首先思考的问题。身为县帮扶办副主任,他的主要工作是协调联络省上、全县各级帮扶单位和力量,统筹推进各类帮扶项目落实。在明确自身职责的基础上,他迅速行动,用20多天跑完了全部乡镇,对西和县脱贫攻坚工作进行了摸底调研。

"虽然我是做统筹协调的,但如果不深入田间地头、不了解群众所思所想,工作就会浮于表面、悬在半空。协调联络不光是动动嘴皮、打打电话,更要勤跑腿、勤动手、勤思考。"曹玉玺如此想,亦如此做。很快,实地调研给予他更明确的工作思路,推动县特色产业——花椒业提质增效成为他的主攻方向。工作忙碌且充实,尽管整天忙得脚不沾地,他的心情却格外开朗,工作热情也一天高过一天。然而,两颗恶性肿瘤将日常生活彻底打乱。

2019年9月底,曹玉玺被诊断为胃癌,10月10日进行了胃部三分之二切除手术。躺在病床上,他没有告诉年迈的父母,怕千里之外的他们担心;可是他却对同事和领导说:"轻伤不下火线,希望不要因为病情将我调离脱贫一线。"记挂着帮扶工作的他,在术后两周就到机关汇报工作,一个月后就重新踏上了赶赴西和县的"征途"。

11月的大山,由漫山遍野的绿色变成苍茫冷峻的白色。坐在开往西和县的车上,曹玉玺望着窗外。豁达乐观的他一直认为,癌症没什么大不了,有病治病,哪里坏了切哪里,绝不能因病影响工作。尽管工作状态如常,但这场手术仍旧给他的生活带来了改变。从不吃零食的他,如今背包里装满了面包、饼干和牛奶,因为按照医嘱,术后患者必须少食多餐,不能给胃部造成刺激。"出院时医生告诉我,一天要吃6顿饭。我想那哪行啊,忙起来有啥功夫正经吃饭?于是每次出发前都会自备'干粮'、带上保温杯。"

解决了饮食问题,曹玉玺心里一块大石头落地。只不过坐在越野车上时,山大沟深、路途颠簸,伤口处总会传来阵阵疼痛。但他说这是正常现象,就比如手上划了一道口子都会疼几天,这点疼没什么好在意的。

"每个扶贫项目都是我的孩子"

花椒是西和县的特色农产品,这里所产花椒果大均匀、色泽红亮、香麻味浓,早在唐代就被列为贡品。脱贫攻坚战打响以来,西和县立足日照充足、昼夜温差大、土层深厚等地理环境优势,把花椒产业作为扶贫支柱产业之一,力求让红彤彤的花椒变成贫困群众口袋里沉甸甸的钞票。

曹玉玺瞄准花椒产业提质增效,开展了实地调研。当他发现蒿林乡一些"眉毛田""胡子地"因得不到灌溉而不能种植花椒时,便思考起解决方案。经他多方联系协调,最终促成水渠灌溉项目在蒿林乡落实,该项目自2018年底开始动工,2019年底正式完成。

授人以鱼，不如授人以渔。有了基础配套设施还不够，就在水渠加紧修建的同时，曹玉玺又联络到了省农科院的技术专家，邀请他们来到田间地头为村民讲解农业知识，手把手为种植户传授防病和增产技术。设施齐备、技术过关，似乎没有什么可担心的了，但曹玉玺说："必须拓展销路，让卖花椒的钱进入老百姓口袋，我们的工作才算圆满。"于是，他马不停蹄地收集各类供需信息，最终联系到了兰州某火锅类餐饮连锁公司。一番推介后，公司负责人应邀前来西和县，实地考察花椒品质。那天，在花椒树旁，企业负责人与农民专业合作社达成长期收购意向，并现场收购了2000斤花椒。

"每个扶贫项目都是我的孩子，每个贫困群众都是我的亲人。"初来西和县挂职时，正值曹玉玺的孩子升入高三、面临高考的节骨眼。他说："孩子班上的其他同学能得到父母悉心照料、在父母陪伴下度过人生中的重要阶段，我却不得不缺席这段历程。"因为比起自己的孩子，他更把扶贫项目"视同己出"。

"认准的事就要一干到底"

"既然把扶贫项目当成了孩子，就要倾尽全力养育他。"在工作中，曹玉玺不仅充满热情，还有许多思考与感悟。为扎实做好各项本职工作，他总结出了"三步工作法"。

"作为县帮扶办副主任，我的职责是协调联络好国家、省、市、县、乡各级帮扶力量以及各类爱心企业，从而推进各类扶贫项目落地，真真切切惠及贫困群众。虽然我以前没有基层工作经验，可我在部队、机关工作多年，在多年的历练中掌握了一套完整的办事流程，因此就想着能不能将过去的工作方法嫁接到新土壤上，从而提高工作效率和工作精准度。"

曹玉玺说，首先是要做好调研、摸清底数，力求透彻了解各支帮扶力量的基本情况和优势特长，在此基础上让帮扶力量各展所长。想要深入了解掌握情况，便需要去乡镇和村里，在田间地头、房前屋内真切感受贫困群众需要怎样的帮扶项目，怎么样的产业能帮助到每一个人。其次是思考总结,推动落实。帮扶干部来自各个部门、身处不同领域,每个人的性格特质和工作方式都是不同的。所以要因人而异,根据大家能力的侧重点,安排工作,推进落实。最后是坚持不懈,精益求精。

"一次入户调研中,我了解到赵沟村村民郭九会家里由于没有排污设施,加之地形原因,每逢雨雪天整个院子污水横流,污水还顺着山势流到较低处的几户人家,引起了邻里矛盾。当时我心想,如果做好了这件事,不仅利于美化村容村貌、化解矛盾纠纷,还能让老百姓更加信赖帮扶干部。于是便记录下来,并统计了全村存在该类情况的住户。之后,我联系了兰州某爱心企业,发起脱贫攻坚小型募捐活动,最终帮助存在问题的农户家里铺设了排污管道。"

如今回过头看这件小事,曹玉玺思考总结到,对于帮助农户修建污水排水设施,最简单的方法是直接给村民筹措一笔资金,让他们自己去干,该方法的优点是帮扶干部省时省力省心,缺点是农户有可能拿到钱也不修,虽然帮扶干部有热心,却没能办成好事。第二种办法则是把筹集到的资金给村里,让村里统一去修排水设施,优点是村干部更加了解情况和邻里纠纷,能更好地深入群众去协调解决,缺点是村部日常工作很多,这件事有可能会被拖延。第三种办法是筹集资金后对全村进行摸底,看看有没有类似情况的人家,收集相似问题,"合并同类项",制定工作进度,确定帮扶干部专人紧盯项目,最终按计划予以落实,搞一个小型阵地突破战。在此过程中,不仅要解决这件事,也要化解矛盾纠纷,倡导和谐民风村风。至于缺点,就是耗时耗力,不能有一刻松懈。

"但我一直认为,要干一件事,就必须一干到底,从一而终,决不能半途而废。"曹玉玺感慨地说,"如今我已经完成了挂职任务,但离开不等于放下责任、不等于没了牵挂。西和县的一山一水、一草一木,还时常在我脑海中浮现。那些深处大山的日子,让我磨砺了内心,而帮扶工作亦让我成长成熟。"

作者:张柳 《民主协协商报》记者

勇当脱贫攻坚排头兵
——记甘肃省政协帮扶办干部赵丰玲

2017年8月,赵丰玲被抽调到省政协脱贫攻坚帮扶工作协调领导小组办公室工作。自从事脱贫攻坚帮扶工作以来,她始终以高度的政治自觉投身到脱贫一线。面对艰巨繁重的脱贫攻坚任务和家庭生活的双重压力,她没有选择逃避和退缩,而是毅然选择坚守在脱贫攻坚第一线,选择了"白+黑"和"5+2"式的工作,用实际行动和突出业绩践行了一名扶贫干部的责任和担当,也展现了基层干部不惧艰难、勇当排头兵的拼搏精神和奉献精神,得到了广大干部和群众的一致好评。

靠前作战,当好"战斗员"

"遇到困难和问题从不回避,总是绞尽脑汁推动问题解决",这是大家对赵丰玲的一致评价。挂牌督战期间,在帮扶办领导的带领下,她每月赴西和县开展挂牌督战10天左右,和帮扶办领导一起全面排查过筛子,对照问题清单逐项销号,推动各项任务落实,做到了48个未脱贫村和53个贫困发生率较高的非贫困村挂牌督战全覆盖。2020年7月,西和县发生百年未遇汛灾,灾害发生后,她又跟随省政协帮扶办负责人及时到西和县查看灾情,并冒着随时可能发生次生灾害的危险,跑完了西和县受灾严重的11个乡镇近30个村。现场查看、电话询问、了解灾情,她时时刻刻奋战在一线,无论是领导安排的,还是基层所需要的,她都会积极主动完成好。

主动作为,当好"协调员"

作为省政协帮扶办的一员,她积极奔走在各级部门、帮扶干部和贫困户之间,自觉当好协调员。主动与各级帮扶单位协调沟通项目进度,一个单位一个单位沟通,一个项目一个项目对接,建立了招商项目落地监管台账,实时跟进招商项目进展情况,确保项目有效推进、顺利落实、惠及群众;紧盯省政协领导历次到西和调研督战、检查发现的问题,督促西和县及时整改落实;协调西和县召开挂牌督战月调度和季分析会议;起草各类会议通知、实施方案、辅导报告等。"赵大拿""赵协调""赵主任",几乎每个会议都要接打数次电话的她成了西和县各级干部眼中了不起的人物。

尽心尽责,当好"服务员"

作为省政协帮扶办干部,她负责驻村帮扶工作队管理工作,日点名、周报告、月通报,督促驻村帮扶工作队吃住在村、工作到户;她每月电话随机抽查帮扶责任人到户帮扶情况,督促帮扶责任人履行责任……相对于管理,她做的更多的是关心和关怀。她时常关心着脱贫一线的每个干部,时常帮助他们协调解决工作和生活上的难事。她协调甘肃耀华灯饰集团向清水村捐助两盏大型路灯;与清水村驻村帮扶工作队长和有关同志讨论修改清水村村规民约;协调有关方面修复清水村过水路面,帮助做好清水村护坡护栏美化工作;协调帮助服装加工扶贫车间销售产品……凡是有困难的地方,总会有她的身影在。对于驻村干部而言,她就如同大姐一般,处处关心,事无巨细。

积极引导,当好"宣传员"

脱贫攻坚不仅要做得好,而且要讲得好。在工作中,按照省政协领导的指示要求,她牵头组织做好《人民政协报》以及省级新闻媒体对西和县脱贫攻坚工作的宣传报道工作。她参与完成《脱贫路上》13部系列短片的制作和审片,并参与策划大型纪录片《决战西和》和《在水一方》——省政协脱贫攻坚帮扶工作纪实；她协调做好《人民政协报》在西和县开展"三同"活动……同时，在下乡入户走访过程中，她积极深入贫困户、帮扶户家中进行脱贫攻坚政策的讲解，努力提高贫困群众政策知晓率、认可率。

在"帮扶干部"这个平凡的岗位上，她始终牢记初心使命，以俯首甘为孺子牛的责任心、咬定青山不放松的劲头，真帮实扶，真抓实干，做到了一名党员"知难而进、勇挑重担，脚踏实地、无私奉献"的责任与担当。

作者：王钊 《民主协协商报》记者

做好群众工作的第一条是交心
——记甘肃省政协派驻西和县洛峪镇康河村帮扶工作队队长、第一书记魏继强

2016年8月至2018年8月,作为省政协下派驻村干部,魏继强先后在庆城县蔡家庙乡西王塬村、西和县洛峪镇康河村担任驻村工作队队长兼第一书记。驻村工作任务重、压力大。在康河村驻村的一年时间里,在省政协机关、当地党委政府和群众的支持努力下,村里一天天发生着积极的变化,群众生活也一点点得到改善,他觉得特别充实和满足。现在回顾这些驻村经历,他感觉收获很大,启发很深。

做好群众工作,首先要做好交心工作。与群众相处,真诚为首要法宝。放下自己的身份,用心感受他们的难处,接纳他们的一切,包括缺点,设身处地为群众着想,才能融入他们,了解他们的所需所盼,才能有条件真正做一个合格的人民公仆,然后才有可能将党的政策和我们的工作思路传递给他们,进而改变他们的认知和行为。

进入冬天,村委会比农户更早生起了炉子,早上一开门,村里聋哑人马来虎、光棍汉马占元就会第一时间进来烤火,和他一起吃馍馍,这些人是最弱势的群体。村里群众发现后,就有越来越多的人来烤火,到最后发展成早上天一亮就有人敲门,不等你穿好衣服就推门而入,有的提水,有的加煤,有的自带馍馍和茶叶。在热热闹闹的早茶时间里,就无意中化解了许多群众的心病,掌握了村里最真实的情况。

服务群众要灵活机动有底线。只要守住不违法乱纪、不损坏党和单位形象、不损害群众利益的底线,任何对发展有利、对群众脱贫有帮助的事情都是该干的,特别是群众找上门来的事情,他们认为再小也是大事,应当双手捧着这份信任和期待尽心竭力帮助解决。记得为了几个群众看病、孩子

上学、子女就业的嘱托,他除了正常向组织汇报,同学、老领导、朋友能求就求,能开口就开口。只要各级领导和单位来检查,他就感觉机会来了,不管有没有作用就反复汇报,坚持的原则是哪怕只是给了一块砖,只要能搬到他所驻的村里,村里也就比之前多了一块砖。事实证明,这种做法对凝聚人心、汇集各方面力量,实现确定的产业发展、基层党建、村容村貌整治目标是非常有利的。老乡安排的大多数事情都完成了,个别没做到的也作了解释,请求了谅解,这些事情在提升群众对脱贫帮扶的获得感上的效果是很好的。

越是受关注被期待,越要严格要求自己。在机关是普通的一员,到了群众中间,因为头顶有一面鲜艳的党旗、有一面耀眼的省政协大旗,特别容易受到群众的关注,群众关注着他们的一举一动,并与之前见到的、听到的、设想的干部形象比对,一旦与预期不符就会很被动,开展工作就会麻烦很多,因为之前干部的优点容易被放大,现驻村干部的缺点也容易被放大传递,乡亲们有时间也有兴趣谈论省上来的干部,人人都是阅卷者,更是宣传员。

刚去驻村的时候,干部群众根据之前的所闻所见所想,对他们是没兴趣,也不抱希望。在他们的努力下,很快基层干部群众有了三个清晰的认识,那就是:扶贫工作党是认真的,帮扶工作省政协是认真的,驻村干部这次不是来走过场的。这种认识现在已成为群众的共识,所以才有了西和脱贫攻坚质的变化。

康河村有一个公认的问题群众,经常和村干部作对,但2018年春节过后,他竟然用皱巴巴的纸张满是错别字地写了一封入党申请书,还时不时地打听他能不能入党,同时有3名致富带头人、回乡大学生主动递交入党申请书。村干部都觉得不可思议,他问过这些人,都说觉得现在入党有面子、很耍人,还能办实事。魏继强渐渐得到了群众的偏爱,在驻村期间群众在生活上对他给予了特别的关爱,临走时群众和乡村干部都表达了不舍与挽留之意,一年时间与乡村干部、村里老乡建立了深厚的感情。现在那里的干部群众依然时不时和他分享各自的迷茫与收获,并告诉他,他们今年已经整村脱贫退出,这让人觉得非常荣耀。魏继强带着这份感动和荣耀,不忘初心,坚定信念,尽职尽责干好本职工作,答好时代答卷稳步走好属于这一代人的长征路。

供稿:甘肃省政协研究室

用点滴关怀书写一份扶贫答卷
——记甘肃省政协派驻西和县洛峪镇关坝村帮扶工作队队长、第一书记张涛

"张队长,到家里吃饭去""张队长,到屋里喝茶走"……走在陇南市西和县洛峪镇关坝村的路上,遇到的村民都会热情地邀请张涛。入户走访、询问近况、为民办事,这是担任关坝村驻村帮扶工作队队长兼第一书记以来,张涛几乎每天必做的功课,也才有了这份和村民的熟络。

2017年8月,张涛由省政协派驻天水麦积区郭坪村驻村帮扶工作队队长转任西和县洛峪镇关坝村驻村帮扶工作队队长。来到关坝村的10个多月里,从加强基层党组织建设到开展落实扶贫项目,从帮助解决生产生活实际困难到促进农村和谐稳定,从改善村容村貌到做大做强主导产业,张涛始终坚守在第一线。他用自己的真情付出,努力为这座小山村带来点点滴滴可喜的变化。

精准识贫　　找准穷根

"全村181户859人,建档立卡贫困户78户351人,全村将近一半的群众吃低保。"初到关坝村,地少物稀、交通闭塞、群众观念保守、主导产业不明确的贫困现状超出了张涛的想象。

抓紧熟悉村情是张涛面临的第一任务。在刚到关坝村的日子里,张涛一边向村"两委"干部和其他联村干部了解情况,一边开始走访全村的建档立卡贫困户,坐在农家炕头,走在田间地头,与农户手拉手、肩并肩,拉家常、叙农话,增进了解、加深感情。很快,张涛对关坝村的情况有了总体把握。

张涛认识到,脱贫攻坚,成败之举在于精准。对此,张涛和村"两委"干部对2013年建档立卡户重新进行了精确识别,召开会议,听取各方面意见,

通过公示,确定了关坝村精准扶贫户78户351人。按照"一户一策"精准脱贫计划,张涛和驻村帮扶工作队深入每一个贫困户家中,了解掌握致贫原因,采取因户因人施策的原则,与镇、村干部研究制定了针对每户的脱贫计划,确定了帮扶责任人,做到了底数清、问题清、对策清、责任清、任务清。同时,协助省政协提案委、社法委、纪检组帮扶干部进行帮扶对接,发放联系卡,为开展精准帮扶工作奠定基础。

根据省里制定的脱贫退出验收办法和市、县脱贫攻坚领导小组相关通知要求,张涛在与镇党委、包片领导干部共同研究,充分听取村民意见,多次召开会议讨论和修改完善的基础上,形成了《洛峪镇关坝村精准脱贫方案》,为打赢整村脱贫攻坚战明确了任务和方向。

张涛说:"通过深入与村民接触、交流,我在心灵上受到了一次次洗礼。这里的村民淳朴、踏实,我一定要尽心尽力扎实工作,努力使我们的小山村旧貌换新颜,让村民的腰包鼓起来。"

因地制宜　精准施策

俗话说,靠山吃山。脱贫离不开主导产业带动,关坝村属花椒优生区,但过去花椒种植面积不大,农民增收难。张涛与村"两委"班子成员商议,决定充分发挥关坝村得天独厚的自然条件,坚持以花椒为主,核桃、油菜为辅,散养土鸡、黑猪、中蜂养殖为补充的"一主两辅三补充"产业发展思路,加大种植面积,壮大花椒产业规模。2017年秋季关坝村补种了300余亩花椒,2018年春季又补种了300余亩,目前整村花椒种植面积已达1200余亩。

在明确了花椒作为主导产业后,如何打开花椒销路成为新的问题。张涛想到了电商,通过"线上+线下"双通道发展,依托"互联网+"支持产业发展、打开销路,帮助贫困户脱贫致富。经过和镇党委政府、关坝村"两委"及驻村帮扶工作队的调研论证,关坝村计划以农民专业合作社为载体,探索"支部+合作社+扶贫户"带贫机制,在关坝村开设电商服务点。

通过张涛积极向上汇报和协调,目前用于成立电商服务点的80万元资金已经落实。张涛说:"有了电商服务点,再配备烘干机、筛选机,我们就可以给农民提供相应的服务,最主要的是通过电商可以打开销路,带动贫困户融入电商扶贫模式,促进农业增收,带动贫困户增收。"

改善人居环境是验收整村脱贫的指标之一,张涛来到关坝村后,积极围绕建设美丽乡村开展工作,对村子里过去堆积的杂草、杂物进行了清理,协调帮扶单位给关坝村配备了一辆垃圾清运车,定期对垃圾进行清运。同时加固了河坝,并规划建设两座便民桥。如今,走在关坝村里,娱乐广场和健身设施一应俱全,道路干净整洁,村容村貌焕然一新。

多办实事　服务群众

"一定要给贫困群众干一些实实在在的事情,只有这样,才能让大家看到希望,才能有信心脱贫。"这是张涛时时挂在嘴边的一句话。如何让困难群众感受到党和政府的温暖,成为张涛关注的重点问题。

雍响战是关坝村五社的村民,也是全村公认最穷的贫困户。张涛联系帮扶雍响战一家后,就自掏腰包给雍响战送去了米面油和衣服等生活必需品。当得知雍响战家里五个孩子只有两个有户口时,张涛又积极和县、镇领导联系协调,为其他三个孩子落了户口,并为这三个孩子办理了低保。看到雍响战一家七口还住着危房,张涛又协调为他们盖新房,目前,新房主体框架已经建成,这让雍响战一家对未来生活充满了信心。

关坝村孤寡老人多,出远门看病是个大难题,张涛就想办法协调大医院的医生来村里开展义诊活动。快过年了,有些贫困户家里还没置办年货,张涛就协调帮扶单位给村里的每家每户各发放一袋米面油,让他们都过个好年。春耕到了,又是张涛联系爱心企业,给农户们免费提供化肥。村里的学校老师紧缺,孩子们上课受影响,还是张涛协调申请了一名老师前来支教……

一步一个脚印,张涛用自己的实际行动一点一滴地改变着关坝村的面貌。在结束采访时,张涛说,驻村的10个月里,最大的感受就是扶贫工作一定要耐心细致,要深入到群众中去,反复做工作,还要多听群众的建议,只有这样才能得到群众的理解和支持,脱贫攻坚工作才能真正取得效果。"我会始终牢记使命,奋力实干,克服困难,全力做好驻村工作,用点点滴滴关怀温暖困难群众,力争向组织和群众交上一份满意的答卷。"张涛说。

供稿:甘肃省政协办公厅

"实实在在为贫困群众做些好事"
——记甘肃省政协派驻西和县蒿林乡大唐村帮扶工作队队长、第一书记杜向国

数月前,当省政协机关干部杜向国来到西和县蒿林乡大唐村任帮扶工作队队长、第一书记时,很多村民悄声质疑:"这个省上来的干部,能在咱这穷山沟待住吗?"

光阴荏苒,还是这些村民,如今却由衷赞叹:"原以为杜队长就是来挂个名、镀镀金,没想到他把大唐村当成了自己的家,还为我们办了好多实事!"

2017年8月,杜向国由平凉市静宁县界石铺镇谷湾村转派到陇南市西和县蒿林乡大唐村进行驻村帮扶工作,任驻村帮扶工作队队长兼第一书记。从此,他深深植根于这片土地,积极和县乡党委、政府联系,和村"两委"干部商议,和帮扶队员一次又一次深入贫困户家中,调研、摸底,掌握贫困户基础信息,为贫困户尽快脱贫摘帽打下坚实基础。

熟悉全村村情 理清工作思路

大唐村位于蒿林乡西北部,地处高山半高山地带,这里山大沟深,道路难行,全村185户农户散居在十余个山头上。现有贫困人口87户378人,贫困发生率为45.32%,是蒿林乡深度贫困村之一。

作为帮扶队队长兼第一书记,杜向国驻村后,第一件事就是走访贫困户,了解村情,摸清贫困户底子,理清工作思路。

究竟是什么问题导致了大唐村的贫困?又能通过什么方法阻断贫困的延续?杜向国驻村以后一直在思索这个问题。一方面,他深入田间地头和老百姓交朋友,了解农业生产情况、农民家庭收入来源情况、村民的现实困难和期盼,有时间就和村"两委"班子成员交谈,了解大唐村的乡风民俗、

人口结构等村情。另一方面,他带着村干部走访了全村的贫困户,了解他们的致贫原因。通过细致深入的调查走访,杜向国对大唐村贫困户的情况做到了心中有数。

在采访时,杜向国说:"作为驻村队长兼第一书记,就是要掌握第一手资料,及时了解群众困难,知道群众想的是什么、想要的是什么。"

多做实事好事　赢得村民好评

在大唐村的贫困人口中,五保户、残疾人家庭、大病患者比较多,最贫困最孤苦的也是他们。驻村以后,杜向国一直在思考,在国家社会保障的基础上,还能做些什么可以改善他们的生活?经过和"两委"班子及驻村帮扶队队员商议,一支大唐村五保户巡视队伍成立起来了,由村后备干部专门负责对五保户家庭、空巢老人家庭、重度残疾人家庭定期走访、巡查,及时掌握他们的生活状况。

由于处于半高山和高山地带,当遇到强降雨时,大唐村容易发生泥石流和滑坡等自然灾害。杜向国到来之后,倡议成立了村民应急小分队,由村干部带头参加,成员20人,应对处置小范围突发自然灾害事件,及时开展自救自助。

今年4月,在杜向国的联系下,其同学王鹤闻专门来到大唐村考察,并当即决定个人出资5万元,成立以助贫、助学、助残为目的的"和畅"爱心基金,向村里的一名大病患者捐赠了1000元现金,向五保户、重度残疾人每人捐赠了500元物资。下一步,该基金还将为考入本科大学的大唐村学生每人资助2000元,考入高职大专的学生资助1000元。

大唐村党支部书记赵双占说:"杜队长敢想敢干,思路清,驻村以来,为我们大唐村办了不少实事,深受群众好评。"

紧盯脱贫指标　确保如期脱贫

抓好主导产业培育,是实现整村脱贫的重要任务。在大唐村,传统农业是主导产业,广种薄收、靠天吃饭是大唐村村民生活的真实写照。在驻村的日子里,杜向国深刻认识到,如果仅靠传统农业,大唐村村民很难富起来。杜向国和村"两委"班子在经过认真调查、讨论、研究的基础上,决定调整农业产业结构,按照"高山药材、半山花椒、荒坡栽树、川坝蔬菜、种养结合"的发展思路,长、中、短产业相结合,大力发展花椒和中药材产业,实施组织化、规模化农业合作生产经营,大力提高主导产业收益。

在发展花椒产业方面,邀请花椒种植技术专家每年开展两次以上的管理技术培训,提升椒农田间管护能力;每年春季组织开展花椒林综合管护工作,补栽新苗,做好抛盘、施肥、涂药、修剪和病虫害防治工作,缩短生长周期,保障成活率,提高产量,增加群众收入。在培育中药材产业方面,与西和县广鸿合作社协作,在全村高山地培育贯叶连翘、柴胡、金银花、黄芪等中药材,在荒山、荒坡和路边公共区域种植连翘树,通过示范带动,实现贫困户种植全覆盖。此外,将种植和养殖结合,在抓好种植业的同时,积极鼓励有养殖意愿的农户通过政府补助、银行贷款等方式大力发展牛、羊、生猪和中蜂养殖产业,多渠道增加群众收入。

一分耕耘一分收获,杜向国的为人处世和工作态度让村民看到了希望,也赢得了口碑。如今,一项项计划正在有条不紊地推进,一个个设想也即将变成现实。杜向国说,大唐村一年来的进步离不开西和县和蒿林乡党委、政府的大力支持,离不开帮扶单位的倾力支持,更离不开大唐村"两委"班子成员和驻村帮扶队队员的团结一心。作为驻村队长和第一书记,就是做一名扶贫政策的宣讲员、民情民意的调研员、矛盾纠纷的调解员、帮扶单位的联络员、贫困群众的服务员、基层党建的指导员、产业落实的监督员,真正做到尽职不越位、帮忙不添乱。

对于下一步工作,杜向国说,下一步大唐村将继续全面落实省、市、县脱贫攻坚决策部署,紧盯村19项、户11项脱贫指标,进一步用精细精确精微的"绣花式"功夫和"超常规措施"推进脱贫攻坚,确保精准扶贫精准脱贫各项到村到户政策落实见效,帮扶指导贫困群众稳定脱贫,确保大唐村如期实现整村脱贫的目标任务。

供稿:甘肃省政协人口资源环境委员会

"不辜负乡亲们对我的殷切期望"
——记甘肃省政协派驻西和县蒿林乡赵沟村帮扶工作队队长刘奎

中等个头,衣着朴素,戴着眼镜,逢人就笑,脸上透着一股书生气,在山大沟深的西和县蒿林乡赵沟村,讲着一口流利普通话的省政协驻赵沟村帮扶工作队队长刘奎显得和其他人有点不一样。

走在赵沟村蜿蜒崎岖的山路上,刘奎和骑着摩托路过、在农田里劳作的村民们熟悉地打着招呼,"吃了吗?""家里好着呢吧?""最近有啥困难没?"一句句朴实的问候,让刘奎看上去又和这里的村镇干部并无差异。

"来了快一年了,我现在也算赵沟的人了。"刘奎笑着说。

"既然来了,就要干出个样子来"

2017年8月,肩负着领导的嘱托、同事的期望和家人的不舍,刘奎从省政协机关来到大山深处的赵沟村,尽管来时有充分的心理准备,但是对于从小在城市长大、缺乏农村生活经验的刘奎来说,刚开始驻村的那段日子让他度日如年。吃的是洋芋面条,喝的是抽上来的地下水,厕所是又脏又臭的旱厕,由于水土不服,刚到赵沟村刘奎就上吐下泻到两腿发软,晚上一个人住在村委会,蚊虫在房间内飞舞,刚刚睡着又不时被窗外经过的大车吵醒……各种困难接踵而至,让他一时难以适应。

但最让他顾虑的倒不是艰难的环境,而是能否把扶贫工作做好。晚上,奔波一天的刘奎躺在床上暗暗下了决心:"既然来了,就要干好,就要干出个样子来!"

没有调查就没有发言权,没有交流就没有信任。刚到赵沟,刘奎就走村串户,了解村情民意。听不懂方言,他就一边猜一边学,有时还模仿着村民的口音说上两句。就这样,村民的心扉慢慢地打开了,一次次田间炕头拉家常,拉近了他与村民的距离,也把政府精准扶贫的政策宣传到各家各户。刘奎的心里慢慢也有了一本明白账:赵沟村是典型的深度贫困村,哪家有残疾人,哪家是贫困户,哪家种花椒,哪家养蜂,刘奎心里一清二楚。

"有什么困难和需求　我们一定尽力帮助你"

为了掌握第一手资料,把问题找准,隔三岔五,刘奎就会到村民家里四处走走,翻山越岭,与群众拉家常、聊农事。赵沟村三社与四社在半山区,距离村委会所在的一社大约10公里的路程。5月30日,在赵沟村采访期间,记者跟随刘奎一起到三、四社的贫困户家中走访,从村委会出发,沿着几乎是四五十度坡度的山路走了大约10分钟,记者已经是气喘吁吁,然而刘奎和随行的乡干部卢满库却仍然面不改色,还争抢着帮记者背包。

"像这样的路,我已经走习惯了",刘奎笑着和记者说,"除了一、二、五社在河谷地带,我们村其他的五个社全在山上,入户经常要走一两个小时的山路,走得多慢慢也就适应了。"

在经过了近一个小时的山路历程后,刘奎带着记者来到贫困户申有才的家中。在申有才家中,刘奎边和申有才唠家常边在笔记本上详细记录着。

"家里现在有几口人?""家里种了多少亩花椒?""孩子在哪里上班?一个月收入有多少?""现在还有什么困难?"……对申有才的回答,刘奎一一记录在随身携带的笔记本上。

从申有才家出来,在三社社长家简单吃了一碗面条作为午饭后,刘奎又带着记者赶往四社。"虽然都是一个村,但是社与社、户与户之间的距离也挺远,有时候出来一天也只能走几户人。"刘奎说。

沿着坑坑洼洼的山路行走近一个小时后,到了四社贫困户申争战的家中。"争战,最近好着呢吧?"看到刘奎来到家中,申争战赶忙搬出凳子让刘奎坐下。"上次让你考虑移民的事儿,你考虑的咋样了?""刘队长,我想把房子修好还是留在这里。"申争战说。"那也行。你放心,我们会帮你尽快把资金申请下来,把房子修好,党和政府的扶贫政策该你们享受的都会给你们。"刘奎说。临出门前,刘奎紧紧握着申争战的手,叮嘱他照顾好年迈的母亲,并一再嘱咐他:"以后有什么困难和需要,及时和我们联系,我们一定尽力帮助你。"

从申争战家出来的路上,刘奎说,像申争战这样的家庭能移民去新疆就业最好,但是也要考虑贫困户自身的意愿和需求,作为帮扶队长,就是要耐心细致地和贫困户交流,了解他们的真实想法和迫切需求,让党和政府的扶贫政策尽可能惠及贫困户。

"在有限的时间里多做一些实实在在的工作"

脱贫致富,首先得脱贫,然后才能致富,然而要想"脱真贫、真脱贫",产业发展是基础和关键。在下山的路上,刘奎又和记者聊起了下一步的打算。

在来到赵沟村后,刘奎和村"两委"班子商议,决定从赵沟村发展实际出发,拟从养殖业、种植业方面结合村民意愿寻找突破口,以市场为导向,以"企业+合作社+农户"为基本形式,以具体项目为支撑,发展适宜产业。

刘奎告诉记者,经过前期民意调查,在养殖业上倾向于发展养驴产业。目前,赵沟村尚无成规模的养殖业,村民多养鸡、养猪,且饲养成熟后多为自己食用,总体而言,全村无大规模养殖经验。但从赵沟村自然环境而言,海拔在850~2300米之间,境内既有山地也有河川地,闲置土地资源丰富,且四季杂草基本能够覆盖全境,驴养殖饲料有充足保证。"我们在前期调研中也发现,赵沟村村民有充足意愿开展养驴产业,我们随即走访了约20户村民,均对养驴产业表现出浓厚兴趣,认为有前景可以发展。此外,赵沟村地广人稀,村民庭院面积充分,无论是集中养殖还是分散养殖都具备相应条件。所以,下一步我们打算大力发展驴养殖产业,如果驴养殖产业能发展起来,村民的收入将有大幅度的提高。"谈到今后在发展产业方面的打算,刘奎显得信心满满。

夕阳西下,拖着疲惫的身体回到村委会已近晚上8点,刘奎说,来到赵沟村的近一年时间里,时刻都能感受到这里的群众淳朴、热情,但同时也深深为目前还存在贫困现象感到着急。"作为一名驻村干部,只有在有限的时间里多做一些实实在在的工作,这样才不会留下遗憾、不会后悔,不会辜负乡亲们的殷切期望。"

供稿:甘肃省政协办公厅

"这里也有家的温情"
——记甘肃省政协派驻西和县蒿林乡杨魏村帮扶工作队队长、第一书记史大勇

"你看,现在这些花椒树上都已经挂果了,再过上一段时间就能采摘了,到时候通过我们村的合作社直接和收购企业对接,农民的收入又能增加一些了。"望着地里长势喜人的花椒树,西和县蒿林乡杨魏村驻村帮扶工作队队长史大勇脸上显得信心满满。2017年8月,省政协经济委员会干部史大勇由康县岸门口镇中节村转驻西和县蒿林乡杨魏村,在驻村的日子里,他一户一户走访,面对面、心贴心给群众讲政策、理思路、教方法、鼓干劲,让杨魏村贫困群众看到了尽快脱贫致富的希望。

找穷因　内外因多重叠加

5月14日,记者从西和县城出发,前往距县城近60公里的蒿林乡杨魏村采访。车行近两个小时后,进入杨魏村境内,公路开始沿着巍巍大山蜿蜒而上,道路坡陡弯急,两边沟壑纵横,只见零零散散的村庄分布在各个山头上。与记者一同前往杨魏村的蒿林乡党委副书记、杨魏村驻村队员童宁介绍说:"杨魏村一共有11个社,其中3个社位于河谷地带,8个社分布在高山、半高山地带,入户对驻村队来说,是非常困难的一件事。"

在杨魏村一社,记者见到了正在等候的史大勇。"长久以来,由于交通制约,阻碍了杨魏村经济社会发展。"沿着山路,史大勇边走边向记者介绍。杨魏村处在大山深处,地理位置偏远,交通不便,发展条件先天不足,土质疏松,受滑坡、泥石流等自然灾害影响较大,近年来虽然各级政府做了很多努力,但是基础设施建设仍然严重滞后,突出表现在道路条件差,尤其雨后的烂泥路使车辆无法通行,出行非常不便。

来到杨魏村后,史大勇走访发现,除了交通制约,产业单一、群众文化素质低、思想观念落后、发展信心不足等多重因素造成了这里的贫困。要改变这一切,需要做的工作还有很多。

补短板　先修路打通致富"主动脉"

尽管心里有所准备,但当史大勇以驻村工作队长的身份第一次踏上杨魏村这片土地时,还是被这里薄弱的基础设施"震撼"了,坑坑洼洼的通村道路,车在蜿蜒的山路上行驶不停地打滑。走进村里,映入眼帘的到处都是杂乱的柴火堆、破旧的屋顶,还有随处可见的垃圾,落后的景象让史大勇的心里顿时翻起波澜。

交通基础薄弱是制约杨魏村发展最大的短板,来到杨魏村后,史大勇想到的第一件事就是帮助村里修路。杨魏村地处大山深处,仅有一条通村道路,负荷较大,自然损毁严重,而且河道路段需要蹚河而过,出行极其不便,打通这条脱贫致富"主动脉"非常必要。通过实地考察、与群众交流,史大勇与村"两委"班子集体商议后提出,要积极争取杨魏村4.8公里通村道路升级改造项目,进行道路拓宽,新修护坡、河堤,同时在河道路段架设一座便民桥。目前项目正在积极争取之中。

村里的通社道路多年来一直坑洼不平,遇到雨雪天气更是泥泞难行,史大勇来村后,决定开展通社道路硬化项目,目前正在实施全村16.6公里通社道路工程,其中沙化9.9公里,硬化6.7公里,项目完成后将极大地改善村民的通行条件。

拔穷根　"企业+合作社+农户"指明致富道路

"我们村一直这样,来个驻村队长就能不穷了?"刚来时,村民们对史大勇的到来没有表现出太多的热情,长久以来的增收难已经让村民们没了想法。

驻村伊始,史大勇就挨家挨户与群众促膝谈心,找村"两委"班子协商,了解群众致富瓶颈。白天,史大勇总是奔波在走村串户的山路上,由于很多群众住在山上，只能步行前往，加上路况不好，有时候一天只能跑一个社。晚上，史大勇独自一人在村委会办公，一边整理白天的调查笔记，一边泡一碗方便面充饥。经过一个多月的调查了解和扎实工作，他完成了全村贫困户的信息登记，掌握了每一个贫困户的基本情况并逐一建档立卡，为精准帮扶打下坚实基础。

经过全面梳理分析，史大勇发现，近年来经多方努力，杨魏村花椒产业逐步发展壮大，有了良好的花椒产业基础，但总体上还是粗放管理，未能形成标准化种植、产业化经营，市场对接能力不足。要带动村民致富，关键还是要在花椒上做文章。

"以前，花椒成熟后，都是等商贩上门收购，花椒很难卖出好价钱。村里原本有一个农民专业合作社，但由于思路不清、闯劲不足、资金短缺等原因，发展停滞，未能形成带动效应，农产品投入市场在价格和竞争力方面均处于劣势，缺乏抱团发展的合力。"

史大勇与村"两委"班子商议决定，以村集体入股的方式壮大农民专业合作社，制定章程、入股分红方案，并成立理事会、监事会，完善制度化建设。主动走出去，增强合作社市场对接能力，积极与企业对接，形成"企业+合作社+农户"的发展模式，延长产业链条。"在这种模式下，既能增加农民的收入，又能壮大村集体经济，一举两得。"史大勇说。

舍小家　村民把他当成自家人

近两年的驻村经历，让史大勇这名年轻的机关干部变成了名副其实的村干部。刚开始驻村时，史大勇也曾有过纠结和徘徊，父亲早早去世，母亲独自一人在平凉老家带着女儿，妻子因为也在乡镇工作，没法帮忙照顾老人和孩子，全家人分散在三个地方，家中上有老下有小，作为家里的顶梁柱，长时间不在家里，年迈的母亲、幼小的女儿该怎么办？但是当组织安排他驻村时，史大勇义无反顾，毫不犹豫地来到这里，扎扎实实开展工作，想家的时候，只能在晚上默默地打开手机看看妻子和孩子的照片，放下手机，内心的愧疚涌上心头，男儿泪在眼眶里不停地打转。

尽管长期和家人分开，但每当有机会短暂地回一趟家时，母亲和妻子从来不埋怨他，总是告诉史大勇不要为家里担心，并鼓励他安心在杨魏村工作，争取让杨魏村早日脱贫。

家人的支持让史大勇鼓足了干劲，在史大勇来到杨魏村短短的半年时间里，原来坑坑洼洼的山路硬化了、贫困户破旧的土坯房变成了崭新的砖混房，110盏太阳能路灯安到了全村11个社里，崭新的村小学和幼儿园盖起来了。

供稿：甘肃省政协经济委员会

让青春在脱贫帮扶工作中闪耀光芒
——记甘肃省政协派驻西和县洛峪镇康河村帮扶工作队队长、第一书记马期远

2018年8月,甘肃省政协经济委干部马期远被组织下派到西和县洛峪镇康河村担任驻村帮扶工作队队长、第一书记,有幸投身于一线参与脱贫攻坚这一伟大行动。500多个日日夜夜,他亲自助推了诸多扶贫政策在基层开花结果,小到家庭矛盾的调解,大到扶贫项目的实施,每一项帮扶工作,都在点点滴滴的历练中,感受到心灵的滋养和精神的成长。

马期远队长上任后的第8天,遇到了一桩邻里纠纷,村里两户人家因为修房而闹得不可开交。帮扶工作队和"两委"班子多次协调都无功而返,并且两户对工作队和"两委"班子也产生了怨气。

群众矛盾纠纷调解事关全村的和谐稳定,更何况这牵扯到修房的事。当了解到一家的户主患有风湿性关节炎,他主动联系省上的医院和专家,让其尽快去医院做治疗。另一家旧房子门前的路几年前村上组织统一硬化的时候遗漏了,他主动找上门,保证今年按标准硬化。这种看似简单的"许诺",却让贫困户从内心感受到温暖,心结打开了,误解消除了,问题就迎刃而解了。很快,两家在帮扶工作队的主持下握手言和,达成一致意见。

基层干部处在各种矛盾的中心地带,与群众直接接触,站在解决问题的最前沿,还处于社会各方关注的焦点上,不管咋干,总有人不满意。但老百姓也是最真诚实在的,你是不是用真心交流,有没有用心做点实事,他们心里跟明镜儿似的,他们也许不会用过多奖的言辞夸奖你,但他们会用自己的方式表达对你的认可与肯定。

正是秉持着这样的信念和情怀,在机关党组的正确领导和帮扶部门的倾力支持下,马期远队长带领驻村帮扶工作队和"两委"班子,摸情况、明底

子、定思路、抓落实,各项工作如期推进。比如,在强化党建引领、努力提升党支部的组织能力方面,指导村党支部开展以"记好一篇记录、照好一幅照片、制作一张表格、完成一单台账"为内容的"四个一"活动,从小事抓起,从源头规范。针对支部班子分工不明确的问题,对支委班子进行了明确分工,及时成立了3个党小组,强化党支部战斗堡垒的"支撑点";针对党员履职积极性不高的问题,组织动员党员带头落实制度、带头宣讲政策、带头发展产业、带头拆危治乱,始终活跃在脱贫攻坚的第一线。2019年,在县委组织部组织的红旗党支部考核评选中,康河村党支部被评为洛峪镇唯一的一个"四星级"党支部。

在加强动员宣传、努力增强贫困群众的内生动力方面,充分结合农户的文化程度和接受能力,推动"新时代文明实践站"落地生根,紧抓县乡村三级劳动力技能培训体系,马期远队长邀请省市县技术专家宣讲5次,召开社员大会30多次,组织外出学习考察4次,培训农户989人次,尽可能把中央、省市县的决策部署和各项政策,用接地气的语言、喜闻乐见的形式,转化为广大群众听得懂的"乡音土话",让群众听得懂、记得住、学得会,掌握脱贫致富的"真经",提高脱贫致富的"志气"。

在推动"三变"改革、努力推动富民产业带动方面,他紧抓"土地股权"这个"纽带",积极探索"党支部+合作社+贫困户"模式,建立村集体、合作社与贫困户三方合作利益联结和风险防控机制,推动土地由"分散"转向"聚集",让农村各类土地"活"起来,农民增收渠道"多"起来。2019年,全村户均增收1600余元;以党参、冬花、柴胡为主的中药材种植基地和塑料大棚试验基地的示范带动作用初步显现。2019年12月,康河村顺利通过市级脱贫验收,实现整村出列。

驻村队长是责任,也是压力,更是动力,无论身处何地,无论遇到多大的困难,只要不辜负自己的职责和内心,马期远队长时刻铭记"使命"二字,即便是再苦再累,也值得去努力。在脱贫攻坚进入决胜决战、最后冲刺的关键阶段,更需要他们责无旁贷,不忘初心,砥砺前行。他深信,这些源自基层一线的宝贵经历,必将使毅力和心智变得更加坚韧和强大,他用每一次奋斗来证明,不管梦想从哪里起航,这都将是一段无悔的行程。

供稿:甘肃省政协经济委员会

此生无悔　永远铭记
——记甘肃省政协派驻西和县洛峪镇关坝村帮扶工作队队长、第一书记段振鹏

习近平总书记说:"奋斗是青春最亮丽的底色。"对于每个负重前行的人来讲,"硬核人生"都满含着汗水和泪水,都浸透着酸甜苦辣。就像在脱贫攻坚的路上,有滚石上山时的艰难,也有爬坡过坎后的喜悦;有抬头无路的迷茫,也有委屈困惑的泪水。重重过往在心头萦绕,但心中的信念坚如磐石,激励驻村帮扶工作队长、兼第一书记的段振鹏勇往直前!

段振鹏帮扶的西和县洛峪镇关坝村有4个自然村和6个村民小组,共174户840人,目前全村安全饮水全覆盖,人居环境整洁,没有适龄辍学儿童,教育扶贫政策分类分项全部落实到户,医疗保险和养老保险收缴100%,危旧房改造和易地扶贫搬迁项目全部按时完成。

这样的成效正是"统筹整合帮扶力量,聚焦强大攻坚合力"的"西和模式"在村级扶贫中的充分体现。省政协领导和帮扶部门通过联系、协调、统筹、对接各级政府和社会力量,已落地实施的资金和项目达800多万元,力度之大、覆盖之广是关坝村历史上前所未有的。截至2019年10月,县级脱贫验收结束,全村贫困户数、人口数和贫困发生率分别由2013年底建档立卡时的110户、544人、60%降至31户、109人、12.98%。

关坝村的脱贫工作能有今天,与各级党委政府的大力支持和省政协领导、社会爱心人士的关心关怀密不可分,与乡镇派出的包村干部和前任第一书记打下的基础息息相关,与从城关区远道而来的两位队友默默奉献不无关系,更饱含着村"两委"班子各位同志的辛勤劳动。关坝村2020年底就要实现整村脱贫,虽然底子打得比较扎实,但对照"3+1"清零冲刺和"拆危治乱"回头看暴露出来的问题清单,有的虽然不是验收"硬伤",但也不能盲

目乐观、坐等验收。下一步要切实抓好稳收增收工作,继续稳定优化产业结构,进一步拓宽收入渠道,以"一户一策"动态管理为基础,及时调整更新兜底户,做到"应保尽保、应退必退",降低兜底占比。对在近期验收、督查、暗访和调研中发现的问题,积极配合镇党委、政府,即知即改,责任到人,挂账销号。总之,他一直在做添加心里底气、腰杆硬气的脱贫质量提升工作。

驻村以来,段书记深深地被大家起早贪黑、无怨无悔的工作劲头感动着,对大家为了工作而放弃休息的奉献精神感动着,对大家饿了啃口馍、喝口茶就是一顿饭的吃苦精神感动着。加班加点,从来没有喊苦叫累;安守清贫,从来无怨无悔。不是基层帮扶干部傻,而是他们知道自己是打赢脱贫攻坚战的中坚力量,要用实际行动诠释共产党员初心是什么、责任在哪里、使命如何担当的生动内涵!脑海里仍然清晰地记着几次入户时与个别不配合工作的群众之间的争吵,手机中仍然保留着个别群众讽刺和挖苦的微信截图,甚至还有群众把他堵在去开会的半道上追要"照顾政策"……但俗话说得好,刀在石上磨,人在事中练。这些小插曲都不足以影响这两年多的充实生活,反而为他思考问题、处理矛盾纠纷提供了帮助,也让他深刻感受了贫困地区基层干部的工作现状,加深了与困难群众的切肤感情,更加坚定了怀揣初心、砥砺前行的信念和决心。

段振鹏书记清楚地记得去驻村时,一对不满5岁的双胞胎女儿对他的百般不舍,如今她们俩6岁多了,成了幼儿园里的"大姐姐";父母有慢性病,每次发作都一再叮嘱妻子和孩子不要告诉他,电话里总是报喜不报忧;妻子更是任劳任怨地担负起了一大家子的生活重担,对他每次回家的奢望就是想让多陪陪她。两年多的时间,说短不短,说长也长,其间虽然舍家别子,面对了各种各样的困难和危险,但作为一名党员和政协扶贫干部,他深知汗水比泪水更有"营养",奔跑始终充满希望。能在新时代参加脱贫攻坚这场特殊的战役,此生无悔,永远铭记!

供稿:甘肃省政协社会和法制委员会

做好贫困群众的"贴心人"
——记甘肃省政协派驻西和县洛峪镇清水村帮扶工作队队长、第一书记王植本

到西和驻村一年多来,王植本严格按照工作队队长和第一书记的职责使命要求自己,紧紧团结村"三委"和驻村工作队一班人,聚焦突出难点问题,抓班子带队伍,理思路出实招,为清水村基层党建、脱贫攻坚等工作贡献了自己的绵薄之力。

心有定力情怀深。面对农村艰苦的工作生活条件,如何能够耐得住寂寞扎下根来,并开展好自己的工作?王植本认为,就是要靠他们的为民情怀。初到村里,人生地不熟,这个时候,就需要他们不把自己当外人、当选派干部,而是要迅速实现角色转换,迅速和群众、村干部打成一片,做到在生活上、思想上把家安到村上。只要真心为村民着想,村民都是能感觉到的。他的体会是,只要把村民关心的事做好了,做到了村民的心坎上,那么后续开展一些重要工作也就能打开新局面。比如,村民家里有红白事,我们就主动过去帮忙,这样一来,既和村民拉近了关系,又能借机宣传反对铺张浪费、抵制高价彩礼等文明新风,何乐而不为?比如一些村民文化程度低,他就主动帮助他们书写一些文字材料。这样的一些小事做得多了,村民也就慢慢对他有了信任感,之后再做矛盾纠纷化解、危旧房拆除等"大"的工作时,也就能够更为顺利。

了解和掌握政策,是王植本做好帮扶工作的前提。为此,他制订了详细的学习计划,并结合实际,采取了集中学习和个人自学相结合的方式,进一步加深对政策的理解和把握。在召开支委会、党员大会和主题党日时,以推进"两学一做"学习教育常态化为抓手,组织全体党员干部、工作队成员集体学习关于脱贫攻坚的各项政策。鼓励党员干部个人通过"学习强国

App"、"甘肃党建 App"等平台自学,达到政策先学一步、工作先干一步的目的。

"没有调查就没有发言权"。入户走访就是一个调查村情民意的过程,做好驻村帮扶工作的根本就在于入户。户内详情的了解、惠农政策的宣讲,还有矛盾纠纷的排查化解等等,都不是待在办公室就能解决好的。为此王植本带领帮扶工作队结合村内实际,每月拟定出详细的走访计划,优先从未脱贫户走起,从困难大、矛盾多的户走起,逐步扩大到所有建档立卡户,直至全村所有农户。对于村上建档立卡的78户贫困户确保做到了每月入户走访全覆盖。入户次数多了,和村民的关系自然也就拉近了,这时候他就会发现,一些农户以前不愿谈、不敢讲的话,也会对他倾心相告了。

"无规矩不成方圆"。在工作生活中,王植本队长的帮扶工作队时刻以更严的标准要求自己,严格遵守驻村工作各项制度,按时考勤打卡,及时请销假。在平时工作生活中,互相关心互相包容,共同营造和谐愉快的工作氛围。科学规范使用工作队工作经费,任何人都不能用工作经费报销个人花销。不接受群众和村干部请吃,确因工作原因,吃了便饭的,也要按规定交付餐费。

农村工作中的很多问题是比较复杂的,往往牵涉面很广,协调难度大,必须运用巧妙的方法去灵活处理。王植本队长认为,首先,要善于倾听群众意见。群众的智慧是无穷的,很多"张家长李家短"的事,往往在听取了各方意见建议后,才能有较为正确的判断,才能在调处这些矛盾纠纷时,抓住问题的"牛鼻子",确保处理得当。其次,要善于向乡村干部学习,一定要加强与他们的沟通衔接,学习他们处理问题的好的方式方法。最后,就是要重视发挥乡贤的作用,他们都是德高望重的人,说话做事,在村上都有一定的权威性。所以,帮扶工作队在召开党员大会、群众代表大会时,都会定期不定期地邀请他们来参会,并征询他们对村里事务的意见建议,特别是在处理一些复杂棘手问题时,乡贤都能发挥重要作用。

王植本坚信,只要他们坚持俯下身子扎根农村,把脱贫攻坚责任扛在肩上,把精准扶贫工作抓在手上,撸起袖子加油干,就一定能够做好贫困群众的"贴心人"和脱贫奔小康的"领路人",就一定能够在农村的广阔天地大有作为。

供稿:甘肃省政协研究室

说一说大唐村第一书记
——记甘肃省政协派驻西和县蒿林乡大唐村帮扶工作队队长、第一书记贾殿阁

一身迷彩军服，一双部队野战靴，在和大唐村驻村工作队队长、第一书记贾殿阁同吃同住同劳动的十几天里，他这身衣服从来都没有换过。

"怎么就不换换衣服？"面对他这身一成不变的装束，我们都感到很诧异。

"这么多年早就习惯了，这衣服厚实、耐脏，不怕刮风下雨，也不怕荆棘遍地，最关键的是，这身衣服有八个兜，太能装了。"贾殿阁一边憨笑着，一边从兜里掏出各种东西给我们看。

在西部战区导弹部队服役13年的他，穿的，其实是一份情怀。

2019年5月，贾殿阁转业到甘肃省政协人口资源环境委员会办公室。刚上班3个月，他听到省政协要向对口扶贫村选派驻村干部的消息，第一时间就报了名。

"其实没多想，在新时代，能够投身到举世瞩目的脱贫攻坚战斗中，感到很兴奋。"贾殿阁说，"都说农村很苦，我们部队外训演练才是苦，当过兵的还怕吃苦吗？"

就这样，贾殿阁来到了西和县蒿林乡大唐村担任了驻村第一书记。

"就当部队外训了"

"理想很丰满，现实很骨感。"说起刚开始的那段经历，贾殿阁还是觉得挺难的。"生活上最大的障碍是交流。听不懂村民交流的方言，同样的事情往往需要对方重复好几遍才能勉强听懂；吃不惯群众家里的酸面片，总感觉面里缺点什么调料；喝不惯炭火盆子熬的罐罐茶，烟熏火燎还又苦又涩。之前看见罐罐茶旁边烤锅盔，以为是条件艰苦，现在才知道，这叫当地特

色,早餐就是煮茶吃馍。"贾殿阁说。

"有段时间,工作站的水停过好几次,山上搞建设,挖坏过好几次水管,每逢雨天,自来水就变得浑浊不堪,接一桶等一天沉淀好了才能用。满地的虫子爬来爬去,爬得我心里直发毛,尤其是晚上睡觉时,看见地上跑的虫子就想踩,看见墙上爬的蜘蛛就想打。"

既来之则安之。贾殿阁这样安慰自己:"就当部队外训吧,实枪实弹都经历过,这点苦算不了啥。再加上机关领导的加油助力,还有其他老队长们以苦为乐的精神鼓励,我很坚定地掏出土豆,拿起菜刀,先从填饱肚子开始。"

生活总算是能够适应了,这样一坚持就是半年,贾殿阁发现村民的话他可以听懂了,罐罐茶也感觉没那么苦了,停水的时候,就到水窖里面打上几桶,也能用来洗漱做饭,炒菜的手艺也逐渐提高了,就连路上的虫子偶尔也成了玩耍的伙伴。生活问题算是基本解决了。

而对贾殿阁来说,工作上最困难的是交通问题。说起交通,就得先从大唐村的地理位置说起。

"在我们看来,大唐村就不是一个村,是一个个山头,村里800多个村民就散落在群山之中,最远的人家距离村委会直线距离就有8公里,而距乡政府有16公里。有一次没有蹭到车,我们步行走了3个多小时才走到乡政府。"

交通问题给贾殿阁留下的最深刻经历是一次遇险。"那是一次走访贫困户,我骑了辆摩托车,山区的路又窄又陡峭,我刚一拐弯就撞上了一辆迎面而来的小汽车,一下子翻在了沟里,当时晕过去好一阵,这不,头上缝了6针。还是有部队的底子,身体好,阎王爷没叫我去。"贾殿阁云淡风轻的讲述,听得我们心有余悸。

"以后再不敢在山里骑摩托车了。"贾殿阁笑着说。

情况到今年7月有了转机,县上一个驻村队员自己开着车来了,"有车之后,方便很多,干啥都能说走就走、说干就干了。在村里私车公用很普遍。"

不仅是工作,回家的交通至今还是贾殿阁心里的痛。从西和县回家,他尝试了各种交通方案,尝试之后,发现无论如何从村上到家里都得花上7个小时。"从村里先搭个车到镇里,再从洛峪镇坐个"蹦蹦车"到县里,再从县里坐长途汽车到天水市,再从天水坐高铁到兰州,到了兰州再倒车去武威……"

"为什么还要去武威?"我们不禁问道。

"我有两个孩子,一个6岁,一个才两岁,妻子也要上班,孩子没人带,就送到了武威爷爷奶奶家,看到孩子才算到家吧?"说到这,他拿出手机里的照片给我们炫耀,"看看,我小儿子可爱不可爱?"

农村富不富,关键看支部

火车跑得快,全靠车头带;农村富不富,关键看支部。选派第一书记,是贯彻落实习近平总书记关于大抓基层、推动基层建设全面进步、全面过硬和精准扶贫、精准脱贫等重要指示精神的有力举措。而第一书记正是强基固本、加强基层党组织建设的"第一责任人"。

一到村里,贾殿阁就把如何发挥基层党组织在脱贫攻坚中的战斗堡垒作用当作了自己的首要任务。

"大唐村有中共党员30人,他们都是具备一定文化水平的村民,带领广大群众脱贫致富就得靠他们。"

"先把'三会一课'抓起来。在我们这个贫困村,把各种政策用足至关重要,那就要先领会弄通各种政策。"贾殿阁利用各种方式及时掌握各种政策动态,并带领村支部委员和党员率先学懂弄通,再挨家挨户上门宣讲。

思想是行动的先导。提高党员村干部的思想认识,凝聚干事合力,是第一书记开展精准扶贫的重要抓手。

"2013年大唐村建档立卡贫困户122户,到今年9月,我们村全部实现了脱贫,村民从不愿脱贫到主动要求脱贫,变化也是十分明显的。从村干部的思想观念变化就能看出来,以前总想着'等靠要',现在总想着怎么把合作社发展好。群众观念上的这些变化,应该是这场脱贫攻坚战最大的战果。"作为第一书记,贾殿阁感到很欣慰。

摸清底数是精准脱贫的基础。大唐村全村共有181户819人,特困户6户6人,低保户52户181人。这些数字的取得都是靠乡、村、帮扶队三方合力一家一家"走"出来的。而在贾殿阁看来,最辛苦的还是乡镇党员干部。

"别说我辛苦,乡镇党员干部才最辛苦,基本上都是"5+2""白+黑"。我总是与他们开玩笑,说之前你们一个月只上7天班,现在终究还是要还回来的。他们对全村的情况非常了解,各种数据基本都装在脑子里,对村民之间的各种亲戚关系、利益瓜葛、历史遗留问题等也都十分清楚,每次遇上一些难处理的棘手问题,我都会先寻求他们的帮助。"

真心换真情

在和贾殿阁"三同"的十几天里,我们走村串户十几家,而每到一家,都受到村民的热情招待,烤红薯、核桃、苹果、罐罐茶,我们几乎把村里好吃的吃了个遍。

"今年中秋节,我们去看望一户老人,老人的一个儿子去世了,那天家里就他一人,当我们拿着月饼,冒雨叩开她家门的时候,我清楚地看见了她眼里感动的泪水。这个月在超市又碰见了她,光顾着结账的我还没看清楚是谁的时候她过来把我抱了一下,执意要把买给家人的腊肠给我两根,我收下了,心里一阵温暖。"贾殿阁说。

脱贫攻坚,把我们的各级干部和老百姓紧紧地联系在了一起。

谈到干群关系,贾殿阁说:"我觉得还是村'两委'干部做到了如下三个字。首先是'严'。严格按标准识别,严格按政策落实,严格按程序办事。因为严,所以扶贫工作相对更加透明,更加公正公平,没有死角。其次是'勤'。勤跑贫困户家,勤与贫困户沟通,因为勤,贫困户和一部分非贫困户与我们都成了朋友,对村里的其他工作也愿意提出问题和建议。最后是'真'。真正为贫困户着想,真正拿他们当亲人,用真心换真心。要想做好农村工作,就是要坚定一颗为民的初心,把贫困户当作自己的亲人,与他们平等交往,尊重他们,给予他们关心和爱护,才能赢得他们的认同和尊重,才能让群众满意。"

今年11月1日是贾殿阁结婚8周年纪念日,贾殿阁在他的朋友圈里晒出了他的结婚照。一身帅气的军装,一身洁白的婚纱。贾殿阁的留言写着:"不忘初心,方得始终。"

供稿:甘肃省政协人口资源环境委员会

退伍不褪色

——记甘肃省政协派驻西和县蒿林乡赵沟村第一书记张楠

他曾是一名军人,当兵13年,多次被评为优秀干部;后来他是贫困村驻村第一书记,勇做带领群众脱贫致富的"排头兵",在脱贫攻坚战中再建"新功"。他就是省政协办公厅宣传信息处选派驻西和县蒿林乡赵沟村第一书记张楠。

2018年8月1日,是张楠转业后的第一个建军节,他对这个日子记忆犹新。因为此时,他刚刚陪同爱人在北京做完胰腺囊肿切除手术仅仅5天,而他不得不"丢下"爱人奔赴新的"战场"。按照组织安排,张楠要到离家400多公里远的西和县蒿林乡赵沟村任第一书记,开启他脱贫攻坚的新"战役"。"脱贫攻坚是一场硬仗,时间紧任务重,等不起的,虽然不能照顾妻子,但她挺理解和支持我,这让我很欣慰。"张楠回忆道。

虽然退伍了,但张楠曾经作为军人雷厉风行的优良作风一直都保持不变。"要脱贫要发展,就必须有成规模的产业。"张楠根据赵沟村的自然条件,决心发展辣椒和花椒"双椒"富民产业。经过两年的发展,全村实现了花椒种植全覆盖,辣椒产业也稳定增收,群众提起"军人"书记张楠都会不由地竖起大拇指。

"现在,我们村花椒和辣椒产业让大家都尝到了甜头,这还得感谢张书记。张书记和省政协帮扶工作队来到我们村后,采取多种办法鼓励大家扩大花椒种植规模,同时套种辣椒,为我们提供树种、化肥等农资,免费让我们尝试种植,还找来专家指导种植技术,为我们联系销路,慢慢地我们对大规模发展花椒和辣椒产业都有信心了。"。赵沟村村民柴玉红告诉记者。

"村里的事情就是我的事情!"这是张楠给赵沟群众说得最多的一句

话,他说到了,也做到了。赵沟村的群众文化程度普遍较低,法律知识都薄弱,外出务工、做生意上当受骗的情况时有发生。张楠看在眼里急在心里。他在村委会成立了法律援助工作点,自筹资金购买了100余册法律图书供村民阅读学习,空闲时间组织村民学习法律知识,有效提升了村民的自我维权意识。通过张楠的努力,累计为村民讨回薪酬2万余元,这让赵沟村的广大群众更加认可和信服这个"军人"书记。

从发展致富产业、改变基础设施到提升村民法律知识水平,张楠这几年在赵沟村的工作是看得见摸得着的。从退伍军人到第一书记,张楠能够从一个战场奔赴另一个战场,始终保持军人的本色不变,凭的就是强大的理想和信念。在张楠的带领下,赵沟村于2019年已经实现了整村脱贫,但是后续巩固提升、乡村振兴等,还有很多的工作要做。"信念如磐,人生才有根。在新的战场上努力工作,担当作为,必定会让青春在脱贫攻坚的战场上,在为祖国、为人民的奉献中焕发出更加绚丽的光彩。"张楠信心满满地向记者规划着自己的和赵沟村的未来。

供稿:甘肃省政协办公厅

虚心向基层干部学习
——记甘肃省政协派驻西和县嵩林乡杨魏村帮扶工作队队长、第一书记曹兆平

受甘肃省政协办公厅委派，曹兆平来到嵩林乡杨魏村已经500多个日夜了，和村里的干部群众朝夕相处，在大山中尽力帮扶，于无声处领悟学习，收获颇多。

曹兆平队长喜欢历史，也读过不少古书，观史以明今，方知今日中国农村发生的一幕幕是何其罕见，完全可以这样说，中国的脱贫攻坚行动，前无古人。现代农村，不但取消了农业税收，国家还不断地注入补助资金，粮食直补、产业补助等等，也就是说，种地不但不交税，还有补助。此外，在看病、上学、交通、饮水等方方面面都投入大量的资金，与农民息息相关的这些事，基本全覆盖，甚至维修房屋都给予补助，这在以往的历史上从来没有发生过。他静下来和同事、村民朋友们闲聊农村变化时，大家最喜欢用的一个词就是"翻天覆地"，也只有这一个词能准确地表达农村剧变，尤其是西北落后农村的变化。

随着国家扶贫资金的持续投入，农村项目越来越多。钱有了，关键在于落实。这个关键环节的任务，责无旁贷地落到了乡村干部的身上；乡村干部作用的发挥，很大程度上决定了脱贫攻坚战役的胜败。在驻村的500多个日夜里，曹兆平队长时常被他们的精神所感动、所激励。作为长期在政协机关工作的干部，都应该补上基层这一课，向他们好好学习。

学习他们的坚守。杨魏村有几个明显特点，第一个是"大"。作为嵩林乡最大的行政村，全村有11个社1200多人，分散在11个山头，从对角线的九社到十一社，车程需要40多分钟，步行需要3个多小时。乘坐村里唯一的一辆七座公交车去县城，需要近3个小时。就在这样偏远的乡村，活跃着

一群负责任的村社干部,他们世代生活在大山之中,坚守在大山深处,以不屈的韧劲,在石头上凿路,在陡坡上劈山建房,在高山中开荒植树,在绝望中开辟希望。

学习他们的吃苦。第一次到杨魏村,是在两年前的夏天,从县城乘坐单位的中巴车,一路越走山越大,越走心里越没谱,终于在颠簸了近3小时之后来到了村里。进村后发现除了一条主干道以外,村内基本没有像样的路,都是村民长期踩出来的羊肠小道,雨天泥泞不堪。曹兆平队长一行人在返程的车上都比较沉默,大家心里可能都明白,让这样的村子脱贫奔小康,无疑是要让石头开花。可历经一年多的艰苦奋战之后,石头还真开花了。拦路的石头被砸碎,一条水泥马路贯穿全村,巷道全部硬化,旧房子该拆的拆、该修的修,村容村貌焕然一新。而这些变化的背后,村社干部付出了多少心血,大家有目共睹。他们长期以党员活动中心为家,起早贪黑,有时候几天都回不了家。他们以最团结的面貌,哪儿有难题就到哪儿,不喊累,少抱怨,抱团发展,拧绳作战,才有了大山的新颜。杨魏村的先天条件,在全乡属于较差的,村大、人多还分散,但各项工作都走在前列,与这支讲团结、有韧劲、能战斗的村社干部队伍的努力密不可分。

学习他们的温情。十社有一个特殊的建档立卡贫困户,名叫蔚顺艮,一家五口。男主人多年患严重的白内障,儿子患尿毒症,两个孙子年龄还小,全家生活极其艰难,是村里有名的困难户。脱贫攻坚伊始,通过乡村两级干部的多方努力,将儿子送医院透析,给老人联系医院免费治疗,手术成功,双目复明;给他家多方争取民政项目、搬迁项目,目前新房竣工,举家搬入。老人家非常懂得感恩,每次见人就说:"共产党好,没有共产党,没有乡村干部,我早已经入土了。"孙子出生后,他一直不知道两个孙子长什么样,双目复明后,他终于不再通过双手触摸来猜想孩子的样子了。每次见到工作队干部,他都要专门去地里摘一点新玉米或蔬菜,让他们带上,然后含着泪水,絮絮叨叨说一堆感谢的话,每次都是这样。

在脱贫攻坚伟大工程中,村社干部是最可爱的人。

供稿:甘肃省政协文化文史资料和学习委员会

"你帮扶来我支教"
——记甘肃长风电子科技有限责任公司派驻西和县十里镇仁义村帮扶支教的郁万盛、何润花夫妇

今年年初,郁万盛、何润花夫妻俩一起来到西和县十里镇驻村帮扶、支教,在脱贫攻坚的火热实践中谱写了一曲夫妻携手助力脱贫的暖心"浪漫曲"。

郁万盛,甘肃长风电子科技有限责任公司物业公司副经理,主动请缨到西和县十里镇仁义村帮扶,现担任帮扶工作队队长兼第一书记;何润花,兰州市第六十五中学数学老师,积极申请到西和县十里镇支教,现担任十里镇初级中学八年级两个班的数学老师。

帮扶,是一种情怀

"媳妇有病啥都干不了,孩子没了,这日子有啥奔头?"说起以前的生活,十里镇仁义村王根须的眼神里仍有些许黯淡。

王根须原来住在仁义村最偏远的山上,每次到村委会至少要走两三个小时。妻子患有痴呆症,母亲常年生病,再加上年幼的女儿不幸夭折,种种挫折让他对生活失去了信心。

郁万盛了解情况后,经常找王根须谈心拉家常,又动员各方帮扶,帮助王根须从山上搬到山下,支持他养牛发展产业。慢慢地,王根须的心结解开了,干劲回来了,日子也渐渐好起来了。

"现在住上了新房,又养了三头牛……生活越来越好,你看我刚买的电视、冰箱、洗衣机……"面对记者,王根须一一指着新添置的家当,38岁的他激动得有些语无伦次,一再重复着来年的打算,说还要再养几头牛、再种几亩药材,"房子我也计划好了,过两年再加盖一层。"

"和老百姓打交道是个'细致活',要走进他们心里才行。"郁万盛说,"政策讲明白,情况问明白,问题解决明白,他们的心境就变了,劲头就足了。"

"驻村帮扶前,我每年都会到西和,对这里的情况很了解。这是我的一种情结。"郁万盛所说的情结,就是他对老乡的热爱。为了这种情结,他去年7月就向厂里提出了申请:到西和县驻村。

来到西和后,郁万盛带领驻村帮扶工作队和村"两委"班子积极配合水务部门,为仁义村一社铺设水管2200米,修建了一座10立方米的蓄水池,解决了一社23户110余人的安全饮水问题;积极协调配合有关部门完成全村小巷道硬化工程;走村串户、摸情况、找问题,为群众脱贫致富想办法、找路子……

仁义村48岁的刘老三因为要照顾年迈的母亲无法外出打工,又没有其他致富技能,日子过得很艰难。郁万盛了解情况后,多次上门帮着想点子、谋出路。"郁书记常来看我们,前不久为鼓励我脱贫,还特意送了一个大火炉。"刘老三把火炉生得旺旺的,让老母亲围炉取暖,自己在房前屋后忙产业,干劲十足。

"只有走进群众家里,尊重他们,了解他们,真心实意地帮助他们,才能走进他们的心里。"郁万盛说,自己工作没别的窍门,就是设身处地为乡亲们着想。

"郁万盛和贫困户交朋友,把村民当弟兄,是群众的知心人、贴心人和致富引路人。"十里镇党委书记刘卫平说,"在他的带领下,一个人人提起来就头疼的后进村转变成了班子强、产业兴、风气正的先进村!"

今年,仁义村又有37户164人实现了脱贫。

支教,为孩子们着想

"嘀嘀——"何润花手机上的QQ又响了。

"肯定是孩子们有不会的题了,发QQ问我。"17日中午,正在宿舍做午饭的何润花放下手头的活,拿起手机给孩子们讲解,她说,"这道题今天有3

个孩子问了,看来是普遍问题,晚自习要重点讲解一下。"

在何润花的床头,放着一叠草稿纸,上面列着各类习题的解答方式。"有时候孩子们问问题,电话里说不清楚,我就把解题思路写在草稿纸上,拍了发给他们。"

今年48岁的何润花在兰州市第六十五中学承担九年级数学教学任务多年,有非常丰富的教学经验。

"我只会教书,能为孩子们多传授一些知识,我就心满意足了。"何润花说,"女儿去年上大学了,我感觉这些学生就像自己的孩子。"

"刚来的时候,发现不少孩子因父母常年外出务工,缺乏管束,学习习惯差,厌学情绪浓。"何润花说,班上60多个孩子,数学考试及格的不足10个。

"我为孩子们着急呀!"何润花说。为了提高孩子们的成绩,何润花除了抓好课堂教学外,还利用课余时间义务给孩子们补课。"为了鼓励孩子们来听课,每周六,我都让老郁开车接送他们。"

付出终有回报。在最近的一次考试中,孩子们的成绩大幅度提升。

"满分120分,我考了112分,这是破天荒第一次。"说起自己的进步,学生万丽萍开心地笑了。

九年级学生陆小俊一心想外出打工"挣大钱",但遇到何老师后,他的想法变了。他说:"何老师没有给我代课,但她愿意和我谈心,让我有啥困难就找她,感觉特别亲。""何老师在教学上精益求精,给学校带来了新的理念,为年轻老师树立了榜样,特别是她对学生满怀仁爱之心,全身心付出,孩子们精神面貌焕然一新,学习成绩大幅提升。"提及何润花老师,十里镇初级中学的孙航校长连竖大拇指。

心愿,播撒希望的种子

"刚来支教时,原来的同事打趣说:你们两口子还挺浪漫,扶贫支教都不分开。其实我们现在也只有每周六才能见面。"何润花说,同事们说的浪漫虽然没有实现,但却有了另一种浪漫——周六上午,两人一起接送孩子们补课；下午，一起入户了解学生家庭情况。

"这时候，孩子们就成了最好的'宣传员'，他们把我在课堂上讲的知识、信息带到家里，效果比我们宣讲更好。"何润花说，"不经意间，我们已经为孩子们播撒下了希望的种子，想想，这才是最浪漫的事！"

"郁万盛、何润花夫妇俩是众多驻村帮扶干部的代表，他们用真情帮扶，用脚步丈量西和县的山山水水，用爱温暖贫困家庭，为贫困户种下了希望的种子。"西和县委副书记杜宏程说，"驻村干部发挥所长，各尽所能，为西和县实现整体脱贫贡献了力量。"

郁万盛坦言，自己无法为乡亲们带来更多的产业项目、更充裕的资金，却可以通过日常工作改变乡亲们的观念和生活习惯，"这些看似无足轻重，却有润物无声的效果，影响是长期的"。

"明年整体脱贫后，如果需要，我计划再驻村一年，我熟悉这里的情况，我了解乡亲们的所思所想、所盼所愿，可以帮他们出点子、想法子。"郁万盛说，实现脱贫后，还要实现乡村振兴，自己仍然可以发挥作用。

"朝辞金城雪满山，千里秦地半日还。慈母家常犹未尽，脱贫攻坚不等闲。"这首诗是郁万盛第一天到西和驻村途中所写的。虽然放心不下老人，但郁万盛和何润花觉得，有些担子必须自觉地担起来。

来源：《甘肃日报》2020-01-07

老张"摘帽"

牛年春节前夕,我又去了趟老张家。

一进门,香喷喷的油糕夹着蒸碗羊肉的浓浓年味扑面而来。老张挂着锃亮的铝合金拐杖笑呵呵地招呼着,老伴热情地拉我参观半年前乔迁至此的三间新瓦房。冬日的阳光照进屋子,显得格外敞亮。老张一个劲地说:"感谢党的好政策!感谢你们帮助我!"还掰着手指算起了账:4头牛托管给合作社,8亩地入股种植中药材,小儿子在浙江打工,全家3口一年收入近7万元。"现在不愁吃不愁穿,自来水接到灶台上,美得很!做梦都不敢想,还能从山上搬下来,住进这么攒劲的房子,过上这么舒坦的日子。"

老张是我帮扶的建档立卡户,望着一脸幸福的他,思绪不由地将我拽回到几年前。党中央赋予民主党派脱贫攻坚民主监督的重要任务,肩负崭新而光荣的使命,我来到黄土高原的国家贫困县。从乡政府出发辗转2小时,当我第一次爬上山卯上一户孤零零的人家时,被眼前的景象惊呆了!黑黢黢的窑洞,墙皮剥落掉渣,泥糊的灶台紧贴墙根,破旧的铺盖窝在炕角。憨厚的老张撑着自制的木拐,蹒跚走来递给我一杯水,我却难以下咽,不仅因为地窖水混浊,更是因这一家人的恓惶。

他本是泥瓦匠,有两个儿子,老大结婚花光了全部家底,小两口搬出去另过。天有不测风云,有一次干活时,老张不幸被滑落的大石板砸断了一条腿,丧失了劳动能力。老伴患哮喘病,还得花钱买药。最愁的是,眼看小儿子到了成家年龄,没个手艺,只能在干巴巴的地里刨食,这要到哪年哪月才能刨来个媳妇。老张唉声叹气,绝望写在无助而苍老的脸上。

习近平总书记强调:小康路上一个都不能少!党的十八大以来,党中央团结带领全党全国各族人民,在人类历史上规模最大、力度最强的脱贫攻坚战中,取得了令全世界刮目相看的伟大胜利。民主党派作为中国共产党的好参谋、好帮手、好同事,把监督过程中发现的问题及时反馈给地方党委和政府,党委和政府高度重视,主动上门问计寻策,共同商量解决办法;乡村干部与驻村干部亲密无间,形同战友,扶贫路上随处可见携手前行的身影。民主党派发挥联系广泛、智力密集的优势,积极投身这场攻坚战,引进项目,扶持产业,培训技能,输出劳务,为贫困户量身定制"一户一策"。老张家的生活就是在养殖几头牛、小儿子外出务工和易地扶贫搬迁中,发生了天翻地覆的变化。

　　脱贫攻坚民主监督的生动实践有力地证明:中国共产党领导的多党合作和政治协商制度,是从中国土壤中生长出来的新型政党制度。正因为符合中国国情,坚持人民至上,凝聚各方智慧,被广泛认同和接受,才会永葆生机和活力。

　　临别的时候,老张说,穷怕了,再不愿过以前的苦日子了。遗憾的是小儿子今年不能回家,企业为了让员工在本地安心过年,发红包、付双倍工资,还免费提供一日三餐。老张希望儿子能够长期干下去,攒下钱娶媳妇,了却他的一桩心事。老张的心事正是我惦记的,在往后的日子里,怎样才能防止像老张一样的建档立卡户再返贫,让他们有一份持续稳定的收入呢?

　　思来想去,觉得应该做好这些工作:一是全面总结脱贫攻坚民主监督的好做法和好经验,借鉴运用到健全防止返贫监测帮扶机制上,继续对脱贫县、脱贫村、脱贫人口开展监测监督,持续跟踪收入变化和"两不愁三保障"巩固情况。二是加强东西部劳务协作,加大职业技能培训力度,及时发布和更新用工信息,做好脱贫人口的稳岗就业工作。三是推动巩固拓展脱贫成果同乡村振兴有效衔接,完善对口支援、社会力量参与帮扶机制,为脱贫致富注入持久发展动力。

　　老张的故事只是亿万贫困人口脱贫摘帽的缩影。我们坚信,撕下"苦甲千年"的历史标签,黄土地上的人们一身轻松,在建设社会主义现代化国家的康庄大道上,必将迎来更加幸福美好的明天!

　　　　作者:梁宝峰　九三学社甘肃省委员会秘书长

栉风沐雨扶贫路　真情服务暖人心
——记甘肃省生态环境厅派驻西和县太石河乡崖湾村帮扶工作队队长、第一书记齐剑

齐剑,甘肃省生态环境厅财务审计处二级调研员,2018年7月—2021年5月担任陇南市西和县太石河乡崖湾村第一书记兼帮扶工作队队长,2021年获甘肃省脱贫攻坚帮扶先进个人奖。

2018年7月,受组织派遣任西和县太石河乡崖湾村第一书记兼驻村帮扶工作队队长,到村后迅速转换角色,将自己融入崖湾村集体中。为尽快掌握村情户情,带领帮扶队员翻山蹚河走遍了村子;与村两委干部深入沟通,结合村子的实际情况,眼前面临的困难,大家一起想点子,如何在最短时间改变村子的面貌,调动大家的积极心。经过反复商讨,最终大家一致同意,将"抓党建促脱贫"作为村"两委"脱贫攻坚的工作主线,结合"不忘初心、牢记使命"主题教育,充分发挥党支部战斗堡垒作用。高度重视党建在脱贫攻坚战中的作用和地位,积极推进党支部标准化建设,组织村"两委"党员干部召开"不忘初心,继续前进"主题教育,将脱贫攻坚同"不忘初心、牢记使命"相结合,以把党支部建设成村级班子好、党员队伍好、工作机制好、工作业绩好、群众反响好的"五好支部"为目标,凝聚起打赢脱贫攻坚战的强大合力。始终坚持把群众利益作为一切工作的出发点和落脚点,将保障群众切身利益和破解群众面临的困难放在第一位,全力以赴解决村民最急、最忧、最怨的问题。

在工作中始终坚持以共产党员的标准严格要求自己,始终保持着坚定的信念、务实的工作态度,心中恪守着"一心一意为人民服务"的宗旨、牢记"不忘初心、不辱使命"的责任,用行动践行着自己无声的誓言,特别是在精准扶贫、精准脱贫工作中,敢于担当、主动作为,在全体村民共同努力下,

2018年崖湾村整村脱贫退出。

一是抓党建促脱贫。以党建为重心、以创建星级党支部落实"三会一课"为抓手,以"不忘初心,砥砺前行"为主题为全村党员干部上党课,提升村两委党员干部的政治思想素养、提升党员干部的工作本领、提升村"两委"干部为村民服务的思想,凝结村"两委"班子齐心合力,凝聚智慧,共同商议村子的发展。

二是抓产业促增收。为有效巩固脱贫成果,带领队员根据当地实际情况,入户走访积极宣传相关扶贫政策,以产业发展补助资金为依托,动员鼓励村民依据各家实际情况发展订单辣椒种植和中蜂养殖产业,确保村民稳定增收。积极衔接邀请省、县农业专家为村民讲解科学种植养殖知识,提升经济收入。改变思想意识,激发村民内生动力。组织村民召开座谈会,积极宣传国家、省委省政府的扶贫政策,调动村民积极性,激活村民的内生动力,发展村民个人才能,形成以花椒、核桃、中蜂养殖、合作社养殖场多种经营为主,药材、油籽、农作物种植为辅,农闲就近务工的多种模式提升村民经济收入,彻底打破"等靠要"思想,让村民的幸福感一天天增强。

三是用心用情真诚帮扶,为民做好事解难题。驻村帮扶工作虽然都是一些琐碎繁杂的事情,但对于村民却是难以解决的难事。重病患者需要帮扶工作队衔接就医、报销合作医疗补助、讲解宣传国家的合作医疗政策;五保户家庭、残疾人家庭需要定期上门走访,了解生活情况;困难家庭学子需要衔接助学金,帮助他们用知识改变命运。

发挥帮扶工作队"六大员"作用。带领帮扶工作队队员深入村民家庭宣传义务教育、合作医疗、养老保险缴纳、产业发展、扶贫贷款、农业保险等各项惠农扶贫政策,做村民脱贫政策的"宣传员";定期入户,掌握各家庭思想动态、生活困难,了解村民的需求,组织村里年轻人开展讲座交流,激发村民内生动力,做村民的"信息员";配合村委参与"两不愁三保障"冲刺清零、拆危治乱、脱贫质量提升工作,做好脱贫攻坚的"战斗员";指导村"两委"成立到户产业资金检查小组,加强到户产业资金管理,做好资金的"监督员";利用休息时间入户对全村进行冬季用火用电安全常识宣传,确保村民生命财产安全；关心村五保户家庭、残疾人家庭，定期入户了解情况，有没有棉衣、有没有煤炭，发现问题及时解决，做村民生活的"服务员"。为保障村五保户家庭、残疾人家庭过冬取暖，帮扶工作队主动将自己的过冬煤炭向五保户家庭、残疾人家庭分发，确保五保户家庭、残疾人家庭过冬有保障，让五保户老人"不愁吃不愁穿、有安全住房、有安全饮用水"，真心、真情开展帮扶，把帮扶工作落到实处，切实增强村民的幸福感、获得感。

解民忧办实事，解决村民实际困难。为解决新农村居住区村民饮水保障问题，帮扶工作队多次进山寻找新的水源，并与乡政府沟通，积极主动与县水务局衔接，经县水务局实地勘查、设计，这一民生保障项目顺利完工，解决了新农村村民饮水问题，有效保障了村民的饮水安全，实实在在地落实践行习近平总书记在"两不愁三保障"突出问题座谈会上的重要讲话精神。

整治环境，提升村容村貌。依托整合资金，自己动手设计环境整治建设方案，修建全村巷道排污渠，改变原有巷道夏季污水横流、冬季结冰的脏乱差现象，彻底解决村民的出行难题。对村街荒草地带，集中资金，修建花园、凉亭，硬化路面，将昔日的荒草地带修建成融合应急、赶集、休闲的综合场所，进一步提升村民的人居环境质量和村民的幸福感。

四是发挥党支部战斗堡垒作用，让党旗飘扬在防汛抢险的最前沿。2020年夏季连续的大雨，导致当地突发多年不遇的洪水、山体滑坡。危急时刻，组织人员紧急转移村民，确保村民生命财产安全，时刻将村民的利益放在第一位。洪水过后，在脚趾骨折简单处理后第一时间组织村民修建冲毁的河堤，确保村民生命财产安全。"不忘初心、牢记使命"，党员干部永远处在危险的前沿，将安全留给村民。

"金杯银杯不如老百姓的口碑"，扶贫的日子虽然辛苦但也有喜悦，每完成一项工作，看见村民满意、高兴的表情，觉得一切都值得。驻村扶贫只有为全村精准扶贫工作谋思路、创出路，为老百姓办好事办实事，为百姓谋幸福，才能赢得群众的信赖和支持，党和国家的政策才能更好地落地落实，群众的生活才能越过越好，乡村才能更加美丽，村民的幸福感才能进一步增强。

供稿：甘肃省生态环境厅

又是一年花椒红

　　炎炎盛夏,骄阳如炬。对于李坪村村民来说,在广场大核桃树下纳凉避暑应该是最好的去处,可是令人意外的是,除了村里老张一如既往地在树下躺椅上听着小曲外并无他人。老张是方圆十几里有名的"半仙",前些年每逢天气干旱,村民都会请他求雨。可是几年前,老张家的儿子却背着破背篓离家出走了,从此他便再不当"半仙"了。

　　看着老张这么悠闲自在,发生在他身上的肯定是好事。对于往事,他从不吝啬,喃喃道来:"李坪村地处青岗岭腹地,在老一辈人口中是'上不接山,下不临水',典型的不聚财的地方。早些年,在改革开放的大浪潮下,我带领村里的几个同龄人到广东务工,外边的世界着实精彩,可谓日新月异。我从事食品生产加工行业,了解到了市场发展的基本规律,也明白了因地制宜的道理,自己深受鼓舞,信心倍增,决定回村带领村民致富。就这样,我扎根在了生我养我的地方,并且将花椒种植引进李坪村,心想今天播下一粒种子,明天一定会得到丰硕的果实。可是默默坚持了30多年,村内花椒种植还是零零散散,村民种地仍然肩挑背扛,村里年轻人还是得背井离乡外出务工谋生。"老张正讲得起劲,突然李坪村第一书记王队喊道:"张叔,陪我去花椒地看看去,前两天你说还要十天椒才能红,怎么这两天大家都摘花椒去了,现在摘的椒到底行不行?省电力公司每年消费帮扶要求的货品质量你是知道的。"王队显得忧心忡忡,老张在躺椅上平静地说道:"情况有变动,前两天下雨了,一下雨花椒就红了,到摘的时候了。"村书记老李附和道:"老张说的就是实际情况,如果实在不放心我们可以到地里实地查看一下。"于是一行人便乘车往椒地里走。"去地里能通车这是以前想都不敢想的事情,我们小时候都是背背篓,有的小孩实在是背怕了,早上背着背篓出门,下午就逃到兰州打工去了。"老李打趣地说道。其实这个情况大家都有所耳闻,2015年,老张的儿子小张就上演了这一出,当时可把老张的面子伤坏了,从此,别人让他帮忙出个主意或办个事,他总是说"自己家的儿都管不住,我能有啥主意",从此便意志消沉,深居简出,很少和村民交流,在村民口中也不再是"半仙"了。

现在大家看着老张的情况,一点也不觉得这是消极懈怠,反而是闲情逸致啊。这一切都要从2017年说起。当时,国网甘肃省电力公司积极响应党的号召,参与助力打赢脱贫攻坚战,派出人员进行驻村帮扶,李坪村就是省电力公司帮扶的5个村之一。要想富先修路,当年驻村第一书记就是从修路开始做起的,如今产业路已经布满田间地头,村民再也不用肩挑背扛了,自然,背篓的事大家也就不提了。但也听说,小张这几年在外边找到了赚钱的好工作,挣了很多钱。

车子不到10分钟就到椒地里了。今天来的这块椒地,是村集体经济合作社流转的土地,有10多亩,这阵子有十几个椒农正在采摘花椒。王书记赶紧抓起篮子里的椒仔细看了起来,并摘了一颗放进嘴里咀嚼了一下,他皱起的眉头一下舒展了。李婶家就住在帮扶工作队驻地隔壁,经常会为驻地送一些自家蔬菜,他和王书记很熟络,笑嘻嘻地说道:"味道怎么样,要不再来一颗?别人尝了都是皱眉,你倒是反着来的。"李书记也凑过来一看,说道"勇气可嘉"。王书记龇着牙说:"看来老张这个半仙确实名不虚传,花椒确实熟好了。"王婶接过话茬说:"'半仙',那都是别人传的,当初我们这里信息闭塞、交通不便,我们又没怎么读过书,老张去外边闯荡过,学习了花椒种植技术,开始示范种花椒,他种的花椒总是颗大、味麻、色泽鲜艳,采摘时间选得恰到好处,慢慢地传开了,大家不管是种小麦、花椒还是其他农作物,都会请教老张,老张总是会按照节气、每年雨水的规律指导村民播种或收割,渐渐地大家就叫他'半仙'了。"听到这儿王书记才豁然明白,因为一直以来,他都觉得是村民封建迷信才会这样称呼老张,于是拍了一下老张肩膀说:"看来深藏不露的是你的知识啊!"听到"知识"这个词,老张立马谦虚地说:"以前是村民接触不到种植信息,谬传而已。这几年,电力公司帮扶工作队每年进行产业培训,大家都是专家。"一行人继续往前走,沉醉在浓郁的椒香中,共同为花椒的销路出谋划策。

近几年来,省电力公司不断加大帮扶力度,李坪村驻村帮扶工作队不断整合、升级李坪村已有花椒生产园地,打造出李坪村千亩花椒生产基地。同时,每年组织村民走出大桥镇,到省内知名花椒基地进行参观学习,打开了村民的眼界,村民种植技术也是突飞猛进。看着成片花椒满山火红,李书记很是自信地说:"看今年这情况,咱们村人均收入能超过3万元。"王书记也很有信心地说"今年要争取电力公司消费帮扶100万元,让人均收入达到3.5万元。"谈笑之间,一行人继续坐上了车,前往李坪村集体经济合作社。

来到合作社,合作社负责人小李将众人邀请到展览室,并给每人泡了一杯金丝皇菊茶。看着一朵朵菊花绽放水中,呈现出淡淡浅黄色,与阳光相得益彰,大家忍不住喝上一口,顿觉满口清香。小李介绍道:"这种菊花是由驻村工作队从省外引进的,咱们这个地方现在已经开始规模化种植,目前订单供不应求。"品了菊花茶,老张突然来了句:"这东西好,清热解暑,改天给我儿子寄一盒。"听到这里,小李说道:"前段时间,小张还联系我了,想让我寄点家乡特产。我看金丝皇菊就很不错。"小张一直想去外边闯,2019年,省电力公司进行就业帮扶,他顺利通过面试并进入电力行业工作,听说去年工作中还得了先进,大家纷纷赞扬。当然,老张依然显得很淡定。来到花椒帮扶车间,工人正在娴熟地保养设备,大家为花椒红了都做足了准备,老张也该动身了,毕竟他可是花椒种植大户。

作者:魏丹　国网甘肃电力公司驻村工作队队员

驻村在西和
——记一个金融驻村帮扶工作队的接力征程

在完成决战脱贫攻坚目标任务后,党中央决定,对巩固拓展脱贫攻坚成果和乡村振兴任务重的村,继续选派驻村第一书记和工作队。

在秦岭西麓深处,甘肃陇南西和县,多年来,一支由金融人组成的驻村帮扶工作队前赴后继,接续奋斗,在脱贫攻坚与乡村振兴的时代大乐章中,书写出属于自己的"金色旋律"。

老杨卸任

9月20日,细雨。一早,老杨带着队伍,到他做驻村帮扶工作多年的洛峪镇辞行。

老杨名叫杨波,原任农行甘肃分行科技部总工程师。2017年9月,老杨卸任"总工"。受农行的委派,开始专职做驻村帮扶工作。先是任驻村第一书记,然后是省农行西和县驻村帮扶工作总联络员。这次卸任,也是老杨职业生涯的谢幕。

老杨面色微黑,深眼窝,薄薄一层斑白短发贴着头皮。虽下月就年满60岁,但瘦削强健,走在湿滑的陇南山路上,完全看不出曾是银行的科技高管,更像是一名乡间地头的基层干部。

驻村帮扶,是党开展农村工作的优良传统,也是一种具有中国特色的"三农"工作制度安排。是指党和政府派遣工作队深入农村,通过制定和实施一系列政策、项目,帮助农村地区解决存在的问题,促进农村经济发展和农民生活水平提高。农业银行作为国有大型金融企业,积极响应政府号召,常年派出优秀骨干开展驻村帮扶工作。洛峪镇的5个村,就是农行甘肃省分行多年帮扶的对象。

老杨今日所带队伍,是10名来自农行的驻村帮扶干部,其中6名是新队员。老杨卸任辞行,同时安排新老队员交接,把新队员"扶上马,送一程"。

在镇政府大院,听说老杨要卸任,洛峪镇党委书记王文博回忆起当初一起奋战在脱贫攻坚一线的日子:"老杨多年为帮扶工作流汗流泪!我们这个'军功章'有他一份!"因脱贫攻坚工作成绩优异,2021年初,洛峪镇党委被党中央国务院授予"全国脱贫攻坚先进集体"荣誉称号。

驻村帮扶,流汗是日常,而两次落泪,老杨记忆犹新。

第一次是2017年9月,老杨初到驻地崔马村,担任第一书记和帮扶工作队长。刚上任不久,他走进村民崔付旺家,眼前的景象让他怔在原地:一间土坯危房,屋内昏暗简陋,两位老人躺在土炕上,双眼无神,无力应声……"说实话,当时看了心里很堵,眼泪就先掉了下来。"老杨说。

第二次落泪,是一年后。因为父亲突然去世,家里老母亲需要照顾,老杨只能暂别帮扶一线。"战友"们给老杨饯行。"当时想起跟崔马村乡亲们的感情,感觉工作没做好,也愧对家庭,话说不出,就流了泪……"老杨回忆道。

两次真情流露间,就是老杨摸爬滚打、扎根驻村的第一年。

崔马村是名副其实的山村。山大沟深,村民们大部分散居于海拔近1700米的半山腰,可耕可用地极少。山下洛峪河当道,水流湍急。一遇暴雨,河水泛滥成灾,道路塌方难行,停水停电更是常态。老杨初到,曾有感赋诗:山清水秀空好景,地瘠乡僻民生艰。

这样的基础条件,驻村帮扶,从哪里帮起?

从最紧急、最关乎村民安危的事抓起!一上任,老杨就戴着草帽,蹚着泥水,对村里塌陷道路和存在严重安全隐患的村居进行全面摸排,并以最快速度形成结果向组织汇报,争取帮扶改造资金。资金到位前,老杨一刻不敢耽误。他一边在专家的指导下制定紧急避险方案,一边在村里设置了紧急避险场所,并为有住房安全隐患的村民配备了帐篷、手电筒等避险物资。那年,崔马村的村民过了个踏实的雨季。

相比之下,修路易,富民难。为尽快改变崔马村现状,老杨带领队员起早贪黑,挨家挨户调研摸底,坐农家炕头,听老乡意见。一个月后,工作队拿出《崔马村三年脱贫攻坚工作规划》,提出"以花椒为主,土蜂、猪、牛、羊、鸡养殖等多业并举"的产业发展思路。崔马村从干部到村民都看到了希望。村支书马赐才回忆说:"老杨的思路让大家心里亮堂起来,都想跟着他一起干,早日摘掉贫困帽子。"

金融干部的底色,让老杨的帮扶工作更有"抓手"和底气。驻村期间,当地农行每有适合村民的金融服务、信贷产品推出,老杨便带着帮扶队员进村入户宣传讲解,使村民们的生产需求获得源源不断的金融支持。随着脱贫步伐的加快,老杨把工作重点放在金融助力"致富带动脱贫"上。

村民马永强算是崔马村的"能人"。他在村里率先开办了一家电子商务超市。有些积蓄后,马永强决定成立农民专业合作社。当他把自己的想法告诉老杨时,老杨马上联系县农行一起调研他的项目计划。从选址到土地流转、修建厂房,只要遇到困难,老杨第一时间帮助解决。很快,马永强获得30万元贷款扶持。2018年6月,马永强的"满山红合作社"在一通震天的鞭炮声中开业。次年,合作社带动14户建档立卡贫困户脱贫。目前,合作社收益每年超过20万元,马永强也成为当地有名的"致富带头人"。马永强说:"没有老杨的帮助,合作社不可能发展这么快。这些年,老杨帮村里办了不少实事好事,我们心里有数!"

老杨驻村帮扶的一年,崔马村人均增收1300元,村容村貌大变样。村民说,党派来了一个合格能干的"第一书记"!

经济脱贫初见曙光,但老杨明白,扶贫要扶志,振兴更要振人心。在访村情的时候,老杨在崔马村二社发现一户"特殊人家"。这家男主人名叫马洪友,虽然房子不起眼,但两个儿子都考上了大学,其中一个还是复旦大学的博士。提起他们勤俭持家、乐于助人的好家风,村里人也纷纷竖起大拇指。为发挥榜样带动的力量,老杨熬了两个晚上,写成一篇通讯报道——《马洪友夫妇印象》,发表在洛峪镇政府"官微"和省政协的《民主协商报》上。村里、镇上反响热烈,村民都说:"我们要向洪友家学习!过好日子,教好娃!"

要扶志,就要扶到"根"上。每见村里有儿童辍学,老杨都登门做工作,动员家长支持孩子完成学业,实在困难,他便解囊相助;为改善当地学校的教学质量,他联系爱心人士捐助,在当地两所小学建起"绿色电脑教室",成为村里娃娃们开阔眼界、学习新知的乐园;他自筹资金在洛峪镇设立"曙光教育基金",给村里当年考上高中和大学的孩子提供奖金奖励;他四处寻求帮助,送村里两个患有先天性唇腭裂的孩子到兰州大医院做了整形手术……

渐渐地,村里人把老杨当作了"主心骨""知心人",而老杨也更体会到"第一书记"担子的分量。为加强基层党组织的建设,在镇党委和村民的支持下,老杨推动崔马村建立起新一届村"两委"。正是在老杨和新一届村"两委"努力之下,崔马村短时间内村民矛盾纠纷下降一半以上。来村检查督导的县、乡干部都感到惊讶,说:"崔马村变化真大!"

村民信任,镇上满意,所以,当2018年底老杨因照顾老母亲不得不卸任第一书记时,大家都不舍得。但谁也没想到,老杨人虽不驻村,却在"驻村帮扶工作总联络员"的任上又扎扎实实干了4年多。

4年多来,如无特殊情况,老杨每个月至少跑一次距兰州400公里的洛峪镇,上山进村,为乡亲们办实事,帮驻村队员解难题。

2019年9月,崔马村乃至整个洛峪镇花椒丰收却滞销,老杨得知后比农户还着急。为了打开花椒销路,他带着崔马村的干部奔赴四川成都,挨个市场问行情、推产品。终于,一位成都货商被老杨的担当与诚意所打动,一次收购2万多斤。西和县一位县领导知道后说:"老杨你这事做得好啊!咋不宣传呢?"老杨说:"我只不过做了自己分内的事,有啥可张扬的!"

在村民和帮扶队员眼里,老杨坦率务实,热心真诚,武爱长跑健身,文能赋诗编程。他驻村期间写作的诗集《西河吟咏》,因为其中多有对村情及驻村帮扶工作的思考阐述,而成为驻村队员的"必读参考"。而他的一些事迹,也多年被村民当作"传奇"讲述。比如,为了一句承诺,他与农行同事一起帮村民马小平从遥远的新疆讨回欠薪十几万元;因为感到帮扶工作拖沓,他在工作群里直接"@"县长提意见;村民关于征地补偿这种矛盾最多、最难解决的事情,老杨一出马,矛盾便迎刃而解……

讲到"金融人"驻村帮扶有什么不同,老杨认为,脱贫攻坚、乡村振兴是国家事业,金融也是。"'金融人'做帮扶,就是把这两个事汇成一股劲儿,帮助更多人。"老杨说。

担任"联络员"的这几年,老杨推动落实帮扶资金近300万元,和其他帮扶队员一起,在洛峪镇几个村的脱贫、振兴中发挥了很大作用。虽成绩如此,老杨也有遗憾:"产业振兴这一块,我还远没做好,希望以后驻村帮扶的同志能带着乡亲们找一条新路……"

在卸任之旅的最后一站——崔马山上,老杨敲开了马洪友家的大门。当得知这是老杨退休前的专程告别,马洪友86岁的老母亲紧抓住老杨的手依依不舍,说:"一定常带着娃娃回来看一看啊……"

抬眼望去,这个山间小院花草葱郁,长檐明柱、黄木窗门的陇南特色民居在细雨中更显古韵,罐罐茶的香气在摆设着各种现代生活设施的堂屋中缭绕。屋正中是一幅书法中堂——"力田才知糜谷贵,问道每叹诗书香"——这是年初老杨赠送的一件礼物,既给马洪友贺春,也对来往的村民"劝学"。

同行人都说,这恰是"山村小康"该有的模样!

小朱归队

老杨卸任辞行当天,小朱"归队"。

小朱叫朱锐东,是农行在崔马村的现任帮扶队员。2022年4月到岗,至今已一年半。

此次短暂"离队",是因受省分行之邀回到母校——甘肃农业大学,进行校招宣讲。在学校,他对学弟学妹们说:来农业银行吧,学农为农,这是个实现梦想的好舞台!

小朱是农学专业硕士。2015年毕业后入职农行,先在敦煌支行、酒泉市分行工作,2019年被选拔到省分行运营管理部。2022年4月,被选派到崔马驻村帮扶。

因为常驻海拔近1700米的崔马村,小朱的国字脸已被晒得棕黑。虽然讲话轻声细语,笑容腼腆,但一副眼镜挡不住眉宇间朴实和英气。山路上,归队的小朱与老杨的辞行队伍一汇合,便聊起羊肚菌扩种工作的进展。

小朱驻村帮扶,除了组织任命,还带着老杨的一项重托——为崔马村探索一条新的产业之路。"小朱是农学科班出身,我驻村工作的遗憾,他应该能有突破。"老杨说。所以,有驻村岗位轮替,老杨推荐小朱"上阵"。

组织的信任,前辈的嘱托,以及"学农为农"的职业抱负,成为小朱驻村崔马的动力。一到岗,他就在帮扶队长杨翔的带领下,逐户上门了解生产生活情况,足迹很快踏遍崔马山的沟沟坎坎,家家户户。小朱发现,虽然崔马村在2020年已脱贫,但由于主产业花椒市场的波动,以及近两年的疫情影响,村民们不仅增收困难,甚至还有返贫可能。

有人觉得小朱是自讨苦吃,说"等疫情结束,外出打工能挣更多钱,问题自然就解决了"。小朱则不以为然,他始终觉得,盘活村里的土地,让村民能从自家的一亩三分地里挣到钱,正是驻村帮扶的价值所在。

经过两个多月的调查与论证,羊肚菌种植成为"突破口"。用小朱的话说,羊肚菌不仅经济价值高,而且"不与人争粮、不与粮争地、不与地争肥、不与农争时、不与其他产业争资源",非常适合崔马村这种耕地少、劳力少的村情。而这也恰是老杨当初想做而没做成的一个"念想"。

说干就干。羊肚菌种植技术门槛高、投入成本大,洛峪镇曾经有人试种过,但都以失败告终。小朱没有让村民承担试验的风险,而是靠着自己的农学专业基础,"独自上路",研究试种。

没有启动资金,他便自筹一万多元,先在崔马村两个社分别建了两座试验棚。

选好菌种是关键。小朱咨询专家、精挑细选,最终确定四川广元一家农资商的菌种。但困难接踵而来,因为当时疫情严重,运送农资的车根本无法进入西和县。

怎么办?进不来,那就出去接。2022年11月底,陇南山岭间已湿寒彻骨,小朱与村支书马赐才在夜幕中驱车下山,静静守候在高速路口,等待运送菌种的车经过。凌晨3点,菌种到达,小朱如获至宝。为保证菌种活性,他连夜将菌种一袋一袋播了下去……当全部工作完成,直起酸痛的腰杆,看看表,这一趟已连轴转了20多个小时。马赐才回忆起当时的情景,佩服地说:"没想到这个后生娃这么有干劲儿!"

此后,小朱便风雨无阻,骑着专门买的小摩托往返于两个大棚之间的山路,每日三测温湿度,及时调整管理措施。有时候,一天忙得只吃一顿饭。老乡们看在眼里、疼在心上,时常给他送水送干粮。村民马张关说:"小朱一个城里的银行干部,为我们的事这么拼命,我们该帮帮他!"

即使如此细心,风险还是不期而至。第二年立春前,一场严重的寒潮侵袭崔马,1号试验棚大批处于分化期的菌苗被严重冻伤,难以恢复。小朱没有气馁,而是把更大心力放在2号试验棚。3月初,2号试验棚喷灌系统出了故障,小朱只能自己从坡顶的山泉蓄水池背水催菇。往返于一条陡峭湿滑的山道上,他足足打了1500斤水。晚上回到住宿点洗漱擦身,一照镜子,才发现两肩全是瘀青勒痕,一碰火辣辣地疼……大半年来,小朱已经数不清查了多少资料,多少次入棚观察,做了多少笔记……

3月22日清晨,小朱如往常一样小心翼翼地掀开地膜,只见一大片浅褐色的菌盖齐刷刷地冒出头来。"种成了!"这让他激动得在大棚里喊起来。村民闻声赶来,看到菌菇,也看到了希望,欢呼"我们要跟着小朱同志种羊肚菌!"

在试验成功的大棚里,小朱第一时间拨通了杨波的电话,"杨总,我种成了!"电话那头,杨波也激动得半天说不出话来。

看到小朱的试验成果后,当地政府测算,按照试种情况,人工种植羊肚菌预计亩产量1000斤左右,以当年市场价计算,每亩可让村民实现毛收入5万到8万元。遂研究决定,加大投入、创造条件,扩大规模种植羊肚菌。5月,在全县驻村帮扶工作培训会上,小朱作了经验交流发言,并作为洛峪镇唯一代表,获评全县"乡村振兴好青年"!

9月,当杨波辞行与小朱再次见面时,洛峪镇已协调集中30余亩土地,由小朱带领几个村的村民种植羊肚菌。

站在洛峪镇康河村的高规格大棚中,朱锐东像一个专业的农业科技人员,手把手辅导已经有二十几年蔬菜种植经验的村支书刘永选测量土壤酸碱度,讲解翻土、下种的要点,刘书记频频点头、默记于心。

"小朱同志人虽年轻,但我们都亲眼看到他实打实的试验成果,更感受到他的真心,我们信任他!"刘书记说。

农学专业的"基因"不断促进小朱探索带领村民种植致富的路子。探索羊肚菌种植的同时,他自筹经费1万元,试验野生中药材淫羊藿的人工林下种植。在他的努力下,去年从山野移栽到花椒地里的淫羊藿渡过了寒冬,100%成活,长出了整齐的新芽!有这种示范带头作用,崔马村乡亲们积极响应,通过撂荒地整改,目前已种植淫羊藿、冬花、黄芪等中药材100余亩,为崔马村发展农业产业蹚出了新路子。

除了自身试验引路,现身说法,小朱还不断引入金融活水增强农户干事创业的信心。驻村期间,他与农行西和支行紧密配合,探寻村民需求,宣传适农金融产品,一年多时间累计帮助崔马村农户获得农户经营类贷款23笔138万元,让农户发展生产既有干劲,也有资源。

杨波深以小朱为荣,也对小朱多一份关心。卸任告别,特别嘱咐小朱把身体搞好。他知道,崔马村距离帮扶队员驻地最远,小朱常常赶不上吃热饭;妻儿远在1200公里外的嘉峪关,这份思念也让小朱牵扯身心。

在小朱宿舍的小书柜里,长时间摆着一包奶糖。那是因为妻子知道他时常整天在山间地头,忙起来顾不上吃饭,担心他犯低血糖,在春节假期分别时特地给他带上的。嘱咐说:"你平时兜里装几块,饿了就先吃上一块,别晕倒在山路上……"

小朱有个3岁的儿子,小家伙活泼可爱,和爸爸的关系最为要好。他非常想念孩子,每晚有空闲时都会通过视频与儿子连线。小朱把这份爱转化为对崔马村乡亲们的深情,去年8月暑假,恰逢村民收花椒的农忙时节,孩子无人照顾。小朱便把崔马村的20多个小学生集中在一起,开办"开心暑假夏令营"。辅导功课,扩展阅读之余,小朱把自己生于农家、成长求学的经历讲给孩子们听。夏令营圆满落幕,不少孩子说:"我长大了也要像小朱老师一样,用知识把家乡建设得更美……"。

问小朱,对驻村工作如此投入,靠什么支撑?小朱没有豪言壮语,只是反复说,自己是甘肃农村长大的,学了农业,农行又给了到第一线服务乡亲的珍贵机会,特别珍惜!"还有,在我驻村之前,已经有一茬接一茬的农行人在这里奋斗,作为一个后辈,我怕做不好工作有损工作队在乡亲们心中的形象,辜负了前辈们的奋斗成果……"小朱说。

与老杨道别的第二天,小朱发了一条朋友圈。那是一张合影:山雪初晴,一个农家院落中,老杨背手前行,侧脸微笑,边走边倾听身旁的小朱说着什么……

"这是今年正月,杨总来崔马慰问时拍的。"小朱讲述道。这户院落正是老杨第一次上崔马时,为之心酸落泪的崔付旺家。从照片中可以看到,红砖瓦房早已重新盖起,两人背后,一位身裹棉衣的老人在微笑相送。"那天杨总一直在担心羊肚菌大棚会不会被雨雪压塌,我请他放心,一定把产业振兴的这份'火种'看护好……"

这张照片之上,小朱写了一句话:"崔马山高,洛峪地瘠;孤灯冷雨,两代人不坠奋进之心……"

大本营

七点,天微亮。一曲悠扬的《我爱你中国》,从蒲宋村东头一幢简易楼中传出,单曲,循环往复。

这是农行甘肃省分行驻西和县乡村振兴驻村工作队的"起床号"。每天清晨,农行帮扶队员们从这里出发,各自奔赴所驻村组,开启新一天的帮扶工作。所以,这幢二层楼被帮扶队员们亲切地称为"大本营"。老杨所带的新老队员包括朱锐东,大多住在这里。

"大本营"有八个房间,平均每个房间不足10平方米,房内大多是上下铺,陈设简单。取暖靠二层烧起的一个火炉。二楼楼道间,几十个塑料空桶并列两排。老队员介绍,山区的冬天很冷,温度最低能够达到零下10度,水管时常被冻住,需要帮扶队员们自己到老乡家里担水,这些空桶就是用来打水的。最不便的还是"如厕大事"——简易楼内没有洗手间,只有院子把角有个"单位",帮扶队员们常常为此在寒风中排队。

虽然环境艰苦,但一批又一批来自农业银行的驻村帮扶队员们坚心如磐、斗志昂扬。简易的二层楼成为村民们心中发着光热、值得信赖、值得依靠的"暖心楼",很多人、很多事被村民所赞扬、传颂。

这里面,有被村民称为"花椒村支书"的王永喜。他自2017年9月担任蒲宋村第一书记驻点扶贫以来,全心全意带领乡亲脱贫攻坚,一干就是三年。是他,帮助村里注册了2家农民专业合作社,推动建立带贫分红机制,带动23户建档立卡贫困户脱贫;是他,争取扶贫专项费用,为蒲宋村购买了

6台花椒烘干机,解决了村民的燃眉之急,目前还在发挥大作用。2019年,王永喜获评"甘肃省脱贫攻坚帮扶先进个人"。

这里面,有被称为"救命书记"的邱琦。2020年8月,崔马村遭七十年一遇强降水。一天晚上,时任村第一书记的邱琦和村干部冒雨巡查,突然发现村民马军娃77岁的老母亲正在老屋中收拾东西。而这间房子后面高达10多米的护坡已经因雨水浸泡出现裂缝,随时可能坍塌!眼见情况危险,邱琦想尽办法,最终劝离了不愿离家的老人。当天夜里,房后的护坡轰然垮塌,其中一块大石头正砸在老屋炕上!事后,老太太逢人就感叹:"多亏了邱书记,我才保住这条命!"

这里面,有被村民称为"甜蜜使者"的帮扶队员吴钊。2020年4月,吴钊来到袁付村开展驻村帮扶,当看到村里的养殖户因疫情影响,蜂蜜销路不畅时,他想办法、找门路,四处推销,最终解决蜂农困难,增加了村民经济收入。几位村民专门到省农行为吴钊送来锦旗,称他是"甜蜜使者",是为人民服务的好党员!

这里面,有解决全县帮扶干部难题,被称为"科技达人"的帮扶队员鲁绍辉。2020年他在驻村帮扶时开发的"数据转换程序"和"农户户情信息系统",不仅为各级政府监测、干预返贫提供了及时准确的信息,也将当地基层干部从繁重的数据整理、报表填写工作中解放出来,受到了县、市多层政府部门的表扬。

接任"花椒村支书"王永喜的,是现任蒲宋村第一书记王彦恒。除了继续推动蒲宋村产业振兴外,王彦恒特别着眼在"文化振兴"上下功夫,为村里带来很多"新气象"。他通过申请帮扶资金,为蒲宋村建立起了图书室、书法课堂和文化广场,并定期为大家放映电影,很受村民们欢迎。为繁荣地方文化,王彦恒还在村里组建了颇有陇南地方特色的"蒲宋村花枝舞舞蹈队",村里妇女踊跃参加。今年"三八节",村民们自导自演了一台节目,邀请邻村村民和镇上领导来观摩,大家纷纷点赞,感叹如今村里人的精气神儿真是大不一样!

这样的人,这样的故事还有很多。从2015年国家打响脱贫攻坚战开始,甘肃省农行系统已经选派118名帮扶队员在西和县驻村帮扶。帮扶队员身后,是农业银行作为国有大行的责任担当。据统计,近几年,农行甘肃分行持续做好脱贫人口小额信贷投放的有序衔接,对具备产业支撑的脱贫户能贷尽贷。仅2022年,农行就在西和县投放脱贫人口小额贷2.6亿元,为6600多户约3万脱贫人口增收、防返贫提供了资金支持。

随着杨波的卸任,一批新任帮扶队员到岗,"大本营"有了新鲜血液和新的气象。此次新任崔马村第一书记周鹏武,是甘肃省农行普惠金融部的骨干,他说:"普惠金融在乡村振兴的舞台上大有可为,我一定要静下心俯下身扎下根,在前辈、战友成绩的基础上再建新功!"何胡村新任第一书记杨斌,是一位地方挂职经验丰富的"老农行",在入住"大本营"的第一个夜晚,便拉着朱锐东等老队员,热烈探讨村里产业振兴的出路和办法;袁付村的老队长段文峰拿出"借助农行农业龙头企业客户资源,提升村里劳务输出品质"的思路,征求新队员的意见;芦山村新任第一书记吴鹏,来自省农行党委宣传部,他与老队员刘惠珠准备写一组《驻村记》,让更多人了解金融人驻村、推动乡村振兴的探索及成效……

"大本营"外,月光如水,洛峪河汩汩流淌。驻村工作队组织捐建的太阳能路灯,如珠串贯穿山路河沿,让这个陇南山村的夜晚第一次如此明亮。村口,洛峪镇特有的村界牌在路灯下格外清晰:一面鲜红的党旗下,除了村名,还有一行几乎每个村民都熟知能诵的大字——有事好商量、有事找干部、有事找驻村工作队、有事找党支部。(本报特聘通讯员樊兆琦对此文亦有贡献)

来源:《中国城乡金融报》2023-11-29

陇中扶贫难上难　七年攻坚显忠勇
——记白银市扶贫开发办公室主任闫志雄

铮铮铁骨的他常年超负荷埋头甘肃中部一个欠发达城市的脱贫攻坚工作,不分昼夜高强度的工作让他数次住院。但他的心和行始终紧盯党委政府部署的艰巨脱贫任务,七年如一日,奔走在2.12万平方公里的白银大地。他,用实际行动向党和人民交上了一份收获满满的答卷,诠释了该市脱贫攻坚取得全面胜利的党员本色。他,就是闫志雄同志,一位出身贫寒、悉心聆听组织教诲、敢于承担任务、敢于较真解决难题的优秀扶贫干部代表。

闫志雄,男,汉族,甘肃靖远人,中共党员,1968年3月生,2014年2月至今担任甘肃省白银市扶贫开发办公室党组书记、主任。

他是白银市脱贫攻坚这场战役的"参谋",更是一名实战"指挥官",是全市脱贫攻坚的具体谋划者、推动者、见证者和亲历者。7年来,全省其他市(州)扶贫办主任换了一茬又一茬,可他一直默默地奋战在脱贫攻坚一线。

勇担重责,立下誓言往前冲

闫志雄同志出生在甘肃中部极度干旱山区靖远县高湾镇的一个农民家庭。农民的不易、生活的贫穷在他的心里刻下了深深的烙印。1991年参加工作以来,他先后在乡镇、县直部门、市直部门等不同岗位上担任过一把手。在每一个工作岗位上,奉行克己奉公、一心为民谋福祉是他的工作原则。

7年前,组织安排他担任白银市扶贫开发办公室党组书记、主任。其时,地处黄河上游、甘肃中部的白银市所辖5个县区均为"三西"农业建设县,会宁、靖远、景泰3县为六盘山集中连片特困县,会宁、靖远两县又是省定深度贫困县,平川、白银两区为省定插花型扶持县。全市贫困人口数量在全省14个市(州)中排第7位,贫困发生率排第4位。面对严峻的脱贫形势和艰巨的脱贫任务,作为联系指导全市脱贫攻坚任务工作部门的负责人,他深深感到责任重大。他默默立下了誓言:"功成不必在我,功成必须有我!"为了使白银市和全国一道如期迈入小康社会,让基层贫困群众早日脱贫致富,他自觉扛起脱贫攻坚这份沉甸甸的政治责任,以攻坚拔寨、善作善成精神迎难而上,以时不我待、背水一战作风苦干实干。

蜿蜒的黄土梯田里,沟壑纵横的大山深处,星星点点的边远村落里,他跟着市委市政府主要领导走进田间地头和扶贫项目工地,默默地观察了解思考;带着工作组同志实地了解民情社意,用笔记本记下了一个又一个困难和问题难点;倾听群众呼声、了解村情民意,化解矛盾纠纷,实实在在地解决困难问题,这是他七年如一日的一贯工作作风。

每每拖着疲惫的身体回到办公室的他,常常工作到凌晨,甚至有时工作到了天亮。在沙发上稍稍休息一会儿,简单地在门口吃碗牛肉面,他又开始了新的一天的工作。

科学推进,快速成行家里手

对扶贫政策的准确把握和因地制宜的科学实施,需要在刻苦干的同时加倍地学。闫志雄是这样想的,也是这样做的。

2014年2月,他刚到扶贫办时,全国贫困人口建档立卡工作正在全面铺开。按政策要求要精准识别贫困户,精准分析致贫原因,对所有贫困户开展建档立卡工作。在全市开展贫困人口建档立卡,不是扶贫部门一家的事,要调动各级各部门力量进村入户开展调查摸底。他加班加点、没日没夜地研究政策,协调指导全市开展建档立卡工作。短短几月后,全市扶贫工作真正实现了专项扶贫、行业扶贫、社会扶贫的大扶贫格局。在上级规定时间内,全市37.12万个贫困户建档立卡工作顺利完成。他常说扶贫办的职能不仅仅是抓专项扶贫,更重要的是要做好统筹协调。面对精准扶贫、精准脱贫的严峻形势和任务,他没有退却,深入基层、进村入户,了解户情村情,掌握第一手资料,用脚步一步一步丈量着对组织的承诺,确保扶贫对象精准,全市302个贫困村都留下了他履职尽责的足迹。

与此同时,他坚持用理论滋养初心、引领使命,把学懂悟透习近平总书记关于扶贫开发重要论述精神作为干好扶贫工作的根本遵循,原原本本学、原汁原味学,做到了学思用贯通、知信行合一。对工作中存在的困难和问题,自觉从习近平总书记关于甘肃重要讲话和指示精神中找答案、找方法、找对策,精准解决好"扶持谁""谁来扶""怎么扶"等问题,着力把总书记重要讲话和指示转化为推动扶贫事业的务实举措。

他从不摆领导架子,甘愿当一名小学生,经常坐下来和班子成员、干部职工进行沟通交流,向老扶贫、老同志学经验、学政策,尽可能快地成为扶贫队伍里的行家里手。他坚持沉下去了解实情,走到田间地头,与群众面对面交流沟通,虚心向群众学习,掌握群众所需、所盼、所急;他坚持走进去坐到农家炕头,与群众心贴心共谋发展,帮助他们找准致贫原因,精准制定脱贫措施。他利用业余时间通过视频资料学习先进地区经验,笔记本里密密麻麻地写下了可供借鉴的心得。

实干真做,不畏急难险重

敢干事、干实事,做"落实能手"。他时刻牢记职责,面对急难险重任务时不断增强"四个意识",在全心全意为人民服务中坚定"四个自信"、在抓实见效中践行"两个维护"。面对重大挑战、重大风险、重大阻力、重点矛盾敢于挺身而出、冲锋在前、担当作为,积极向市委市政府分管领导、主要领导汇报,及时提出自己工作建议,推动工作落实。

靖远县所辖北湾镇富坪、新坪两个贫困村,是甘肃省委省政府重点关注的定西岷县、漳县地震灾后异地安置移民村,这两个村贫困人口多、贫困面大,群众内生动力不足,能否脱贫牵动各方。他不畏难点,积极协调两村落实专项扶贫资金,动员高素质帮扶干部进村入户开展政策宣传,扶持发展蔬菜产业,及时化解遗留问题,推动这两个村实现了由"问题村"向"先进村"的华丽转身。

为找准挂牌作战的突破口,他第一时间组织人员,围绕贫困人口脱贫6项指标、贫困村退出4项指标开展专题调研,对剩余6个贫困村进行解剖麻雀式的分析研究,取得了第一手资料,形成了专题报告,为白银市打好"战贫"和"战疫"两场战提供了科学决策依据。收官之战在他的建议和衔接推动下,全市压茬开展了"五盯紧五整改""过筛子、补漏洞、化矛盾"决战决胜脱贫攻坚大会战,做到任务大起底、政策一口清、漏洞真补齐、问题全清零、矛盾全化解,为全市脱贫攻坚圆满收官夯实了基础。

咬定重大工作不放松。统筹推进全市脱贫攻坚重点工作中,他协调相关行业部门落实攻坚责任,着力推进"3+1"冲刺清零和"5+1"巩固提升行动,通过协调召开脱贫攻坚领导小组会和专题会议的方式,分析全市各阶段脱贫攻坚形势、推进行业责任落实,确保扶贫工作务实、脱贫过程扎实和脱贫成果真实。

对既定目标任务,他及时组织会议细化工作任务,靠实工作责任,以身作则,亲力亲为,带领扶贫办上下一鼓作气干到底。全市帮扶工作、扶贫小额信贷管理、光伏扶贫、东西部扶贫协作和中央定点帮扶等重点任务,在短时间内就打开了局面,迅速得到了落实。他还不断探索创新工作方式,加大扶贫资金项目监督力度,确保每个扶贫项目发挥应有效益。在扶贫资金项目检查中,为防止人为干扰影响实效,他将所有项目编号,由纪检组随机抽取密封后交检查组,检查组到县后拆封检查。这一方法极大促进了扶贫资金项目落地见效。

忠勇可嘉,心系联系帮扶户

作为市级扶贫工作部门主要负责人,他始终做到"带头示范,带头垂范","5+2""白+黑"地谋划推动工作。他一直与同事共勉,强调"扶贫工作无小事,脱贫攻坚是大事"。在长期的不分昼夜的奋战中,他罹患了免疫系统疾病,II型糖尿病近7年了,经常耳鸣。但他放不下工作,住院期间还多次在输液后偷偷离开医院,赶到办公室处理公务,召集人员研究工作。

对于扶贫工作他从不讲条件、不讲困难，抓住一切机会为父老乡亲多办实事、多办好事。同事说他"见事早"，即早知早悟、抢占先机，想在前、干在先、靠实抓，压茬推进各项工作，牢牢掌握主动权，打好主动仗。说他"上手快"，即说了就干、定了就办，雷厉风行、不推不拖，主动上手、大干快干，在短时内凝聚起强大攻坚合力。说他"措施实"，即始终保持时不我待、只争朝夕的工作劲头，既精准分析解决点上的新问题，又协调消除面上的老问题，确保脱贫攻坚全面胜利。

作为一名帮扶责任人，他用情用力为帮扶对象办实事、解难事。他联系的贫困户杜进福，由于家庭人口多、耕地少，上下4代8口人，老的老、小的小，日子过得紧巴巴，全家倾其所有供二儿子杜明忠上了大学，毕业也没有找到稳定工作，四处漂泊，短期内难以脱贫。他入户了解情况后，把杜明忠的就业作为帮助脱贫的主要措施来落实，他四处跑动"说情"，最终感动了当地一家大型国企负责人，为杜明忠解决了工作，为杜进福一家稳定实现脱贫奠定了坚实基础。

全面胜利，硕果累累载史册

如今，白银市贫困群众"两不愁三保障"全面实现，九年义务教育巩固率99.86%，义务教育阶段适龄儿童少年无失辍学现象；贫困人口参保率100%，基本医疗保险、大病保险和医疗救助等政策全面落实；集中供水率和自来水普及率分别达到98%和89%，农村人口消除了饮水安全现象，贫困群众住上了安全住房，获得感、幸福感、安全感明显增强。"十三五"期间，累计向52584名符合"雨露计划"补助标准的贫困家庭新成长劳动力落实补助资金1.06亿元；协调为0.91万监测人口和0.68万边缘人口倾斜安排产业扶持资金0.11亿元，降低了返贫致贫的风险。

他主导研究制定的《白银市深度贫困地区脱贫攻坚实施方案（2018—2020年）》落实资金46.09亿元，70个项目全部完工；《白银市支持一县两区脱贫攻坚实施方案（2018—2020年）》，落实资金26.33亿元，69个项目全部完工，实现了任务清零交账。他探索提出"124"行业扶贫工作机制，建立了完备的脱贫攻坚数据手册,持续加强建档立卡数据分析运用,找准脱贫攻坚着力点,推动市县两级领导关注并包抓解决重点难点问题。白银市扶贫办领导班子连年被市委、市政府考评为优秀,他个人也连续多年被组织部门嘉奖。

回顾过去,在市委、市政府的坚强领导下,在闫志雄带领白银市扶贫办一班人的协调推动落实下,脱贫攻坚以来全市累计落实各类财政扶贫资金51.79亿元,集全社会力量聚焦脱贫攻坚,如期实现了全市37.12万贫困人口脱贫、302个贫困村达标退出,5个贫困县(区)全部摘帽的攻坚目标任务,向党和人民交上了一份满意的合格的答卷。

闫志雄在甘肃省白银市扶贫战线工作7年来,始终忠诚党的扶贫事业,政治坚定,业务精湛,勇于创造性地开展工作,得到了组织认可和群众好评。他常说初心和良心要深度融合,通过对十九届五中全会精神的学习研究,他在认真探讨如何从法律层面建立巩固脱贫攻坚成果的长效机制,如何把防返贫致贫作为巩固脱贫攻坚成果的主要举措来落实。他以时不我待、背水一战的作风苦干实干科学干,为全市历史性解决绝对贫困问题作出了应有的贡献,是无数个脱贫攻坚干部中涌现出的先进代表之一。

供稿:白银市政协

到最远的村　帮最穷的户
——定西市政协驻村帮扶工作队纪实

人一生能有多大概率与贫困遭遇？有人不期而遇，一出生就背负了贫困的标签；有人衣食无忧，却义无反顾地主动选择与贫困相斗，从春到夏，从秋到冬。

从个人集资买辆桑塔纳，一年用掉6条车胎，到为了走村串户更方便更亲民，买一辆摩托车，大雪封山车辆侧翻徒步前行……一个个如同电影画面的场景，却实实在在地在定西市政协驻村帮扶工作队队员的每一天里上演。

他们翻山越岭，风雨兼程，用脚步丈量贫困，用奋斗践行初心；他们精准把脉，力拔穷根，用真情温暖民心，用实干赢得信任。尽管他们只占到了这个身份群体的几百分之一、几千分之一甚至上百万分之一，尽管他们战贫的人生方式各不相同，然而奋斗的底色却是一样的。定西市漳县最贫困最偏远的乡镇村社，因他们从荒芜走向多彩，因他们由绝望到迎来新生。

"打赢到村后的第一场硬仗"

东泉乡直沟村，地处漳县、武山、岷县三县交界处，是漳县最偏远的一个村落，距离乡政府80公里，村民住茅草房，吃"望天水"，贫瘠的土地上只能种蚕豆、燕麦和洋芋，是个名副其实的"落后村"。

2019年5月，带着不服输的劲头，市政协的小伙子们踏上了这片他们从不曾涉足的土地，开始了他们的驻村帮扶工作。

"第一感觉就是很不舒服。"说起第一次踏进村庄的感受，驻村帮扶工作队队长郑天旺依然记忆犹新，赤焦的黄土地千沟万壑，犹如火星表面一样毫无生机；牛粪满地，连下脚的地方都没有；人畜共居，火盆上炕，村民听不进任何劝阻，性子就像村名"直沟"一样执拗。"就像打足了气的皮球一下子被扎瘪的那种感觉，我们来时带的自信被眼前的一幕彻底击垮。"工作队员们说。

"这怎么可能脱得了贫？"帮扶队的小伙子们不禁发出这样的疑问。

精准脱贫要找准致贫病因。因为地处偏远，一辈子走出过大山的村民也没几个，他们观念陈旧、思想滞后。小伙子们看得明白，那就先从内因入手。

为尽快熟悉村里的情况，他们有事没事就往农户家跑。"刚开始，真的是没有一个好脸色，吃闭门羹是家常便饭。"回忆起不被村民认可的场景，郑天旺说，"我们能理解，村民们太苦了，从新春到年底，二牛抬杠、耕作不断，一年下来也没几个收入，仅有的一条水泥路常年铺满牛粪，下雨天出行都是问题，我们打心眼里心疼他们。"

劝了东家开导西家，磨破嘴皮也没多大改观。怎么办？帮扶队决定用实际行动改变村民们的观念。他们首先根据远近划分区域，规划建设了7个晒粪场。环境卫生问题解决了，帮扶队员也赢得了村民的信任。"我们打赢了到村后的第一场硬仗。"郑天旺说。

"你把群众当朋友，群众就把你当亲人"

"在解决视觉贫困的过程中，我们了解到，这个村的主导产业是养殖，但规模小，效益甚微。"3名帮扶队员中最年轻的王海鹏说。

如何壮大养殖产业？小伙子们达成共识：靠山吃山、靠水吃水。这里有16平方公里的草山，属于半农半牧区，养殖成本低，可通过大规模养殖脱贫致富。

"以前想发展，没钱。现在好了，有了5万元的无息贷款，我能大干一场了。"村民龚新平掩饰不住内心的喜悦，他说他家今年养了15头牛、80多只羊，今年行情好，前段时间他卖了40多只羊，收益近4万元，"真的要感谢市政协的帮扶队员。"

龚新平告诉记者,除了帮他联系办理贷款,帮扶队员还帮他联系找回了之前走丢的14只羊,"等于找回了一万多块钱呢。"

帮扶队员景阳说:"直沟村常住人口178户、701人,今年,我们通过协调办理扶贫贷款等措施,像龚新平这样的养殖大户发展到近70户,脱贫致富不成问题。"

就像牛羊是村民的"宝贝疙瘩"一样,村里的五保老人也成了帮扶队员的"宝贝疙瘩"。无微不至的关心,让帮扶队员与他们结下了深深的情谊。

在村头马路边上,一排整齐干净的房屋分布得错落有致,五保老人王明义就住在这里。"活了70年,赶上了好政策,遇上了好心人呀。"老人紧紧拉着郑天旺的手,不舍又带着心疼地说,"三个娃这么年轻,来村里扶贫就是受罪的,舍不得他们离开,又盼望他们早点出去。我要留着他们的电话,要一直知道他们过得好不好。"

"老百姓朴实,只要能帮他们解决问题,他们就待你如亲人,他们就是我的'宝贝疙瘩'。"郑天旺略带玩笑的话,道出了驻村帮扶工作队对五保家园倾注的心血,这也是他们对解决好脱贫攻坚"最后一公里"问题最生动的诠释。

"成功就是帮助父老乡亲富起来"

与直沟村不同,走进胭脂村,映入眼帘的是错落有致的农家小院、遍地盛开的鲜花,四处洋溢着的是村民勤劳致富的精气神。这种昂扬向上的氛围,给在直沟村驻村一年多又转战胭脂村的市政协驻村帮扶工作队队长张辉莫大的信心。

"只有产业兴旺,百姓才能真正富裕,变输血为造血,才能从根本上脱贫致富。"对胭脂村的产业发展,帮扶队员们有着清晰的思路。

他们在木耳基地成功的经验上,结合胭脂村的实际情况,在帮扶单位的支持下,实地考察了漳县殪虎桥乌龙头基地生产模式,经过认真比对、仔细分析,决定率先在胭脂村谢庄社进行示范种植,现已选定种植带头人,落实种植地块多亩,划定实验种植乌龙头的区域,为下一步打造胭脂乌龙头种植基地夯实基础。

作为帮扶"女将",曹雪萍和段秋利干起工作得心应手,可面对打虫子、生炉子这种小事,却很有些手足无措。她们是被认为吃不得苦、缺乏责任感的"80后",在亲人眼中是"不顾家"的爱人,是孩子心中"老出差"的母亲,也是父母口中"瞎折腾"的孩子。但在贫瘠的乡野、穷困的深山里,她们有一个共同的"使命"——扶贫。

也因为肩负这个使命,他们努力克服各种困难。"现在已经好多了,跟虫子相处久了,也了解了它们的脾性,处成了'朋友',生炉子的基本技能也慢慢学会了。"她们说。她们对成功的定义,是"帮助父老乡亲富起来"。

"骑着摩托车入户,乡亲们更认可"

在漳县盐井镇高峰村,只要看到骑着摩托车走村串户的小伙,那肯定是市政协下派到村的驻村帮扶工作队队长、第一书记张亚雷。

记者见到张亚雷时,他正忙着梳理材料,人如其名,干净利落。和前述直沟村、胭脂村不同,张亚雷帮扶的高峰村是个名副其实的"空心村"。村里有132户人家,但日常留在村上的仅有33户,"大部分村民都常年在外,很多在新疆种地,或是在河北的服装厂务工,还有一小部分在县城附近的建筑工地、超市打零工。"

张亚雷告诉记者,去年刚到高峰村开展帮扶时,一度很不习惯,"年轻人大多都外出务工了,留守的都是老人小孩,工作不好做,骑个摩托车入户,一来是方便,二来比起小汽车,摩托车更显得亲民。"谈起驻村工作,张亚雷总结了自己的一套经验心得。

山庄门社是高峰村最偏远的山村,村民张随兴的院子里只有两间土房,其中一间还是危房,一家3代6口人挤在一起,生活十分困难。张亚雷看在眼里、急在心里。找政策、跑路子、想法子,几个月下来,为张随兴新建两间新房的计划终于被张亚雷跑成了。

新房落成,张随兴十分感激,给张亚雷送来一口袋洋芋。张亚雷婉拒了谢礼。"单位下派我们到这里来工作,就是来为困难群众解决问题的,苦点累点都不算什么,只要工作能被群众认可,我们就很高兴。"说起这事,张亚雷说,能赢得乡亲们的感激,"值了。"

驻村一年多,所有群众工作张亚雷都带头去做,谁家有点大事小事他也跟着往前凑。看看病人、拉拉家常,一桩桩的实事,让这个第一书记、帮扶工作队长走进了村民的心里,大家对他的称呼,变成了"张队""张哥",来找他咨询政策、琢磨路子的村民也越来越多。

在帮扶工作队和村干部、村民们的共同努力下,2019年,高峰村整村脱贫21户105人,全村人均可支配收入达到6894元,剩余12户44人将于今年实现现行标准下全部脱贫,昔日的"空心村"俨然成为大山里的现代化新农村。

供稿:定西市政协

真帮真扶连民心　用情用力固成果
——平凉市政协副秘书长梁吉瑞驻村帮扶工作纪实

盛夏的东门村就像大山深处一幅美丽的山水画，蜿蜒的黑河流过，灵动秀美，两边的大山梯田缠腰，错落有致，一排排青瓦白墙的小康屋排列成行，一条条硬化路通向各家门口，肉牛养殖小区"哞"声四起，整修一新的休闲广场气派美观，蔬菜生产基地绿意盎然，晒场里的小麦一片金黄，东门村群众正在享受丰收的喜悦……几名同志正站在塬头俯瞰东门村全貌。已经返回平凉市政协副秘书长岗位工作的梁吉瑞又一次回到了曾经帮扶两年的东门村。

村里来了个"实在人"

2021年初，在平凉市政协办公室帮扶联系的灵台县梁原乡东门村完成脱贫摘帽，即将全面开启乡村振兴的关键时刻，时任办公室副主任的梁吉瑞主动请缨，担任东门村驻村帮扶工作队队长。从此，东门村这个坐落在关山边缘、距平凉城140多公里的小山村与梁吉瑞和驻村帮扶工作队结下了深厚情谊。

2021年4月初，梁吉瑞刚到村上，就与工作队员、村干部投入工作，连续14个工作日，对全村298户农户开展了一次"大走访"。白天在农户，与群众"面对面"交流，详细掌握人口、收入、种养、务工、饮水、上学、医疗、保险等基本情况；晚上在村部，逐户填写统计表，汇总群众反映的具体问题。就这样，凭着过硬作风和细致工作，他们把东门村的一道川、两面山走了个遍，第一时间详细掌握了东门村产业发展、基础设施、乡风文明和一般农户、脱贫户、边缘户的基本情况。随后，梁吉瑞与工作队员详细梳理，制定了三年帮扶计划和年度工作计划，并与村"两委"班子共同研究探讨，提出了东门村乡村振兴规划，明确了"劳务主导、牛菜齐抓、基地带动、扩量提质"的产业发展思路。随后在村党支部党员大会、群众大会上广泛宣传乡村振兴政策和村上的产业发展思路，广泛动员群众参与产业开发和乡风文明建设。这一下，东门村群众都知道市上来的这个"队长"是个"实在人"，是真心要为东门群众干实事的好干部。

工作队有个"好队长"

梁吉瑞自始至终都吃住在村、工作到户，与东门群众想在一起、干在一起，无论是冬日里用火防火宣传、温暖过冬慰问，还是夏日里组织三夏抢收、联系收菜客商，群众都能在田间地头和村社道路上看到"梁队长"的身影，大家越来越把他当作地地道道的"东门人"，都说他是个"好队长"。

梁吉瑞积极与单位衔接，充分发挥市政协重要平台作用，邀请农业界市政协委员来东门村向种养群众讲授肉牛育肥、疾病防治、蔬菜育苗、大田管理等知识；组织医药卫生界市政协委员来东门开展义诊活动，现场问诊开方、针灸治疗，受到东门群众的一致好评。

东门村的回族群众素有养牛贩牛传统，平凉红牛存栏量在梁原乡居于前列。但村上的养殖方式以散养为主，不仅不利于疾病防治，各类新技术推广也是个难题。梁吉瑞积极向包抓帮扶东门村的市政协和市县畜牧部门衔接争取，经市政协主要领导协调，先后落实帮扶资金30多万元，加上乡村两级项目资金，在东门村新建肉牛养殖小区一处，有牛棚10座，配套建有水池、饲草青贮棚。

村民于文华说："原来家里养的两头牛，本来育肥成本就高，自己养牛，喂不上、饮不上，还三天两头生病，一年下来，落不了几个钱。这肉牛养殖小区建成以后，把牛放里面集中养，乡上畜牧站的技术员常常过来照看，自己忙不过来还能让其他养牛户帮着喂，这成本低了，收益也就高了，来年再多养两头。"

作为"牛菜齐抓"的蔬菜产业一直是东门的主导产业，2015年以来，为东门村整村脱贫提供了坚强支撑,但到2021年,东门村蔬菜产业基地的蔬菜大棚棚膜老旧,大棚种菜效益降低,大田蔬菜连续两年收益微薄。梁吉瑞带领工作队员逐棚与农户交流,查原因、找症结,并与乡村干部一道想法子,提出了精准对接市场、多棚起桩销售的思路,连续两年连棚种植时令蔬菜,大田种植朝天椒。并组织市政协机关干部在朝天椒基地现场采摘购买朝天椒;东门优质朝天椒在抖音、朋友圈等平台爆火后,各界人士后续又购买1300多公斤;随后又联系平凉新阳光果蔬市场的经销商来东门采买,有效拓宽了朝天椒销路。朝天椒等蔬菜年均收入60多万元,为村集体经济提供收入12万元以上。"梁队长把东门的菜产业时刻放在心上、抓在手上,最重要的是为我们提供了与市场全面对接的思路和渠道,为蔬菜产业扩量提质增效蹚开了一条新路子。"村支书景子俊激动地说。

自担任东门村驻村帮扶工作队队长以来,梁吉瑞先后为东门村争取项目资金、生产生活物资、慰问品合计50多万元,推动实施了东门村养殖小区新建、蔬菜生产基地基础设施改造、村道排水绿化改造、村文化广场提升改造等项目,极大改善了东门村基础设施条件,优化了产业发展布局。

当好驻村一线"排头兵"

"市政协办公室是帮扶灵台县市直各单位的组长单位,我又是这一批帮扶干部里唯一的县级干部,理应起到带头示范作用,更应该严格遵守各项纪律规定。"梁吉瑞在梁原乡2021年度第一次驻村帮扶工作会议上明确表态。

在东门村驻村的700多天里,梁吉瑞始终如一,严格要求自己,从严管理工作队。他经常跟工作队员说,既来之则干之,不能让驻村工作走过场,要把中央和省市县关于巩固脱贫攻坚成果和乡村振兴有效衔接的各项部署要求落实到驻村工作的每一个环节,把党的惠民政策落实到东门村每一个群众头上。

"我们和梁队长是同一批来梁原驻村的干部,刚来的时候,我们还抱着乡上看县上(干部)、县上看市上(干部)的心态,觉得县级领导肯定是偶尔来一趟。结果两个月下来,梁队长每周都最早来村上、最迟回家,两个月没有一次打卡缺勤。长此以往,在梁原驻村的市县干部也就没人迟到早退,大家都坚持按时到岗开展工作。"梁原乡温家庄村驻村帮扶工作队队长张涛赟这样说。

梁吉瑞改编了岑参的四句诗,时常以此勉励自己:"长驱驻村事,一身无所求。也知奔波苦,岂为自身谋。"

在他的带领下,东门村驻村帮扶工作队积极参加"岗位大练兵、业务大比武"活动和"强弱项、补短板、固成果、促振兴"集中行动,在各类竞赛、比赛中均名列前茅;严格落实"三类户"的"一户一策"和定期入户走访要求,扎实开展各类走访排查活动14次,走访1300多户次,反馈脱贫户具体问题142条,排查处理矛盾49件,为群众帮办医保手机缴纳、学生助学贷款、临时救助申请等实事102件。东门村顺利通过省市脱贫攻坚成果复检,梁吉瑞连续两年被评为"优秀工作队长"。他用自己的无悔付出和突出实绩,赢得了组织和东门群众的肯定和赞许,展现了政协干部的过硬作风和良好形象。

长期以来,敢于在驻村帮扶第一线、乡村振兴主战场、服务群众最前沿锻炼自己、锤炼作风已经成为市政协机关年轻干部的共识。现在,又有两名刚进入政协机关工作的年轻干部主动请缨,去东门村驻村帮扶,市政协机关紧密联系群众、扎实驻村帮扶的故事还在延续。

作者:于涛 平凉市政协机关干部,原灵台县东门村驻村帮扶队队员

"输血"与"造血"铺就致富路
——记金川区宁远堡镇新华村驻村工作队队长、第一书记李天斌

"他这人做事特别认真仔细,尤其对村里各项工作的落实特别细致。"金川区宁远堡镇新华村党支部书记赵宏学这样评价他。

"他很少有闲下来的时候。"新华村驻村工作队队员李玉贤这么评价他。

他们评价的这个人叫李天斌,是2017年9月从金川区政协办公室选派到新华村担任第一书记兼驻村帮扶工作队队长。在他和村班子成员的共同努力下,1年多来,新华村的扶贫工作初见成效,2018年,全村贫困户家庭人均纯收入达到1万元以上,贫困户全部脱贫。李天斌被评为"2017年度全市脱贫攻坚帮扶工作先进个人"。

办惠民实事好事

"要脱贫,必须详细了解贫困户致贫、致困原因和发展需求。"作为一个土生土长的宁远堡人,李天斌深知这一点。在村"四委"班子的大力支持和密切配合下,他制定了针对贫困户、困难户的具体帮扶计划和脱贫计划,理清了帮扶思路,决心啃下这块"硬骨头"。

新华村一社贫困户赵永奇今年53岁,妻子早年离异,2016年因病致贫,他孤身一人抚养着有智力残疾的儿子。现在,李天斌已经成了赵永奇家的老熟人,从房屋翻修、粉刷,到修建羊舍,好多活儿都是李天斌帮忙干的,扶贫资金也是李天斌协调来的。不仅如此,李天斌还为赵永奇申请了每月600元补助的村级卫生保洁公益性岗位,协调有关部门给赵永奇送去了残疾人拐杖、桌椅板凳、电视、床、衣柜、洗衣机等生活物品。

从一开始的穷困潦倒,到如今靠养殖羊、土鸡、鸽子,摘掉了"贫困户"帽子。赵永奇感叹:"要不是李书记,我们都不知道怎么生活下去了。"最近,赵永奇还买了玉米粉碎机,打算春节过后进一步发展养殖业。

1年多来,李天斌走访村民300余人次,撰写民情笔记2万余字。在他的帮助下,9户贫困户申请到了村级卫生保洁公益性岗位,2户脱贫户申请到交管站工作;去年春节期间,21户困难家庭领到了1.68万元慰问金,10户贫困(困难)户领到化肥、地膜;为2户困难家庭落实了"两保一孤"保险政策,1户困难家庭申请了3000元救助资金;为行动不便的困难户按程序办理了残疾证,积极协调落实重度残疾人补贴,并购买了水泥排水管,硬化宅前道路,改造生活用电线路,为他们提供了一个干净、安全的居住环境。

兴富民经济产业

经过3个半月的精心养殖,新华村村民赵光平养殖的土鸡到了出栏时节,但销路却成了难题,每天的饲料是一笔不小的开支,这可把赵光平急坏了。

李天斌获知这一情况后,积极发动帮扶单位干部购买和销售土鸡,还通过多种渠道,与双湾镇古城村农佳杏休闲园达成了长期购鸡协议,解了赵光平的燃眉之急。

手握着销售300只土鸡的1.2万元收入,赵光平喜笑颜开:"从鸡苗的选购、防疫、销售,都是李书记忙前忙后在张罗,真的是帮了我们家的大忙了。我要继续好好干,让全家人过上好日子,不让李书记失望。"赵光平有个身患癫痫症和小儿麻痹症的妻子,还有两个正在念书的女儿,全家生活的重担全在他一个人身上,说着说着,这个中年汉子就有些哽咽了。

贫困户赵永奇就是从赵光平身上看到了养鸡致富的希望,也搞起了土鸡养殖。又是李天斌,再次联系到双湾镇古城村农佳杏休闲园,将赵永奇养殖的土鸡也全部出栏销售。

在"输血"的同时,还需要自身"造血"。李天斌与村"四委"班子研究制定了《新华村贫困(困难)户培育富民产业项目实施方案》,采取农户自筹

(25%)+政策补贴(75%)的方式协调资金3.87万元,为3户建档立卡贫困户、5户非建档立卡困难户发放种羊32只。李天斌还协调区农牧局、宁远堡镇兽医站工作人员,解决了农户在养殖中的疫病防疫问题,保证了庭院养殖的持续健康发展。

李天斌与区林业局积极协调,争取到经济林苗木2000多棵,新华村发展经济林42亩,下一步将通过发展林下经济,依托现代农业示范园区,打造采摘、旅游为一体的乡村旅游产业。

既扶贫也"扶志""扶智"

怎样才能让村民长久致富?这是李天斌每天思考最多的问题。

"不光要扶贫,还要扶志、扶智。"李天斌经常到村民家中宣传党的十九大精神、区委区政府决策部署和有关农村教育、医疗、养老、低保、救助、产业发展等方面的惠农政策,倾听村民的呼声和愿望,了解他们生产生活中的困难和问题。

在入户摸底掌握实情的基础上,在帮扶单位的协调下,李天斌联系5名区政协委员结对帮扶新华村5名贫困学生,两年共捐助助学金1.7万元,并建立了贫困学生学业期帮扶长效机制。

同时,李天斌积极动员贫困(困难)户、脱贫户和全村村民,参加区农牧局、区人社局等部门组织的冬棚种植技术、电焊技术、手工编织技术等培训和区政协组织的"三下乡"活动,让村民在家门口掌握致富技能、学习科技知识、丰富文化生活、增强健康意识。

欲问秋果何所累,自有春风雨潇潇。李天斌带领驻村工作队,扎下身子、放下架子,用真心、真情、真干,为新华村脱贫攻坚贡献着自己的力量。

供稿:金川区政协

一枝一叶总关情
——记成县二郎乡安子村帮扶工作队队长、第一书记石晓娟

"啥时候你去北京了就把习近平总书记请到我们这里来转一回,我们这里真的改变的好得很,乡上的干部、省上的干部、县上的干部都辛苦,把这里建设的好得很。路也硬化了,电也拉上了,各方面干的好得很,社员和乡上的干部帮扶的好得很,把习近平总书记请到这里来转一回、看一回,我也一直盼着习近平总书记到这里来一回呢!"今年8月,成县二郎乡安子村60岁的阿婆苏金叶在电视上看到习近平总书记在甘肃考察时,深入农户家中了解大家的生产生活状况的新闻报道后十分激动,对村第一书记、帮扶队队长石晓娟说也想邀请总书记到自己村里走走,看看安子村村民的新生活。

成县政协机关所帮扶的安子村地处县城西北48公里,山大沟深、地理位置偏僻、基础设施落后等原因一度制约了当地的发展,脱贫攻坚任务艰巨,2013年年底建档立卡户35户171人。近年来,在县政协的倾心帮扶和各级部门的共同努力下,安子村紧盯"两不愁三保障"脱贫摘帽总目标,以"帮、培、带、管、评"五字工作法为总揽,以"四个千活动"为抓手,聚焦深度贫困,狠下"绣花"功夫,突出问题短板,夯实"六个精准",完善落实"一户一策",扎实推动脱贫攻坚各项工作任务,顺利通过了省、县、市验收。截至目前,全村贫困发生率由2013年底的66.8%下降到2019年的1.22%。

深入村社察民情

2016年被组织选派到二郎乡安子村担任第一书记、驻村帮扶工作队队长,在去村上任职的前一天晚上,石晓娟辗转反侧,对于一天基层工作经历都没有的她,面对新的工作环境,确实是一种挑战,她既激动、兴奋、踌躇满

志，又忐忑不安。二郎乡是成县集中连片特困片区，安子村又是二郎乡最偏远的一个村，不知道群众对她这个女书记能否接受，她该如何开展工作，如何发挥第一书记的作用？第二天到村上参加村社干部会议，石晓娟表决心、表态度，大家对她的到来也表示欢迎，但从眼神、语气当中能听出和感受到对这个女书记的猜测，一个从小在城里长大、工作生活的独生子，一天基层经历都没有，更何况还是个女同志，在这么艰苦边远的地方能吃下苦吗？怕是挂个名过来走过场的吧。

只有真正走到群众中去，才能做好群众工作。如何融入群众当中，如何让大家接受她，成了驻村后摆在石晓娟面前的首要问题。当时正值严冬，山大沟深的安子村异常寒冷，入住的第一天晚上，她房间的灯亮了个通宵。当晚，她把村上的全部资料都看了一遍，尤其对特殊困难人群、贫困户的情况，不但全部记在心里，还在笔记本、手机上做了详细的笔记，并下决心在最短的时间内把全村一户不漏地走一遍。

提高认识助脱贫

石晓娟按照组织要求，及时将党组织关系转到了安子村，定期组织召开党员大会，充分发挥党员模范带头作用，以身作则，充分调动了广大农民群众建设美好家园的积极性。

村民高世忠很有感触地说："自打我们小时候，这个村庄很乱，到处都是土路。现在政策好了，水泥路也铺了，方便了，从门里出来到县城没有一处烂路。用水也很方便，自来水接到家，非常方便。以前和亲戚说个话很不方便，现在每个山顶都架起了电信、联通、移动的信号塔，每个人都拿着手机，亲戚再远也能联系上，打视频电话，发个微信很方便。现在政策好得很，进了我们村庄感觉变化很大。每一家房子都盖得很体面，青瓦白墙、安全结实，水泥院子平整干净，还修建了凉亭，到处开满鲜花，环境确实好得很。现在的政策太好了。"

由于地理和自然环境的制约，安子村多年来都是"包袱村"，种植结构单一，没有支柱产业，经济收入十分有限，群众生产生活条件极为困难。得益于脱贫摘帽后村上基础设施的改善和村合作社的推动,远近闻名的"竹编之村"——二郎乡安子村的竹编工艺品通过村合作社打通了销售渠道,村民在村上就能卖出好价钱。目前全村竹编产品年收入超过36万元,户均单项增收2600元以上。村民高忠明的儿子儿媳外出务工,老伴陪着孙子孙女在离家24公里外的小学读书,老高一个人在家务农,农闲时就编竹筛,他说:"那个时候我们走离安子村最近的纸坊镇都要走20多公里,来去一趟就要8个多小时,我们起早摸黑地去镇子上卖竹器。现在在我们支书这里就收着呢,我们编好筛子,清点好,运到合作社,当场就能把钱拿到手,确实方便得很。"

务实为民谋福祉

石晓娟积极为民帮办实事,协调帮扶单位县政协给安子村57户农户每户发放5斤玉米种子、1袋化肥,支持农户种植优质玉米;协调发放花椒苗6300株,因地制宜,大力扶持发展特色产业;协调发放桔梗籽600斤,发展中药材产业,助推脱贫攻坚。在春节走访慰问过程中,石晓娟与帮扶工作队成员不仅将慰问金送到每一户慰问对象手中,并与他们拉家常,了解他们的所急所需,帮助解决贫困群众生产生活实际困难,并为全村所有农户送去中堂、春联、福字、大红灯笼,为特殊困难群众购买床单被套枕巾等生活物资,帮助他们改善生活条件和卫生环境。通过这样的访贫问寒送温暖活动,把党和政府的关怀送到了群众中,使他们感受到了党和政府的关怀,增添了早日脱贫致富的信心和决心。

安子村最远的组要翻山越岭步行两个多小时才能到,石晓娟不畏道路崎岖,走遍了村上的每一户,包括搬到西和县六巷乡郭坝村的6户村民,她在一年时间内都去了3次。谁家什么情况,住哪,甚至水龙头安在哪里,她都能如数家珍。村里的红白喜事,大家第一个记着邀请的就是她;谁家有难事、谁有心事,最想告诉的也是她。每次回县城,石晓娟就给村上的老人买些蛋糕、茶叶、水果,给小孩买童装、书包、图书,看到边远山区的老人孩子,她不由得心生爱护之意,力所能及地给他们买些东西,以尽一份心意。

空闲时间,她帮着农户抱孩子,辅导学生功课,给老人打扫卫生,村里的小孩都亲切地叫她"妈妈"。村上有位60多岁的女党员周凤莲,老人家党龄长,党性原则强,工作积极,德高望重,她拿的老年机时间长了,数字按键都模糊了,石晓娟拿出自己的工资给她买了一部手机,并经常去看望她,周凤莲逢人就夸,说我们的石支书比她的闺女还好。贫困户张连银家里滞销100多斤蜂蜜没有卖出去,急得他觉都睡不好。得知这一消息后,石晓娟想方设法,动员亲戚、朋友、同事将蜂蜜全部购买了,张连银高兴得合不拢嘴,逢人就说:"现在政策这么好,对我的帮扶这么大,我以前还总是埋怨人家干部,想起来都后悔了。"在不到一年时间里她就为农户销售蜂蜜400多斤,鸡蛋3000余颗。为方便安子村在严河小学就读学生的行走,石晓娟组织村民30多人,冒着刺骨的寒风,踩着没过脚面的积雪,修补翻山道路,搭建便民桥,缩短了翻山的行程,便利了学生的出行。靠着一张张感情牌,靠着为民办实事的真诚的心,石晓娟真正融入了群众当中,大家都说这个女书记是个实在人,没架子,能吃下苦,是个真正为老百姓办事的人。

石晓娟是家中的独生女,上有年近七旬的父母,下有年仅5岁的幼女,可她却远在百里之外的安子村帮扶脱贫,长期吃住在驻村帮扶工作室。夏天烈日炎炎,胳膊上被蚊虫叮咬的红疙瘩又疼又痒。冬天三九严寒大雪封山,自来水管冰冻停水,全村人吃水就靠舀河边水泉的水,她等群众舀完水,剩下了自己才一勺一勺往桶里舀,再一步一步提回住地。大山围裹的安子村天黑得早,漫漫长夜,患有高血压的父母身体可好?丈夫忙完学校的教学工作,回到家里又要操持家务,这些都让她牵挂。安子村离县城48公里,村上没有进城的运营车,她只能一周在安子村和县城之间辗转往返一次。石晓娟给农户家的孩子辅导功课,自己念六年级的儿子学习成绩下降;帮忙照看农户的孩子入睡,自己的幼女在家哭着找妈妈。5岁的幼女最盼望的事情就是周末妈妈能回家。有次,老师发来视频,老师问小朋友们什么是家,女儿说:家是等妈妈回来的地方……这种思念、牵挂、愧疚,常常使她彻夜难眠。

石晓娟常说,组织把我选派到这里当第一书记、帮扶工作队长,大家信任我,把我当亲人,我就要尽职尽责,把村民当家人,把村民的事当自己的事,我有信心也有决心干好自己的工作,绝不辜负组织的栽培和大家的期望!积极的工作和任劳任怨的付出,也使石晓娟获得了各级领导和广大群众的一致赞扬与好评。她连续五年在全县科级干部年度考核中为优秀等次,在第一书记、帮扶工作队长考核中连续两年为优秀等次。2018年石晓娟被评为全省脱贫攻坚先进个人、被中共成县县委评为选派到村优秀第一书记。

作者:张永祥　成县政协文史撰稿员

一心为民办实事　乡村振兴写新篇
——记庆阳市正宁县永正镇佛堂村驻村工作队队长、第一书记杨波

杨波,男,汉族,1979年8月出生,中共党员,庆阳市政协委员工作委员会办公室主任,2022年按照市政协办公室党组安排,担任市政协办公室帮扶正宁县永正镇佛堂村第一书记兼驻村工作队队长。一年多来,在正宁县委和永正镇党委的正确领导支持下,始终按照中央、省市委关于巩固拓展脱贫攻坚成果同乡村振兴有效衔接工作总体要求,聚焦"守底线、抓发展、促振兴",充分发挥驻村第一书记、队长作用,恪尽职守,不辱使命,负重前行,团结配合镇党委和村两委,进组入户,自觉解决群众"急难愁盼"问题,群众的认可度和满意率达到了98%以上。2023年7月被正宁县委、县政府评为2022年度全县巩固拓展脱贫攻坚成果同乡村振兴有效衔接优秀驻村第一书记。

正宁县永正镇佛堂村是全县19个省定贫困村之一,地处四郎河川区,东西跨度13公里,总面积24平方公里,耕地面积6900亩。全村有13个村民小组,总人口768户2881人,现有脱贫户319户1249人,低保户79户154人,五保户6户6人,近两年共识别纳入监测户15户58人。近年来,在庆阳市政协的倾力帮扶和县、镇党委的坚强领导下,佛堂村从生态、经济、产业等多方面精准发力,积极探索乡村振兴新模式,积极衔接汇报争项目、争结对,通过一系列行之有效的办法,使该村现在已转变为生态优美、产业兴旺的乡村特色"示范村"。

立足政策宣传,志智双扶提振精神

坚持"看、问、访、谈"四步工作法,以通俗易懂的语言,喜闻乐见的方

式,深入宣传习近平新时代中国特色社会主义思想和中央、省、市、县强农惠农、乡村振兴等方面的政策措施,并告诉群众已经享受和计划落实的帮扶措施、住院看病如何报销、教育阶段子女享受的政策等。通过召开党员大会和群众大会、建立群众微信群、设乡村大喇叭、发放政策宣传单等多种行之有效的方式,在广大党员、群众中广泛宣讲惠农政策。及时了解群众诉求,进入村组,深入群众,倾听民声,体察民情。一年半的时间里,杨波同志对全村所有农户进行全覆盖大走访,用脚步丈量全村的角角落落,面对面听取群众的意见和心声,对群众反映的种植养殖特色产业发展提出了切实可行的意见建议,提交党员大会讨论和村民代表大会决议。他结合村情民情,理清工作思路,充分发挥驻村第一书记的职能,一心扑在为村民办实事、解决难题上。

立足帮办实事,全力助推乡村振兴

坚持把防止返贫作为底线任务,联系协调项目资金,扶持特色产业发展,改善村组基础条件。2022年以来,先后多方累计协调落实各类项目资金1036.23万元,推进佛堂乡村振兴示范村建设,建成村组联户路和庭院硬化等,改善了基础设施,美化了人居环境。针对佛堂村五羊养殖农民专业合作社2021年雨季受损塌陷情况,协调落实资金30万元进行了维修。积极协调争取资金2.5万元,为佛堂村"爱心超市"捐赠菜籽油、大米等生活用品100袋(桶)。协调争取甘肃禾曼工贸有限责任公司、庆城县志愿者协会,开展了"三类户"物资捐赠米面油共计52袋(桶),价值0.6万元,帮助"三类户"家庭减轻生活负担。从驻村经费中挤出1.2万元对乡村振兴工作办公室各类制度版面进行重新规范制作,受到了村组干部和群众的广泛好评。

积极协调庆阳市自然资源局,争取资金30万元,用于改善村部面貌,拓宽村级党组织阵地,为巩固脱贫攻坚和乡村振兴有效衔接工作提供有力支撑。协调省政协委员毛永吉,成立永正镇佛堂村公共服务站(菜鸟乡村),有效打破了乡村特产物流寄递不出、消费品外递不入的困难局面,切实方便了群众生产生活,促进了佛堂村经济社会发展。

立足基层实际，全力做好群众工作

始终按照"摘帽不摘帮扶"的要求，用心用情听民声、解民忧、惠民生。想群众之所想，急群众之所急。他常常自掏腰包购置米、面、油、电褥子、鲜肉、药品等生活物资，带领驻村工作队成员去看望困难群众，同他们"拉家常""话冷暖"，心贴心交流，坚定生活的信心。村里开展养老认证工作，用手机App进行认证，村里年轻人少，大多数人都不会用手机认证，他就主动为行动不便的老人上门服务，并为村内困难独居老人代缴各类保险。一年半来，杨波同志为群众办的一件件小小的事，却大大温暖了老百姓的心。

针对低保对象、特困人员以及容易返贫致贫的"三类"户等，按照甘肃省一键报贫政策要求，定期入户开展动态监测，进行数据对比和信息共享。积极帮助困难群众衔接申请临时救助、"两项补贴"等政策，及时收集脱贫户患病人群信息，提高慢性病救治率。配合镇村做好防汛减灾、农村道路交通安全等工作，彻底转变了干群关系，增强了工作实效。

供稿：庆阳市政协

科技扶贫攻坚　助力脱贫增收
——记甘肃省政协委员柴守玺

柴守玺，男，甘肃会宁人，1962年12月生，甘肃农业大学农学院教授，博士生导师，甘肃省政协委员，兰州市政协常委，九三学社甘肃省委员会常委。在国家小麦产业体系中，主要负责六盘山区通渭等县扶贫任务，同时承担甘肃省"三区人才"在重点贫困县的科技扶贫工作。2017年被评为甘肃省敬业奉献道德模范，2019年获全国模范教师称号。新华社、甘肃地方媒体对柴守玺团队对社会作出的科技贡献进行了多次报道。

建立示范样板田，助力精准扶贫

根据甘肃省政府扶贫总体部署，一方面以小麦产业技术精准扶贫为重点，帮助当地解决技术问题，积极宣传绿色高效发展理念和政策，调结构、转方式，另一方面坚持"建基地、做示范、抓培训、强技能"，通过"做给农民看、带着农民干"，加快农业科技成果的转化应用。同时，柴守玺带领试验站团队与玉米、马铃薯、油料国家产业体系的专家协作，在甘肃旱作区开展旱作节水和绿色循环农业技术的示范推广。建立了秸秆带状覆盖还田轮作技术示范点。柴守玺教授作为该技术的研发者，负责全省技术培训讲座，经常组织农技干部和农民到示范基地观摩、培训和现场交流，技术服务直观到位，示范引领效果突出。秸秆带状覆盖种植小麦和马铃薯的抗旱增产效果明显，其中小麦较不覆盖增产20%以上、马铃薯较不覆盖增产15%以上，秸秆带状覆盖产量与地膜覆盖相近，是一项较地膜覆盖更节本高效、生态环保的绿色生产新技术。该技术较地膜覆盖每亩可减少地膜投入130元，并减少了残膜对土壤的污染和秸秆焚烧造成的雾霾污染，为大量富余玉米秸秆资源找到了高效循环再利用途径。秸秆带状覆盖较无覆盖种植小麦每亩可增收90元、马铃薯每亩可增收200元以上。按户均种植小麦5亩、马铃薯2亩计算,采用该项技术,贫困户每年可节本增收至少850元以上。该技术用于青贮玉米生产,在热量条件较好地区(海拔1500米以下),其籽粒和秸秆产量与地膜覆盖持平;在海拔1800米以上的旱寒区,其籽粒和秸秆产量虽较地膜覆盖降低10%左右,但采收期能保持秆青叶绿,可大幅度提高青贮原料的营养价值,综合效益高。

良种良法示范推广,促进农民增产增收

甘肃小麦大部分种植在旱地,采取蓄水保墒的高效用水技术和良种良法结合是旱作小麦稳产保收、增产增收的关键。针对旱作小麦区干旱和施肥过量等问题,柴守玺和国家小麦产业技术体系岗位专家王朝辉教授、高志强教授联合,研发出了"旱地小麦蓄水保墒与监控施肥技术",该技术在2017—2018年被列为农业农村部主推技术,为抗旱节肥生产提供了技术支撑,该技术在甘肃六盘山旱作贫困县区得到了大面积示范推广。通过中心示范、辐射推广、技术培训等措施,有效提高了当地良种良法配套、农机农艺结合、水肥高效耦合等综合生产技术水平,大幅度提高了旱地小麦生产水平和经济效益,为脱贫致富、乡村振兴提供了技术保障。2016—2020年,在通渭等县累计推广良种良法产业技术45万亩,增产835万公斤,增收1838万元。

积极开展技术培训和服务,推进先进技术的普及应用

针对各县区产业,柴守玺及试验站团队成员常磊、杨德龙、程宏波、黄彩霞等人与当地政府和农技部门积极合作,采用"集中和分散"结合,通过培训、指导和解答等方式,解决种植大户和分散农户生产中遇到的技术问题,并对重点贫困户给予良种和生产资料的特殊扶持。柴守玺同时担任农业农村部小麦专家组工作,每年根据气候变化和生产具体情况,定期提出小麦田间管理技术意见,用于指导小麦生产。积极开展各种技术培训,"十三五"期间累计培训农技干部和农民10600人次,发放通俗实用的培训材料9500多份。同时通过建立微信群和QQ群,及时了解农户在生产中存在的各种问题,并通过解答、牵线搭桥、传送技术材料和信息等方式,帮助解决有关技术问题和服务需求,形成了"农民点菜、专家下厨"的技术服务方式,提高了技术扶贫的精准性和时效性。在通渭县建立的专家大院和试验示范田,成为当地农民经常光顾的地方,为"有问题、找专家"提供了随叫随到、现场指导的便捷服务。

扶贫感言

扶贫是每一个农业科技工作者的责任和义务;扶贫先扶志,扶贫必扶智;精准扶贫和乡村振兴,必须技术先行;农业技术的研究和示范推广两手都要硬,技术只有让生产者掌握和应用,才是有价值的;说得好不如做得好,农业专家首先要将论文写在大地上,让农民看得见、主动做、学会做、有效益,技术才能落地生根、开花结果;扶贫既需要技术,也需要情怀和情商;农业科技工作者既要传授技术,也要学会发动群众、组织群众、理解群众、融入群众;农产品是特殊的民生产品,要教育农民树立正确的粮食安全观和效益观。

供稿:九三学社甘肃省委员会

情满黄土地　爱心哺桑梓
——记甘肃省政协委员田积林

在平凉市静宁县,甘肃省政协委员、甘肃德美地缘现代农业集团董事长田积林和他创办的企业有着与众不同的社会影响。

甘肃德美地缘现代农业集团自2014年创办以来,田积林用10年时间,把公司倾心打造成了一家集现代农业、商贸流通、餐饮服务、电子商务为一体的陇上知名企业。10年间,公司总计为国家上缴税金1.4亿元。公司先后被评为"甘肃省高新技术企业""农业产业化国家重点龙头企业",2021年被党中央、国务院授予"全国脱贫攻坚先进集体",2023年荣获"全国五一劳动奖"和"第八届省政府质量奖提名奖"。

艰苦创业　带农致富

地处西北黄土高原的静宁县,曾是全国深度贫困县之一,典型的黄土丘陵沟壑地貌,干旱少雨,自然环境恶劣。田积林从小就生长在这块贫瘠的土地上,改革开放之后,为了摆脱贫困,从2014年开始,他先后投入2300多万元,在北京、重庆、西安、兰州等城市设立了"静宁苹果"品牌形象店,开启了全国第一家以单一水果开设实体店的销售模式,拓宽了静宁苹果的销售渠道;公司成立的国家级德美地缘林果专业合作社,吸纳本地800多户果农加入合作社,实现了集管理、收购、销售三统一的经营模式,解决了果农的后顾之忧;公司投资2300万元建成的800亩"甘肃省国家苹果种苗繁育基地",为全省培育优质矮化苗木、扩大果园种植面积和老果园改造提供了有力保障;公司投资近1亿元建成的5000亩矮砧密植现代有机苹果示范园,为革新苹果种植模式开辟了一条新路;公司投资1.6亿元建成的集冷链物流、电商仓储、分拣车间、苹果深加工等多功能于一体的农产品冷链物流产业园,延长了苹果产业链,改变了人工分选成本高、效率低的劣势,提高了"静宁苹果"的商品率;公司设立的甘肃首批、平凉市首家苹果交割仓库,通过"保险+期货",运用金融手段,避免了"果贱伤农",保障了果农特别是贫困户的稳定收益,实现了现货增收、保险理赔的双赢效果;公司推动的"静宁苹果"在新三板挂牌,成为陇东地区第一家公众公司,实现了传统农业与资本市场的融合,公司与静宁30万果农一起共享资本市场发展红利,对推动静宁县壮大县域经济、增加农民收入以及脱贫攻坚具有非凡的意义。

近年来,田积林带领他的企业走上了一条全产业链的现代农业之路,打出了一套从苹果科学育苗、有机种植、存储、分选,再到终端销售的"组合拳",为塑造"静宁苹果"的金字招牌贡献了诸多力量,让静宁苹果有了"高颜值",带动果农获得了高收入。

脱贫攻坚　倾情奉献

2014年全国开展的精准扶贫工作引起了田积林的深深思考。田积林经过深思熟虑,深刻认识到精准扶贫是一项消除贫困、改善民生,助力脱贫攻坚战,实现共同富裕,利国利民的大好事,德美人应该义不容辞,积极参与其中。在田积林的推动下,德美地缘集团开展了一系列扶贫助困工作。

安置就业,助推脱贫。近年来,德美地缘集团共安置各类就业人员2650人,其中:解决大中专毕业生就业500多人、安置下岗职工260多人、帮扶农村困难家庭人员就业800多人,让500多个特困家庭老有所依、小有所养、孩子上学不再发愁。公司以育苗园、示范园、物流园为依托,培养各类技术能手1100多人,解决当地农民和吸纳务工人员691人,对所有务工人员进行岗前培训,购买集体工伤保险,保障了农民工的合法权益,提高了农民的收益,每年仅支付务工费600余万元。

投身农村"三变"改革,带领果农脱贫致富。近年来,公司按照"龙头企业+合作社+基地+农户"的模式,成立了德美地缘林果专业合作社,吸纳城川、余湾、双岘、贾河等乡镇的800余户果农加入合作社。建成合作园、托管园、创业园5000多亩,实行统一管理、统一收购、统一销售。按照合作社占股51%、入社农户占股40%、村集体占股9%的比例分红,贫困户保底分红每年不低于1000元,每年向贫困户分红20.5万元。每年以高出市场价0.2~0.3元的价格优先收购合作社社员的果品,特别是贫困户的果品,5年来公司为此超支600多万元。

倾囊相助,雪中送炭。2015年公司向静宁县贾河、双岘等乡镇遭受重大冰雹灾害的合作社社员捐赠价值130万元的化肥农药;从2018年起向100多户合作社贫困社员免费提供老果园改造所需的苹果苗木以及免费苹果储藏;从2015年起,共计投入150多万元聘请专家和技术人员对社员进行苹果栽培技术指导,帮助果农由传统农民向职业农民转变,7年累计培训果农2800人次。

敬老爱孤,扶贫济困。从2012年开始,德美地缘集团在田积林的积极倡导下,通过对全县24个乡镇挨家挨户的摸底调查,7年间共甄选出844户贫困户作为帮扶对象,并每年为他们发放1000元到10000元不等的扶贫慰问款和慰问品。9岁的韩顺香母亲离世,田积林号召员工收养了小顺香并资助她上学;张百平老人住在四面漏风的破屋里,他捐助19000元,建起了"爱心小屋";双岘乡上海村特困家庭雷攀龙家需要建房,他捐助31486元用于修建新房。截至目前,田积林和他的公司累计为县内困难群众发放帮扶资金380余万元。

捐资助学,倾情献爱。从2014年起,德美地缘集团每年选定不同数量的贫困中小学生作为长期助学对象,目前共资助贫困学生451人,累计发放资金870多万元。从2015年起,公司连续8年实施的资助贫困大学生项目,累计发放资金160余万元,帮助534个孩子圆了大学梦。

帮助贫困家庭走出困境,资助贫困学子完成学业,这是田积林的济世之道,也是企业的价值取向。10年间他共帮助贫困学子1827人次,建档立卡户600户,孤寡老人与贫困群体1036人次,总计投入公益资金2310余万元。

田积林为静宁县脱贫攻坚及社会公益事业作出了重大的贡献,受到了社会各界的一致好评。2017年他当选为甘肃省第十二届政协委员;2018年荣获平凉市第五届"感动平凉人物"和平凉市"十佳诚实守信模范";2018年12月被甘肃省光彩事业促进会评为"2018年度甘肃省光彩事业先进个人";2019年12月荣获"2019年度中国果业杰出新农人";2020年1月被平凉市政协评为"优秀市政协委员";2019年4月被甘肃省脱贫攻坚领导小组授予"2019年度全省脱贫攻坚奖奉献奖";2019年5月被甘肃省人民政府评为"2020年度甘肃省劳动模范"。

田积林,这个在静宁这片热土上成长起来的农民企业家和省政协委员,他用10年的辛勤耕耘,成了脱贫攻坚路上的逐梦人,他的事迹深深感动和激励着每一个为脱贫攻坚努力奋斗的人。

作者:郭双子　甘肃德美地缘集团副总经理

为有源头活水来
——记甘肃省政协委员任燕顺

任燕顺同志扎根奉献扶贫事业30多年,是全国脱贫攻坚先进个人奖获得者。开展脱贫攻坚以来,他积极履行省政协委员职责,创新思路机制,形成全省帮扶工作新亮点。

参与式扶贫:让农民"当主人""唱主角"

沙黑池村是东乡县最贫困、最偏僻的村庄之一,2013年底全村建档立卡贫困户167户862人,贫困发生率54.7%。为了加快民族地区脱贫步伐,任燕顺同志自我加压,主动增加沙黑池村为自己的联系村。2016年8月,他主持召开参与式扶贫村民项目规划大会,采取"投蚕豆、选项目"的方式,让群众自我选定发展项目,激发了贫困群众内生动力,实现了从"要我脱贫"向"我要脱贫"转变。同时,民主选出基础设施、产业开发等5个项目实施能力小组,实行民主决策、民主管理、民主监督,构建了全新的乡村治理和帮扶模式,为全省树立了样板。

政策宣讲:让干群心里温暖亮堂

任燕顺同志是习近平总书记扶贫论述的积极宣传者和忠诚践行者。无论是出差开会,还是下乡检查,《习近平扶贫论述摘编》一书他从不离身,常学常新,融会贯通。他不仅自己学,而且深入贫困县乡村开展政策宣讲50多场次,及时将习近平总书记关于脱贫攻坚、巩固拓展脱贫成果的重要讲话和最新指示精神传达到基层和千家万户,确保了全省脱贫攻坚始终沿着习近平总书记指引的方向前进。

真帮实扶：让贫困村变富变美

任燕顺同志心系贫困,倾力帮扶。2016年以来,他累计为沙黑池村协调落实各类资金3000多万元,指导新建村部、文化广场、卫生室、小学和幼儿园,建成村级光伏发电站,村组道路硬化到社到户,安全饮水、动力电、有线网络实现到户全覆盖。目前,牛羊养殖已成为沙黑池村的主导产业,全村每户至少有一人外出务工,农民人均纯收入从2016年的3650元提高到2020年的5247元,村集体经济收入达到60万元,2019年全村整体实现脱贫,移风易俗,旧貌换新颜,群众过上了健康文明的新生活。任燕顺同志与贫困户"心连心""结穷亲",近年来先后为3户帮扶户帮办实事20余件,是贫困群众脱贫致富的"引路人"。

供稿:甘肃省扶贫开发办公室

委员返乡带动引领　发展产业力促振兴
——记甘肃省政协委员龚志荣

2013年为积极响应县委"能人引领"工程的号召,龚志荣带着20年的积蓄回乡创业,2013年被党员和群众高票推选为村委会主任,2019年村党支部书记、村委会主任"一肩挑";2017年被选为第十二届甘肃省政协委员,现任第十一届临洮县政协委员。在龚志荣同志和村"两委"班子的带领下,三益村于2018年实现整村脱贫,并通过流转土地12900亩,引企业、育产业、上项目,努力实现强村富民的目标蓝图。

三益村有6个村民小组,户籍人口236户1031人。共有建档立卡户114户507人,2020年年底全部实现脱贫。有低保户15户53人,全村耕地面积2552亩,人均2.5亩,该村收入来源主要以种植马铃薯为主。现有监测户9户38人。党员38人,其中女党员7人。

自从龚志荣开展工作以来,三益村围绕"高质量推进三益村产业发展"这一核心,始终坚持"高标准起步、高层次推进、高质量落实"的工作要求,牢固树立"有事好商量,众人的事情由众人商量"的鲜明导向,按照"民事民提、民事民议、民事民办、民事民督"的工作方式,"小事小议、大事大议、急事快议、难事众议"的工作原则,广泛听取民意、充分汇聚民意、聚力解决民困,推动三益村工作高效开展。

近年来,三益村抓住做好群众工作这条主线,在"能人引领、调查研究、团结联谊、履职为民"中突出"聚合力、聚共识、聚资源、聚人心",着力打造产业发展和服务群众的工作品牌,高质量推动劳模精神落地生根。

自龚志荣担任三益村村党支部书记以来,2015年3月和2016年3月时任国务院总理李克强同志两次到三益村调研指导工作,对于龚志荣的工作给予高度肯定。2015年龚志荣被评为"定西好人·精准扶贫标兵""临洮县第三届县管拔尖人才"及"全县精准扶贫工作先进个人";2017年荣获"全国脱贫攻坚奋进奖",被评为甘肃"劳动模范"及甘肃"最美人物";2021年2月被评为"全国脱贫攻坚先进个人"及"全市造林绿化工作先进个人";2022年被评为临洮县"杰出人才",并当选为第十一届临洮县政协委员。在伟大建党精神的影响和感召下,不断夯实村"两委"班子聚力全村各项重点工作的思想政治基础,实现了思想同心、目标同向、行动同步。龚志荣带领"两委"成员以三益村产业振兴为抓手,聚力三益村产业设施建设、特色产业发展、农产品种植等重点工作,在延补强农业产业链条上持续发力,规划出三益村特色养殖区、生态保育区、设施农业发展区、生态农业观光区4大板块,引导组建农民专业合作社7个,创办企业3家,招商引进建设的光伏产业园、金华生态园、六禾养殖场和甘肃三益农业科技有限公司等15家企业为本村劳动力就近务工提供了便利,固定用工长期保持在100人以上,临时用工近225人,月收入均在2800元以上,群众增收渠道得到有效拓宽。其中光伏产业园总装机容量达99.7MW,带动全县187个贫困村村集体经济年均增收20万元以上,助推10125户贫困群众增收致富,开发全县公益性岗位1285个。2013年全村人均可支配收入仅为4715元,贫困发生率高达46.7%,2022全村人均可支配收入为12140元,贫困发生率为0。

通过废旧地膜回收、秸秆饲料转化、北控拉运、日常保洁等措施,人居环境得到明显改善。探索推行7种旱厕模式,得到国家乡村振兴局的充分肯定和中央电视台的报道,共改造151户旱厕,改造率达到常驻户的86.3%。积极开展面山绿化和"四旁"植树活动,共完成面山绿化云杉、暴马丁香等2800余亩,"四旁"植树1.7万余株,目前三益村建成1000亩大结杏采摘园、280亩葡萄采摘园、350亩美国大樱桃采摘园、110亩枣园、150亩果园、80亩牡丹园。

坚持法治、德治、自治并举,通过完善村规民约,持续整治红白喜事大操大办,抵制高价彩礼等陋俗,广泛开展"身边好人""好媳妇"等评选活动,引导广大群众见贤思齐。扎实推进网格化管理工作,注重"一网多用、一员多责",充分发挥网格员在防返贫监测帮扶、社情民意收集、矛盾纠纷排查、人居环境监管等各项重点工作中的职责作用,和谐乡村建设初显成效。

种养殖方面,通过多方筹资、争取项目,建成双层钢架塑料大棚116座、日光温室19座,全面发展"日光温室"经济。通过养殖示范村创建项目,发展形成肉牛、羊存栏达到140头和1200只的规模,年生猪出栏10000余头,群众增收成效明显。以产业发展为切入点实现劳模精神与乡村振兴的有效衔接、有机融合,形成了"北山光伏产业、南山饲草种植、后山集中养殖、沿线主导产业"的三益村产业发展布局。

三益村被确定为中国扶贫交流基地及甘肃旅游乡村示范村,依托三益村南山杏园、金华生态园、紫斑牡丹园、丽花园、观景台等现有资源,着力打造"体验农家屋、品尝农家菜、采摘新鲜果、选购农产品"的三益村乡村旅游产业,走出了一条以休闲避暑、民俗体验、农业观光为主的三益村旅游发展路子,持续完善三益村产业发展布局。

2021年12月10日,习近平总书记在致首届大国工匠创新交流大的贺信中强调,要"大力弘扬劳模精神、劳动精神、工匠精神",激励更多劳动者特别是青年一代走技能成才、技能报国之路,培养更多高技能人才和大国工匠,为全面建设社会主义现代化国家提供人才保障。下一步,我们将把三益村打造成集传统村落和乡村旅游、有机农业和光伏产业联动发展的具有地域特色的美丽乡村。长风破浪会有时,直挂云帆济沧海。在政协委员龚志荣的带领下和群众的共同努力下,我们力争将三益村打造成农林牧并举,适宜旅游观光、养殖种植、养老休闲为一体的新型农业园区,为临洮乡村振兴添砖加瓦,让劳模精神扎根基层,传承发扬,无愧于组织。在临洮县总工会的领导下,充分发挥劳模精神,把巩固拓展脱贫攻坚成果与乡村振兴有效衔接,坚持走绿色发展、生态农业的路子,以更加饱满的激情和创造力为建设社会主义现代化新农村而撸起袖子加油干!

供稿:临洮县政协

情系陇原　助力脱贫
——记甘肃省政协委员李忠鑫

李忠鑫，政协甘肃省第十二届委员会委员、政协兰州市第十四届委员会常委、甘肃华利实业集团有限公司董事长。作为一个在甘投资的浙江人，他秉承浙商"守志笃行、诚信为怀、开天掘地、有容乃大"精神理念，情系陇原，始终奔走在公益事业和助力脱贫的第一线，捐款捐物2000余万元，用行动诠释责任，用热心书写担当。

"再穷不能穷教育，再穷不能穷孩子"。李忠鑫始终坚信教育是拔掉穷根、稳定脱贫的前提。从2001年第一次踏上陇原大地，他走遍兰州榆中、甘南舟曲、陇南文县及定西、天水、酒泉等地，先后出资50余万元，资助贫困家庭孩子入学，其中仅2012年就为定西市一困难家庭三姐妹上大学捐助15万元。2008年汶川地震发生后，他联合中国书法家石山先生和普天地产公司共同捐助75万元，为受灾的陇南筹建了一所小学。2018年捐助5万余元购买煤炭65吨，帮助永登县坪城乡小沙沟村学校学生温暖过冬，他用爱心让"助一名孩子，赢一片希望"的美好愿景变得更加真实。

"尽锐出战，精准帮扶"。脱贫攻坚战打响以来，李忠鑫积极响应省委、省政府"千企帮千村"行动、光彩事业参与社会扶贫等活动，捐款45万元为榆中县、永登县、皋兰县、文县等县的贫困乡村整治沟渠，修建道路，亮化村庄；出资30万元助力陇南文县茶产业扶贫；采取捐助机器设备、开展技能培训、拓宽农产品销售等举措，帮助永登县民乐乡柏杨村、武胜驿道顺村精准扶贫。在全省决战脱贫攻坚的进程中，他用实际行动诠释了一名优秀民营企业家助力脱贫攻坚的境界和担当。

"全力以赴履行好社会责任"。李忠鑫深知勇于承担社会责任是企业家精神的重要内容,他常以自己的亲身经历,向受助群众讲述勤劳致富、智慧致富、产业致富的财智经,指导困难群众在生产过程中进行集约化、产业化经营,从根本上脱贫致富。积极联系社会企业建立发展合作关系,为甘肃精准脱贫贡献力量。同时,他始终牢记家国使命,紧跟时代脉搏,凝聚社会正能量。在面对发生特大泥石流灾害时,积极向舟曲、岷县灾区捐款、捐物120余万元;面对定西部分群众吃水难、榆中县马坡乡张家寺村等地的困难群众缺衣少穿、生活困难时,他又及时捐款100余万元;在青海玉树地震、浙江省苍南县的"五水共治"帮扶工作中都留下了李忠鑫奔波奉献的身影。

供稿:兰州市政协

千斤重担众人挑　脱贫攻坚显身手
——记甘肃省政协委员安春锋

安春锋,省政协委员、兰州市政协委员、甘肃省工商联副会长、甘肃省粮油商会会长。

以诚信为本、果敢自信、低调务实,这不是每个经商之人都能够轻易做到的!企业越做越大的他,从来没有忘记自己作为企业家应该担负的社会责任,致富不忘回报社会和人民。在贫困山区、地震灾区、公益慈善活动现场,处处都有他的身影。自甘肃广源实业集团有限公司成立以来,在四川汶川大地震、青海玉树大地震、舟曲泥石流及甘肃漳县、岷县等自然灾害赈灾活动以及给陇南贫困山区灾民送温暖、献爱心等活动中,他慷慨捐款捐物,截至目前已累积捐款捐物达400余万元。

多年来,公司通过产业扶贫方式,先后与定西漳县、景泰县正路乡,清水县山门镇,榆中县马坡乡,永登县民乐乡、七山乡、坪城乡,榆中县马家坡、和平镇马家山村等320户贫困户联系。2015年以来,公司在景泰县正路镇,进行扁豆、麻豌豆种植10000亩,并通过"企业+合作社+农户"模式,开展扁豆、麻豌豆产业帮扶种植基地建设,公司派出专业人员指导农户种植。针对农户对产品行情不掌握,丰收不丰产,老百姓收入低等一系列问题,豫兰公司大胆尝试通过订单种植,保障了农户收益。对200多户建档立卡贫困户按照每公斤高于市场价0.3元的价格进行收购。仅此一项,贫困户户均增收450元。

在漳县石洞镇通过"企业+村委会+农户"模式,在当地建设燕麦产业帮扶种植基地2000亩,免费为农户提供籽种,指导农户种植。配合村委会及农户选择中药材进行轮作。对30多户建档立卡贫困户按照每公斤高于市场价0.2元的价格进行收购,仅此一项,贫困户户均增收500元,切实解决了农户因为中药材轮作而导致部分土地无收成的问题,同时提高了农户收入。

　　截至目前,甘肃广源实业集团有限公司在教育、扶贫、救灾、助学、劳务输出等多方面累计捐款捐物达400余万元。对于自己多年来的善行义举,安春锋称自己"只是尽了一名企业家应尽的社会责任"。

　　供稿:兰州市政协

书写脱贫攻坚和乡村振兴的忠诚和担当
——记甘肃省政协委员刘立善

2019年、2020年,组织上安排农工党党员刘立善在基层县域挂职两年,挂职期间,他见证和参与了习近平总书记领航的脱贫攻坚、乡村振兴和基层治理工作。两年挂职行,一生基层情。脱贫攻坚的伟大成就,其效应是多方面的,在经济、政治、社会、文化、生态文明和党的建设等方面都产生了全方位的积极作用,而且在解放生产力、发展生产力、推动基层治理等方面积累了宝贵经验。从脱贫攻坚到乡村振兴,对接国家战略,服务地方经济,他献计献策,努力画出最大的同心圆;让阳光洒满百姓庭院,他感受到了基层老百姓实实在在的获得感、幸福感。近年来,他先后被农工党甘肃省委会授予"全省社情民意信息工作先进个人""优秀农工党员""参政议政先进个人"等荣誉称号,2021年6月中国农工民主党中央委员会授予他"脱贫攻坚工作先进个人",受到党员干部的好评。

农工党党员刘立善于2019年1月至2020年12月31日在永登县挂职,任永登县人民政府副县长,分管工信、民政、人社、残联等方面工作,协管财政工作,联系工会、妇联、团县委、移动、电信、联通等单位。自挂职以来,他始终牢记人民期盼,真正把挂职当任职,牢固树立严谨细致、积极作为、开拓进取的工作作风,工作有部署、重落实,扎实有效地推进分管领域各项工作,竭尽全力为脱贫攻坚和乡村振兴有机衔接,为建设新时代更高质量的陇上强县作出了自己的贡献,获得了全县干部群众的广泛好评。

一、坚守初心、担当作为

以习近平新时代中国特色社会主义思想为指导,主动学习,改进了工作方法,提升了工作成效。他立足永登发展实际,不断加强永登县与兰州大学、甘肃农业大学、甘肃省各厅局的联系,先后深入乡镇调研38次、部门调研23次,专题调研20次。在工业经济和信息化方面,强化"一企一策",努力为企业发展排忧解难,培育壮大绿色生态产业。截至2020年10月底,累计完成规模以上工业总产值74.3亿元,实现规模以上工业增加值16.25亿元,同比增长11.4%。大力扶持民营企业发展,全面落实中小企业减税降费政策,2019年以来累计清欠中小企业账款1.48亿元。协调三大运营商向规模以上工业企业推广应用云平台,助力企业疫后尽早复工复产以及复工后的人员监测和信息互通。积极协调各部门、乡镇、社区,助力基层5G基站建设顺利进行。

二、扛责在肩,勇挑重担

人社工作方面,城镇新增就业1410人,失业人员再就业1156人,困难人员再就业135人,新增创业企业292家,带动就业876人。劳务输转8.9万人,其中建档立卡户2.42万人;完成精准扶贫劳动力培训70期3024人,其中建档立卡户1137人;通过资金统筹,解决了失地农民养老保险的遗留问题。民政工作方面,始终践行以人民为中心的发展思想,着力保障和改善民生。截至2020年11月底,全县共保障农村低保对象6457户15387人,累计发放保障金4113.1万元;农村特困供养对象1077户1157人,累计发放生活补贴、护理补贴740.19万元;残疾人"两项"补贴11436人,发放资金992.37万元;城乡孤儿39人及事实无人抚养儿童350人,发放生活补贴349.5万元,保障了困难群众的基本生活。残联工作方面,紧紧围绕残疾人同步进入小康的目标,组织开展了建档立卡户办理残疾人证清零行动,对全县建档立卡户未持证残疾人进行了排摸,动员未持证残疾人积极办理残疾人证,对重度肢体、精神等行动不便的残疾人开展入户办证,共办理残疾人证3761本,入户办证101本(其中,建档立卡户42人)。投入资金30万元,对203名建档立卡残疾户给予发展种植、养殖产业补助。妇联工作方面,自2018年以来,省、市、县政府连续3年将农村妇女"两癌"检查工作列为为民兴办实事之一,2020年永登县妇联获得"全国妇联系统舆论宣传建设阵地先进奖"、省人社厅和省妇联颁发的"甘肃巾帼文明奖",获得"兰州市妇女工作先进集体""基层组织建设先进单位"荣誉称号。脱贫攻坚方面,刘立善围绕中心、服务大局,紧盯中央、省市各项关于脱贫攻坚的决策部署,扎实做好挂牌作战、"3+1"冲刺清零后续行动、"5+1"专项提升行动、脱贫攻坚反馈问题整改、脱贫攻坚国家普查登记等各项工作,通过深入调研包抓乡镇、联系村、包抓户,召开分管联系领域脱贫攻坚协调会,定期采取督导包抓村镇、分管部门责任领导、具体负责人等形式,确保脱贫攻坚各项决策部署落地见效。2020年4月,永登县被省委、省政府评为"甘肃省2019年度脱贫攻坚先进集体"。合作交流方面,充分利用自己在教育、文化、科技、财务管理上的资源优势,积极与兰州大学沟通联系,在第24届兰洽会上,永登县政府与兰州大学县域经济发展研究院签订了合作意向书,双方从专题培训、规划编制、决策咨询、第三方评估、专题调研、经验交流分享等方面开展全方位、深层次的合作。结合永登县十大优势特色产业发展新格局,与甘肃农业大学沟通联系,完成永登县农牧特色产业综合应用技术专家院挂牌,为全县脱贫攻坚、乡村振兴和全面建成小康社会奠定了基础。助力健康中国,联系省上相关医院去县福利院义诊,慰问孤寡老人;对接兰州大学、兰州大学第一医院、兰州大学第二医院及省内相关高校、部门来基层县域进行相关专题活动,助力脱贫攻坚。为兰州大学县域经济研究院对接了永登县"十四五"规划,为兰州大学资环院对接了永登吐鲁沟野外台站从省级申请成为国家级野外台站的前期工作,为永登的民营企业家对接了化学院,进行技术研发和科研成果转化的前期工作。刘立善挂职两年期间,2019年12月获得财政部授予的"全国高端会计人才证书",2020年11月获得国家卫健委授予的卫生系统"经济管理人才"证书,续聘甘肃省领军人才第二层次。

三、建言献策,乘风破浪

刘立善对接了兰州大学、甘肃农业大学的专家教授及团委等部门,挂牌高校在基层县域的大学生实践基地,将论文写在陇原大地上,落实育人育才工作。作为全国会计领军人才,2020年刘立善联系甘肃省财政厅组织了国家级和省级会计高端人才基层行,《中国会计报》给予了肯定和报道,今后,计划和甘肃省财政厅积极对接,开展走进基层系列活动,培养人才梯队,赋能精细化管理提质增效,为"四强"行动和甘肃经济社会高质量发展保驾护航。

四、发挥界别特色,突出履职尽责

针对放管服和促进地方经济社会各项事业高质量发展,在县域积极推进"不来即享",让数据多跑路,让群众少跑腿。线上服务好实体经济,服务中小微企业。落实就业扶贫、民政兜底保障,有效治理拖欠农民工工资、推进民营企业、中小企业清欠,联系省上大医院来基层专科联盟,支持基层医院发展,助力健康中国……作为一名政协委员,刘立善时刻提醒自己实现三个"做到":做到知责于心、做到担责于身、做到履责于行。2023年3月16日,刘立善和兰州大学及兰大二院的同仁,为进一步宣传甘肃、引才入陇亲赴上海,进行招生宣传、访企拓岗、人才招聘等活动,把就业作为最大民生,扎实做好高校毕业生招生及就业工作。积极参加省市农工党组织的中医药传承创新、基层全科医生培养,加快推进"陇中生态平原"建设,全力开展"强省会"战略支点相关调研,参加了脱贫攻坚民主监督,积极参加"黄河国家战略"实施相关民主监督工作。这几年撰写的社情民意调研报告及相关提案,得到了财政、卫健、医保、人社、工信、民政、食药、统战等相关部门的高度重视,提案办理的过程充分体现了全过程人民民主。刘立善积极上报社情民意,建言献策,广泛凝聚共识,形成心往一处想、劲往一处使的生动局面。

五、奋进新时代 彰显新作为

刘立善紧紧围绕甘肃经济社会高质量发展大局,坚持党的群众路线,从群众中来、到群众中去,增进同人民群众的感情,真诚倾听群众呼声、真实反映群众愿望、真情关心群众疾苦,自觉向群众学习、向实践学习,更好地担负起把党中央决策部署和对人民政协工作要求落实下去、把全省广大人民群众智慧和力量凝聚起来的政治责任,为推动人民政协事业发展添砖加瓦。把人民对美好生活的向往作为第一追求,充分发挥人民政协凝心聚力的团结优势、人才会荟的智力优势、协调关系的功能优势、联系广泛的界别优势,全面增强履职本领、着力提高履职成效。深入开展"三抓三促"行动,细化行动方案,落实安排部署,在学习上下苦功、在执行上铆足劲、在效能上见真章。工作中,刘立善和团队成员围绕中心服务大局,把全部心思和精力都用到急群众之所急、想群众之所想。在实现中华民族伟大复兴的新征程上,锤炼本领,发扬"绝知此事要躬行"的实干精神。2023年3月,刘立善带领兰州大学第二医院的20余名医疗专家,走进金昌市各级医院,进行专科联盟,传授技术,服务百姓健康,为甘肃高质量发展奠定坚实的健康根基。工作之余,他书写了关于守护健康、医院高质量发展等民生方面的社情民意,为健康中国建设展现农工党人的新担当新作为。

这就是一名农工党员、政协委员在工作中体现的忠诚和担当。他时刻牢记"懂政协、会协商、善议政,守纪律、讲规矩、重品行"的要求,用自己的行动诠释着初心和使命,用自己的付出彰显着责任与担当。他与同事们一起,立足岗位,以昂扬向上、攻坚克难的精神状态,抓好各项工作落实,在脱贫攻坚和乡村振兴一线彰显一名农工党员、政协委员在祖国和人民最需要时刻的忠诚和担当,当好"政协人"办好"政协事",奋进新时代,彰显新作为,为甘肃经济社会高质量发展贡献着政协委员的智慧和力量。

供稿:农工民主党甘肃省委员会

倾注真情发展藜麦产业　书写脱贫攻坚时代答卷
——记甘肃省政协委员刘羽桐

"当习近平总书记庄严宣布'我国脱贫攻坚战取得了全面胜利'的那一刻,我发自内心地为自己能够有幸参与这场伟大的事业而自豪!"甘肃远达投资集团有限公司董事长刘羽桐难掩激动地说。

2020年2月25日,在北京人民大会堂,现场聆听习近平总书记的重要讲话,接受中共中央、国务院的表彰,这一天,成为刘羽桐人生中的"高光时刻"。

5年前,为减轻移民搬迁无产业支撑的压力,刘羽桐带领集团与中国农科院、省农科院、北京中医药大学等科研院所结成合作联盟,开展藜麦种植、加工、产品全产业科技研发,并在天祝县试种,采用以土地流转示范种植藜麦向产业工人转变、技术培训向特色农民转变、旅游接待向服务经营者转变的"三变模式",带动当地易地搬迁农牧民脱贫。

立足长远开启产业扶贫模式

藜麦是原产于南美洲高海拔地区的一种营养价值很高的农作物,在当地已有5000多年的种植历史。20世纪80年代后开始出口美国市场,近5年内在欧美等发达国家属于最流行的健康食品之一,被誉为"植物界中少见的高营养食物""粮食之母""印加黄金"。由于藜麦对霜冻、盐碱和干旱都具有很强的耐受性,有在贫瘠土壤生长的强大能力,而天祝海拔高、气候冷凉,适合种植的地域宽广,是藜麦种植及仓储建设的理想之地。

2016年,经过先期考察,刘羽桐决定在天祝县精准培育和大力发展藜麦特色产业,先期筛选试种、小范围带动、大面积推广、打造特色品牌……

2017年，远达投资集团在天祝县试种5400亩藜麦，小范围推广种植1万亩，建成万亩藜麦种植基地。近几年间按照"因地制宜、突出优势、壮大产业"的思路，通过"龙头企业+科研院所+合作社+农户"联动发展模式，加大与中国农科院、西北农林科技大学等高等院校的紧密合作并成立科研课题组，从育种、测土配肥、病虫害防治、科技指导等方面入手，将亩产提高到300斤以上，使农牧民实现每亩1800元销售收入。

成立联盟提升脱贫产业收效

习近平总书记多次指出：产业扶贫是脱贫攻坚中的重头戏，要以产业发展为依托，切实提高贫困地区内生发展动力，确保脱贫成效具有可持续性。

"我们不是在扶贫，更像是在互助，在一个特殊的领域，一起推动这个产业的发展。"刘羽桐深有感触地说。

2018年，刘羽桐带领集团继续推广藜麦种植范围，带动天祝县种植3.38万亩，总产值达5000余万元，使藜麦成为支撑天祝县易地搬迁群众和建档立卡贫困户稳定脱贫的重要特色产业。

产业发展是实现永续脱贫的前提。2019年，集团又免费提供价值960万元的种子和全程技术服务，签订种植收购协议，辐射带动种植面积达6.9万亩。

在集团发展和脱贫攻坚这条路上，刘羽桐深知产业不仅是脱贫之基、致富之源，产业振兴更是乡村振兴的核心和关键。通过多年的调研，集团提出了发展藜麦产业有利于国家粮食安全、打赢脱贫攻坚战、环境保护与修复、推动乡村振兴的"四个有利于"战略定位，上报的《关于发展藜麦产业助推西北寒旱区脱贫攻坚的报告》得到了国务院、国家有关部委、全国工商联的肯定。刘羽桐受邀参加中国民营企业500强峰会并作大会经验交流，集团参与举办全国精准扶贫现场推进会，与中国农业科学院、成都大学签订了共建中藜功能植物联合研究中心三方协议，发起成立中国西部藜麦联盟并成为理事长单位，联合天祝县成功申报"中国高原藜麦之都"。

立足长远开启产业振兴模式

乡村振兴的实施目的是要让农业成为有奔头的产业,让农民成为有吸引力的职业,让农村成为安居乐业的美丽家园。作为与乡村关系最密切的行业之一,刘羽桐带领远达集团更是积极参与其中。

2020年,集团在天祝县与14个乡镇68家农民专业合作社签订订单,种植藜麦8万亩,免费发放种子20吨,价值800余万元,带动158个合作社1.2万户农户种植藜麦11.6万亩,其中建档立卡贫困户5千余户2万余人种植藜麦6.2万亩,预计产值可达1.26亿元,吸纳300多名农牧民群众在家门口就业,人均年增收2.4万元。集团取得"中藜Ⅰ号""蒙藜Ⅰ号"等专利,正在申报藜麦钛、藜麦啤酒等专利技术20余种,"一年一穗"藜麦米获得第十八届中国国际粮油展会大赛金奖。

目前,集团已建立拥有486个品种的藜麦种植资源圃,联合当地政府投建3.58亿元的全国最大规模的"一都五中心"藜麦科技产业园,立足甘肃乃至西北地区的自然条件差异,加大藜麦种植培育和产业结构调整,持续加大藜麦产业的科技投入,让广袤的西北地区成为"中国藜麦之都""西北粮仓",为调整我国农业结构和供给侧结构性改革,改善国民营养结构、改善西北寒旱区种植结构、改善祁连山生态环境和助力乡村振兴贡献力量。

扬帆起航为乡村振兴立新功

脱贫摘帽不是终点,而是新生活、新奋斗的起点。刘羽桐深知,企业的发展永远离不开党委政府和社会各界的关心支持,企业必须奉社会责任和担当为圭臬。

刘羽桐说:"下一步,集团将经营好'中国高原藜麦之都'这块金字招牌,发挥'中国西部藜麦科技产业联盟'这个平台优势,借助全国藜麦生产、销售、科研等力量,整合国际国内资源,持续加大藜麦产业的科研投入,建设一个现代农业科技产业园。并把脱贫攻坚所积累的资产、经验和资源服务于乡村振兴战略的实施,让藜麦科技产业园区成为集种养融合、生态观光,绿色消费、休闲体验、度假会议、培训服务为一体的现代化农业科技产业园区。同时,聚焦农业农村高质量发展的科技需求,着力提升农业科技创新能力和服务'三农'能力,发展好中国最大种植面积的藜麦产业,为改善国民营养结构和西北寒旱区生态环境,保护和改善祁连山生态环境作出新的更大的贡献。"

供稿:天祝县政协

用爱攻坚 用心帮扶
——记甘肃省政协委员李金田

"李金田校长每次到村里扶贫,都会来我家,询问我的病情、家庭产业情况和两个娃娃的上学情况,每次都自掏腰包给我塞钱,鼓励我要乐观面对生活,相信小康之路指日可待……"宕昌县八力镇的袁龙飞动情地讲述着他和甘肃中医药大学校长李金田的动人故事。

2017年,甘肃中医药大学成为宕昌县八力镇的对口帮扶单位,李金田校长担任宕昌县八力镇山庄村帮扶点责任人。李校长带领全体帮扶干部认真研究全村整体帮扶计划,及时调整帮扶方案,全力推进帮扶任务,始终把脱贫攻坚作为大事、要事装在心里,抓在手上,落实到行动中,为全校干部作出了表率,并主动要求将脱贫难度最大的3户人家作为帮扶对象倾情帮扶。3年来,李金田校长深入帮扶对象家中走访、探望,农忙时,他深入田间地头带领帮扶干部帮助农户抢收粮食;过冬前,李校长亲自到百姓家中询问了解过冬的粮食、煤炭等物资是不是齐备。2019年帮扶村遭遇洪水,李校长第一时间询问受灾情况,第一时间组织人员抗灾救灾……他总是急群众之所虑,解群众之所难,待群众如家人,及时将温暖送到群众身边,帮助群众渡过一个又一个难关,所帮扶3名贫困户现均已稳定脱贫。

李金田校长始终清晰地记得第一次走访袁得家时的印象:袁得和老伴儿年事已高,为给由乙肝发展为肝硬化的儿子袁龙飞治病负债累累,孙子、孙女正待抚养成人,全家更无经济来源,生活十分困难,袁得老两口既要种地维持生计,还要照顾儿子和孙子……李金田校长决定从帮助这个家庭的顶梁柱袁龙飞恢复健康入手,他一方面积极协调八力镇政府为袁龙飞争取到了精准扶贫户资格,这样一来,住院费和门诊药费可以报销,袁龙飞入院治疗就再无后顾之忧;另一方面安排医疗专业技术非常扎实的驻村扶贫干部给袁龙飞把脉号诊,开方调理。因为李金田校长的悉心关怀,疾病得到了及时诊疗,袁龙飞的心放宽了,病情明显好转,整个人也开朗了许多,还玩起了手机直播,全家人从他日渐露出笑容的脸上看到了希望。

然而,屋漏偏逢连阴雨,就在李金田校长看着袁得一家生活渐有起色的时候,2019年6月,袁得老伴杜才英因为消化道平滑肌瘤住进了甘肃中医药大学附属医院,让这个刚看到希望的家庭再次陷入愁苦之中。这一切,李金田校长全看在眼里,记在心里,他第一时间安排附属医院开辟了绿色通道,还派最好的脾胃科医生为杜才英做了手术。在李金田校长的深切关怀下,杜才英最终转危为安,如今已恢复了健康。但李金田校长深深意识到,这个家庭命运多舛,经济上再经不起任何打击,急需提高他们自身的"造血"能力——只有帮助他们找到适合的产业发展之路才能真正摆脱贫困。经过李校长的积极奔走及多方努力,最终引来爱心企业为袁的家庭捐助了10万元善款,一方面缓解了整个家庭因病带来的债务支出,一方面具备了发展产业的原始资金。病有所医,劳有所得,生活上有李金田校长的时时关切,精神上有李金田校长的坚强后盾,袁得一家人个个喜笑颜开,对脱贫致富充满了信心。如今,袁得家通过发展养殖及种植业,生活条件得到了极大的改善,正朝着小康道路勇敢迈进。

供稿:甘肃中医药大学

情系扶贫　心系百姓
——记甘肃省政协委员赵莉

2017年8月以来，甘肃省博物馆展开了帮扶文县丹堡镇岔沟村的工作。岔沟村位于丹堡镇西南，户籍人口175户485人，农业人口170户480人，精准扶贫建档立卡户2019年为110户359人。截至2020年底，我馆向岔沟村投入各类帮扶资金198.2万元，援建了乡村记忆博物馆。

通过近3年的帮扶工作，丹堡镇岔沟村的基础设施、农业建设、村级活动场所建设、文化广场建设、产业扶贫、技术培训、电商平台建设、教育资助、消费扶贫、村容村貌、民生改善等方面都发生了明显改观。截至2020年底，岔沟村建档立卡贫困户110户全部脱贫出列，实现整村脱贫。

2019年12月，我陪同馆领导一起下乡进行节前慰问走访，我眼前再次浮现出老人那沉重的面容。老人本是幸福的一家，可是天有不测风云，儿子得了小儿麻痹症，病魔致使她的儿子渐渐失去了劳动能力；老人又是常年生病，长期腹痛，行动不便，连生活自理都十分困难，无钱医治，一直拖着。由于家中缺少劳动力，洗衣做饭都是老母亲一个人在干，大冬天洗衣服冻得双手发紫。想到这些，我的鼻子就有些酸，我只有倾尽全力为她家服务，力争将她家从贫困中解脱出来，希望她也能和我们一样快快乐乐地生活！

最是一年春好处。历尽寒冬蛰伏，又到春暖花开时节。2020年5月，我又一次来到我对接的贫困户韩永平家，对他家的情况进行调查摸底。经过12小时的车程，这次刚到他家门口，他母亲喜出望外地"奔"过来，拉着我的手说："我都不好意思让你来帮助我，你看队里有的人知道了就说我故意装穷来骗你们,我不想遭别人说闲话……"我连忙打断她的话:"韩婆婆,别这么说,您的家庭情况大家都晓得,别人的话您别往心里去,我们帮助您是经过了仔细调查的,并且也符合帮扶条件。再说,您家的情况并不是因游手好闲、好吃懒做造成的,没什么不好意思哟。"婆婆听了,脸上的疑云渐渐散去,露出了笑容,她笑眯眯地点头说:"我听你们的,我照你们说的做,我感谢党!"

来到婆婆家,我就挽起衣袖,给她收拾整理、打扫院坝、摘挑粮食,婆婆说太麻烦了,我告诉她这些家务是小事,以后家里都要打扫干净,摆放整齐,看起来整整洁洁的,这样人心情好,少生病,婆婆直点头。

这次来慰问,我购买了洗衣机和衣物、鞋、洗衣液、床单、被套、凉席等生活用品,赠送给韩永平,让他勤劳的母亲不再冻伤双手,继续用双手创造美好的生活。

她的儿子韩永平,因身上的担子重,压力大,致使他对生活十分悲观,对帮扶持戒备与怀疑甚至排斥的态度,认为天底下哪有这等好事!对此,我多次与他电话交谈,宣讲党和国家的扶贫政策,替他卸下思想包袱,重塑生活信心,告诉他我们会竭尽全力帮助他,与他共渡难关,共同致富奔小康。功夫不负有心人,在我的努力下,他终于摒弃了以前的观念,还通过微信向我致谢:"赵老师,谢谢你!你的爱心让我这辈子都不会忘记!"

我也看到,这几年,经过各级政府及帮扶单位的努力,婆婆家的居住环境得到了善,家庭收入有所增加,生活习惯逐渐好转,幸福指数也在攀升,我觉得十分欣慰。回家路上,同事说看今天的天好蓝,说明我们的空气质量在好转,我却在心里说,你看我们的贫困户的心情比这天还明净,说明我们的工作做得更好了,给了他们的不仅是自然中的蓝天和白云,更给了他们内心的蓝天和白云。

就要离开老人的家了,她紧紧握着我的手,有些依依不舍。在回程的路上,我一直惦念着这个家庭,想着这位善良、淳朴、热情、坚韧的老人,想着我们身边无数个像她一样的普通群众。一次普通的走访,从老人的家庭,我受到了巨大的民情教育与心灵的洗礼。

在走访的过程中，我深刻地体会到什么叫作感恩，懂得了什么是勤劳，明白了什么是自强与自立，看到了一个人在直面困难时的百折不挠和对人生的乐观坚强。同时，我也深刻地感觉到，人民群众永远是最值得我们尊重和敬爱的人。在每一位普通群众面前，我们都是一名学生，在他们身上，有许多值得我们学习的最可贵的精神品质，我们必须从心底里真心热爱他们，时刻想着他们，全心全意服务他们。因为，他们不仅是我们的衣食父母，更是立党之本、执政之基、力量之源。作为帮扶责任人，我们在开展帮扶工作时，就应该时刻本着为人民服务、为人民办实事的态度，要时刻牢记肩负的责任与使命，做好本职工作，不浮躁，不虚假，从群众利益出发，为打赢脱贫攻坚战贡献自己的力量。

供稿：甘肃省博物馆

扎根天祝带动农户脱贫致富
——孔英：做有社会责任的企业家

"不能涨价，涨价会影响藏区白牦牛肉的推广。"7年来，面对市场竞争压力，孔英一直这样叮嘱公司的销售团队。而这，源自她7年前的一个梦想："把当地独有的纯天然白牦牛肉打造成群众脱贫致富的支柱产业，带领贫困户走出大山。"这一干，就是7年。

她乐善好施、看不得穷人受苦的善良，让她与全国唯一的白牦牛产区——天祝藏族自治县结缘，与纯天然白牦牛养殖业结缘，与天祝藏族自治州的贫困户结缘。

7年前，本着"达则兼济天下"的理念，孔英经常到贫困地区慰问、捐款，为贫困群众解决实际困难。经过深入调研，孔英渐渐了解到，天祝县是全国白牦牛的唯一产区，牧民们日出而作、日落而息的游牧模式，成就了"喝雪山水，吃高原草"的绿色无污染的白牦牛肉的品质。"只要把无公害白牦牛肉推向全国，就一定能带动牧民致富。"

说干就干，孔英在当地找了合伙人，先后投资9000多万元，建成了屠宰场、养殖场等配套设施，采用"合作社+基地+农户""支部+合作社+农户"的发展模式，展开了自己的扶贫事业，这一干就是7年。建成的养殖加工基地，为当地贫困户提供直接就业580余人，间接就业2000多人。发展了5户养殖大户，每户平均增加收入18万元，受益农民达425人。"我们的目的就是让更多的人了解天祝白牦牛肉，让更多的人食用纯天然的白牦牛肉，这样当地的支柱产业才能茁壮成长，贫困的牧民才有出路。"这就是孔英的真帮真扶的扶贫情怀。

作为兰州市政协第十三、十四届政协委员,她认真履职为民,积极参政议政。近年来,她结合自己的工作岗位认真撰写提案,任职以来共提出反映社群民意的提案6条,把百姓的呼声带到了"两会",融入市委、市政府的决策部署。

自2000年以来,孔英助人为乐的脚步遍布甘肃的边远山区,她给榆中县边远山区小学捐款12万元,资助贫困学生;在临洮县建设了有2100多棵树的公益林,改善环境;给通渭县贫困村投资86万元捐建了办公场所;投入200多万元与兰州国民体质健康促进协会举办"健康年"活动。她的善良,她扶危济困、关爱弱势群体的义举,得到了社会的认可。2019年7月,孔英被兰州市文明办评为"兰州好人"。孔英说:"好人既是荣誉,更是鞭策,将进一步鼓励我投身公益事业,扶危济困,帮助困难群体。"

供稿:兰州市政协

"乐村淘"淘出的"八宝茶"和"红灯笼"

冯莉莉：政协酒泉市委员会第五届委员、酒泉乐村淘电子商务有限公司总经理、酒泉宇佳乡村通物流副总经理、甘肃乐村淘运营部副总经理、中国电子商务协会青年电商创业委员会优秀讲师、中国国际电子商务国家专业教育基地T1级电子商务讲师、肃宇佳乡村通物流副总经理、西北兰州区域服装协会副会长、乐村淘总部研究商学院一级优秀讲师……

正是她的这些头衔，折射出她奋斗创业的历程。

愿望与契机

这一长串的头衔，如果不是采访时的刨根问底，谁都不会想到她是一个生在农村、长在农村的"农家娃"，更不会想到她是位"80后"。在农村的家庭里生长，让她从小就养成不怕困难、面对挫折逆流而上的倔强性格；在农村的环境里长大，让她念念不忘自立、创业。毕业后，她在公交车上当过售票员，做过职场销售管理员，但都无法实现她的愿望。因为当她每每回家，看到养育自己的这片土地，看到365天里不停息地辛勤耕作的父母和乡亲，还有他们那一双双渴望的眼神，那一双双长满老茧的手，以及那为产品没有销路而挂在脸上的愁容、收入无法提高而放不下的忧虑，就暗下决心，一定要让父母和乡亲脱贫致富。

她在尝尽打工的艰辛后，开始四处筹钱，做起服装生意，靠着勤奋和愿望，在两年之内，开了4家专卖店，赚到了人生的第一桶金。可这些，也只解决了不到10个人的就业，固定的店铺、单一的经营，只是把别人的商品购进卖出。该如何把本地的产品销出去呢？她焦虑地思考着。

正在她生意红火的时候,互联网悄悄来临,给传统生意带来极大影响,她的服装店经营业绩明显开始下滑。她没有因沮丧而停歇,而是重新审视自己走过的路,思索着今后的发展方向。她发现影响店铺生意的"罪魁祸首"是电子商务的快速兴起,这是挑战也是机遇。胆大心细且具有敏锐商业头脑的她,开始转变固守的思维,毅然决然地把目光投向电子商务这块领域。要想把当地农产品销售出去,帮助乡亲们致富,带动农村闲置劳动力就业,电子商务无疑就是最好的选择,她的愿望有了实现的契机。

她开始对电子商务进行考察。在诸多的电商中,选择哪一家呢?这不仅需要勇气,还需要智慧。

经过一段时间的考察,结合当地的实际情况和"乐村淘"的营销模式,她最终锁定"乐村淘"电子商务平台。

为掌握"乐村淘"的运营模式,她多次跑到山西"乐村淘"总公司考察,时间长达半年之久。认准之后,她在继续雇人帮忙打理自己服装店的同时,便全力以赴开始经营农村电商服务平台"乐村淘",在网上做起生意。

随着农产品在网上销售量的增多,把乡亲们种植的特色产品销往全国各地,既能挣钱,又能帮乡亲们致富,她的愿望终于在几番奔波后得到实现。渐渐地,以农村为基地,以"乐村淘"电子商务为平台,打造市场多元化运营的模式初步形成。她尽全力打造以特色农产品电商销售、电商扶贫、大宗农产品流通和创建订单种植、收购、特色农产品深加工与销售、进口批发和零售贸易、流通为一体的全新、高效的现代农业互联网产供销一体化全产业链农业企业,用户享受线上支付、线下优质服务,从而形成一个闭合的"商流、物流、信息流、资金流"的全生态系统,形成深加工、销售一条龙服务;以客户需求为核心,用最专业的服务打造出让客户满意的产品。以绿色农产品发展为重点,提高产品科技含量和附加值,逐步向高产、优质、低耗和高效方向发展。

"八宝茶"与"红灯笼"

她决定不再小打小闹,而是走正规化、规模化发展的路子。

一向敢想、敢说、敢做的她,注册资金300万,成立酒泉乐村淘电子商务有限公司,于2015年9月21日正式开始运营。

公司成立后,她先从蜜瓜和枸杞的销售做起。走乡串户,深入田间地头,把最好的产品挂在网上。

销售讲的是产品的销售量,量大才能形成规模。销售的渠道越多,销售的农产品也就越多,带动的致富面也就越广。她积极搭建蜜瓜、枸杞农产品产销对接平台,先后与阿里、拼多多、云集、斑马会员等多家知名电商平台合作,供应红枸杞、蜜瓜等产品,并进行基地直采。把销售企业与乡镇、合作社、农户的产销对接起来,以销定产,疏通产品销售渠道,扩大收购范围,繁荣农产品流通市场。

为使销售出去的产品品质更好,更加便利市场销售,2018年6月,公司又注册资金300万,在瓜州县沙河乡成立瓜州乐村淘电子商务有限责任公司,建起电商运营中心,把带动的触角直接延伸到瓜州的土地上。

瓜州乐村淘是电子商务连接城乡居民的中间节点,公司经营特色农产品、旅游资源产品,组织采购、供应农业生产所需资料,销售同类生产经营者的产品,开展农产品、食品加工、包装、运输、贮藏、销售、批发和零售业务,引进新技术、新品种,开展与农业生产经营有关的技术培训、劳务输出、技术交流和信息咨询服务以及土地流转等综合经营,大量引入专业人才,集中力量打造完善市场运营团队,使公司获得了长足发展。公司以农产品基地为依托,推动产业升级,助力经济转型,以种植、销售、深加工农产品为主,利用自身平台优势和广泛的资源优势,为瓜州县农产品拓展销路的同时也帮助农产品代收代销,提高农民收入水平,从而实现脱贫致富,助力脱贫攻坚。鼓励和引导返乡农民工结合自身优势和特长,根据市场需求和当地资源禀赋,利用新理念、新技术和新渠道,开发农业农村资源,发展优势特色产业,繁荣农村经济。将电商发展与扶贫有机结合,探索扶贫工作新机制,借力电子商务帮助困难群众树立脱贫之志、掌握脱贫之技、实现脱贫致富。

为扩大品牌影响,她组织团队,携带瓜州枸杞、瓜州蜜瓜、瓜州锁阳等农特产品先后参加兰洽会、山东东西协作电商扶贫农产品洽谈会、2019年澳大利亚国际食品展览会、新西兰贸易促谈会,在会场上设立瓜州农特产品展柜,有力提升瓜州枸杞、锁阳等农特产品知名度和影响力,签订红枸杞等产品销售协议。

2019年,公司与酒泉、瓜州各单位合作,举办瓜州乐村淘2019年产业扶贫洽谈会,邀请福建、深圳、江西、重庆及省内各地客商40余人前来瓜州考察洽谈,现场签订合作协议6项,通过积极搭建酒泉、瓜州等农特产品产销对接平台,线上销售额500多万元,线下销售额2013万元。为酒泉农产品拓展销路的同时,也通过自身资源优势为酒泉、瓜州引进大批的企业家,帮助农产品进城,提高农民收入水平,从而实现脱贫致富,为加快产业优化升级奠定良好的基础。

2019年,公司继续按照高于市场收购价收购贫困户枸杞,先后收购沙河、布隆吉、双塔、七墩等乡镇红枸杞650吨,收购1300户贫困户枸杞,其中收购沙河乡700户,七敦乡170户,让贫困户户均增收1万元以上。在瓜州、南岔、西湖等乡镇收购蜜瓜320吨。2019年线上销售额500万元,线下销售额2613万元。

同时她以扶贫为己任,投资500万元修建瓜州乐村淘扶贫车间,就业人员40人。立足当地枸杞特色资源进行深加工。她利用枸杞生产养颜茶、保健茶、水果茶,打破传统的茶营销方式,实现资源充分利用,发展绿色、环保、健康的饮用茶。把当地生产的绿色农产品,按营养、保健科学的配方搭配起来,提高产品科技含量和附加值,逐步向高产、优质、低耗和高效方向发展。代用茶玫瑰茶市场销售情况良好,八宝茶扶贫车间为当地返乡农民工在家门口就业提供岗位,也为农民工返乡创业提供更多市场机遇,帮扶贫困户增加收入,为瓜州县就业增收、脱贫致富起到巨大的带动作用。她用实际行动践行她的初衷和企业社会扶贫的历史责任。

2019年在瓜州县沙河乡建成酒泉市首个产业人才实训基地,基地拥有2位非物质文化遗产传承人,5名高级技工,10名普通技工。

2020年又投建了第二个扶贫车间——宫灯厂,制作各式手绘花样宫灯等26种产品,可根据用户提供样品代为加工,生产各种规格广告灯笼。可供城市商业步行街装饰、市区装饰、各大饰品批发市场、旅游景点及文化艺术、企业、学校、单位等订制。此项目的建成,有力地促进了当地县域经济发展,为创业者及贫困户提供就业岗位,解决闲散劳动力无处打工的问题,增加贫困户经济收入,现在订单已纷纷而至。真是"红灯笼"和"八宝茶",当地群众"有钱挣来有工打"。

践行至远方

管理是不投资的经济效益。"大实在""女强人""工作狂"已成为冯莉莉的代名词。

她的公司,现在拥有结算中心、营运中心,分为办公区、下单区、体验区、仓储区、培训区5个区域,公司现有主要工作人员12名,镇级管理中心人员15名,村级管理中心人员100名,物流配送车(箱式)6辆。在肃州区、瓜州县拥有县、乡(镇)、村电商服务站点86家,电商网货品牌服务站点10家,线下体验店300家,并且统一配备门头,统一配备电脑、货架、物流快递收发架,统一制定管理流程牌,实行统一管理、统一运营。

采访结束时,我问冯总,您下一步有哪些打算?她毫不犹豫地说:"切实履行企业责任,在扩大销售渠道、扩大经营范围、扩大品牌影响力等方面再下苦功,努力把利润留给农户,把利益留在当地,实现企业发展和扶贫攻坚双赢互促。"

我听着她的宏伟目标,顺口就说,能不能具体说说?

她笑了笑反问道:"您是不是觉得我有点夸夸其谈?"而后她又继续说,"企业搞到这种地步,停是不可能停下来了。一停则退,咋能对得起一路扶持的各级政府?又咋能对得起一路同行的乡亲和同伴?"

"那就百尺竿头更进一步了?"我没有收起我等待下文的目光。她又笑了笑说:"没想到你还很固执。"

我喝了一口他们生产的八宝茶,说:"是的。"

她说,在继续抓好已建成的电商站点的基础上,今后要进一步提高站点的运营质量,抓好产品开发营销拓展,扩大带动贫困户参与覆盖面,做到品牌站点"连基地、有产品、善促销",发挥站点示范引领作用;利用好的平台发挥电商集聚效应,合理规划开展跨境电商业务,形成电商产业发展的高地;随着社群经济、网红经济、新零售和自媒体爆红,主打社交新零售,把瓜州农特产品辣椒、洋葱、枸杞、蜜瓜、保健茶、美容茶等产品的产销渠道都拓展开来,把产品的品质、服务、供应链做到更好。

大家都知道,电商精准扶贫,非一朝一夕之工,需要在政府部门的精准指导下,在贫困地区和贫困人群中发挥因地制宜的产业带动功能,做好带头人,形成就业扶贫、产业扶贫、教育扶贫多管齐下的综合效益。她说,她要做到扶贫到人、扶贫到根、靶向滴灌,不仅让贫困户直接增收,还要助推县域经济协同发展,用良好的经济效益、生态效益和社会效益来报效社会。

听着她专业而又目标明确的回答,我无以钦佩。这就是她的目标,她的宏愿,也是她肩负的使命。我坚信她的践行会行至远方!

供稿:酒泉市政协

脱贫攻坚绽芳华　拼搏奋进担使命
——记张掖市政协委员张瑜

巾帼何时让须眉,女性顶起半边天。在艰苦卓绝的脱贫攻坚战中,她主动作为,甘于奉献,投身于发展特色农业产业带领村民致富,发挥着不可或缺的重要作用。攻坚中的她再启征程,成为推进乡村振兴的"她"力量。千淘万漉虽辛苦,吹尽狂沙始到金。坐落在甘州区石岗墩滩的张掖金满园农业科技有限责任公司犹如镶嵌在荒漠中的一颗璀璨耀眼的明珠。看着春天绽放的杏花,秋天挂满枝头的珍珠油杏,林下自由啄食的生态鸡,谁能想到这里曾经是一片荒漠戈壁,是她凭着一股"不服输、能吃苦"的拼劲,带领团队艰苦奋斗,把昔日的戈壁荒漠建设成绿树成荫的绿洲,成为创业者的乐园和老百姓的致富摇篮,是她让这块满目黄沙、荒凉贫瘠的不毛之地焕发出勃勃生机,走出了一条脱贫攻坚、开拓创新、锐意进取、硕果累累的康庄大道,见证了守正创新的笃定脚步,书写了勇立潮头创业创新的使命担当。她就是张掖市政协委员、甘州区政协委员、张掖金满园农业科技有限责任公司董事长张瑜,她先后获得全国优秀农民工、甘肃省脱贫攻坚青年榜样、甘肃省就业创业先进个人、张掖市劳动模范等荣誉称号。

一、发挥"头雁"效应,带出致富新路

她出身平凡,却傲若寒梅。今年40岁的她一路披荆斩棘走来,现在已经是当地小有名气的女企业家。她出生在一个普通的农民家庭,农村人的生活氛围让她更加坚定了实现振兴家乡农业的创业梦想。起初她经营着一家蔬菜制种公司,在从事农业经营的18年里,如何增加老百姓土地种植产出收入是她多年以来思考最多的问题。经常外出参加农业展会的她,通

过认真观察,发现甘肃的农特产品特别受南方沿海城市市场的欢迎。张掖除了是全国制种基地,还是无公害农产品种植区,2016年她创办张掖金满园农业科技有限责任公司,经多方考察,向农林科研院所专家请教,最终决定从山东泰安引进珍珠油杏栽培种植。定了就干。站在"风吹石头跑,常年不长草"的石岗墩荒滩,她带领团队开始了延伸绿色的革命。

经过6年的艰苦奋斗,先后投资5872万元建成省级珍珠油杏种植基地2300亩,年生产珍珠油杏鲜果、杏皮茶、杏干、杏仁、罐头等产品1200多吨,带动季节性用工20000多人次。采用"公司+基地+合作社+农户"的发展模式辐射带动甘州、临泽、高台3个县区9个乡镇26个村的400多户老百姓栽培珍珠油杏,面积达18000多亩。种植面积大了,她想到的是杏子成熟快、储藏时间短,老百姓的杏子怎么销售,于是她积极筹资修建了5000立方米的冷链保鲜库,并成立杏子产业协会,将种植户吸纳进协会,签订保价回收合同,与农户实行有机联合,形成"订单合作、利益共享"的经济共同体,解决老百姓找市场销售难的问题。

在她的不懈努力下,公司也先后被评为国家重点林业龙头企业、甘肃省产业化联合体、甘肃省农业产业化重点龙头企业、省级农民工返乡创业基地、省级巾帼脱贫示范基地、市级林业龙头企业、市级脱贫攻坚先进集体、中小学生研学教育基地、扶贫车间、先进企业等,并申请成立党支部、职工工会、团支部、妇女微家。通过党建引领做精做深林果业产业链,紧紧围绕"一村一品"示范村镇建设与脱贫攻坚和乡村振兴战略有效衔接,培育壮大乡村特色主导产业,助力乡村振兴,带动更多农户增收致富。

二、立足产业特色,投身脱贫攻坚

"一花独放不成锦,百花盛开春满园。"发展产业是持续稳定脱贫的一条重要途径。党的十九大报告明确指出:"要动员全党全国全社会力量,坚持精准扶贫、精准脱贫。"2018年在国家政策的倡导和政府的引导下,她积极参与农村"三变"改革,投资3000多万元流转贫困村永定村荒地705亩栽植珍珠油杏,育成珍珠油杏苗木33.8万株,将永定村34户建档立卡贫困户纳入合作社分红,并制定整村帮扶计划,为他们免费提供珍珠油杏苗木和技术指导,签订回收合同。在带动永定村发展种植珍珠油杏的同时,与永定村委会联系,签署林下种植千亩黑小米种植收购协议,以大手拉小手的方式让贫困户尽快走上脱贫致富路。她针对碱滩镇永定村精准脱贫难的问题,发扬敢于啃"硬骨头"的担当精神,经过多次与镇村干部群众对接,鼓励引导建档立卡贫困家庭劳动力在公司就业,与19户建档立卡户新签订了用工合同,使建档立卡户收入有了保障,户均收入比以前每年增加了2万余元,实现"造血式"脱贫,树立致富路上的典型。

三、发挥平台优势,助力就业创新

通过坚持不懈的奋斗,公司基地被认定为省级返乡创业基地,提供300多个创业岗位,为17家返乡创业人员创办的企业、合作社、家庭农场提供有力的支持,为创业初始人员免费提供创业培训,岗位输入等"一站式"服务,实现"孵化促创业、创业带就业、就业促发展",通过孵化基地平台对大学生自主创业,缓解社会就业压力,提高创业能力,培育创新型人才起着积极的作用。"扶贫车间"建成后,在区委组织部的支持下组织成立丝路寒旱林果专家工作站和人才工作室,依托种植基地成立金满园职业技能培训学校,大力开展新型农民工劳动技能培训,累计培训林果技术工、养殖技术工、园艺工等新型农民工1000多人次,培训合格后签订合同,在公司就业工厂务工,发挥了"就业工厂"建设的辐射带动效应。

四、助力民生福祉,彰显政协情怀

吃水不忘挖井人。她深知企业能有今天的发展离不开党和国家的好政策,离不开政协的培养和鼓励。她始终初心如磐,使命在肩,积极履行社会责任,用爱心回报社会,开展扶危济困、捐资助学、志愿服务等社会公益活动。自2021年当选为政协委员以来,积极响应市、区政协号召,深入市福利院、市特殊教育学校做"爱心妈妈",为3名考上大学的孩子捐助学费6000元;助残日向市特殊教育学校捐赠20000元,并认养大满镇新新村一位6岁女孩,关照其生活起居,还为碱滩镇草湖村贫困户修缮厨房1间并不间断帮扶;2023年元月起,资助紫薇花园一位高二贫困学生每月500元直至其大学毕业,并为其母亲提供工作岗位解决就业问题。前不久,为西路军女红军纪念馆筹建捐资20万元。同时,她带领公司员工积极履行社会责任,用爱心回馈社会,整村帮扶甘州区碱滩镇永定村、高台县新坝镇小泉村,多年来先后为精准扶贫户、留守儿童、孤寡老人、特殊教育学校等群体捐赠物资65.8万元,她用实际行动践行初心和使命,诠释社会担当和责任。

五、奖励属于过往,荣誉砥砺前行

在她坚持不懈的努力下,取得了显著的成绩,在诸多荣誉面前,她不骄不躁,继续严格要求自己,努力奋斗,不断向更高的目标迈进。她说:"新时代的发展为我们每一个干事创业者创造新机遇、开创新局面提供了机会,也为生逢其时的每一个奋斗者提供了干事创业的舞台。作为一名政协委员,我在今后的工作和学习上要继续用思想武装头脑、守正创新、积极进取、勇于担当,努力在乡村振兴的征途上阔步向前,践行绿水青山生态发展,不断探索生态循环农业、创业带动产业的发展模式;不忘初心、牢记使命,感党恩、跟党走,从产业发展到乡村振兴,紧紧围绕健康产业发展思路,以绿色生态为载体、有机农产品加工为主体,把农民增收、企业增效、政府放心、国家安心作为踔厉奋进的使命担当,继续以昂扬的斗志,饱满的激情,继续秉承着'产业富民,共筑中国梦'的使命,践行'感恩奉献、敬畏利他、艰苦奋斗、严以律己'的核心价值观,积极回报社会,不断改革创新,引进现代化管理理念,始终把创业创新作为着力点,带领全体员工积极落实党和国家的乡村振兴战略,艰苦奋斗,切实发挥典型示范作用,争做行业诚信楷模,履职实践,发挥职能优势,推进政协事业高质量发展,为建设幸福美好新甘肃贡献力量!"

作者:张宏瑞　张掖金满园农业科技有限责任公司办公室主任

脱贫攻坚中的委员力量

——记兰州市城关区政协委员魏永祥

在过去很长一段时间,甘肃省白银市会宁县由于自然环境恶劣、干旱少雨、交通不便等原因,是全国有名的贫困县。面对贫瘠的家乡,他自小就励志将来要走出大山,创一番事业,回报家乡、发展家乡,带领家乡老百姓脱贫致富。通过10多年的坚持和不懈努力,他终于在实现自己人生目标的旅途上迈进了一大步,帮扶家乡老百姓在脱贫攻坚、巩固脱贫成果、产业致富方面取得了骄人的成绩,他用实际行动宣传和履行着一个民建会员、一个政协委员的责任和义务。他就是兰州市城关区政协委员、兰州市城关区基层委综合三支部主委、甘肃丝路布衣酒店管理有限公司总经理、会宁县天翔养殖农民专业合作社理事长魏永祥。

魏永祥,1985年出生在甘肃省白银市会宁县侯家川乡下川村下川社的一个农民家庭,父亲魏治甲是一名老共产党员,任村支书20多年,从小对他管教非常严格。由于家境贫寒,他上完初中就外出打工,投身餐饮行业。经过几年的学习、沉淀,2007年,22岁的他在兰州市城关区麦积山路创建川香苑饭庄,一干就是17年,赢得了周边居民和新老顾客的认可;2016年,成立甘肃丝路布衣酒店管理有限公司,该公司是集原材料生产加工、食品研发、教学培训、牛肉面加盟连锁及技术指导为一体的综合加盟连锁餐饮企业;2017年,引进陕菜,创建"秦食煌"陕菜品牌,农民巷总店开业;2019年,创建金城老碗牛肉面特色炒面片连锁品牌,截至目前在兰州有3家直营店,全国有20余家加盟连锁店。在创业的同时,积极向组织靠拢,2017年6月加入中国民主建国会,2021年成为兰州市城关区第十届政协委员。

2019年初,魏永祥联合民建兰州市城关区基层委综合三支部赴兰州市榆中县偏远地区和平镇高营小学慰问留守儿童;联合兰州市城关区皋兰路街道、张掖路街道大众巷社区于2018年至2021年连续4年举办"一碗面温暖一座城"的爱心公益活动,为辖区百岁老人、退伍军人、困难家庭送去慰问品和生活用品。

创建农民专业合作社,开局不利折戟而返

作为生在农村长在农村的魏永祥来说,和所有农民一样,对农村及农村的这片土地具有独特的情怀。在过去,祖祖辈辈们靠这片土地养家糊口,养育了一代又一代人。现在,还是要在这片土地上做文章。要改变老百姓贫穷的现状,必须要改变传统的农耕方式,不能继续靠天吃饭,也不能继续"面朝黄土背朝天",只有将当地农户联合起来,才能集中力量办大事。于是他在考察了很多地方的农民专业合作社后,结合当地的实际情况,于2012年3月牵头成立会宁县天翔养殖农民专业合作社,选举魏治国、魏治邦、魏治军、李俊卿为理事,魏永祥为合作社首届理事长。合作社位于甘肃省白银市会宁县侯家川乡下川村下川社,注册资金400万元,厂区占地面积近4000平方米、待建区6700平方米、散养区域约150亩,以"自愿结合、民主办会、科学管理、共同发展"为经营宗旨。合作社成立初期,主要以牛羊养殖为主,由于资金、管理、市场、技术等原因导致经营不善,于2015年暂时停止经营,真可谓开局不利折戟而返。

合作社转型,帮扶当地农户摆脱贫困,扛起"脱贫攻坚"的大旗

合作社初期的失败,没有击垮魏永祥的决心,在他心中始终有一个改变现状、带动老百姓脱贫的信念。初期的失败反而坚定发了他的意志。他总结了当初失败的原因,他认为首先产品定位要准确、销售渠道要畅通、经营方式要改变,要调动老百姓的积极性。因此他通过市场调研,把眼光瞄准在溜达鸡(即土鸡)养殖上,该项目成本低、好养殖,当地老百姓家家户户都养鸡,也就是老百姓说的"谁家没养鸡、谁家不会养鸡"。他调动所有农户的积极性,大家一起养鸡。农户没钱,合作社提供雏鸡(鸡苗);农户没有销售渠道,合作社来打通销售渠道;农户不会科学养殖,合作社请专家来培训、指导,形成一个"农户+养殖基地+餐饮实体店"的经营和销售模式。合作社收购当地农户的玉米,加工成土鸡饲料,向农户提供鸡苗,由农户进行代养,合作社进行养殖技术指导和回收,彻底解决养殖户的后顾之忧,激发农户养殖的积极性。而且农户不再外出打工,在家门口就业,既能照顾家人,又有收入,达到农户与合作社互惠、互利、互赢的目的。在土鸡销售方面,充分利用其甘肃省烹饪协会副会长、兰州市烹饪协会常务理事、兰州牛肉拉面行业协会监事的有利资源,与兰州餐饮企业签订销售订单,除了将成鸡销售给订单企业外,还拓展销售渠道,充分利用"互联网+"的模式,线上与线下相结合,将合作社产品销售到全国各地。

经营思路形成后,立马投入和实施。2019年初,合作社聘用当地农民、合作社会员之一的魏旭东为合作社经营管理人员,并不断建立健全财务管理制度、会员制度,完善科学养殖技术。先后投资25万余元以"互联网+"的新型模式来构建养殖场,安装摄像头6处,实现多人观看养殖场土鸡放养状态;新建约400平方米鸡舍一个,配套遮阳网、鸡槽等附属设施;新建幼鸡苗喂食区约200平方米;新建孵化厂房200平方米,内设饲料库1个、孵化室1个、疫苗室1个、育雏室3个;购买幼苗鸡笼100个、孵化机1个及加温换气设备。合作社完成基础设施升级后,2020年4月投入鸡苗5000余只,先后带动贫困户3户12人,务工带动2户,订单寄养带动2户,会员6户。重启后的合作社继续以"自愿结合、民主办会、科学管理、共同发展"为方针,旨在构建绿色发展产业链、价值链,推行土鸡放养式健康养殖模式,以标准化提升品质化、以品质化推进品牌化,让每一个人能吃上纯粮食喂养的最有营养、最健康的鸡肉,全力打造适合当地养殖业发展的绿色品牌。

在积极吸纳农户养殖的同时,合作社与甘肃丝路布衣酒店管理有限公司旗下品牌金城老碗牛肉面特色炒面片、兰州金城老碗中央厨房、川香苑祥云面庄、兰州兴一丁烤肉店等签订战略合作伙伴协议;与甘肃德前餐饮管理有限公司、兰州敦煌盛宴大酒店、兰州醉仙楼大酒店、兰州孙子烤肉、玉泉山庄、再回首餐饮等兰州市大型餐饮公司及餐饮店签订产品销售协议；同时与今日头条、美团、抖音等平台签订线上销售推广协议。合作社的土鸡由于肉质鲜美、健康营养，受到消费者的青睐，产品主要销售到兰州各大小餐饮企业，同时远销北京、天津、山东、西宁、银川等地。

为了提高广大农户的科学技术水平，提高农作物产量和养殖产量，提高农民收入水平，2020年，合作社与宁夏瑞邦苑农业科技发展有限公司签订战略合作协议，实现"合作社+公司"的运营模式。该公司具有专业的种植养殖技术和专业的技术人员，与该公司的合作有效地弥补了合作社专业技术不足的短板，实现一对一技术指导、人员培训，使得农户进行科学种植养殖，提高产品科技含量，同时也拓宽了销售渠道，对增加农户收入具有非常重要的意义，为合作社持续、健康、快速发展起到保驾护航的作用。

转型后的合作社不到两年的时间，不但让社员增加了可观的收入，还辐射到周边的农户和合作社，使其改变经营方式；同时解决了当地农户的就业问题，吸收本地农户就业10余人，直接带动农户20余户，间接带动农户近100户，带来社会效益600余万元，有效改善了当地农户的生活，为当地农户脱贫攻坚作出了积极贡献。把生态优势转化成经济发展优势，把土鸡养殖作为带动当地村民脱贫致富的新型产业，让农户跟着土鸡"飞"出一条产业致富新路。

产业立项，带动当地老百姓向小康迈进

全面打赢脱贫攻坚战、振兴乡村经济、巩固脱贫成果防止返贫、全面实现小康社会的目标，其中最重要措施之一就是扶贫乡村产业，积极发挥乡村经济体的带头作用。农民专业合作社是在农村家庭承包经营基础上、由农民自发成立，在工商部门注册的互助性经济组织，换句话说，它们就是分布在农村的一家家"小微企业"，其主要以当地农户或成员为服务对象，提供农产品的加工、贮藏、运输、销售以及有关农业技术、信息等的指导。因此农民合作社成为产业脱贫攻坚、振兴乡村经济、巩固脱贫成果防止返贫、全面实现小康社会目标的重要推动者。

随着国家乡村振兴战略的实施和深入，对农村养殖产业带来了难得的发展机遇。为此,合作社决定在2022年扩大经营规模,计划2022年肉牛养殖150头,产值在2021年的基础上翻一番,达到700余万元,使牛羊养殖更加有效带动周边农户增收致富。原本废弃或者当柴火使用的玉米秸秆,也可以成为增加农户收入的"香饽饽",而且牛羊粪便又可以作为农户发展种植业的有机肥料,逐步形成种植养殖循环产业,成为增加农户收入、振兴地方经济的重要途径之一。

2022年,合作社进行"扩大经营规模,扩大经营范围"的立项。由于各方面的原因,当地闲置土地面积较大,不少闲置土地长期"晒太阳",无人耕种。为了整合土地资源、盘活闲置土地,让更多的农户参与到合作社来,带动农户向小康生活迈进,合作社与当地农户签订了土地租赁合同,流转了800余亩耕地。土地流转之后,合作社充分利用土地资源优势大力发展种植业。其一,种植花椒、小杂粮、马铃薯等;其二,种植政府政策补贴的玉米和大豆;其三,大面积种植青储草和小麦,为养殖业打好喂养饲料的基础;在养殖方面,投入牛羊养殖,引进蛋鸡养殖。同时,通过合作社的形式,发动周边农户养殖(或代养)、种植合作社引进的家畜家禽及农产品。合作社始终坚持采用"农户+养殖基地+餐饮实体店"的经营模式,收购当地农产品,加工成喂养饲料;向农户提供家禽家畜幼苗,由农户进行代养,合作社提供养殖技术指导和回收服务,解决养殖户的后顾之忧。除订单企业销售外,充分利用"互联网+"的模式,线上与线下相结合,将合作社产品销售到全国各地,带动周边农户在家门口就业增收。

土地流转、规模种植、产业化发展,产生了巨大的经济和社会效益。一是部分解决了外出务工人员在农忙季节回家参加生产劳动的问题;二是解决了孤老病残者无劳动能力耕种,土地撂荒、粗放管理等问题;三是解决了农民重复购置机械、资源浪费的问题;四是利用农机合作社机械服务的优势,进行了深耕、秸秆还田,提高了农作物产量,减轻了土地板结,使土地得到良性使用,促进了农民的增产增收,有效保证了粮食的供应稳定。

2023年3月6日下午,习近平总书记看望参加全国政协十四届一次会议的民建、工商联界委员时强,调民营企业家"必须担负促进共同富裕的社会责任",要求民营企业家增强家国情怀,在企业内部积极构建和谐劳动关系,筑牢依法合规经营底线,继承和弘扬中华民族传统美德,做到"富而有责、富而有义、富而有爱"。民营企业家要有回馈社会的大义,积极参与和兴办社会公益慈善事业,展现民营企业家良好风范,传承企业家精神。"有责有义有爱"的企业家,也必将成为民营经济健康发展、高质量发展的有力助推者。而魏永祥正是在这种大背景下,立足当地实际,带动当地农民摆脱贫困,以实际行动兑现自己对当地农户的承诺。通过多年的坚持,合作社从小到大、从弱到强,已经成为推动当地经济高质量发展的重要主体,为帮助当地农户脱贫致富贡献了自己的力量,充分彰显了一个民建会员,一个政协委员的担当和家国情怀。目前合作社以崭新的姿态走上产业发展、产业带动之路,在巩固脱贫成果的道路上,魏永祥带领当地老百姓共同砥砺前行。在老百姓共同富裕的道路上,政协力量发挥着独有的作用,始终闪烁着耀眼的光芒。

供稿:兰州市城关区政协

投身特色农业领域　助力富民特色产业
——记兰州市七里河区政协委员吕斐斌

在兰州,有一位剑胆琴心的女企业家,从创业到创新,从产业开发到精准扶贫,淋漓尽致地诠释着女性的力量。她就是七里河区政协委员、甘肃爽口源生态科技股份有限公司董事长吕斐斌。她把一个普通公司打造成行业龙头企业;她让一个民营企业成为全省富民产业的示范点;她让高原土特产直接配送到一线城市大型综合超市;她让贫困山区农户的腰包鼓了笑脸多了;她让甘肃独一份"甘味"农特产品兰州百合走出国门,走向国外消费者餐桌。作为区级政协委员,吕斐斌多年来带领公司立足特色优势兰州百合产业,创新发展模式,以特色产业为抓手开展精准扶贫,增强贫困片区的"造血"功能,带动农户增收。积极参与全省的精准扶贫精准脱贫,探索了一条带领群众脱贫致富的新路子。在历经创业、壮大、跨越的艰辛与成功之间,在昨天与今天的成就背后,我们看到的是她履行"为人民服务"的委员职责,锲而不舍地追求情系社会关爱民生的企业家情怀。

一、投身创业农业领域,打造特色富民产业

兰州百合作为西北地方名优特产,种植历史悠久;作为世界上唯一的药食同源甜百合,具有很好的营养价值和药用功效。吕斐斌作为创始人,于2008年5月成立了甘肃爽口源生态科技股份有限公司,从事甘肃特色农产品兰州百合的全产业链综合开发,凭借良好的业务往来和周到、优质、高效的服务管理,公司在竞争激烈的市场环境中,短时期内就赢得了国内外客户的信赖和肯定,并逐渐发展壮大。2015年6月,公司作为兰州市首家农业企业成功在新三板挂牌上市(证券代码:832558)。吕斐斌心中有一幅蓝

图:"兰州百合一定要以质取胜,出精品做品牌,走出国门走向世界。"十多年的精心打造与呵护,兰州百合产业已发展成为一个特色产业、扶贫产业、优势产业、品牌产业。在她的带领下,公司逐步着眼其区域特色资源,立足中国百合之都,紧扣和突出"唯一性",瞄准市场前沿,积极扩大种植规模,带动更多群众脱贫致富奔小康。爽口源股份以"企业+合作社+基地+农户"的产业发展模式,打造了万亩生态原产地保护种植基地,形成了"国家地理标志保护产品""有机产品""绿色食品"和"出口农产品种植场"品牌,集中连片建设标准化生产基地。通过严格的质量体系管理标准,以技术培训及种植示范的方式,将企业已成熟的种球繁育技术、优质高产标准化栽培技术成功应用于百合种植生产中,提供每年1000多人次的田间技术指导服务,帮助百合种植区农户规范化种植生产,在保障原生态、绿色百合原料生产的基础上,实现增产增效,促进农户增收致富。

二、潜心铸造行业品牌,创新精深加工生产

多年来,吕斐斌在新产品新技术科研创新的征程上不断坚持、不懈追求。从生产者手中的优质产品,到消费者心中的品牌,吕斐斌以独到的眼光瞄准国际领先的新技术新设备,建立与国际标准接轨的质量保证体系,打造出了"爽口源"牌净片即食碗装鲜百合产品,受到国内外广大消费者的认可与喜爱。在她的带领下,创新研发的国际领先的物理杀菌保鲜专利技术已成功应用于"Mini碗装片状鲜百合"新产品,该产品2015年被评为"陇原农宝·兰州十宝",2016年被评为"甘肃名牌产品"。其保留了兰州百合的固有清香和洁白如玉的外观,解决了兰州鲜百合不易长时间存贮和不能远洋运输的难题,提升了兰州百合的国际市场价值与品牌形象。公司通过对外贸易、国内区域代理、电子商务以及国内集团化大客户等销售渠道,促进兰州百合优质产品的对外销售和推广。目前,"爽口源"鲜百合产品在国际市场上已被打造成一张甘肃特产通往世界的名片,并被消费者誉为"蔬菜人参"。

三、建立扶贫生产车间解决乡村妇女上岗就业

在充分利用当地独特的甘肃名优特产兰州百合资源优势下,吕斐斌委员带领科研团队不断创新研发出药食同源百合新产品,已经建成了年产2000吨的百合系列产品精深加工生产线,提升了兰州百合产品附加值和市场竞争力。同时,公司工厂解决了七里河区及周边贫困地区女性的就业问题,安置了150多名乡村妇女进厂务工,其中有22名精准扶贫户妇女,使乡村妇女通过就业增加工资收入,增强了她们参与社会生产的信心。带领公司实现工厂女工月最高工资5350元,月最低工资2670元的目标,2019年全年公司支付务工女工工资达787.62万元。公司工厂出口加工车间于2018年11月被授予"扶贫车间"称号,2019年被授予"巾帼扶贫车间"称号,2020年获得"优秀扶贫车间"称号。

四、带领企业扎根贫困村,助力精准扶贫

在吕斐斌的带领和不懈努力下,爽口源公司在推动兰州百合产业发展的同时,响应省委、省政府号召,积极参与整村推进精准扶贫。2015年,爽口源公司出资130万元,采用"折资量化、分红到户"的方式,连续5年让鹞子岭村73户精准扶贫户246名贫困人口参与享受企业生产发展红利,公司以基本金为基础按比例分红帮扶贫困农户,增加帮扶贫困农户的家庭收入。通过扶贫培训引导受助农户思想意识转变,以点带面辐射贫困户增强"自身增收致富"能力。爽口源公司着力实施"巾帼脱贫行动",充分发挥妇女半边天作用和妇联组织的独特作用。近年来,吕斐斌带领公司女性员工,激扬巾帼之志,奉献巾帼之力,彰显巾帼之美,努力做创新型的新时代女性,同时组织联合行业中10多家合作社成立甘肃省巾帼特色产业(百合)联盟,创新发展模式,以特色产业为抓手开展精准扶贫,增强贫困片区的"造血"功能,带动农村妇女增收致富。在积极参与全省的精准扶贫精准脱贫战略中,探索了一条带领妇女脱贫致富的新路子。

五、积极参与社会公益，彰显政协委员风采

在吕斐斌的带领下，公司积极参与到社会公益事业当中，奉献爱心。第一，关注弱势群体奉献爱心。2016年3月16日，赴兰州市儿童福利院送温暖、献爱心，将原生态的营养百合送给孩子们，希望他们能够健康快乐地成长。第二，"爱心助学金"帮助贫困山区孩子圆校园梦。2017年，在吕斐斌的带领下，前往七山乡雄湾村为建档立卡贫困户学子送上爱心助学金，在帮困帮扶的同时实施了爱心助学，为永登县七山乡雄湾村的10个学生每人捐助了2000元的爱心助学金。第三，爱心助学捐赠陪伴孩子健康成长。2019年6月，为柴家河小学捐赠爱心助学物资小学生课外读物近800册及爱心书包，一个个书包、一本本课外读物承载着爱和关怀，也承载着孩子们的快乐与梦想。第四，捐助资金积极帮扶贫困农村发展。2019年10月，为兰州市永登县通远乡团庄村捐赠2万元，帮扶该村开展护坡工程建设项目，为贫困村镇健全和完善乡村基础设施建设奉献爱心。2020年10月，在吕斐斌委员的带领下，驱车400公里亲自为永登县雄湾村的9个学生每人捐助了2000元的爱心助学金。

"政协委员要为人民服务"，这是一句再简单、朴实不过的话，吕斐斌正是以自己的实际行动来实践着这句话，证明着这句话。在"委员在行动"活动中，作为一名政协委员，吕斐斌始终牢记党的宗旨，始终牢记委员的职责，不仅要把自己的公司做大做强，还要以产业发展、扶贫攻坚等建设为重点，认真履职，积极作为，为推进兰州市经济社会健康持续发展贡献力量，为贫困地区农户搞好服务，排忧解难，并带动大家共同致富。平凡中孕育不平凡的人生，奉献中闪烁着璀璨的光芒。如今吕斐斌带领的企业正在蓬勃发展，贫困乡村也正在发生着翻天覆地的变化。无论是作为企业领导，还是政协委员或人民代表，吕斐斌始终坚持为民、爱民，始终情系社会，关爱民生。

供稿：兰州市七里河区政协

先富帮后富　恒昌路"恒昌"

——记金昌市政协委员施正迁

在金昌,"恒昌",是一个个幸福家园的总冠名;在金昌,"恒昌"二字,也是一个民营企业人士回馈第二故乡的美好祈愿。

他叫施正迁,浙江瑞安人,现为甘肃绿城房地产开发有限公司董事长,金昌市第五届至第九届政协常委,原金昌市温州商会会长。他创建的企业入驻金昌20年来,随着一个个高质量住宅小区拔地而起,优良优质的人居环境,不仅引领了金昌住宅建设新理念,他的企业也成长为金昌首屈一指的地产企业。富而思源,反哺于"源",负责任、有担当,是施正迁作为一个民营企业家的情怀,也是助力金昌打赢脱贫攻坚战的精神源泉。

政府助推　"恒昌"入金

2003年8月,第十一届"兰洽会"在省城兰州国际博览中心隆重举行,乘着西部大开发的热潮,在家乡积累了"第一桶金"的施正迁怀揣着梦想,来到这个盛会上寻求新的发展商机。是金昌招商引资的优惠政策和良好的营商环境,吸引了35岁的他来金昌兴业投资。签约、订合同,一项项手续办下来后,施正迁对金昌的印象仍停留在纸面上。

当年11月,施正迁和妻子来到金昌实地考察。然而天公不作美,一场大雪,让他俩有点措手不及,妻子更是一不小心滑倒在雪地上,摔伤了腿脚。看惯了绿水青山,乍一面对初冬金昌荒凉的景色,夫妻俩有点灰心,妻子更是决绝地要回老家另寻发展门路。拗不过妻子,施正迁只好买票回家。就在他们进站上火车的时候,闻讯赶来的市招商局领导把他们挡在了车站。经过一番劝说,施正迁的思路打开了:当时的金昌居民住房建设尚停留在集资建房阶段,建成区住宅周围几乎全是裸露的原生态戈壁,绿化更是不尽如人意。金昌没有商品住宅,不正是地产企业最大的商机么?

说干就干。2004年4月,恒昌花园在金昌崭新亮相,这个花园式住宅庭院,吸引了金昌人的目光,一时间申购者云集。绿树、小径,过硬的质量,再加上良好的物业管理,恒昌花园为施正迁一举打开了金昌楼市的大门。随后恒昌国际、恒昌豪庭、恒昌华府、恒昌一品以及正在开发的恒昌首府等一一成为热门楼盘。金杯银杯不如口碑,如今以恒昌冠名的住宅小区已增加到了6个,各个小区入住率都在98%以上,成为金昌人优先选择入住的家园。

知恩反哺　"恒昌"发力

创造财富的过程,也是责任共担的过程。

2016年3月,施正迁要帮助永昌县新城子镇西湾村建设敬老院的消息不胫而走。让这两家牵手建设流泽久远的项目的,是金昌市工商联和金昌市扶贫办。

西湾村是永昌县第二大村,也是全县15个插花型贫困村之一。全村因病、因残致贫人口128户,468人。了解到村上部分贫困户住房年久失修,地企帮扶计划决定从建设集中养老住宅入手。建房是绿城公司的长项,选地、户型设计、材料供应、装潢、上下水等等,工程建设在质与量方面,实现了公司一贯追求的"恒昌速度""恒昌品质"。

半年多时间转瞬而过,绿城公司帮扶成果已然显现:20套崭新的砖混结构、现浇屋顶的瓦房拔地而起,屋内全部生活用具,甚至连被子枕头都由绿城公司为入住老人一站式配齐。

7年过去了,如今,一座座灰瓦白墙映照的院落已是生机勃勃、美观温馨。7月25日,笔者一行人推开70多岁的沈万林老人的院门,30多平方米的小院内,菜地里胡萝卜旺盛地生长着,菜地边的小花引得蜜蜂飞来飞去,沈万林70多岁的老伴站在门前笑容可掬。进得屋来,一张大火炕干净整洁,厨房内厨柜厨具一应俱全。卫生间中,一色的白色梳妆柜、洗脸台、坐式马桶、电热水器泛着亮光,让这个只有45平方米的新家显得井井有条。

说起住所变化,沈奶奶说:"住进这个家,再也不用'灰浪泼土(永昌方言,与灰头土脸意近)'地过日子了。""灰浪泼土"是过去的土坯房留给沈奶奶的恒久记忆,现在做饭不用煤、上厕所不出门,还能洗热水澡,居住在这里的低保户、老党员们过上了他们大半辈子都不曾奢望的生活,其中的快乐不言而喻。

随行的村支书赵守康告诉我们,除了没有暖气,这里的其他条件与城市住宅完全一样。绿城公司结对帮扶西湾村,为社会力量参与脱贫攻坚起到了示范引领作用,总投资300多万元的这个敬老院,在当时脱贫攻坚行动中也是一个大手笔。

如果说建房扶贫只是一种兜底式扶贫的话,那么,绿城公司为金川区双湾镇重建文昌阁应该算是输血式帮扶的一个范例。

这几年,金川区大抓文化旅游产业,自然基础良好的双湾镇,成为借文旅产业振兴乡村经济的首选地。2019年,金川区将目标锁定位于双湾镇陈家沟村的文昌阁重建上。当时,这个历时400多年的古建筑群,只有文昌庙院内几间破旧的土房,而兴盛一时的文昌阁已荡然无存。如何在原址上按原样修建文昌阁呢?时任区委书记的义战鹰想到了施正迁。经过原地考察、查看原图,施正迁提出了可行性方案,并全款承包了所有费用。

如今投资300多万元的文昌阁,颇为壮观地矗立在双湾镇政府所在地,每年中高考前都能吸引十里八乡的学子前来拜谒孔子,初步带动了当地乡村旅游业发展。

慈善助推 "善的循环"

2022年2月3日早晨10点多,施正迁手机短信提示音准点响起。打开手机,一行文字映入眼帘:"施董、陈总过年好!张继的妈妈携张继给你们拜年!祝你们虎年吉祥!"短短几句话,让夫妻俩心里热乎乎的。

这样的拜年信息这几年都会准时出现在施正迁夫妇的手机上。张继是施正迁在金昌资助的一个大学生。这个孩子曾经以优异成绩考入北京大学,并进入该校医学院本硕连读生行列,但因家庭收入微薄,孩子因学费难酬,面临辍学困境。在金昌市总工会当年举办的金秋助学大会上,得知这么优秀的孩子所处的困境,施正迁毫不犹豫地承包了孩子的学费,并将每年的学费按时打到孩子的银行卡上,帮助孩子顺利完成了学业。

像张继这样的孩子,施正迁已经帮助了15名。做一名有社会责任感的企业家,是"富而思源"的施正迁20多年来努力的方向。为了这个"方向",他开始认真践行日本著名企业家松下幸之助提出的"善的循环"理念。

被推选为政协委员以来,施正迁多次提出设立金昌市慈善总会的建议,经过多方努力,这个意见建议得到了金昌市委、市政府的支持2010年,金昌市慈善总会成立,施正迁当选为副会长。

至此,施正迁在这个慈善平台上更加积极地展示"善的循环":在金昌"金秋助学"活动中,他带头赞助贫困大学生;在各地发生灾情时,他第一时间积极捐赠;逢年过节时,积极走访慰问贫困户……近几年来,他累计捐款捐物433.3万元,在社会上传播和推广慈善理念效果显著,为发展金昌市的慈善事业作出了贡献。

民有所呼,我有所应。在扶贫帮困的路上,施正迁付出了物质财富,收获了精神回报。他的企业获得了一系列荣誉:金昌市优秀房地产开发企业、金昌市诚信单位、金昌市纳税A+优秀单位、甘肃省非公有制企业纳税100强。金昌市2005—2007年度纳税50强、甘肃省首届房地产开发企业30强、甘肃省第二届房地产开发企业30强(第8名)、2009—2010年度中国房地产诚信企业、甘肃省诚信单位、金昌市2014、2015年度非公有制企业缴纳税前10强、金昌市2014年度非公有制企业营业收入前10强、金昌精准扶贫先进单位、2018年甘肃省民营企业纳税50强(第31名)、2019年金昌市光彩事业促进会副会长单位等。他本人也被金昌市委、市政府授予"优秀社会主义事业建设者"称号。

未来正当时,本着"真诚、善意、精致、完美"的经营理念,相信在企业稳健发展的路上,恒昌"恒昌",施正迁和他的企业会与金昌人民一同走上新时代共同富裕的阳光大道。

作者:甘春香　原金昌日报社新闻中心主任、高级编辑

情系东乡扶贫事 "孔雀"北飞做"羊倌"
——记兰州鑫源现代农业科技开发有限公司董事长尹建敏

一副娇小的身板儿,她带领团队勇闯西北高原,从清洁能源起步开始创业;胆魄、感恩、孝道、责任、爱心,汇聚于她舒展的双臂,羽翼下是一户户贫困家庭的温暖港湾;不忘创业初心,牢记攻坚使命,在通往幸福的征程上,她用一串串脚印丈量土地,用拳拳爱心倾注脱贫攻坚事业。

她,就是集全国人大代表、甘肃省工商联副主席、省光彩事业促进会副会长、十二届临夏州政协委员、十三十四届东乡县政协委员等10多个职务头衔为一身的兰州鑫源现代农业科技开发有限公司董事长尹建敏。

2020年10月17日,全国脱贫攻坚表彰大会暨首场脱贫攻坚先进事迹报告会在北京举行,尹建敏荣获"全国脱贫攻坚奉献奖"荣誉称号,她身着满族服装,满怀着发自内心的深情向人们讲述着她的扶贫故事。

2013年2月,习近平总书记到东乡考察。当地贫困群众因缺乏增收产业的窘困的新闻镜头,让尹建敏看在眼里,记在心头。从这一刻开始,她就决定要带领团队将扶贫新战场转向国家级深度贫困地区"三区三州"之一的临夏州东乡族自治县。

东乡族自治县自然条件差,扶贫任务重,矛盾问题突出。对此,尹建敏和她的团队制定了扶贫项目"三步走"战略。政府对接、实地调研是精准扶贫的重要一步。东乡县扶贫工作点多面广,建档立卡农户多,她和她的团队就积极主动与当地政府进行对接,听取政府部门对扶贫项目的需求,了解当地脱贫目标、自然条件及相关政策,建立扶贫工作联络机制,保障信息沟通顺畅。同时,按照针对不同贫困区域环境、不同贫困农户状况,运用科学有效程序对扶贫对象实施精确识别、精确帮扶、精确管理的扶贫方式,她带领团队先后走访9个乡镇、40多个村,拜访100余户贫困户。三年累计行程15万公里,细化制定8类35项调研项目,与政府、群众先后召开30余次研讨会、碰头会,通过深入调研,确实找到"'贫根'对症下药"。

在东乡县,有"无羊不成家"的说法,当地农户历来有养羊的传统。但受环境、经济条件制约,东乡的羊产业还未形成规模。方案制定后,基地建设是精准扶贫的关键一步。找准"贫根"怎么办?对症下药是关键。尹建敏和她的团队白天与政府、行政村和农户认真研究对接,晚上与外地专家召开视频会议,组织产业扶贫方案拟定,经过20多天夜以继日的工作,结合当地实际情况,按照"一村一策、一地一案"的原则,创新发展"龙头企业+乡镇+行政村+基地+农户"的"东乡扶贫"模式,制定扶贫"三个明确、四个支撑、五个落地"战略。

2018年,尹建敏投资成立东乡县伊东羊业科技开发有限公司,并按照计划给当地村民发羊,贫困户每户4只羊,3只母羊1只公羊,养成后再以高于市场价格进行收购。截至脱贫攻坚战取得全面胜利,公司连续在东乡县各乡镇5000余户建档立卡户中投放种羊21000余只,带动12个行政村、6个养殖专业合作社规模化养殖;订单收购农民全株玉米4000多亩进行青贮加工1.5万余吨。同时,在已培训4000余人次养殖户的基础上,年带动合作社10个,带动1万多户贫困农民稳定脱贫。

尹建敏还在走访中发现,当地农村妇女们平时主要是在家照顾老人、孩子,鲜有就业机会。同年,她成立东乡县伊淼食用菌科技开发有限公司,新建日产6万袋的黑木耳菌棒加工及种植产业园扶贫项目。

如今,在新建的黑木耳种植基地里,200多名东乡族妇女在家门口就业,操作熟练的妇女通过采耳、挂袋等工作每月最高收入能达到5000余元。

扶贫重在扶智,尹建敏还专门开设针对农村妇女的培训班,帮助她们掌握一技之长,同时聘请专家教授成立农民田间学校,传授农业科技知识,截至目前已有5000多人次接受了农业技术培训。

尹建敏经常说,作为一名民营企业家应怀感恩之心,承担起社会责任,责无旁贷地冲在扶贫前线,通过挖掘产业、扶智扶志带动贫困户脱贫。

"我们要做扎根式扶贫,挖掘每个县的特色产业,每个产品不仅是当地独一无二的,更要是当地农民所喜好的、愿意去从事的,而不是一种浮于表面的扶贫,这就需要前期多次深入农村去调研、去和农民打交道。"尹建敏称。

正是源于这份坚守,尹建敏先后获得全国三八红旗手标兵,全国劳动模范,全国脱贫攻坚奖奉献奖,全国民族团结进步模范个人,最美巾帼奋斗者,各民主党派、工商联、无党派人士为全面建成小康社会做贡献先进个人,全国五一劳动奖章,全国三八红旗手,第八届全国道德模范提名奖,第七届全国道德模范提名奖,中国好人等荣誉。

"我觉得扶贫是我永远不能推卸的责任,能让山区的农民彻底摆脱贫穷,改变他们的人生,改变他们的命运,这是我一生最大的成就和骄傲。""我把人生的赌注押在了东乡,把30年的创业经验、财富押在了东乡,在东乡成就我最后的人生。"看着扶贫产业已经规模化有序发展,脱贫农户收入日渐增多,脱贫攻坚与乡村振兴有效衔接,各项事业蒸蒸日上,尹建敏倍感欣慰,并暗下决心:将继续按照习近平总书记指示要求,紧跟党和政府的战略部署,带着这些与她在扶贫道路上一起走过来的农户大步奔向更加幸福美好的新生活。

供稿:兰州市政协

帮扶关爱,我们在行动

爱是一种无声的力量。在推进脱贫攻坚和乡村振兴有效衔接过程中,我作为一名政协委员,积极发挥政协委员作用,用心用情开展帮扶关爱工作,真切感受到政协委员与群众之间的关系更为紧密,感情更为贴近,政协委员的帮扶行动更为真实具体。

天祝县天堂镇查干村位于天堂镇东北部,有4个村民小组,147户491人。查干村是我在天祝县政务服务中心工作期间的帮扶联系点,在这里我有3户帮扶联系对象,其中1户很特别,是单亲家庭,家中有两位老人,孙女在毕业实习期,孙子上小学,户主乔芝花因丈夫离世,远嫁青海,家中实际4口人,爷爷奶奶和两个孙子。爷爷虽已年过花甲,却是家里的顶梁柱,家中两位老人是五保人员,还靠种植中药材、养殖过日子。爷爷常说:"现在社会好,政策好,吃穿不愁,住得舒适安全,看病能报销,孩子上学全免费。只要我们老百姓自己肯吃苦,日子会一天比一天好!"

对这个特殊的家庭,我除了送去米面等物质上的帮助,更加关注的是他们小孙子的学习情况,时常为孩子送去课外读物、学习用品。在我刚联系他们家时,当年腊月正值"大肉"价格上涨、肉价最好的时节,我积极宣传动员,为他家的"土猪肉"找销路,包括自己在内积极购买,为他家增加收入。

2020年寒冬腊月,我们到村上开展"迎新春、送温暖、送慰问"活动,到乔家进行节日慰问,一进门奶奶便热情地端上刚出锅的油果子,非得让大伙尝尝。我们只好坐下来品尝难得的美味。奶奶炸的油果子是我至今吃过的最醇香的美味,"香、酥、脆、软",比买的糕点还好吃。说起这好吃的油果子,奶奶更是满脸自豪,她说:"面里加了牛奶、啤酒、白糖,看着跟普通的油果子一样，其实里面的香甜只有吃了才能感受到。这好比我们现在日子，我们打心里感谢党的好政策，加上帮扶干部的扶持，让我们在脱贫攻坚的路上一个都未落下，一个个都奔小康了！"

好日子刚来到，可惜天不遂人愿，全面进入小康后的第二年，爷爷得了直肠癌，他住院治疗期间我多次前去看望。最终无情的病魔还是带走了爷爷，家里没了顶梁柱，情况变得更加让人揪心。不巧的是，此时因工作单位调整，我也不再联系他家，但这个特殊的家庭却时刻牵动着我的心。两年来，春节前我仍会去探望奶奶。现在她家孙女儿已走上工作岗位，小孙子也上了初中，学习很刻苦，一家人的生活在一天天变好。困难面前不低头，幸福美好新生活靠自己。看着他们一家一切朝着好的方向发展，我由衷地替他们感到高兴。

身为政协委员的我，同时也是一位民盟会员。在帮扶的路上，一个人的力量是微小的、薄弱的。"众人拾柴火焰高"，为此我多方汇聚力量，尽最大的努力去帮扶。近年来，我组织号召民盟天祝县支部的盟员，发挥所长，服务所需，为群众办好事、办实事。先后组织支部医疗卫生界和书画界盟员为查干村群众开展上门义诊、送春联等活动，活动中接诊患者60余人次，赠送春联600余幅。同时还积极汇报申请民盟甘肃省委、民盟武威市委在哈溪镇开展"送医送药送温暖"义诊活动，接诊患者230余人次，免收各类检查检验费用2000余元，捐赠价值1.2万元药品，发放宣传材料1000余份，开展慢性病防治、急救知识全民普及培训等活动2次。积极汇报争取民盟江苏省委、民盟苏州市委为天堂镇天堂学校捐赠价值20余万元的图书、净水器、教学设备等。

时光转动，不变的是帮扶关爱。天祝县打柴沟镇大湾村位于天祝县西北部，有2个村民小组，因工作岗位调整，我的帮扶联系户调整到了这个村。薛银祥就是大湾村115户未脱贫户中的一员，是我新的帮扶联系对象。第一次见到他是在村委会，他有点瘦弱，但很精神，不走路也看不出他的腿有"毛病"，更让我惊讶的是他还开着车。一个截肢后装有假肢的人，精干利索，让我怎么也想不到他是个腿有残疾的人。

薛银祥家有4口人，大儿子在西藏务工，小儿子在甘肃交通职业学院上学。因腿有残疾，家中缺少劳力是他最大的困惑。他虽身患残疾，但意志坚强，生活有计划、有目标，更有拼劲，他家养了160多只羊。乡村振兴，产业先行，有产业就有发展后劲，在饲草料种植、收割，羊只出售方面，我积极替他想办法、谋出路，他很是感激。去年中秋节，在他们最忙碌的收获季节，我收到他发来的中秋节问候与祝福短信。收到短信，我除了迅速为他送上祝福，更多的是惊讶和感动，我觉得他确实是把我这个帮扶干部当成他家真正的"亲戚"了。

"始终把人民群众放在心中最高位置，多到基层一线、田间地头、农户家中，和群众拉家常、打交道、交朋友，认真倾听群众意见建议，时时处处与群众同甘苦、共忧乐、齐奋进。"这是政协委员的职责所在。立足本职，倾己所能。作为政协委员，帮扶关爱不仅要体现在自己的帮扶户，还需要把关爱的光圈放大。"重阳节"期间，我组织民盟天祝县支部盟员赴岔口驿敬老院开展"情暖夕阳、关爱老人"健康义诊服务活动。今年春节前组织盟员为华藏寺镇野雉沟村群众书写赠送春联100余幅，在"三八"妇女节期间为该村妇女开展健康义诊活动，为华藏寺镇学勤社区居民开展健康知识专题讲座活动。在大湾村下村入户时，我还为村上五保老人打扫庭院，购买生活用品。

一滴水能折射出太阳的光辉！脱贫攻坚和乡村振兴有效衔接，帮扶关爱是不变的主题，是我们每位帮扶干部的职责所在，也是政协委员的"实操"作业，我将继续通过热情的帮扶关爱行动，展现政协委员新气象、新作为。

作者：温占莲　天祝县政协常委、民盟天祝县支部副主委、县统计执法队副队长

委员中的扶贫先锋董西成

> 脚下沾有多少泥土,心中就沉淀多少真情。
>
> ——题记

2021年2月25日,全国脱贫攻坚总结表彰大会在北京人民大会堂隆重举行。时任武山县政协九届委员、扶贫办主任董西成被中共中央、国务院授予"全国脱贫攻坚先进个人"荣誉称号,受到习近平总书记集体接见并合影留念。

1975年8月,董西成出生于甘肃省天水市武山县一个偏僻的山村,2000年7月天水师范学院汉语言文学教育专业毕业,先后供职于武山县编办、县委办、政府办、扶贫办、乡村振兴局等单位,历任县委办副主任科员、政府办副主任、法制办主任、县政府机关党组副书记、扶贫办主任、乡村振兴局局长等职,现任天水市监委委员。2006年6月,他的学术论文《浅谈乡镇事业单位机构设置与管理体制改革》在《甘肃人事》杂志发表。他干一行爱一行,在不同岗位上都干出了优异业绩,赢得了组织的肯定和群众的好评。在脱贫攻坚岗位上,他团结带领全县扶贫系统广大干部,在县委、县政府的坚强领导下,组织实施了武山历史上规模最大、力度最强的脱贫攻坚战,将自己的美好年华奉献给了脱贫事业。他和全县干部群众一起,同心协力,克难攻坚,通过艰苦卓绝的持续奋战,武山县12.2万农村贫困人口全部脱贫,156个贫困村提前两年退出,在全市率先实现整县脱贫摘帽,历史性地解决了千百年来困扰武山发展的绝对贫困和整体贫困问题。2019年,武山县被评为全省脱贫攻坚先进集体。2021年5月,武山县扶贫开发办公室被评为全省脱贫攻坚先进集体。

重担在肩　不待扬鞭自奋蹄

翻开泛黄的史书,"陇中苦瘠甲天下"的记载不绝如缕。自古以来,甘肃就是全国最贫困的地区之一,武山县又是全省最贫困的地区之一,2013年底全县建档立卡贫困人口2.71万户12.2万人,贫困村156个,其中深度贫困村73个,贫困发生率高达28.67%。面对如此艰巨的脱贫任务,董西成不怕苦、不畏难,全身心投入脱贫攻坚这场没有硝烟的战争,用自己的实际行动树立了特别能吃苦、特别能战斗、特别敢担当的扶贫干部形象。他时刻牢记,让武山人民过上更加富裕幸福的生活,是自己的光荣使命和重大责任,始终把打赢打好脱贫攻坚战作为首要政治任务、头等大事和第一民生工程来抓,既当"指挥员"又当"战斗员",亲力亲为抓各项任务落实,集中力量突破难中之难,以敢死拼命的精神、争分夺秒的劲头、求真务实的作风、前所未有的力度,向绝对贫困发起"背水一战"的总攻。

用心用情　深入群众解民忧

董西成在脱贫攻坚工作中经常深入基层搞调研、查实情、访民意,在田间地头、在农家院落、在项目现场,面对面了解群众所需所盼,心贴心解决群众所急所忧,始终同贫困群众想在一起、干在一起。大家的一桩桩、一件件"急难愁盼"的事都记进了他装在心中的民生账本上。几年下来,全县156个贫困村和所有的边远自然村都留下了他的足迹。很多群众都认识了这位既亲切又务实的扶贫办主任。在他的带领下,全县扶贫系统广大干部大力发扬艰苦奋斗的优良作风,坚持深入一线解决难题,深入基层落实政策,在全县上下形成了聚精会神谋脱贫、全力以赴打硬仗的坚定决心和浓厚氛围。他工作务实、善于总结,能够坚决贯彻精准扶贫方略。他经常把调研了解的各种情况及时汇总整理,深入研究,找准短板和弱项,提出了许多具有原创性、独特性的工作举措。他先后牵头制定了《武山县"十三五"易地扶贫搬迁产业发展实施方案》等一系列指导性文件,形成了一整套系统完备、务实管用的工作落实支撑体系,为打赢打好脱贫攻坚战、提高脱贫质量提供了有力支撑。

勇于担当　夯实基础抓巩固

董西成深知,要改善群众生产生活条件,带领群众走上致富道路,最要紧的就是加快基础设施建设。任扶贫办主任以来,他始终把水、路、房等基础设施建设和完善公共服务保障作为加快脱贫步伐的重要抓手,认真组织开展了"3+1"冲刺清零后续行动和"5+1"专项提升行动,坚持经常深入项目现场和基层一线,亲自督项目进度、查任务落实,组织各部门、各单位全力补齐贫困群众住房、上学、吃水、就医等方面的短板弱项。经过全县上下的不懈努力,武山县基础设施得到很大改善。建成农村安全饮水工程55处,硬化沙化通村道路246公里;新建改建农村电网427公里,农村校舍22万平方米,标准化村卫生室329个。42.68万群众通过实施农村安全饮水工程吃上了干净放心的自来水。全县1044个自然村,除21个因不具备硬化条件而砂化外,其余1023个自然村通村道路全部硬化。9273户贫困群众通过农村危旧房改造住上了安全亮堂的好房子。1465户贫困家庭通过易地扶贫搬迁走进了新家园。56个贫困村通过人居环境整治焕发出新面貌。"两不愁三保障"目标全面完成。实现了"村村通公路、户户自来水、家家无危房"目标,群众的生产生活条件显著改善,获得感、幸福感和安全感明显提升。

全县实现整县脱贫摘帽后,董西成仍然保持钉钉子、啃硬骨头的精神,坚持把问题整改作为提升脱贫质量和决战决胜脱贫攻坚的有效手段,牵头制定了《武山县脱贫攻坚冲刺清零实施方案》,建立健全了全县脱贫攻坚指挥、责任、帮扶和督导"四大体系"和问题彻查整改"日统计、周调度"等机制,积极督促乡镇和部门逐村逐户逐人逐项核查摸底,建立问题清单,逐项对账销号,确保了扶贫领域各级各类问题得到全面有效整改。

善作善为　拓宽渠道促增收

拓宽增收渠道是助推贫困群众实现稳定脱贫的治本之策。为了让群众找到效益好、见效快的增收产业,他在多次学习考察外地经验、深入调研本县实情、广泛征求群众意见的基础上,结合省、市部署和县上决策,全力参与构建完善生产组织、投入保障、产销对接、风险防范"四大体系",因地制宜扶持群众发展蔬菜、劳务、中药材、畜牧、果品等特色富民产业和"五小"产业。经过不懈努力,全县形成"蔬菜主导、多业并举"的富民产业体系,基本实现了县有主导产业、村有致富产业、户有增收项目的目标。特别是大力扶植豆角种植,通过产业带动,贫困群众收入大幅提高,人均纯收入从2013年底的2518元增加到2020年的8624元,较"十二五"末增长2.74倍。通过认真落实建立产业带贫机制,推进光伏扶贫、水果玉米和到户产业扶持资金入股龙头企业专业合作社等措施,带动13000多户贫困群众增收600至2000元。他紧盯"就业是最大的民生"目标,狠抓农民就业问题,累计培训劳动力5.08万人,近3年年均输转10万人以上,创收超过20亿元。

夙夜在公　振兴乡村践使命

在乡村振兴的新征程中,董西成把曾经取得的成绩和荣誉转换为接续推动工作的动力,身体力行弘扬脱贫攻坚精神,坚持把防止规模性返贫、巩固拓展脱贫攻坚成果同乡村振兴有效衔接作为底线性任务,严格对照中央和省市部署要求,紧紧围绕乡村产业发展、精神文明建设、农村生态改善、农业农村改革、乡村建设行动、城乡融合发展、乡村治理等重点任务落实,牵头制定了《全县实现巩固拓展脱贫攻坚成果同乡村振兴有效衔接实施意见》《健全完善防止返贫动态监测和帮扶机制的实施方案》和工作要点、任务清单,组织编制了《全县"十四五"时期巩固拓展脱贫攻坚成果同乡村振兴有效衔接规划》。在防止返贫动态监测和帮扶方面,他亲自研究指导创建了"武山帮扶通"微信小程序,拓宽畅通了农户自主申报渠道,使全县防止返贫动态监测和帮扶更加精准有效,做到了早发现、早干预、早帮扶,筑牢了返贫致贫防线。

于非常之时,以非常之举,尽非常之力。脱贫攻坚是干出来的,靠的是干部群众齐心协力。在这场"战役"中,无数个像董西成这样的政协委员们脚踩泥土,心怀真情,成了甘肃脱贫攻坚的一支重要力量。

作者:李睿博　武山县委办公室副主任

情系贫困乡亲

对于庄浪人来说,2015年是不平凡的一年,精准扶贫的春风唤醒了这个地处国家六盘山集中连片特困地区。中共庄浪县委、县政府作出部署,组建帮扶工作队,指导帮助贫困村贫困户开展精准扶贫精准脱贫,号召企业开展"百企帮百村"计划。在这场精准脱贫攻坚战中,庄浪县中天房地产开发有限责任公司责无旁贷,放眼全县,从2015年开始,向社会投资5800多万元,用于发展全县旅游事业,捐赠1200多万元开展公益事业,为全县脱贫攻坚事业作出了杰出贡献,为全县民营企业开展精准扶贫和精准脱贫工作树立了榜样,探索出了一条企业扶贫的新路子。

一、心系百姓疾苦,长期坚持救助

在轰轰烈烈的精准扶贫工作开展过程中,中天房地产开发有限责任公司董事长兼总经理李宝强"先天下之忧而忧,后天下之乐而乐",他在全县范围内开展摸底调查,为全县重点贫困户建立档案,并开通帮扶热线。只要哪家贫困户有辍学学生或存在生活困难,李宝强总是第一时间赶到,了解实际情况,慷慨解囊,近6年来,每年都拿出30万元帮助上千名学生重新返回学校,帮助他们圆了大学梦。对于那些因病或因残致贫的家庭,李宝强发挥自身企业优势,想方设法找岗位,在企业中安排了几百名劳动力,让他们实现就业梦,解决了他们的生活困难。像这样的帮扶故事,对于李宝强来说,多得不可胜数。在庄浪,只要谁患了大病,或是有了天灾人祸,人们都会向中天房地产董事长李宝强求助。

2018年农历腊月,凌厉的寒风遮掩不住浓浓的年味,人们正在紧张地准备年货。中天公司也一派忙碌，各项工作紧张而有序地进行，年终决算，年初预算。正在召开公司经理会议的李宝强被一阵电话铃声打断，是一个陌生的电话号码，快要过年了，没有急事一般不会有人打电话。一个低沉而衰弱的男子声音传来："你好，李经理，请原谅我冒昧地给您打电话……"

电话是庄浪县通化镇一位名叫刘国顺的农民打来的，他得了白血病，在陕西西京医院治疗半月，支付治疗费20多万元。该借的亲戚都借到了，该跑的部门也跑到了，微信滴水筹也发布了信息，共筹得资金3万元。然而，对于一个白血病患者来说，3万元犹如杯水车薪。面对妻子的悲痛欲绝，他暗暗下定决心，不能再为家庭背负更大的债务了，他选择了放弃治疗。朋友亲戚听说后，纷纷想办法出主意，他们想起了中天房地产开发公司总经理李宝强。

接完电话，李宝强深深陷入沉思之中。在庄浪，他每天都会接到类似的电话，不帮助，他于心不忍；帮助，他也有家庭，也有事业，到处都需要钱。但当他想起病人绝望的声音和对生命的强烈渴求时，他决心伸出援助之手，尽自己最大努力挽救一个挣扎在死亡线上的生命。在派人查实之后，20万元打到了病人的账户上。他再一次接到了刘国顺的电话，对方的声音在颤抖，李宝强也流下了苦涩的泪水。

二、关心百姓疾苦，开展公益事业

店镇石桥村位于庄浪县东南部，属于关山高寒阴湿山区。发源于关山的南洛河，流经韩店全域，居住在山区的老百姓基本靠天吃饭，加之这里位于关山林区，地势陡峭，雨水偏多，一场降雨就是一场灾难，刚修的道路被冲成千沟万壑，给群众出行带来极大的影响。

2016年秋天的一场大雨，一连下了十来天，冲断了石桥村的一座旧桥，这座桥是酒槽和花崖河群众连接外界的唯一通道。旧桥的垮塌，给他们的生活造成了很大的困难。当县工商联带领民营企业家在该村开展"百企帮百村"对接活动时，李宝强了解到这一信息，他立马带领公司领导班子赶赴石桥考察，当天召开公司经理会议，要求测绘股室设计图纸，搞工程预算，并抽调工程队到石桥负责施工。当地老百姓为感谢李宝强经理，他们与石桥村"两委"协商,要为施工人员解决伙食问题,李宝强委婉拒绝了大家的一片好意。他也是农民的儿子,也从农村走出来,也有着和老百姓同样朴实的面容。他了解老百姓,老百姓不会说华丽的话,只会做朴实的事,要给施工人员管饭,是发自老百姓内心的感谢之情。但工程队决不能给他们增添麻烦,不能给他们增加经济负担。如今的农村,大多是空巢老人和留守儿童,这个心愿他只能心领了。他将他的想法告诉了村"两委"负责人,老百姓既感慨又钦佩。

施工当中,他多次到工地检查,每次到工地,首先问的是技术员、质检员。他一再强调,无论资金怎么短缺,决不能偷工减料,各项质量指标都要达标,决不能再出现洪水冲垮桥的事。要让老百姓走得舒心,走得放心。"质量是企业的生命,声誉是企业的灵魂。"无论是国家项目还是公益事业,在李宝强心目中,每一个工程都系着无数人的生命安全。

短短两个月时间,一座造价60万元的爱心桥出现在关山脚下。大桥竣工当天,朴实的老百姓为大桥披红挂彩,敲锣打鼓,气氛异常热烈。当群众代表眼含热泪、端着酒杯要找李宝强说一句感谢的话时,一贯低调的李宝强回避了。这就是李宝强的做人风格,高调做事,低调做人。

三、响应政府号召,发展旅游事业

旅游业又称"无烟工业",是当今社会发展经济最有效的捷径。近年来,中共庄浪县委、县政府提出"建设梯田产业强县、打造文化旅游名县"发展目标,为发展旅游事业吹响了进军号角。李宝强作为全县建筑行业龙头企业的负责人,再一次为全县旅游事业注入了新鲜血液。

在征得庄浪县委、县政府同意后,在有关专家进行项目考察和论证的基础上,在郑河乡上寨村朝那湫景区,中天公司投资建设了庄浪县云崖太极养生馆,总建筑面积4200平方米,主体由两幢三层框架结构古典式建筑构成,总投资1200万元。工程于2016年9月份开工建设,2018年全部建成投入使用。

关山脚下的春天,太极养生馆每天吸引着甘肃省乃至全国的太极爱好者慕名前来参观学习,并进行太极拳交流活动,也吸引着成千上万的群众前来参观,成为庄浪太极养生的一个响亮的品牌和良好平台,为庄浪县旅游事业和经济建设增添了亮丽的一笔。

如果说云崖太极养生馆是李宝强旅游投资的探路石,"中天·儒艺庄园"建设项目就是他为发展庄浪旅游事业而作的一幅水墨画。这个项目是关山大景区韩店旅游度假村建设的招商引资项目。项目位于庄浪县韩店镇石桥村,建筑占地面积16667平方米(合约25亩),景观绿化占地面积12348平方米(合约18.5亩)。项目规划总建筑面积约5200平方米,建有一处游客接待中心,雅园、梅园、竹园3个宴会农家民宿,总投资4600多万元。项目规划容积率0.226,建筑密度16.35%,绿地率55%。已完成景观绿化、游客接待中心和雅园、梅园两个宴会农家民宿建设。中天·儒艺庄园建设项目,以"儒家"文化为主题,具有宴会、住宿、休闲、游憩等多种功能,成为庄浪县关山大景区的一大特色旅游项目。

甘肃中天房地产开发有限责任公司也是一个成立不久的成长型企业,公司成立才20个年头,只是一家具有房地产开发企业二级资质的建筑企业,注册资金也只有3000万元,职工52名,其中各类专业技术人员28人。放眼当今社会,李宝强也只能算个小型房地产开发老板,但李宝强为社会所作的贡献,为贫困老百姓所给予的帮助和救助,如何能用数字来衡量?他每年用于公益救助的资金达60万元。做好事不难,难的是能不能坚持做。李宝强做到了,庄浪县的老百姓都知道他的名字,他不仅是一名大老板,也是一位好心人。

金杯银杯,不如老百姓的口碑。提起精准扶贫,庄浪人都知道李宝强,他给当地经济建设所作的贡献,对老百姓所给予的奉献,不仅是资金的投入,更多的是对社会的关爱,对生命的关心和尊重。

正值决胜全面建成小康社会,夺取新时代中国特色社会主义建设伟大胜利的关键时刻,全国脱贫攻坚进入收官战,李宝强和他的员工们"不忘初心、牢记使命",勇于担当、主动作为,用他们坚强的意志、顽强的精神、高尚的情怀,珍惜荣誉、攻坚克难,在脱贫攻坚的道路上不断为庄浪更加辉煌灿烂的明天贡献着力量。

作者:李宝强　平凉市政协委员

"天下帮扶"让白银农特产品"云上飘香"
——记白银市政协常委陶国林

陶国林是白银市政协常委,在外创业成功后,他一直心系桑梓,把多年在商海中的积累果断地投注到家乡,在白银注册成立中创博利科技控股有限公司,也是基于一份对家乡浓浓的反哺之情。

扶贫济困,始于心、践于行。陶国林说,早在两年半之前,在接到市委、市政府回乡创业、助力白银发展的邀请后,他就一心想为家乡发展做些事情。帮助销售滞销的农特产品很简单,但是如何达到长期帮扶、使贫困户真正脱贫,这才是他心中一直的牵挂。于是,陶国林敦促公司技术人员尽快开发一款微信小程序——"天下帮扶",通过直播、短视频、图文带货、在微信平台共享等方式,销售农特产品。公司通过"天下帮扶"和"帮农购"线上平台,直播带货实现销售额3.3亿元、创税4542万元,真正实现了小程序、大帮扶。

陶国林说,他有7年时间从事公益事业,但是一直是一手募集一手捐助,无法从根源上带动群众脱贫。目前启动的"天下帮扶"平台,则是以商代捐,以购代捐,将公益事业以商业化运作,同时以促消费带动地方经济发展,让当地农户、商户的农产品、商品有销路,让全国消费者购买各地土特精品有平台、有去处,这样才能实现真正意义上的全民脱贫。

"如何发挥电商平台优势助力脱贫攻坚,'创业天下''天下帮扶'一直在探索中创新。我们就是要以品牌化为核心,以品牌提升产品溢价,让扶贫产业变身高附加值产业,进一步增强产品和产业的抗风险能力,帮助扶贫产业真正走向市场,将贫困地区从扶贫之路引入致富之路。"陶国林信心十足地说。

在得知白银熙瑞公司资金周转困难后，中创博利主动联系对接，向该企业预拨了10万元，帮助企业渡过难关。同时，在"天下帮扶"平台上线了熙瑞菊粉，截至目前销售额已经达到了100多万元，帮助熙瑞公司打开了菊粉销路。

打开"天下帮扶"小程序，除了杂粮、果蔬、调味品、食品等板块，还有一个文旅板块引人关注。该板块上线的全部是助残手工艺品，这是天下帮扶帮助残障人士创业就业专门设立的区域。在一次走访过程中，陶国林发现白银残疾人制作的手工艺品特别精美，但销路成了一个难题。"我们就想通过'天下帮扶'平台进行推广，为这些手工艺品打开销路，帮助残障人士创收。通过各种力量帮扶弱势群体，这也是中创博利一直在做的事情。相信经过大家的努力，'天下帮扶'平台一定能够帮助更多的人实现梦想。"陶国林说。

供稿：白银市政协

勇担社会责任的好乡贤
——记定西市政协常委陈作荣

一位企业家的价值是他回馈家乡的多少,一名政协委员的价值是他承担社会责任的大小,他用自己的实际行动,诠释了一名政协委员的担当作为。他就是定西市政协常委、临洮县政协常委、甘肃汇东建设工程集团有限公司董事长陈作荣。

牢记初心使命　因地制宜造血扶贫

在临洮脱贫攻坚战场上,他牢记使命,为民履职,在扶贫一线带领村民奔小康。

他在"企业帮扶贫困村"的活动中,经过实地考察,为临洮县南屏镇安川村免费提供了价值30万元的核桃种苗2.3万株,鼓励205户群众种植核桃苗木700亩,实现了户均年增收达到3万元以上,真正让贫困村群众的钱袋子鼓了起来。

当听到深度贫困村南屏镇丁家山村村民有意愿种植花椒但是没有启动资金时,他第一时间进村入户,了解情况,专程赴外地考察花椒产业情况,先后投资28万元从陇南采购了30万株花椒苗,并邀请农业专家给农户进行讲解和技术指导,为贫困群众脱贫致富奔小康送来了决心和信心。

同时,他还出资23万元为南屏镇安川村建设村级活动场所和文化广场,为南屏镇雨洒小学捐助资金15万元改善教学设施,为南屏镇丁家山村安装了30套太阳能路灯等等,就像群众所说的:"陈总不仅照亮了村里的路,也照亮了我们走向小康的路。"

积极响应号召　　全力支持乡村振兴

脱贫摘帽不是终点,而是新生活、新奋斗的起点。他积极响应县委、县政府号召,投身"万企兴万村"行动,在乡村振兴新战场书写自己的新作为。

2021年,他按照县委、县政府的部署安排,第一时间参与到了太石镇后地湾村省级乡村振兴示范村项目建设当中,硬化通村通社道路11.604公里,拆除重建围墙2700米,硬化庭院140户,修建块石护坡4000立方米,改造卫生厕所151座,安装太阳能路灯120套,提供价值2万余元的办公设施……经过一年的辛勤付出,完成了改造任务,使该村基础设施得到了改善,群众脸上也洋溢着真诚淳朴的笑容,他这一系列的付出得到了当地群众的高度赞扬。

后来,他又参与到了洮阳镇边家湾村省级乡村振兴示范村建设当中,先后捐助资金350多万元,为村内安装景观路灯41盏,油化社道780米,实施风貌改造2.6万余平方米,整治空闲地建设小花园120处,种植花卉5000余平方米,栽植景观树800株,打造出了户户有菜园、家家有果园、院内有花园、村内有公园的美丽村庄,真真实实让群众感受到了国家乡村振兴建设带来的获得感、幸福感。

勇担社会责任　　主动参与公益事业

作为一名政协委员,他始终认为企业是社会发展的细胞,政府和社会支持是企业发展的力量,只有真情回报社会,企业才能赢得社会信赖与支持,不断发展壮大。

基于这样的认识,他以"温暖社会"为己任,开展各类公益事业,积极履行社会责任。汶川地震他积极捐款;玉树地震他毫不犹豫地献出自己的爱心;公司职工生病住院,他亲自联系医院做手术,给予关心和帮助;他积极参与"扶贫手拉手、大爱心连心"爱心捐赠活动;对特困户及时帮扶,当素不相识的辛店镇朱家川子村刘志成的女儿为上大学的学费心急如焚时,他不仅前去探望,并爱心资助生活费直到她大学毕业……这些年来,他累计向社会捐款30余万元,帮助了许多群众。

他热心公益事业,不计个人报酬,不图回报,自愿为社会和他人提供便利和帮助,充分发挥了一名政协委员应有的社会担当和社会责任。

陈作荣的所作所为不仅体现了政协委员的责任和使命,也诠释了"人民政协为人民"的深厚情怀,受到广大干部群众和社会各界的一致好评。近年来,他被县委、县政府授予全县脱贫攻坚奉献奖,被县政协评为优秀政协委员。

陈作荣,现任第五届定西市政协常委、第十一届临洮县政协常委,曾是第四届定西市政协委员、第九届临洮县政协委员、第十届临洮县政协常委。

供稿:定西市政协

以"菇香"富家乡

——记徽县政协委员辛亮

辛亮,男,汉族,中共党员,徽县政协委员,甘肃鑫亮食用菌开发有限公司董事长。在脱贫攻坚的战场上,他探索推行"公司+合作社+电商+贫困户"的产业发展模式,带动陇南市85个脱贫村2642户9863人发展香菇产业,户年收入1万余元,人均增收3千元以上,在脱贫攻坚的主战场上交出了一份让人民群众满意的政协委员答卷。

回家乡,与"菇"结缘

2006年辛亮退伍后一直从事汽车运输行业,直到2012年他接了几单运送香菇的活,在与客商交流后得知,多年来香菇价格一直保持在6元以上,种植香菇收益不错,于是他决定也通过种植香菇来致富。在学习考察了香菇种植技术后,他把所有的积蓄共20万元拿出来进行投资,因资金不够,又贷款25万元,于2012年冬季开始种植香菇。然而,种植香菇并没有他想的那么简单,刚开始种植了15万袋,由于缺乏技术,一半菌棒报废,亏损了30多万元。这对一般人来说难以承受,但对辛亮来说,只要是他认准了的事就绝不服输。

从哪里跌倒从哪里爬起。2013年辛亮请来了陕西杨陵的技术专家,不断地问,不停地记录,晚上又拿着香菇种植的书籍不停地写写画画。3个月后,辛亮熟练掌握了菌种制备、培养料发酵、装袋、打穴接种、发菌管理、转色管理、催蕾、出菇管理以及采收的全部工艺流程。苦尽甘来,之后辛亮种的第一批香菇收益7万元,第二批香菇收益10万元……

那时,正是脱贫攻坚工作如火如荼开展之时,尝到香菇种植甜头的辛亮也想通过自己的带动让周边的群众共同富裕起来,于是他多方筹集资金120万元,流转土地23亩,于2015年成立了清泥河农业生态技术开发农民专业合作社,吸纳周边社员21户,建成香菇种植大棚28个,年产香菇10万公斤,社员户均收入3万元以上。同年9月,辛亮被陇南市供销联社评为"产业致富带头人"。

爱家乡,以"菇"兴业

在辛亮带动下,大河店镇青泥村有13户农户发展香菇种植,其中6户建档立卡贫困户年纯收入1万元以上。为了更好地带动全县贫困户发展食用菌产业,2017年,辛亮注册成立了甘肃鑫亮食用菌开发有限公司,公司落户泥阳镇省级现代农业示范园区,集中流转土地80亩,建成30余万平方米连栋温室和加工车间,主要从事以香菇为主的食用菌标准化生产。

2018年,生产食用菌菌棒800万袋,注册运营"青泥岭""辛亮农业""辛亮菌业"3个食用菌商标。在助推精准脱贫、产业带贫过程中,辛亮始终坚持"四统五带"模式(即统一提供菌袋、统一技术服务、统一价格收购、统一品牌销售,带就近就业增收、带产品保底回购、带土地入股配股、带电商增收、带售后服务),助力脱贫攻坚。公司先后就近吸纳零工160余人,并与65户群众签订了常年用工合同,其中贫困户13户,每户年务工收入达到2.5万元。公司与县内其他合作社或贫困户签订产销保底回收协议后,农户可每袋先付一半资金,待公司回收香菇时从收益中扣除。为了保证双赢收益,公司派技术人员对签订协议的合作社或农户进行全程种植指导服务,从而提高了产量和品质,降低了合作社或农户种植风险。同时,鑫亮菌业实行分年度保底分红,确保村集体和贫困户获得稳定收益。

2019年,他继续投资2400万元,共建成食用菌流水生产线6条,自动化点菌设备5套,菇棚4万平方米,年营业收入2000万元,利润900多万。160余人常年在公司务工,其中13户脱贫户年务工收入2.5万元,在服务脱贫攻坚的主战场上贡献了政协委员的力量。

建家乡，为"菇"逐梦

2021年，其公司投资2000多万元，在榆树乡剡坝村流转土地200亩，新建食用菌标准化种植产业园，建成投产500个标准化香菇种植大棚，50个羊肚菌种植棚，套种木耳100万袋，年生产香菇、木耳、滑子菇600万袋。其公司现有管理人员8人，生产技术人员10人，熟练点菌工人65人，其中脱贫户43人，每人务工年收入达到2.5万元以上。

公司采用线上线下的销售方式，在兰州、西安、成都等城市均有销售网点，鲜香菇一出来，就及时运往周边大城市出售。鲜香菇价格低时，公司就制成香菇酱、香菇脆、香菇味精等产品出售。同时，充分利用电商平台、直播带货等形式销售香菇，年营业收入5350万元，线上年销售收入2400多万元，利润总额1955万元，脱贫户种植0.3万棒，收获期5个月，最低可获利1.5万元，村集体经济组织年收入20万元以上。跟着辛亮种植香菇的脱贫户信心十足，纷纷表示今后要扩大种植规模，依靠小香菇实现致富梦。

辛亮，一名新时代共产党员，退伍军人。从个人创业到带动村民就业，从身无分文到一位民营企业家，变的是事业日益发展壮大，不变的是初心和使命，是党员的奉献精神和军人的理想信念。2021年2月，甘肃鑫亮食用菌开发有限公司荣获全国脱贫攻坚先进集体称号。2014年5月被陇南市供销联社评为"产业致富带头人"；2019年4月被陇南市委、市政府评为"2018年全市脱贫攻坚先进个人"；2019年7月被甘肃省很好评为"甘肃'银行杯'陇原最美退役军人"；2019年9月被中国食用菌商务网评为"全国食用菌精准扶贫先进个人"；2020年被国务院农民工工作领导小组评为"全国优秀农民工"。

辛亮说，在今后的岁月中，他将继续负重前行，不改初心，秉持着"带领广大群众增收致富"的理想信念，让生命在无悔奉献中熠熠生辉。让乡亲们把日子过得红红火火，书写无愧于时代的人生答卷！

作者：屈建春　徽县政协文化文史和学习委员会主任

发挥教育优势　助力脱贫攻坚
——记碌曲县政协常委贡去乎才旦

"我在长期的基层调研中发现，很多农牧民群众之所以决定把孩子送到县城学校来读书，考虑最多的是县城集中了全县最优质的教育资源。因此，办好人民满意的教育，就是摆在我们这些教育工作者面前最大的问题，扶贫先扶智就是碌曲县脱贫攻坚的重中之重。"政协碌曲县第十六届委员会委员、常委，县教育和科学技术局党组书记、局长贡去乎才旦如是说。

贡去乎才旦，男，藏族，甘肃碌曲人，本科学历，2000年4月参加工作，2004年6月加入中国共产党，现任碌曲县第十六届政协委员、常委，碌曲县教育和科学技术局党组书记、局长。

"决战决胜教育扶贫攻坚战，不可能一蹴而就，需要久久为功，这就离不开好的机制和好的措施。"任现职以来，他紧紧围绕教育扶贫特点，以省州县教育扶贫工作目标为行动指南，以"培养一个牧区孩子，改变一个牧区家庭；办好一所学校，造福一方农牧民群众"为着力点，优化顶层设计，完善总体规划，逐步创建能学、能吃、能住、能玩、能帮的教育机制，制定健全组织、建立机构、建章立制、规范管理、宣传到位、精准帮扶、关爱资助、严格监管八项措施，确保教育扶贫实推进、见长效，为助力全县如期脱贫提供智力支撑和人才保障。目前，碌曲县小学适龄儿童、初中入学率均达到100%，残疾儿童少年入学率达到95%以上，九年义务教育巩固率达到99.41%，确保实现义务教育阶段学生"零辍学"的目标。2023年初顺利通过省州及第三方评估验收，为巩固拓展教育脱贫攻坚成果工作夯实了基础。

"教育扶贫承载着贫困家庭用知识改变命运，阻断贫困代际传递的历史重任。"作为一名政协委员，在感到光荣和自豪的同时，他感受更多的是职责和义务。他积极参加政协会议和各项活动,认真提交政协提案,积极为全县经济社会发展建言献策,尽心尽力推动教育脱贫攻坚。他始终坚持"扶贫先扶智"的教育扶贫理念,发挥教育扶贫在脱贫攻坚中的功能作用,坚持以巩固拓展教育脱贫攻坚成果同乡村振兴有效衔接工作为重点。实施了普通高中、"三区三州"、基层学校"温暖工程"、学前(幼儿园)校舍提升改造、义务教育学校改扩建等项目,先后整合、投入各类教育资金579万元,全面改善乡村办学条件。可以这么说,碌曲的农牧村最漂亮的房子是学校,最美的环境在校园,实现了办好每一所学校,让每一个孩子有学上、上好学的教育扶贫发展规划。在他的主导下,教育信息化2.0工程建设加速推进,教育信息化水平持续改善。他亲自参与应用驱动融合创新,投入764.5万元,加快国家、省州县级教育资源平台建设、城乡"三个课堂"及STEAM创客等新型教学环境的应用力度,实现了乡村学校信息化、现代化跨越式发展。他通过长期调研、精心谋划,提出了"幼儿园就近就便、小学向中心集中、初高中向县城集中、资源向寄宿制学校集中"的思路,整合优化学校布局,逐步缩小城乡教育差距,中考成绩逐年提高,高考升学率实现重大突破。

作为政协委员,又是教育局长,恪尽职守做好本职工作也是展示政协委员形象的窗口。他始终坚持"不让一个农牧民家庭的孩子因贫辍学"的工作红线,积极帮助贫困户落实扶贫政策,解决生产生活困难;坚持每周到帮扶村指导一次帮扶工作,及时解决帮扶村的实际困难;走访每家每户,宣传解读教育扶贫资助政策,充分了解农牧民群众对碌曲教育的需求,构建了一张横向到边、纵向到底的教育精准扶贫网络。2022年,全县发放各级各类教育扶贫资助资金256.9余万元,惠及学生4274人;发放生源地助学贷款422.574万元,惠及贫困生597人。在他的努力下,今年3月底,碌曲县教育协会筹集社会爱心捐款530万元,帮助困难学生实现求学梦想。他一直以来主张"教育扶贫的可贵之处在于通过思想观念的改变,达到精神脱贫,以精神脱贫促进物质脱贫",他也成了广大师生和人民群众信得过的"形象代言人"。

"风来潮起,自当扬帆破浪;任重道远,更须策马加鞭。"

他时时刻刻关注碌曲经济社会发展,身处教育战线的他,深刻认识到教育对于民族地区脱贫攻坚和促进地方经济社会发展的重要作用。他说:"全县脱贫攻坚不仅要建好基础设施等硬性脱贫指标,更应该着眼'软性指标',解决部分贫困农牧民群众的'思想贫困'问题。打赢脱贫攻坚战,最关键的是教育和人才,只有教育事业发展了,才能为脱贫攻坚、乡村振兴提供可持续的人才保障。"他深刻认识到,教师队伍是教育扶贫的根基,加强教师队伍建设,让教师安心从教,吸引优秀教师到农村任教,才能进一步实现教育扶贫高质量推进。在他的倡导下,碌曲县教育系统建立了较为完善的教师荣誉评价体系,为从教30年教师颁发纪念证书,评选优秀乡村教师,发放乡镇津补贴,让教师有更多的获得感、荣誉感、幸福感。他建立乡村教师长效补充机制,通过特岗计划方式招聘乡村教师17人;发放乡村教师补助244.5余万元,发放班主任津贴、授课教师兼宿舍管理员生活补助等143.594万元,发放教师绩效工资221.345万元;借助"国培计划"实施教育教学高质量提升计划,累计使394名教师受益。

碌曲教育如何改革和发展才能让碌曲3.8万农牧民群众、干部职工放心、满意! 教育任务之艰、困难之多如坚冰横亘,不破难以突出重围,不破难以赶超跨越,只有破除束缚碌曲教育高质量发展的种种"坚冰",碌曲教育才能走向高质量发展之路。他把满足广大农牧民群众、干部职工对碌曲教育的期望作为全县教育高质量发展的出发点和落脚点。他在县委县政府的大力支持下,打开了碌曲县教育体制机制改革的新局面,通过校长"去行政化"、教师"县管校聘"、"联合中学办学"、"督教并重"等关键机制改革,开启了碌曲教育"破冰之举"。在他的提议下,学校践行"双轮驱动"的教研引领工作职能,立足增强课堂教学实效;他亲自带队赴河南永威学校学习"以德贯穿、先学后教、当堂训练"教改模式,开启了碌曲教育课改新篇章。

成绩意味着过去,未来任重道远。今后,他决心围绕"教育精准扶贫,一个都不能少"的目标,全力做好教育扶贫政策全覆盖;围绕"建立健全控辍保学动态监测机制",坚决做好义务教育阶段控辍保学工作,确保一个都不能丢；统筹抓好顶层设计和制度保障，实施教研"双轮驱动"，形成高质量教学新生态，脚踏实地把"全县三年教育教学高质量提升"工作"蓝图"变为"施工图"，让农牧村的孩子享受教育公平，让碌曲教育实现质的飞跃，让农牧村群众从思想上脱贫，拔除贫困病根，使脱贫攻坚成效经得起时间和历史的检验，为如期实现全面小康奠定坚实基础，向县委、县政府和全县人民交一份满意的教育答卷。

供稿：碌曲县政协

穷且益坚　不坠青云之志
——记永靖县政协常委李学文

李学文,20世纪60年代出生于甘肃省永靖县坪沟乡蓆芨村三社,现任甘肃惠安房地产开发建设集团有限公司董事长,政协临夏州第十三届委员会常委,政协永靖县第十二届委员会常委,永靖县工商联副主席,临夏州工商联委员,永靖县慈善家协会副会长,永靖县教育发展基金会理事,永靖县企业家协会会长。

永靖县属于国扶贫困县,"十年九旱,靠天吃饭"是永靖县生态环境的真实写照,贫困程度不言而喻。而坪沟乡是永靖县最为贫困的乡镇,李学文恰好又出生在坪沟乡蓆芨村一个极度贫困的家庭,用精准扶贫识别专用名词来形容,当时的李学文既是一位生态兜底户,也是一位贫困兜底户。

20世纪70年代,李学文作为家中的长子,面对一家人的温饱问题,用他自己的话来说:"面对贫穷,除了急需搞副业挣钱解决吃饭问题,没有时间考虑其他的事情。"李学文过早地体会到了贫穷带给人们的伤害。他觉得贫穷伤害的不仅是人的身体,更多的是精神,贫穷让人们拥有了更多的无奈和痛苦。因为贫穷,李学文小学一毕业,便辍学踏上了一条搞副业养家糊口的艰辛之路。失去了上学的机会,使他产生了一个一生追求的梦想。他相信,总有一天,因为他的艰辛付出会让更多的人获得上学的机会,过上幸福的生活。为此,在创业的路上无论遇到多么大的艰难险阻,他的心里依然充满着战胜困难的力量。

父亲将仅有的20元钱都给了李学文,作为他"下海经商"的启动资金。李学文带着买不了一张长途汽车票的资金跃身商海。从15岁开始,先后卖过画片、雪糕、水桶,贩过鸡蛋、百货、小五金,学过木匠、粉刷匠、泥瓦匠。

而泥瓦匠是李学文最能驾驭的致富技能，一干就是半辈子，直到目前还打拼在建筑行业的第一线。因为他想通过精湛的建筑技能，彻底打赢一场脱贫致富翻身仗。

20世纪80年代，乘着改革开放的东风，李学文从一砖一瓦练就了一身过硬的建筑本领，从吃不饱饭到解决温饱，从一个工程队队长到惠安集团董事长，他硬生生地让一个吃不饱饭的家庭成功脱贫，并成了远近闻名的"致富带头人"。然而，他的脱贫目标不仅仅局限于一家一户的脱贫，他心目中的脱贫目标是远大的、宽博的、务实的，是与他的理想捆绑在一起的。他想带动更多的人通过勤劳实现脱贫致富，过上幸福生活。

当他从一个一无所有的打工者成为有能力反哺社会的董事长时，他认为，如何让财富更有效地为社会发挥作用才是一个企业家一生值得思考的问题。让财富参与社会公益事业，参与伟大的脱贫攻坚战役，全力助推地方经济发展，让有限的财富发挥无限的社会价值是他所秉持的财富理念。他说，惠安集团作为新时代一家民营企业，能取得如此优异的成绩，首先凭借着党的好政策，并得益于永靖县委、县政府的正确领导和大力支持。他认为进一步提高政治站位，认真履职，主动作为，为社会奉献一点绵薄之力，是一个民营企业家、一位政协常委义不容辞的责任和担当。为此，他千方百计、想方设法为民办实事、办好事，提出切实可行的高质量政协提案，全力助推脱贫攻坚战役决战决胜。

精准扶贫战役打响以来，惠安集团拿出16.5万元对精准扶贫户进行结对帮扶。积极参与解困避险国家大中型水库而实施的易地扶贫搬迁项目。此项目直接涉及坪沟乡蒇芨村整体搬迁到永靖县城北新村。搬迁前，村民不了解政策，多有疑虑，也有故土难离等情绪，搬迁工作难度很大。李学文作为本村的致富带头人，逐一上门对乡亲们做思想动员工作，耐心讲解"易地搬迁"政策是实现精准脱贫、乡村振兴、全面奔小康的快速通道，有效消除了群众的思想顾虑。当搬迁工作进入最关键的时期时，有4户群众因为家庭困难拿不出搬迁资金，难住了乡村两级干部，搬迁工作陷入僵局。李学文得知情况后，慷慨解囊，伸出援手，全力推进了搬迁进度，实现了"小康路上不落一户不落一人"的目标，得到了县委、县政府的高度认可，并得到社会各界广泛赞誉。

蒂芨村整体搬迁至城北新村后,惠安集团及时派驻集团副董事长兼任村第一党支部书记,主动建立企业帮扶点,先后为城北新村基础设施建设、学校教育、文化娱乐场所建设、特困家庭救助等多个方面累计提供40多万元的帮扶资金,有效解决了群众生产生活中的燃眉之急。

为了实现"搬得起,住得稳,发展快"的搬迁目的,李学文积极投资修建永靖县三骏科技生态种植养殖产业园,总投资3629万元,占地45亩,实现年经济效益150万元,安排城北新村搬迁群众60多人就业,有效缓解了城北新村就业压力,极大提高了群众拔穷根、奔小康的决心和信心,为探索扶贫模式和推动城北新村乡村振兴可持续发展之路提供了途径、奠定了基础。

从2008年为汶川地震灾区捐款8万元以来,李学文积极主动参与社会公益事业,先后为永靖县红十字会、文物保护及修缮维护工作、坪沟农村合作社、群众公益性演出及赛事、新春文化娱乐、中国光彩事业公益行等各类公益事业累计捐款200多万元。

在众多的社会公益事业中,教育是李学文最为关心的部分。自1998年为修建自己家乡坪沟学校捐款10万元开始,他先后为永靖县鹭岛幼儿园、坪沟学校、永靖六中、太极幼儿园、移民小学、城北小学等学校进行捐助,截至目前,为教育事业累计捐资620多万元,有力支持了教育事业发展。

扶贫先扶智,为了提高人们对脱贫攻坚战的认识、激发内生动力、培养艰苦奋斗的创业精神,提高战胜贫穷的信心,分享改革开放四十年民营企业取得的辉煌成就,李学文以亲身经历为蓝本,以惠安集团艰苦创业为背景,出版了长篇纪实文学《青云志》,为鼓舞和启发青年一代树立正确的财富观、价值观,学习创业精神提供了活生生的教材。同时,也为企业文化注入灵魂,让惠安集团不仅成为脱贫攻坚的排头兵,也让企业成为扶贫先扶智的引领者。

新时代,新征程,不断做大做强惠安集团,努力实现一名政协常委的家国情怀,为巩固拓展脱贫攻坚成果同乡村振兴有效衔接,李学文表示,惠安集团将会一如既往地为社会贡献力量和智慧。

供稿:吴春梅　甘肃省作家协会会员,临夏州作协副主席

金银花"开"出致富路
——记通渭县政协委员助推金银花产业发展

通渭,自然条件严酷、生态脆弱,贫困面大、贫困程度深,产业发展滞后是脱贫攻坚工作的最大短板。近年来,县委、县政府极力探求产业脱贫之路,草畜、果品、新能源、劳务等产业迅猛发展,随着脱贫攻坚形势的深刻转变,传统单一的产业结构已不能满足贫困群众长期稳定增收的需要,重塑产业格局迫在眉睫。全县土地富足、梯田化率高、劳动力富余,为发展现代丝路寒旱农业提供了得天独厚的优势。

几经调研考察,金银花最终因其耐寒耐旱、药用成分高、经济效益好,被县委县政府确定为助推脱贫攻坚、壮大县域经济的特色产业之一,从而得到大力种植推广。几年来,在通渭大地上金银花产业从无到有、从有到大、从大到强,已成为打开贫困枷锁的"金钥匙"和脱贫致富的"黄金"产业,通渭已成为西北地区最大的金银花标准化种植基地、最大的金银花种苗研发培育基地、最大的优质金银花产品生产和销售基地。

喜人成绩的背后,离不开广大县政协委员的持续关注、建言献策。2016年,县政协九届一次会议上,王小玲、魏军团委员提出《关于大力发展金银花产业的建议》,建议在扶贫资金、生态建设资金、产业基地建设资金等方面向金银花产业倾斜,在李家店乡、襄南镇等适宜区扩大种植面积。县委、县政府高度重视,县农牧局在办理该提案中,按照"一域一业""一村一品"的富民产业发展思路,把发展金银花产业作为助推全县脱贫攻坚的特色产业来抓,扎实推进金银花招标采购、种苗调运、栽植、培训等各项工作,全面掀起种植金银花的热潮,全力推进金银花产业发展。在栽植工作中,相关乡镇高度重视,召开专题会议,安排部署金银花种植工作。全面实行行政、技术"双轨"承包责任制,县农牧林业局抽调14名专技人员、市农业局派驻6名技术人员与九间棚公司12名技术人员组成苗木验收组和技术服务组,分11个小分队,深入全县11个乡镇的田间地头,与乡镇和村社干部一道,指导栽植工作。同时,在栽植的关键阶段,县上分管领导经常深入现场督导工作,有力促进了工作的顺利开展。

伴随着金银花产业的快速发展,种植标准低、龙头企业带动不足、专业人才少等制约产业发展的问题也逐渐显现。2017年1月,县政协九届二次会议上,张国强、常永杰等委员提交了一份《关于进一步加快金银花产业发展的建议》的提案,建议要持续加大宣传力度,增强群众种植积极性,扩大种植面积。建议在种植集中区培育组建合作社,建设标准化种植基地,实行科学管理,提高生产效益。该提案被列入重点提案进行办理。县农牧局在办理中,按照"先做基地、再做产业,边做基地、边做产业"的思路,研究制定了《通渭县中药材产业助推脱贫攻坚实施方案》,在扩大金银花种植面积的同时,通过实行县、乡技术人员包区域,乡村社干部包地块、包农户的行政、技术"双轨"责任制,狠抓种苗繁育基地建设,依托"三变"改革,在李店乡李店村流转土地50亩,新建钢架结构连栋大棚2000平方米,塑料大棚60个,用于"北花一号"金银花种苗繁育,可年产种苗400万株,带动农户栽植金银花5000余亩。同时,县农广校依托建档立卡贫困户产业脱贫培训示范工程,采取专业理论授课、观摩考察学习、田间实践操作、跟踪服务四个环节,完成建档立卡贫困户金银花产业培训,为当地培养了一批懂技术、善经营的新型职业农民。

2018年,县政协九届三次会议上,委员们持续关注金银花产业发展,魏军团、张龚等8名委员提出《关于进一步加强金银花产业经营主体培育的建议》的提案,建议将金银花产业培训纳入新型职业农民培育工作的重要内容,认真组织培训,培养造就一支创业能力强、发展潜力大,能够在产业结构调整和农民增收致富中起带头作用的金银花产业新型职业农民队伍,推动全县金银花产业实现转型升级。县政协多次组织召开提案办理协商会,多次组织政协委员、提案者与提案承办部门面对面协商,就提案办理制定具体的"路线图"和"时间表"。县农业农村局全部采纳委员建议,成立通渭农发公司并注资入股,共同打造了金银花全链生产的规模以上"王牌"企业——通渭清凉沅公司,牵头组建专业合作社8个,带动农户3.2万户(贫困户1.8万户),实现龙头企业带动产业园区、合作社带动贫困户"两个全覆盖",开创了"龙头企业+合作社+基地(园区)+贫困户"一体发展新模式。大力推行"土地入股、租金保底、收益分红""资产入股、价值保底、集体分红""现金入股、本息保底、按股分红"三种带贫模式,逐步发展形成了上游由北京中医药大学、郑州太龙制药等科研院校驻点研发培育种苗、合作社带动农户种植采摘,中游由龙头企业带动合作社烘干加工,下游与中医药企业合作对接市场研发生产新产品的一体化发展链条,实现了"三产"深度融合、互促发展。

2019年1月政协定西市四届三次会议上,通渭县政协负责人以"因地制宜发展特色优势产业、精准发力提升脱贫攻坚成效"为题作了交流发言。针对金银花产业实际,提出要进一步加大扶持力度。在中药材产业发展、农产品产地初加工、惠农政策等方面予以重点倾斜扶持,确保把金银花产业培育成促进群众增收、助推脱贫攻坚和生态建设的特色优势产业;将金银花作为体现通渭地域特色的花卉,在城市绿化、乡村美化中大面积推广种植,让金银花随处可见、家喻户晓。申报注册"通渭金银花"地理标志证明商标,大力宣传金银花科普知识,积极创作文艺作品,传播中医药文化,使金银花成为通渭的又一亮丽名片。围绕金银花种植、加工、流通等环节,有效整合资源,加大科技合作,注重引进和支持实力雄厚的企业、县内具备一定实力的专业合作社开展初加工、精深加工,通过引进先进设备和新技术、新工艺、新成果,大量开发销售金银花茶、饮料、酒类、保健品、中药饮片等系列产品,变销售原料为销售高附加值产品,不断延长产业链条。树牢品牌质量意识,按照甘肃省道地中药材生产标准和绿色农产品生产质量要求,加强对投入产品的监管,对生产中所使用的化肥农药列出清单,明确使用数量和次数,印发到种植农户严格执行,从源头上保障金银花生产质量。加强金银花质量管理体系建设,加大科研投入,在扩大种植面积的同时,通过研究、培育、创新,使金银花成为全县甚至全市的特色品牌、地理标志。

2019年12月,县政协九届四次会议上,董禄信、伍正芳、常永杰、马小强等20名委员联名提交了一份《关于进一步提升金银花产业的建议》的提案。委员们建议,要结合产业发展规划,积极争取国家农产品产地初加工补助项目,在各乡镇增加金银花初加工和收购基地,方便群众就近销售,降低成本。开展"通渭金银花"农产品地理标志认证,扩大产品知名度,推动金银花产业全面发展。提案得到县委、县政府高度重视,批示相关部门认真调研办理落实,专题研究金银花产业扶贫。目前,全县已培育金银花种苗繁育基地150亩、年产种苗2200万株,示范基地6000亩,种植基地9.4万亩,建成烘干加工车间11个;已研发金银花茶、金银花酒等产品4个。累计投入折股量化资金1631.8万元,为816户贫困户配股分红,年分红131万元。种苗基地育苗高峰期可吸纳500名劳动力务工增收,种植基地和烘干加工车间年用工量达5万人次,实现劳务收入2500万元以上。成功举办了三届通渭"金银花节"。研发金银花茶、金银花日化品等"清凉沅品牌"系列产品16种,制定DB62甘肃省地方标准4个。建设占地2亩的金银花古树博览园,追溯通渭金银花的历史渊源和发展历程,为申报"通渭金银花"农产品地理标志认证奠定基础。

2020年1月,政协甘肃省十二届三次会议举行专题协商议政会,围绕"坚决攻克最后的贫困堡垒,确保如期打赢脱贫攻坚战"建言献策。通渭县政协提交了以"持续促进农业转型升级,坚决打赢脱贫攻坚战"为题的书面交流发言。建言通渭是全省仅剩的8个未脱贫摘帽县之一,剩余的1.52万贫困人口和3.89%的贫困发生率在全省最多最高,脱贫任务异常艰巨,在产业脱贫中通过进一步加大扶持力度,培育新型经营主体,加大科技支持等措施促进金银花产业发展,将有力推进产业扶贫工作。

商以求同,协以成事。从一件件委员提案的提出到一项事关全县群众脱贫致富产业落地,其背后是县政协牢牢把握新时代人民政协的新方位、新使命,崇尚创新、勇于创新,充分发挥提案在履职中的作用的生动实践。

一花引得百花开,金银花开金银来。金银花,已成为通渭扶贫产业发展史上的又一张"烫金"名片,是甘肃中医药产业纵深发展的一枝新秀。金银花在通渭大地"开花结果",为决战决胜脱贫攻坚作出了重大贡献,为实施乡村振兴战略奠定了坚实的基础。

作者:蒲旭红　通渭县政协农业和农村委员会主任

躬身前行　健康扶贫　助推脱贫攻坚
——记卓尼县政协委员安文熙

安文熙,男,58岁,藏族,党外人士,卓尼县人,本科学历,普外科主任医师,"甘肃省少数民族地区杰出人才奖"、甘肃省高层次人才津贴获得者,卓尼县人民医院名誉院长,连任五届州县政协常委、委员,甘肃省医学普外科学会委员,甘肃省抗癌协会头颈外科常委、胃肠外科常委、大肠癌外科委员,甘肃省中西医结合学会委员。

卓尼县为全省深度贫困县之一,高寒阴湿,疾病多发,小病酿大病,影响健康,拖累家庭,阻碍致富。自实施精准脱贫以来,身为医院院长的他,以健康扶贫为己任,助推脱贫,参与并积极组织医务人员赴农牧村巡回义诊、特殊节日义诊,宣传党的扶贫政策、健康知识、民族团结政策、医保政策,足迹踏遍全县乡镇村组、寺庙、学校,免费体检学生、群众4万多人次,发放药物20余万元。充分利用政协委员人脉优势,积极邀请天津眼科医院、河北省沧州眼科专科医院、甘肃省康复中心专家团队来县医院,连续5年,免费为卓尼白内障患者做复明手术800多例,将解困帮扶落到实处。积极助推残疾人脱贫工作,为残疾人办证免费鉴定达7000多人次,县医院获省残工委"先进工作单位"、甘肃省"青年文明号"、省州县全国"民族团结进步示范医院"荣誉称号。

身为政协委员和一线医疗工作者,安文熙一直关注着偏远山区那些有病和留守老弱病残人员,在进村入户过程中,了解有病人员,提供咨询,解疑释惑,促进康复;帮助重病大病患者联系住院,亲自主刀或邀请省内外专家做疑难手术数百例,满足患者需求,得到社会普遍好评。患者五保户王尕旦,是他在喀尔钦乡落拉尕村入户途中遇到的,当时王尕旦蜷缩在路边,难以行走,安文熙蹲下身去询问,见他双下肢已溃烂流脓。安文熙反复动员他住院,入院后带头捐款捐物,送衣送饭,控制病情,经过多次住院治疗,最终恢复到理想的健康状态。王尕旦老人脸上露出了笑容,"共产党好!扶贫政策好!医务人员好!"是他口边常说的话,也反映了广大人民群众的心声。平时电话问候,逢年过节看望,只要王尕旦老人说他身体不舒服,安文熙都会接他到医院给他检查身体。在扶贫义诊活动中,他精益求精,严于律己,深入浅出地为村医和乡卫生院的工作人员、患者细心讲解医疗知识,手把手示范,多次为找他看病的困难患者垫付门诊、住院医药费。

提高医疗质量,提高医护人员素质,小病不出乡,大病不出县,把病人留在当地,是解决"因病返贫、因病致贫""看病难、看病贵"的有效途径。安文熙充分利用政协委员的人脉关系,与山东齐鲁医院、甘肃省人民医院、天津肿瘤医院、天津眼科医院协调,利用两年时间,免费全员培训业务人员,使业务人员的整体素质有了质的飞跃,充分利用省级帮扶医院资源、帮扶专家团队,使医院整体医疗水平名列全州之首,至2020年基本无外转病人,健康扶贫成效斐然。

在担任州、县政协委员期间,安文熙以敏锐的思路,立足行业特点积极调研,参政议政,提出许多建设性的意见,为全州的扶贫工作献计献策。他提出的具有前瞻性可操作的提案有200余件,部分提案在全州各县实施,如州中心血站的建立、临羊公路的批准开工、边远农村饮水工程、农村无电村庄通电、电价下调、牧道修建、农村河堤修建、医院基础设施改扩建达标、环境保护、社会综合治理、事业单位用人机制等等,获州政协十届、十一届、十二届、十三届优秀提案奖。从医39年,安文熙牢记全心全意为人民服务的宗旨,悬壶济世,精心钻研,坚持"忙碌不盲目、放松不放纵,在矛盾中寻平衡求发展,在问题中找真谛寻结果"的人生理念,心中装着病人,想着病人疾苦,敬业爱岗,勤奋工作。多年来,凡遇群众找他看病,无论在哪里也不管什么时间,他都是随叫随到。身为政协委员,到基层履职,安文熙总是带着最深的感情深入群众、走访群众、关心群众,尤其对帮扶村的群众,一直坚持进门入户,除义务给全村群众量血压、诊断病情,免费发放治疗常见病的药品外,他总是抓住群众领取药物、看病等人员多的机会,给群众详细讲解相关惠农政策,与村干部一起探讨富民门路,与他们一起解决群众生产、生活中遇到的实际问题。

鲁迅先生说:"我们自古以来,就有埋头苦干的人,有拼命硬干的人,有为民请命的人,有舍身求法的人……这就是中国的脊梁。"——这是安文熙最喜欢的一段话,被他引为自己的座右铭。安文熙同志在扶贫战线,在帮扶工作中,一直都在用自己的行动诠释着初心和使命,彰显着责任与担当,确实做到了"医者仁心"!"文熙安院,义薄云天。临危不惧,责任在肩。心怀天下,勇于承担。中流击水,防患未然。卓尼无虞,人民平安。"这组短句是卓尼县中学语文高级教师李德全所写,同时也代表了卓尼县广大人民群众的心声。而短句赞誉的,正是卓尼县政协委员、卓尼县人民医院名誉院长安文熙。

作者:牛刚　卓尼县政协办公室主任

不忘初心为民服务　履职尽责彰显担当
——记两当县政协委员刘开建

有人说,他是一位实干家,也有人说他是一位奉献者。从鹫鹫山到城关镇,从奋战脱贫攻坚到实施乡村振兴,一个人把他的美好年华奉献给了大山深处的群众,一个人把他的大好时光奉献给了小城无数居民。他就是两当县杨店镇党委原副书记,城关镇党委副书记、镇长刘开建,一位优秀的共产党员,一位合格的县政协委员。

春风化雨,做好攻坚克难的"有心人"

精准扶贫实施后,县委、县政府把灵官村定为率先脱贫村,杨店镇党委、政府领导班子肩负重任,决定由时任杨店镇党委副书记刘开建包抓灵官村。他初来灵官村时,农户们一见来了个"娃娃书记"很不在意,通知晚上7点开会,7点半了农户们才慢腾腾走进会场。会议开始后,坐在底下的人依然我行我素,有说怪话的,有高声笑闹的,有冷不丁提出一些不着边际问题的,他望着坐在台下的农户,意识到以后所面临的工作的复杂性,但他很快镇定下来,心中默想着,我是一个党员,还是一名政协委员,群众提出的问题再棘手也要想办法解决,群众的态度再不好、矛盾再大也要晓之以理、春风化雨。

村民大会后,年轻的刘副书记开始思考。他发现灵官村的群众不但思想保守落后,而且自认为坐拥316国道,就有发"横财"的机会,一直做着"天上掉馅饼"的美梦,对政府提倡发展的项目很难接受。要想把灵官村群众的思想"带正",不讲一点方法策略是不行的。他决定发挥政协委员优势,先从灵官村的党员开始,一点一点地攻破。

他始终把自己看成群众中的一员,坐在人家的火塘边,接过农人烤好的馍馍吃着,熬好的罐罐茶他捧住喝着,与人家说着家长里短,探讨着打工的收入与种地的收成,给农民算着细账,权衡着种粮与发展产业的利弊,水滴一样向农户们渗透着精准扶贫政策,规划着未来村庄的蓝图,说着"变"则通,"变"则富的道理。渐渐地,群众看到这个具有儒雅气质、仪表堂堂的刘副书记不再那么"讨厌",大家都觉得这个"娃娃书记"其实还很靠谱。在短短几个月里,他把"懂政协、会协商、善议政"运用得淋漓尽致、炉火纯青。在他的努力下,促成了党员帮带贫困户,"一对一""多对一"的帮扶措施,并在惠农政策上给需要的农户争取最大支持。

交流协商,搭起共同发展的"联心桥"

灵官村与夏庄村地域相邻,产业相近,他在灵官村处理完工作后,经常会带着村支书走到夏庄村去,与夏庄村党支部负责人沟通、协商,在这两村中的党员、能人大户中宣传政策,探讨产业发展路子,提供苗木销售信息。这两个村如果哪一家缺少籽种了,他就把另一村的拨一些过来;育苗繁忙季节,哪一村人手不够时,他又把另一村有经验的育苗农户调拨一些去帮忙。在他的协调下,建成了"联村共带"党建助贫育苗基地,辐射带动灵官、夏庄两村建档立卡贫困人口98户338人,实现了资源共享、优势互补、以强带弱、共同发展。这两村的农户与农户之间走动密切了,村与村、组与组、人与人在走动中建立起了感情,互相扶持、携手共进的风气荡漾在鸳鸯山下的村子里,乡俗民风悄悄地变化着。村民们说,现在谁家有个红白喜事,人多了,热闹了,农村活了,有生气了,都是刘副书记把我们的关系拉近了。

敢于担当,打通脱贫致富的"阻力路"

2017年,在县委、县政府的积极争取下,两徽高速公路建设工程即将施工,灵官村面临着征地拆迁。经党委会多次研究,工作热情高、有担当、有办法的刘开建副书记担起了灵官村拆迁工作重任。拆迁的消息还没正式公布,处在拆迁范围的群众就炸了锅。原因是这几年灵官村建立起来的小康互助组、合作社运行良好，农户以土地入股，合作社统一核算，年终分红，收入比种粮翻了几番，现在要拆迁、占地，等于夺了农户的金饭碗，农户们一下慌了神，说狠话的、上县上找亲戚说情的大有人在，反正不离开曾经长粮、如今生钱的土地。群众的抵触情绪洪流般汹涌而来，他面临的工作举步维艰。

　　大事难事看担当。他走进了酝酿着各种情绪的圈子，一头扎进了村民中，先从党员中开始做动员工作。开会动员的过程中，他敏锐地发现，光靠宣传国家征迁政策，讲求服务大局，其作用如隔靴搔痒，农民要的是长久稳固的收入。认清这个事实后，他及时转换了思路，当他再走进农户家时，不再讲政策讲大局，只帮他们分析当前的形势，讲拆迁的前景，村民们的情绪渐渐平复了。60多天，整整两个月，他没有回过家，即使到县上开会，也都是过家门而不入，匆匆返乡。当灵官村完成300亩地的征地任务，16户拆迁户顺利签完协议时，他长吁了一口气。连日的走访、说服、动员，经常晚上到农户家开会，一开开到12点，一家平均去10多趟，紧张、忙碌、劳累，如泰山压顶一样压着他，现在终于"腾"地放下了，他感到整个人都变得轻飘飘的，心想这几个月的辛苦都值了。

亲力亲为，树起乡村振兴的"金招牌"

　　刘开建初到陈家沟驻村时，全组27户建档立卡户陈家沟就有11户，贫困发生率更是高达40.7%，村民思想守旧，抱残守缺，没有发展意识，也不想发展。在一次一次的走访过程中，他了解民情、民意、民需，思考着发展策略，在日落时分返回乡政府时，流霞映衬下的小山村别有一番情调，他突然来了灵感，打造一个旅游山庄的想法在他脑子里跳跃着。他把这个想法在党委会上作了汇报，领导们竟然一致通过。当他的规划画成图纸时，新的挑战又来了，要征地8亩，迁坟3座，拆房屋、圈舍14座654.79平方米，村民们又是吵成了一锅粥，有人甚至说他太不安分。他依然从党员开始动员，一名老党员终于同意拆迁房屋，他又夜以继日地去动员其他党员，就这样做通了相前农户的工作。施工时，他又每天都守在建设现场指导、监督，既是监理又是安全员还是小工,人手不够时搬砖头拌水泥,有几次终因太劳累,发高烧嗓子肿得说话都发不出声,曾经的难缠户这时候感动得给他端水拿药,并劝他回去休息两天再来,但他依然不肯休息,身体实在支撑不住时,才开着车跌跌撞撞地回到县城。

功夫不负有心人,在他的努力下,陈家沟建成农家客栈13家,农家乐2家。他又带着乡村干部就近取材,把松果、松枝拾来做成工艺品,古朴、简洁,为客栈增添了许多艺术气息。如今的陈家沟已是3A级景区,灵官村成了两当县乡村旅游建设的标杆村,还被评为全省乡村旅游示范村。提起陈家沟的变化,乡亲们从心里感激他,嘴里念叨着,说没有刘开建副书记的智慧和担当,就没有陈家沟的今天。

"一个成熟的党员干部,仅有优秀的工作能力还不够,更要彰显社会责任,用心回报社会。"这是刘开建平日说得最多的一句话,这是一个共产党员、一位政协委员的人生信条,也是他做人做事的基本原则。灵官村——这个曾经落后的村子成了全县首批脱贫的第一村,英俊的青年也被时光磨砺成了今天"党性强,作风正、工作出色"的镇政府领导人。刘开建副书记用一项项优秀的工作成绩交出了一份沉甸甸的政协委员履职答卷。

  作者:罗 蔓 两当县文艺评论家协会主席
    左安权 两当县人大常委会代工委主任

发挥商会作用 助推精准扶贫

肖大明,文县碧口镇人,现任甘肃承业工程建设有限公司总经理,文县碧口商会会长,陇南市政协常委,文县政协委员、县工商联副主席。

多年来,肖大明脚踏实地,本着"发展依靠乡邻、致富回报社会"的理念,积极支持地方经济和社会事业建设,开展扶危济困,收养孤儿,抢险救灾,曾被评为县道德模范。2016年发起创建了碧口商会,充分发挥商会的桥梁和纽带作用,自觉遵守法律法规,切实加强自身建设,坚定不移地支持市、县向南开放和碧口乡村旅游开发战略,引导会员认清新形势,适应新常态,树立新理念,组织带领民营企业积极参加精准扶贫。商会先后荣获甘肃省"四好商会"、甘肃省"千企帮千村"精准扶贫先进集体、文县"8·12"特大暴洪泥石流灾害应急抢险救灾先进社会组织、文县精准扶贫先进集体、2021年度推进乡村文化活动先进集体和2022年陇南市民营企业趣味运动会道德风尚奖等诸多荣誉。2021年肖大明代表甘肃省出席了全国工商联基层商会建设会议。

"千企帮千村"活动开展以来,在县工商联的关心指导下,碧口商会深入贯彻习近平总书记系列重要讲话精神,因地制宜,充分发挥民营企业优势,引导支持民营企业立足贫困村、贫困户,积极探索合作和扶贫的有效途径和方式,帮助贫困村、贫困户建立扶贫长效机制,采用"一帮一"和"一帮多"的方式,以村企签署结对帮扶协议方式帮助贫困户发展产业,扩大就业。

积极开展产业扶持

碧口商会结合"一村一品、一镇(乡)一业"项目,依托地方资源优势,因地制宜,积极实施地方特色产业开发。目前已有5家民营企业,在碧口、中庙、范坝镇推广了"公司+农户""企业+合作社+产业基地+贫困户""公司+基地+专业合作社+农户"等模式,努力寻求和创造适合贫困村、贫困户及企业自身特点的合作共赢方式、经营模式,为贫困户提供前期降险。文县碧口陇兴茶叶有限责任公司采取"企业+专业合作社+产业基地+贫困户"的模式,开展茶叶种植加工技术,培训150人次,为贫困户代买炒茶机160台,吸收建档立卡户110户,2018年农户入股分红12.6万元,帮助群众销售茶叶价值160余万元,引进种植改良茶叶200亩。文县事丰农业发展有限责任公司投资20万元,免费给贫困户发放蜂箱1000个,解决用工16人。碧峰高山养殖场投资10万元,为中庙镇水草沟28户建档立卡贫困户发放了优质鸡苗5000只。通过落实各项措施,极大地调动了群众发展产业的积极性,为贫困户增收打下了坚实的基础。

积极开展转移就业

碧口商会加大对贫困农户的实用技能培训力度,民营企业根据建档贫困户的实际情况,主动帮助联系安排有劳动能力的贫困户进入企业就业,并根据企业发展需求,优先在贫困村吸纳贫困地群众就近就业。分期分批对农民进行培训,让贫困户拥有一技之长,促使他们转型为技术型农民,并通过就业实现脱贫。甘肃承业工程建设有限公司从成立起,就面向所包抓的磨合坝村,从贫困户中调选了7名有文化的年青人,公司出资3.5万元,通过培训考取了证件,在公司安排了岗位,并在磨合坝村组建了20人的工程队,使他们就近就地务工,年人均劳务收入达3.6万元。文县龙潭长丰农场,流转55户土地(其中建档立卡22户)510亩,发展茶叶、经济林果和中药材种植,解决就地用工30人,年人均收入2.6万元;金山大酒店解决贫困户用工6人,年人均收入3万元。龙江大酒店面向贫困村招工15人,年人均劳务收入2.5万元,收购贫困村农特产品价值30余万元。2018年底,碧口商会会员企业累计培训贫困人口300多人,安排转移就业500余人,年增加劳务收入1200余万元。

积极开展扶危济困

碧口商会教育会员要做有理想、有道德、有责任的合法经营者,积极引导会员企业致富不忘社会,回报社会。在"千企帮千村"活动中,商会企业结合碧口片区民生工程,通过捐赠帮助贫困村完善基础设施,发展社会事业,不断提升贫困群众生产生活条件。

甘肃承业工程建设有限公司积极开展精准扶贫和社会捐赠活动,两年累计为磨河坝村18户贫困家庭捐款共计12000元;为2名贫困大学生捐款16000元;捐赠电视12台;被子36床;衣物200余件;米面540公斤;清油180公斤。为碧口"5·12"地震,"8·7"和"7·11"灾害累计捐款10万元,为碧口文化宣传,旅游节会等提供赞助5万元。龙江大酒店为贫困村累计捐款、捐物3万余元,"7·11"碧口暴洪救灾中免费安置灾民300多人次。金山大酒店在"7·11"碧口暴洪救灾中免费安置灾民800多人次。截至目前,碧口商会"千企帮千村"精准扶贫行动成效显现,已有3家会员企业结对帮扶5个贫困村,已累计投入帮扶资金30多万元。

"千企帮千村"精准扶贫行动是时代赋予我们的光荣使命,给我们民营企业一个自我发展和回报社会的良好机遇。碧口商会将引导成员企业积极开展精准扶贫行动,探索出一条依托商会及成员企业推进脱贫攻坚的新路子,继续抓好以下几个方面的工作,强力推进精准扶贫。一是要深化宣传教育,提高民营企业家的社会责任意识。争取动员更多的企业参与到这一光荣的事业中来,让民营企业充分认识"千企帮千村"活动的重大意义,增强为建设新农村服务的责任感和使命感,形成关注农业、关心农村、关爱农民的良好氛围。二是要引导民营企业了解和把握新农村建设的规律,以习近平新时代中国特色社会主义思想为指导,遵循"政府倡导、企业自愿、村企互动、互惠互利、实效长效"的原则,多种形式、多种模式协调推进。三是建立激励机制。商会对在"千企帮千村"工作中成绩突出的先进企业和个人,进行表彰宣传,营造良好的舆论氛围。四是商会将民营企业在帮扶实践当中遇到的各种问题与困难进行分析研究,及时将信息传递给县工商联,为民营企业提供切实的帮助。五是要建立培养人、吸引人、用好人的用人机制,吸引更多的优秀人才落户民营企业,为发展民营经济提供强大的智力支持。

作者:肖大明　甘肃承业工程建设有限公司总经理,陇南市政协常委

默默无闻办实事　倾心竭力真扶贫
——记合水县政协委员赵星

熟悉他的人对他都有这样的印象：他年轻有为，办事干练，待人真诚，工作扎实。自2003年起，自筹资金4万余元，开办了三原装潢公司，挣得的第一桶金和他以后创办文化产业公司的一部分盈余，他没有先犒劳自己，没有先孝敬父母，而是捐赠给了全县脱贫攻坚、精准扶贫以及其他社会事业，他没有留下姓名，他只是默默地关注着那些弱势群体，尽自己的微薄之力而已。他就是赵星，42岁，合水县西华池镇乐蟠路社区的一名普通居民，中共党员，现任合水县黄河象民俗文化产业开发有限责任公司总经理。经过十几年的社会历练、摸爬滚打，他始终怀揣着一颗爱心。

多年来，他和他的合水县黄河象民俗文化产业开发有限责任公司认真贯彻县工商联、扶贫办、光彩会"千企帮千村"精准扶贫行动相关精神，把精准扶贫与企业长远发展结合起来，以人为本，创新工作思路，多渠道创造就业岗位，为贫困群众增收致富提供了方便之门。

作为一名民营企业家，他坚持履行企业家的社会责任，关注民生疾苦，先后数次为吉岘望宁路口一位极度贫困的精神病人捐款近3万元，为合水县基层患者救助活动捐款3万元，积极参加脱贫攻坚"冬季暖心"行动、为乡村保洁员捐资1.5万元，一些受到帮助的群众想找他当面致谢，赵星都避而不见，真可谓做好事不留名。作为一名市、县政协委员，他积极投身于脱贫攻坚事业，在了解到锦坪村修一条村级公路资金不足的情况后，立即捐助现金2万元，为该村解了燃眉之急，为方便群众出行尽了一点微薄之力。2019年元月，他还为老城镇杨坪村贫困群众捐赠价值1万元的米、面、油等春节物品。同时，他还关心体育事业发展，先后为"2017年中国（庆阳·合水)秦直道体育嘉年华"捐款10万元,向"古象杯"全市篮球邀请赛捐款5万元,促进了体育赛事的成功举办。他虽然不像大企业家那么阔气,但也受到社会各界的广泛称道。

他为了切实搞好精准扶贫,做到真扶贫、扶真贫,在自己的公司多渠道创造就业岗位,尽可能多地吸收贫困群众和下岗职工到公司上岗,积极为他们创造就业门路,搭建增收致富的平台,并能做到情感留人、事业留人、待遇留人,让他们农闲打工增收,农忙照顾家庭,做到了打工、农活两不误,使他们安心工作,带动家庭稳定脱贫。对于贫困家庭的大中专毕业生公司优先安排就业。自2015年以来,他的公司在以板桥镇锦坪村为中心的全县12个乡镇共吸纳大学生32人到公司就业,其中有8名大学生在公司的岗位上考入国家的正式工作岗位。据统计,5年来,他的公司先后解决和安置各类社会人员180多人到公司上岗,既有建档立卡贫困人员,又有去产能企业分流职工和下岗贫困职工,为他们开创了增收致富的方便之门,累计年均发放务工费300多万元,人均年劳务收入1.7万元。

他在自己的公司采取"公司+农户+基地"的管理模式,利用农闲在公司开办香包、刺绣培训班,被县妇联确定为巾帼建功基地。去年9月份在公司成功举办了陇原巧手骨干技能培训班,共培训86名农村妇女。培训后,以公司为载体,将香包、刺绣的原料分发到培训妇女的手中,让她们按照公司的设计要求制作香包、刺绣产品。成品由公司收回,集中统一销售,以此带动了80多名农村贫困妇女不离乡、不离家找到了增收致富的门路。

除此之外,他的公司在星河文化大厦建设过程中共吸纳300多人到建设工地务工,发放劳务费3000多万元,其中本乡本土贫困务工人员的零工费用1800万元,既为他们增收致富提供了就业门路,又加快了工程的建设进度。星河文化大厦建成后,他的公司创办的星河文化特色餐厅吸纳70人就业,其中农村贫困人员达61人;星河国际影城吸纳21人就业;星飞物业公司吸纳20人就业。与此同时,公司还积极开展贫困人口职业技能培训,不断提高贫困人口的业务素质,健全维权工作机制,使他们留得住并能心情愉快地工作。

随着精准扶贫工作的不断深入,他的公司千方百计克服困难,想方设法为贫困人员解决实际问题,贫困人员家中有困难,他作为公司的总经理带头捐款,并拿出10万元设立帮困基金,专门用于贫困人员的困难救助,解决了贫困人员的后顾之忧。

近年来,他和他的公司为精准扶贫做了一些力所能及的事,帮助贫困人口解决了一些困难,更进一步促进了公司发展壮大。他说:"善举何言先后,济困不分多少。扶贫济困我们义不容辞,责无旁贷。今后我们将把它转化为弘扬传统美德的强大力量,把这件事做得更好。"

一分耕耘,一分收获。经过他多年默默无闻的不懈努力,收获了社会各界的好评和肯定。2004年他的企业获全市文化产业"十强企业"奖;2008年他本人获得了"庆阳市文化产业十大领军人物"荣誉称号;2018年他的企业获得了共青团庆阳市"希望工程贡献奖",同年获得了庆阳市"百企帮百村""精准扶贫行动示范单位"荣誉称号。

说一千道一万,企业既是社会财富的创造者,也是社会道德的弘扬者。他在把事业做大做强的同时,不忘回报父老乡亲、扶弱助贫,彰显出宽广的胸怀和强烈的社会责任感。

供稿:合水县政协

第三章 忆·扶贫岁月稠

这是我们的故事,也是亿万中华儿女刻骨铭心、难以割舍的扶贫情结和脱贫攻坚伟大理想的万丈光芒

甘肃省政协系统脱贫攻坚帮扶工作回顾展

2021年6月28日上午,甘肃省政协系统脱贫攻坚帮扶工作回顾展在兰州开展。省政协党组书记、主席欧阳坚出席开展仪式并宣布开展。省政协党组副书记、副主席陈青主持开展仪式。省政协副主席德哇仓、马文云、康国玺、尚勋武、郭天康,省政协党组成员袁占亭及省政协秘书长王建太出席开展仪式。

会展中,主要回顾在党中央和省委的坚强领导下,全省各级政协组织、各党派团体和广大政协委员、机关干部,积极投身脱贫攻坚的艰辛历程和取得的丰硕成果;讲述身边的脱贫攻坚故事、弘扬伟大的脱贫攻坚精神,凝聚加快推进乡村振兴的磅礴力量、奋力答好新时代新征程新阶段的政协答卷,激励全省各级政协委员、政协系统党员干部努力为加快建设幸福美好新甘肃、不断开创富民兴陇新局面作出新的更大贡献。

脱贫攻坚战打响以来,省政协党组科学谋划、精准施策、强力推动,建立了"五规则一办法"工作机制,明确了帮扶路线图、时间表、任务书、责任状。在这一创新机制的带动下,省政协主席会议成员全力推进、广大政协委员各展所长、政协机关倾力帮扶、社会各界力量广泛参与,形成了中央定点帮扶、东西部扶贫协作、省市对口帮扶、社会力量助力帮扶的合力攻坚生动局面。2020年底,省政协联系帮扶的10个县区全部如期实现高质量脱贫,省政协帮扶办被党中央、国务院授予"全国脱贫攻坚先进集体"荣誉称号。

来源:中国甘肃网 2021-07-03

记 扶 贫

甘肃省西和县是20世纪70年代我插队（礼县）时常去的地方，那时它隶属天水地区，我了解中国农村是从这里开始的。它位于甘肃陇东南，地处秦巴山区，自然条件严酷，发展基础脆弱，经济社会发展滞后，直到2017年仍属于全国189个、甘肃省23个挂牌督战的深度贫困县之一，是贫困人口最多、贫困面最大、贫困程度最深的县，有贫困村223个，贫困户3.57万户，贫困人口16.2万人，是脱贫攻坚中难啃的"硬骨头"。

脱贫攻坚决战西和，是甘肃省政协的首要任务、头等大事。2017年，按照党的十九大精准脱贫的新战略和省委的新部署，甘肃省政协主席是西和县脱贫攻坚包抓领导，省政协办公厅是西和县脱贫攻坚帮扶组长单位，为完成西和县脱贫攻坚帮扶使命，主席挂帅，举全会之力，尽锐出战。主席会议成员除包抓县外，把责任扛在肩上，成立了省政协脱贫攻坚帮扶工作协调领导小组及办公室，选派1名干部到西和县挂职副书记，选派7名干部担任驻村工作队长，组建8个由厅级干部任组长的专业帮扶小分队，责成各专委会对口帮扶贫困村，机关干部一对一、一对二帮扶贫困户，动员政协委员参与帮扶，整合中央、中西部协作区，省、市、县五级帮扶单位协同作战，与西和县团结一心共同打赢了脱贫攻坚这场硬仗，完成了脱贫攻坚奔小康的使命。

脱贫攻坚决战西和是人类反贫史上的一个"案例"，是中国扶贫史上的一个"模式"，是甘肃脱贫攻坚史上的一场"硬仗"，是甘肃省政协史上的一个"创举"，可歌可泣、可载史册，给主要指挥者、主要责任者、主要参与者留下一段回忆……

十二届甘肃省政协帮扶西和县脱贫攻坚纪实

2018年正月初七甘肃省政协主席欧阳坚一行深入西和县调研脱贫攻坚帮扶工作，与县干部群众一起"解剖麻雀"，寻求脱贫攻坚帮扶办法，脱贫攻坚由此拉开序幕！

2018年2月24日甘肃省政协脱贫攻坚帮扶工作协调领导小组(扩大)会议在兰州召开，发出总动员令！省政协主席欧阳坚出席会议并讲话，省政协副主席郝远、马文云、王锐、康国玺、尚勋武及陈伟秘书长出席会议，十一届政协副主席黄选平主持会议。会议传达学习了习近平总书记在打好精准脱贫攻坚战座谈会上重要讲话精神，研究分析了2月22日省委常委会有关脱贫攻坚的部署要求，通报了2017年省政协机关脱贫攻坚帮扶工作情况，审议了省政协党组2018年脱贫攻坚帮扶工作要点，调整充实了省政协脱贫攻坚帮扶工作协调领导小组组成人员。欧阳坚强调，要认真学习贯彻中央和省委关于打好精准脱贫攻坚战的最新部署和决策要求，发挥政协职能特点，聚焦聚力开展脱贫攻坚帮扶工作，要把民主监督聚焦到脱贫攻坚上，努力做中央和省委扶贫政策落实、项目落地、资金安排的监督者。

6月28日省政协召开脱贫攻坚帮扶工作专项监督动员部署会议，动员省市县政协组织、政协委员常态化开展脱贫攻坚督查任务。省政协党组书记、主席欧阳坚主持会议并讲话。调研结束后向省委、省政府报送了《关于打好精准脱贫攻坚战的监督性调研报告》。

7月4日西和县召开脱贫攻坚工作推进会，省政协副秘书长、省政协脱贫攻坚帮扶工作协调领导小组办公室主任张效林出席会议并讲话，他围绕贯彻落实省政协主席欧阳坚的讲话精神，就加快推进脱贫攻坚和做好帮扶工作，客观理性地分析了面临的形势任务，进一步明确了当前的重点工作。从研究政策、落实任务、转变作风、精准发力等方面提出了要求：一要鼓足信心研究政策落实任务，要有"等不起"的紧迫感，"慢不得"的危机感，"坐不住"的责任感，顺应大势加快发展、破解难题推动发展、抢抓机遇促进发展；二要凝聚力量锁定目标精准发力，要紧紧围绕"两不愁三保障"和饮水安全精准发力;三要强化责任提高干部能力素质,进一步靠实责任创新工作,以敢拼命精神和决战信心坚决打赢西和脱贫攻坚战;四是拓宽思路发现问题解决问题,聚焦"一户一策"、聚焦农户增收着力开展工作。

7月10至12日六盘山片区政协精准扶贫交流推进会第四次会议在青

> 回顾展在兰州开展,省政协党组书记、主席欧阳坚出席开展仪式并宣布开展,省政协党组副书记、副主席陈青主持开展仪式。全省政协系统脱贫攻坚帮扶工作回顾展,主要回顾在党中央和省委的坚强领导下,全省各级政协组织、各党派团体和广大政协委员、机关干部,积极投身脱贫攻坚的艰辛历程和取得的丰硕成果,讲述身边的脱贫攻坚故事,弘扬伟大的脱贫攻坚精神,凝聚加快推进乡村振兴的磅礴力量。奋力答好新时代新征程新阶段的政协答卷。展览突出展示了省政协建立了"五规则一办法"工作机制,明确了帮扶路线图、时间表、任务书、责任状,形成政协主席会议成员全力推进,中央定点帮扶、社会力量助力帮扶的合力攻坚生动局面。
>
> 李荣青 退休习作
> 二O二三年十二月三十日

海省西宁市召开,省政协党组书记、主席欧阳坚带队出席会议并作交流发言。

9月14日省政协探索创新的西和县帮扶做法,被国务院扶贫办《东西部扶贫协作与定点扶贫专刊》第52期专门刊发推广,受到中央领导同志高度肯定。

10月12日西和县脱贫攻坚帮扶工作推进会召开,省政协主席欧阳坚出席会议并作讲话。他强调要认真贯彻落实省脱贫攻坚领导小组2018年第九次会议精神,以更加务实的作风,只争朝夕的劲头,抓紧推进、精准施工、各尽其力、攻坚拔寨抓好省委、省政府部署事项和年初确定任务的落实。

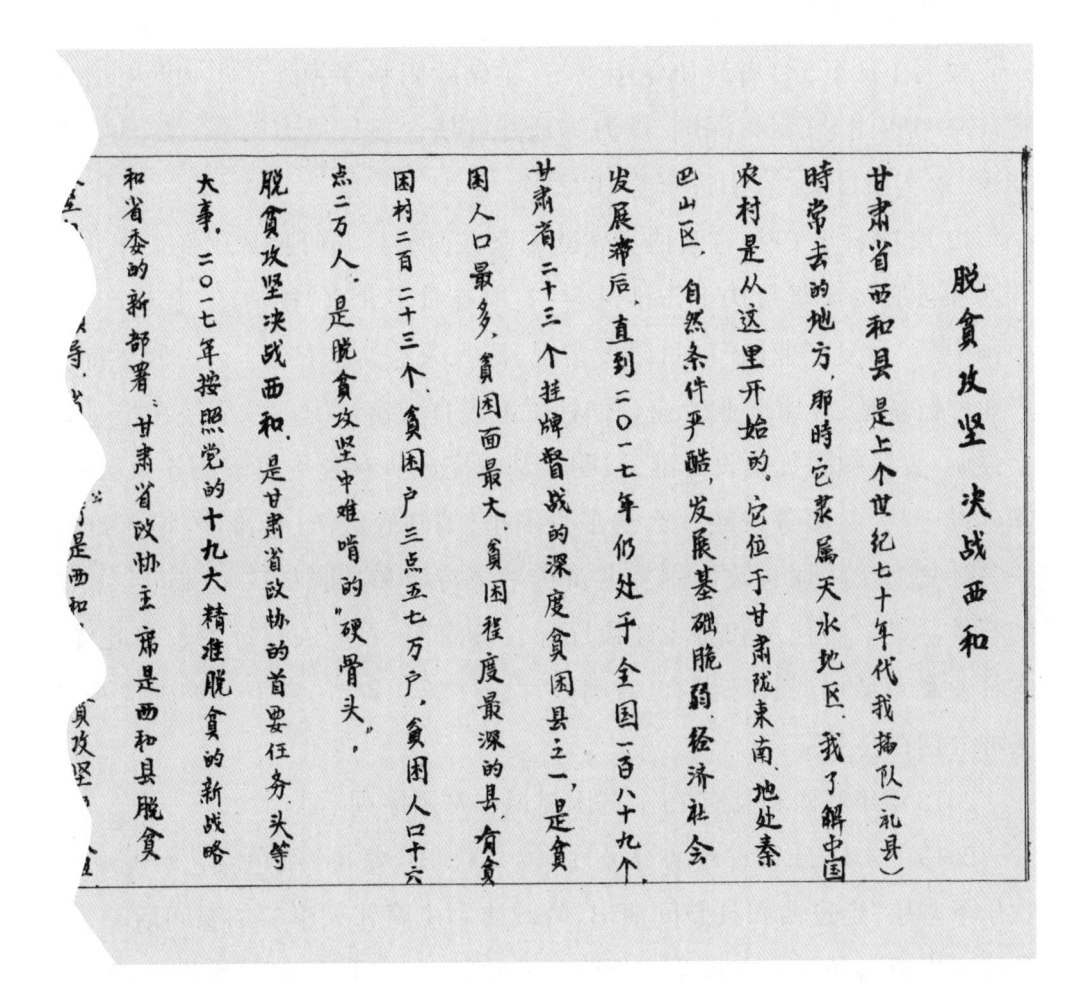

> 脱贫攻坚 决战西和
>
> 甘肃省西和县是上个世纪七十年代我插队(礼县)时常去的地方,那时它蒙属天水地区,我了解中国农村是从这里开始的。它位于甘肃陇东南,地处秦巴山区,自然条件严酷,发展基础脆弱,经济社会发展滞后,直到二〇一七年仍处于全国一百八十九个甘肃省二十三个挂牌督战的深度贫困县之一,是贫困人口最多,贫困面最大,贫困程度最深的县。有贫困村二百二十三个,贫困户三点五七万户,贫困人口十六点二万人,是脱贫攻坚中难啃的"硬骨头"。
>
> 脱贫攻坚决战西和,是甘肃省政协的首要任务头等大事。二〇一七年按照党的十九大精准脱贫的新战略和省委的新部署,甘肃省政协主席是西和县脱贫......

本文为作者李燕青书法写就,全长3m有余

十一届省政协副主席黄选平主持会议,会议听取了省直帮扶单位、市直帮扶组长单位和西和县2018年脱贫攻坚重点工作完成情况汇报,安排部署了下一段工作。省政协副秘书长、办公厅主任张永贤及省政协相关专委会负责人、陇南市有关领导、驻村帮扶工作队队长参加会议。

11月20日省政协脱贫帮扶工作协调领导小组会议通过了《省政协脱贫攻坚帮扶工作协调领导小组关于组建西和县脱贫攻坚帮扶小分组的决定》,组建由厅局级领导为队长的产业扶贫、安全住房、安全饮水、义务教育、环境整治、抓党建、促脱贫攻坚等8个重点领域的8个帮扶小分队,对西和县脱贫攻坚重点任务进行专项督办。

12月1日至5日省政协党组书记、主席欧阳坚率领陇南市和西和县脱贫攻坚考察团赴广州、深圳、珠海等地开展扶贫项目招商引资。签约企业38家,落实项目55个,引进资金10亿多。

12月18日至19日省政协主席欧阳坚在西和县调研脱贫攻坚工作并召开西和县脱贫攻坚帮扶工作推进会,实地查看了北京"德清源"金鸡产业、中国中药"半夏产业园"项目建设情况,深入荣益达扶贫工厂、八盘梨特色产业种植基地、佳康菌业专业合作社了解脱贫致富情况。欧阳坚在推进会上强调:要紧扣脱贫验收标准,以明年基本完成所有脱贫攻坚任务为目标,基础设施、公共服务按缺什么缺多少倒排,编制底数清、标准严、措施准的脱贫计划。十一届省政协副主席黄选平主持西和县脱贫攻坚推进会并参加有关活动。省住房和城乡建设厅厅长苏海明、农业农村厅厅长李旺泽、省林业和草原局局长宋尚有、省财政厅副厅长江贵贤、省卫健委副巡视员王坤分别在会上发言。

2018年年底西和县有75个贫困村退出贫困序列。

2019年1月21日省政协办公厅、省文联联合举办"红色文艺轻骑兵送欢乐下基层"走进西和县慰问演出,省政协副主席郭天康参加慰问活动,省政协文史资料和学习委员会主任张正锋致辞,省文联副主席潘义奎率领艺术家向西和县人民赠送书画作品,祝福西和县人民早脱贫早致富。

正月初八省政协帮扶办在欧阳坚主席带领下,8个帮扶小分队齐聚西和县,对全县所有贫困乡、贫困村开展拉网式蹲点调研,找准贫困症结所在,提出"一户一策"帮扶需求清单和方案,理清帮扶方向着力重点和实施步骤,与致富带头人共谋发展良策。调研之后,分别召开座谈会、对接会、巡视整改会和帮扶工作推进会,共商脱贫攻坚之策,共同探索西和县脱贫攻坚帮扶模式。欧阳坚强调：要以坚定的政治站位抓好中央脱贫攻坚专项巡视反馈问题的整改，确保今年基本完成脱贫攻坚主要指标和任务，为明年如期脱贫打下坚实基础。这次活动从2月12日持续至16日，期间省政协副主席郝远、秘书长陈伟参加了系列活动。

3月7日新华网就"展现政协责任担当，做好脱贫帮扶工作"专访了全国政协委员、甘肃省政协主席欧阳坚。欧阳坚专门介绍了甘肃省政协在助力脱贫攻坚中探索创新帮扶机制、整合帮扶资源力量情况，欧阳坚说："针对脱贫攻坚怎么帮，如何实现帮扶效益最大化的问题，甘肃省政协作为帮扶陇南市西和县的组长单位，探索了把来自国家定点扶贫、东西协作扶贫、省市县各级帮扶单位的力量整合起来，在全县范围内打通配置，让有实力、专业性强的帮扶单位，面向全县所有的贫困村做自己最擅长、最专业的事情，实现强强联合、优势互补，充分释放帮扶效能。另外，在培育重点产业、筹措项目资金、拓宽市场销路等方面，甘肃省政协采取'请进来'和'走出去'相结合的方式进行全产业帮扶，形成了多点发力、各方出力、共同给力的工作大格局。我作为省政协主要领导利用自己的各种关系、人脉和资源外引内联，想方设法为联系县招项目、引资金、聚人才、促增收。"

3月22日省政协主席欧阳坚在西和县宣讲"两会"精神，特别是传达宣讲了习近平总书记在甘肃省人大代表团关于脱贫攻坚的重要讲话精神，他结合脱贫攻坚任务强调指出：要学深悟透习近平总书记重要讲话和全国"两会"精神，贯彻落实中央和省委部署要求，增强必胜信心，瞄准脱贫靶心凝聚攻坚众心，铆足干劲用尽全力攻克最后难关，坚决打赢打好脱贫攻坚战。要瞄准靶心精准发力，坚持问题导向，树立靶向思维，把所有资源力量向扶贫聚焦，把与脱贫验收有关的事项做足做够做到位，确保目标不变，靶心不散。重点做好"三保障、三突破"的"3+3"文章、多举措解决贫困户就医报销、控辍保学、危房改造等问题，着力在巩固提升和补缺上下功夫，依靠省政协脱贫攻坚帮扶小分队专业优势，建立健全抓落实责任机制，使帮扶资源效益最大化，高质量地完成脱贫攻坚各项任务。会议上相关单位负责人和驻村干部代表作了交流发言，省政协副主席康国玺主持会议，省政协秘书长陈伟出席。

8月15日,省政协主席欧阳坚主持召开妇联组织帮扶西和县、漳县脱贫攻坚协调推进会,他强调:要融会贯通习近平总书记关于脱贫攻坚的重要论述,坚持"真帮能做善成"相结合,把妇联组织善于组织动员、联系面广的优势充分发挥出来,释放妇女在脱贫攻坚中的"半边天"作用。会上省妇联、省工信厅、省人社厅、省扶贫办以及西和县、漳县负责人围绕做好妇女家政服务、陇原巧手培训输转及"扶贫车间"建设等问题,积极发表意见,共同谋划推进相关工作,力争通过共同努力推动"巾帼脱贫行动"提质增效,坚决打赢打好脱贫攻坚战。省政协副主席郭天康秘书长陈伟出席会议。

9月,省政协派驻西和县洛峪镇关坝村帮扶干部段振鹏是个"段子手",在省政协庆祝中华人民共和国和人民政协成立70周年的演出中,他自编自导自演了一个微话剧《高岭之变》,讲述驻村干部们的艰苦奋斗精神,饱含着共产党员守初心担使命的情怀、担当和作为,其中就有省政协派驻西和县的帮扶干部曹玉玺在身患大病手术出院后不久,不顾领导同事们的一再劝阻,仍坚持回西和继续开展帮扶工作的故事。

8月5日至7日省政协主席欧阳坚带领省政协相关部门负责人,8个脱贫攻坚帮扶小分队及省直单位帮扶西和县负责人,深入西和县贫困乡村开展帮扶项目调研,观摩帮扶工作,主持召开脱贫攻坚帮扶推进会。先后冒雨到卢河镇王龙村、卢河村、董河村石堡镇扶贫工作园区,六巷乡、长道镇、兴隆镇、十里镇、洛峪镇等7个乡镇12个村,深入查看了解扶贫招商项目落地,"3+3"清零行动推进及年初确定帮扶目标任务落实情况。并组织省市县三级帮扶单位、帮扶小分队、驻村工作队等对帮扶项目进行现场观摩、查缺补漏、相互激励,推进中央及省委、省政府脱贫攻坚决策部署不折不扣落实。7日上午欧阳坚主持召开脱贫攻坚帮扶工作推进会,他在听取省直单位11位同志发言后说,在不足两年时间里各级帮扶单位同西和县干部群众同心聚力,真抓实干,脱贫攻坚各方面都发生了根本性的可喜变化,完成了过去十多年才能完成的工作,为西和县如期高质量脱贫奠定了基础,为今后经济社会加快发展提供了项目支持。他强调要志不移、气不泄、劲不松、步不乱高质量打赢脱贫攻坚清零战;要坚持问题导向,逐村逐户开展销号清零,力争年内完成各项任务。扶贫招商项目落地要再用力;产业扶贫要再精准;统筹协调要再加强;工作作风要再严实。省政协副主席郭天康、秘书长陈伟及省政协各部门,省市相关帮扶单位,省政协帮扶小分队,陇南市西和县负责同志,驻村帮扶工作队队员等参加相关活动。

10月17日是我国第6个扶贫日,也是第27个国际消除贫困日。甘肃省政协脱贫攻坚帮扶工作协调领导小组办公室荣获"全国脱贫攻坚奖组织创新奖"。这一组织创新奖的主要经验就是"西和扶贫模式"和全产业链帮扶。即省政协帮扶办针对西和县帮扶单位各自为政、力量分散、帮扶成效不明显的状况整合各级帮扶单位的力量,打通配置,优势互补,与西和县31家帮扶单位签订了责任书,把来自国家定点扶贫、东西协作扶贫、省市各级帮扶单位的力量整合起来,在全县范围内打通配置,让各单位发挥优势,专做自己最擅长、最专业的事情,形成合力,"一盘棋"开展工作。"西和帮扶模式"得到了中央领导同志充分肯定。同时甘肃省政协帮扶办充分发挥政协联系面广、人才荟萃的优势,动员各方面力量为西和县脱贫工作献计献策、出钱出力。形成了多点发力、各方出力、共同给力的帮扶格局:

——组织政协委员,民营企业家与西和县开展脱贫攻坚项目对接。

——向省政协港澳委员,民营企业家发出了投身西和脱贫攻坚的倡议书。先后组织7批次港澳委员、民营企业家到西和县开展扶贫济困活动,协调组织系列扶贫项目推介会,帮助建成55个扶贫车间。

——先后引进了一批大型企业到西和县实施扶贫项目,累计引进项目170多项,引入扶贫资金8亿多元。

——组织带领西和县走出去招商引资。已先后在广州、深圳、佛山签约企业38家,落实项目55个。在青岛签约企业31家,落实项目32个。

在省政协帮扶办的协调下,目前西和县扶贫工作发生了根本性的改变。

10月8日至9日,省政协主席欧阳坚一行冒雨来到十里镇姚河村,洛峪镇甸沟村、蒲宋村,汉源镇孟磨村美辰服饰公司、凤山村雪绒花母婴关爱中心、何坝镇鱼山村香菇种植基地,走访贫困农户,深入扶贫车间详细了解贫困人口增收、扶贫政策到户、村容村貌整治、易地扶贫搬迁、扶贫产业培育、控辍保学、卫生扶贫等情况,现场协调推进扶贫招商项目尽快落地。他说要紧扣"两不愁三保障"目标,坚持已经找准的脱贫攻坚帮扶路子,集中兵力、资源打歼灭战,把这一段时期的工作重点聚焦到为贫困村配套基本公共设施服务上,因地制宜发展扶贫产业,坚决啃下最硬最难啃的骨头。调研结束时欧阳坚主持召开扶贫项目、资金、政策推进落实协调会,与县上相关部门面对面座谈,听取基层意见心声,为下一步开展工作提思路、教方法、指路径。他强调要处理好政府与市场的关系、发展与扶贫的关系、贫困村与非贫困村的关系、短期与长远的关系,要把新增的扶贫资金用在脱贫攻坚最急需最能产生效益的地方,激发财政资金四两拨千斤的作用。秘书长陈伟陪同调研。

12月20日省政协主席欧阳坚一行到西和县调研脱贫攻坚工作并召开西和县脱贫攻坚扶帮工作现场推进会。欧阳坚强调要对标对表中央及省委关于脱贫攻坚的最新部署要求,采取硬措施发扬连续作战作风,一鼓作气打好最后歼灭战。秘书长陈伟,副秘书长、省政协帮扶办主任张效林,省政协8个帮扶小分队,省市帮扶单位负责人,县四大班子领导,各乡镇党委书记,驻村工作队队长参加会议。

2019年年底通过县乡自验和市级验收,全县有99个贫困村、7005户、3944人达到脱贫退出序列,贫困发生率下降至3.45%。

2020年3月省政协脱贫攻坚领导小组会议决定:从3月开始,省政协帮扶办每月赴西和县开展挂牌督战10天左右,8个脱贫攻坚帮扶小分队每两个月到西和县分领域对48个贫困村脱贫攻坚帮扶任务进行督战冲刺。真正做到48个未脱贫村和53个贫困发生率较高的非贫困村挂牌督战全覆盖。欧阳坚强调要不漏一村,不漏一户,不漏一项,把所有影响脱贫的问题都找出来,一项一项细化,一项一项分析,一项一项对账销号,确保脱贫攻坚任务画上圆满句号。4月初各小分队在省政协帮扶办的统一安排下纷纷深入西和县48个未脱贫村调研督战。

4月27日至28日,省政协主席欧阳坚一行在西和县调研脱贫攻坚工作,参加建设投资集团助力西和县脱贫捐助仪式并主持召开西和县脱贫攻坚挂牌帮扶协调督战推进会。先后深入"德清源"金鸡产业基地、稍峪镇杜河村千亩辣椒基地等,与捐赠方企业负责人、基层干部、贫困群众深入交谈,了解脱贫攻坚帮扶工作情况。在脱贫攻坚帮扶协调督战推进会上欧阳坚主席强调指出:要把贯彻落实省委、省政府主要领导督战西和时的讲话指示作为近期第一位工作,拿出时间表路线图,让每一项部署都能尽快落地。省政协将帮助西和县编制"十四五"县域发展规划。

5月22日省政协帮扶办在西和县召开脱贫攻坚挂牌督战月调度会议,省政协副秘书长、帮扶办主任张效林主持会议并讲话。

5月13日,抓党建促脱贫攻坚小分队协调省政协办公厅向省委组织部专题呈送了《关于协调解决西和县、通渭县有关问题的报告》,省委常委组织部长李元平同志批示:"对请求的事项给予大力支持。"经与省委组织部的协调沟通以及与县上对接核准,两县存在的基层党群服务中心建设问题得到解决,省委组织部下拨西和县专项资金722.5万,向通渭县下拨850万元,用于村级党群服务中心改扩建,为西和县进一步健全完善村级阵地建设提供了保障。同时邀请省委组织部分管脱贫攻坚和基层组织建设的处级领导对西和县48个未脱贫村驻村第一书记、20个乡镇总队长开展了"坚定信心,明确任务,压实责任,扎实工作,全面加强驻村帮扶工作,助推如期实现脱贫目标"专题培训。重点就贯彻落实中央、省委部署要求,全面加强驻村帮扶工作队的管理,充分发挥驻村帮扶工作队的作用以及如何当好村第一书记和驻村工作队长等作了深入解读和系统培训。

8月10日,国务院举行新闻发布会,西和县委书记曹勇代表全国52个挂牌督战县介绍了西和县脱贫攻坚成果和情况,使西和这个"乞巧之乡"被更多的人知晓和关注。

9月2日,西和县脱贫攻坚挂牌督战暨防汛抢险救灾分析调度会召开,省政协副秘书长、帮扶办主任张效林出席会议并讲话。

10月27日至28日,省政协欧阳坚主席率领8个小分队深入西和县西峪镇上寨村、姜西镇姜西村、长道镇刘磨村大寨村、河坝镇马寨村以及县大数据中心调研并参加西和县高质量脱贫暨实施乡村振兴"十四五"规划座谈会,他强调要高标准严要求夺取脱贫攻坚验收好成绩,抓重点促提升谋划"十四五"新发展。

11月21日,甘肃省政府批准西和县退出贫困序列。至此,西和县历史性消除了绝对贫困。从2020年初面对疫情这道"加试题",省政协主要领导和帮扶办一手抓高质量脱贫,一手抓科学控制疫情,组织召开西和县脱贫攻坚整县退出动员部署视频会、复工复产座谈会,指导西和县两手抓、两不误、两促进,展现出省政协在西和县告别贫困通往小康的路上的高度政治自觉和使命担当,这桩桩件件、点点滴滴的事迹被记录在西和县的扶贫档案中,其形象也深刻印在西和县45万百姓心中永不磨灭。

2021年1月22日至27日,"中国西部故事,让世界看见"大型纪录片《决战西和》在甘肃卫视播出,甘肃卫视微信、微博,视听甘肃,学习强国,腾讯视频等同步播出。大型纪录片《决战西和》是由甘肃省政协帮扶办与西和县委县政府联合出品的,是中国式"精准扶贫"模式的地域影像志。作为党和国家"精准扶贫"政策的重要阐释方式,扶贫题材纪录片是扶贫干部和贫困群众奋斗历程的一种影像记忆,生动记录了在甘肃省政协脱贫攻坚帮扶工作协调领导小组及办公室的总协调下,各方帮扶力量为西和县脱贫攻坚所付出的艰辛努力,见证了西和撕掉千百年贫困标签的历史瞬间,映照出新时代乡村振兴的生机与活力。《决战西和》由《风雨同舟》《落地生根》《跨越山海》《沧桑巨变》《真情如歌》《同心圆梦》6集组成,每集26分钟,以小切口展开"两不愁三保障"产业发展等宏观主题,清晰地勾勒出一幅幅多姿多彩的脱贫致富画卷。

2月25日,全国脱贫攻坚总结表彰大会在北京人民大会堂隆重举行。甘肃省政协脱贫攻坚帮扶领导小组办公室被授予"全国脱贫攻坚先进集体"荣誉称号。西和县委书记曹勇荣获"全国脱贫攻坚先进个人"荣誉称号。自2018年以来省政协主要领导先后25次到西和县蹲点调研,26次主持召开各类扶贫会议,推动脱贫攻坚任务落实。谈起甘肃省政协的帮扶工作,西和县委书记曹勇感慨万千,他说:"在脱贫攻坚的广阔舞台上,省政协不仅帮助我们攻克难题重点,而且与基层群众干在一起,苦在一起。""群众需要我们做什么,我们就做什么",这是省政协党组坚持需求导向,对西和县困难群众最质朴的表白。西和县长道镇石崖小学年久失修,已不能满足孩子们上学需求。经省政协牵线搭桥,云南一家爱心企业捐赠资金950万元进行原址重建,如今一所现代化小学拔地而起,让这里的200多名孩子在明亮宽敞的教室里安心学习。蒿林乡杨魏村花椒种植基础好,但每年受病虫害侵扰严重。省政协农业委专门请来农业专家为群众授课并赠送花椒烘干机和化肥,使花椒种植有良好收益。省政协社法委协调有关部门对峪洛镇关坝村剩余劳动力进行劳务技能培训并帮助输出等等。

6月23日,30多万字的反映脱贫攻坚题材的长篇报告文学《决战西和——一个贫困县的脱贫之路》由中国石油大学出版社出版发行,先后获得2021年"山东省主题出版重点出版物",2021年"青岛市文艺精品扶持项目"荣誉称号。这是作者(青岛市北区文旅局干部孙鹏主动请缨参与西和县脱贫攻坚帮扶工作,挂职西和县文联副主席)受西和县组长帮扶单位甘肃省政协及县委县政府的委托专职创作的反映东西协作帮扶脱贫攻坚题材的作品。甘肃省政协主席欧阳坚为本书作序,称"共同完成的人间奇迹",续写了东西协作又一段"山海情深"的佳话,为甘肃省和山东省的文化交流树立了光辉的典范。《决战西和》采用真实性和艺术性相结合的手法,通过讲述"两不愁三保障"在国家连片贫困区甘肃省西和县的生动实践,将基层广大的扶贫干部和贫困群众作为重点表现对象,聚焦2017年至2020年当地翻天覆地的变化,直面脱贫攻坚过程中的"痛点"和"难点",深度剖析脱贫攻坚任务的艰巨性和复杂性,全景式展现西和儿女在党的扶贫政策引导下,意气风发建设美好家园的豪迈和喜悦之情,深刻揭示了"西和模式"的由来及其必然性。

6月28日甘肃省政协系统脱贫攻坚帮扶工作回顾展在兰州开展,省政协党组书记、主席欧阳坚出席开展仪式并宣布开展。省政协党组副书记、副主席陈青主持开展仪式。全省政协系统脱贫攻坚帮扶工作回顾展,主要回顾在党中央和省委、省政府的坚强领导下,全省各级政协组织、各党派团体和广大政协委员、机关干部积极投身脱贫攻坚的艰辛历程和取得的丰硕成果,讲述身边的脱贫攻坚故事,弘扬伟大的脱贫攻坚精神,凝聚加快推进乡村振兴的磅礴力量,奋力答好新时代新征程新阶段的政协答卷。展览突出展示了省政协建立了"五规划一办法"工作机制,明确了帮扶路线图、时间表、任务书、责任状,形成政协主席会议成员全力推进中央定点帮扶、社会力量助力帮扶的合力攻坚生动局面。

作者:李燕青 甘肃省政协文化文史资料和学习委员会副主任、省政协抓党建促脱贫攻坚专项帮扶小分队队长

黄河远上白云间
——甘肃省政协帮扶西和纪实

打开甘肃地图,一眼望去,莽莽苍苍的陇原地区,就像一柄长长的玉如意,一头连接"大漠孤烟直,长河落日圆"的戈壁大漠,滔滔黄河东流去;另一头则是"早知有陇南,何必下江南"的绿水青山,不尽长江滚滚来。黄河、长江,一北一南,几千年来,各自孕育了光辉灿烂的文化,成为华夏文明共同的源头,她们是一对孪生姐妹,血浓于水,根系相连,尽管天各一方,彼此却把对方深深地思念和牵挂。

人间正道,沧桑巨变,共同的期盼和希冀生生不息,顽强地跨越万水千山,她们在陇上江南又一次会面了,一声轻呼泪光闪闪,阳光下的笑容多么灿烂。

2017年,在共和国脱贫攻坚集结号吹响之际,中央定点帮扶单位全国妇联、东西部扶贫协作单位青岛市市北区、省政协机关等7个省直单位、陇南市委政法委等25个市直单位、35家帮扶企业,一齐奔赴西和,实行对口支援。省政协机关成立了脱贫攻坚领导小组,省政协党组书记、主席欧阳坚任组长,小组下设办公室,副秘书长张效林为办公室主任、现场协调总指挥,帮扶干部赵丰玲、张艺为工作人员,义无反顾地挑起了时代赋予的重任。省政协机关作为省级帮扶组长单位,除了要加强与省级各帮扶单位的沟通衔接外,还要和全国妇联、青岛市市北区以及陇南市市直单位做好联络,统一协调各方帮扶力量。欧阳坚主席形象地称之为"西路军东征",慷慨、悲壮,却也不乏殷殷的期盼,义无反顾,决战决胜,不破楼兰终不还。

"我们不做古代的荆轲,毕其功于一役,要做现代的愚公,从最基础的一点一滴干起,直到搬走贫困这座大山。"帮扶办主任张效林的表态同样意味深长,却也斩钉截铁。

陇南市西和县,中国著名的"乞巧之乡""半夏之乡",素有"伏羲生处,仇池古国"之称。这里物华天宝,人杰地灵,曾是秦人的故土家园,织女成为先祖女修的化身;亦是诸葛亮六出祁山的古战场,一代名相的襟怀日月可鉴。"蒹葭苍苍,白露为霜",悠悠流淌的西汉水唱着《秦风·蒹葭》,倾吐着芝兰般美好的情愫,追寻着至善至美的境界,从先秦一直传颂到现在。西和,在浩如烟海的中华典籍里顾盼生辉,巧笑嫣然。

历史的车轮行进到现代,这片人文、风光锦绣的山区,却是"苦瘠甲天下"的国家集中连片特困地区,人均收入千元以下,不要说产业,就连最基础的住房、医疗、教育、饮水都得不到基本的满足,一年到头,仅够温饱而已,小康变成奢望。早在2011年,西和县就被列为秦巴山区特困县之一,而尤以洛峪、蒿林两个深度贫困乡为重。大山深处那一双双凄楚而无助的眼神,看着真是让人揪心,不忍直视。

省政协在西和的帮扶力量划分为8个区域,成立产业扶贫、教育健康、安全住房、安全饮水、金融保险、就业技能培训、贫困村人居环境、抓党建促脱贫攻坚等8个帮扶小分队,派驻7名同志担任驻村工作队长,组织152名机关干部带头认领6个贫困村346户贫困户。作为省级帮扶组长单位,整合投入全县1035名精干力量,成立驻村工作队,纵向到底、横向到边,织就一张密不透风的帮扶大网,精准投向223个贫困村,东西南北覆盖到西和全境。

2018年4月11日,西和县脱贫攻坚誓师大会在政务大厅举行,甘肃省政协副主席黄选平、陇南市委书记孙雪涛、西和县委书记曹勇先后作了表态发言,省政协主席欧阳坚的话语掷地有声:"用3年的时间,到2020年末,彻底解决困扰西和发展的绝对贫困问题,2018年完成50%以上的脱贫任务,2019年扫尾清零,2020年巩固提升。"29个帮扶单位,层层分解职责和重点任务,庄重地签下了2018年度帮扶责任书。从这一刻开始,西和全县上上下下被紧急动员起来了,政协帮扶办亦进入紧张的"战备状态",红色荧光屏上频频跳动的数字,昭示着脱贫攻坚进入倒计时,每一分每一秒都显得弥足珍贵。

慷慨激昂的话语犹在耳畔,宏伟的蓝图使人热血沸腾,而一个棘手的问题也随即摆在省政协领导的面前:具体怎么帮?29个帮扶单位,各有自己的强项和弱势,如果各自为战,势必力量零散且效率不高,而且有一种"老虎啃天——无从下口"的感觉,总不能让全国妇联去架设电线吧?这是甘肃电网的强项。同样,你让省农行去搞定向技能培训,那不是贻笑大方吗?东西协作单位青岛市北区的作用如何发挥?工欲善其事,必先利其器,时间不等人,怎样将各帮扶力量迅速整合在一起,攥成一个有力的拳头打出去,欧阳坚主席陷入苦苦的思索。他敏锐地意识到:顶层设计,事关全局,一着不慎,满盘皆输。扶贫,不仅仅是资金、技术、人员的投入,还要有清晰的路径可走,牵一发而动全身,既要慎之又慎,号准脉搏精准施策,又要大胆突破常规,不走寻常路。这是一个严峻的考验。

明者因时而变,知者随事而制

经过无数次调研,无数个不眠之夜,终于理清了思路:把散落在各个山坳间的资源和力量整合起来,帮扶县、乡、村在统一规划、统一方案的指导下,打破区域限制,"纵"的条块分割让位于"横"的整体发展,统筹配置,各展所长,优势互补,集中发力。使每个单位都来做最擅长的事,将散落在秦岭深处的零散帮扶力量,拧成一股缚住"苍龙"的长缨,从而形成一个合力攻坚的有机整体,"独奏"变为"大合唱"。"集团军"与"突击队"相互配合,合中有分,分中有合,共同作战,相互配合,散时满天星,聚为一条河,充分发挥各自专业领域的优势,实现帮扶效益的最大化。

帮扶机制调整后,各自的任务清晰明了。全国妇联专注做两件事:在大中城市帮助推介家政服务,推介"乞巧之乡"陇原巧手、巧妹子精湛的手工产品。青岛市北区负责向青岛输转劳动力,援建西和扶贫车间,打造产品入青的"绿色通道"。省生态环境厅制定规范,负责贫困村的垃圾、污水处理和村容村貌改造,实施饮用水水源地保护项目。省人民医院将主要精力放在轮训医务人员上,实行网上远程服务全覆盖,适时筹建专业医疗中心。农行甘肃分行为贫困户量身定做扶贫贷款、保险等金融产品,优先扶持带贫龙头企业和合作社。陇南市委政法委开展普法教育和"平安乡村"建设,为西和县的脱贫攻坚保驾护航……各个帮扶单位找准自己的"发力点",由仓促的"物理组合"产生了持久的"化学反应",西和县的扶贫工作发生了根本性的改变。

春水初生,静若处子

似乎,没有激起一丝一毫的波澜,也似乎,这一天与平日并没有什么区别,一切自然而然,瓜熟蒂落。然而,令他们没有想到的是,闻名全国的"西和帮扶模式"就这样悄无声息地诞生了,恰如平地一声惊雷,震惊了全国面临同样帮扶任务的同行,一时,前来取经者络绎不绝,正所谓机制一新、满目苍翠。事实是最有说服力的,2019年,甘肃省政协帮扶办荣获"全国脱贫攻坚组织创新奖",其创立和倡导的"西和帮扶模式"获得全国政协主席汪洋、胡春华副总理批示,在国家层面进行大力推广。创新的活力被彻底激发,大大加快了脱贫攻坚的进度。这是甘肃省对全国脱贫攻坚的独特贡献,也是西和的荣光和华彩时刻。

"政协帮扶组长单位的作用如何发挥?就体现在这些关键节点上,将军赶路,不攥小兔。借助资源优势,如果谋划得当,自然事半功倍,假如照本宣科,必然事倍功半,夯基垒台,立柱架梁,组长单位就是这样一个角色。"欧阳坚主席在一次县委扩大会议上,一语道破省政协帮扶西和的"实质"。

2018年8月,脱贫攻坚"西和帮扶模式"受到全国政协主席汪洋、国务院副总理胡春华的肯定,《人民政协报》在显著位置予以刊登,介绍经验和主要做法。同年,国务院扶贫办第52期简报发出向西和学习的倡议,明确指出:这是当地探索出的一条新路,情况相似的地区可复制、推广。

"求木之长者,必固其根本"

到西和伊始,欧阳坚主席就将招商引资列为头等大事,带队奔赴北京、广东、云南、青岛等地招商引资。2018年至今,帮助引进了中国中药控股、北京德清源、耀华灯饰、云南百年置业、云南丽江正龙集团、凹凸棒有机肥加工厂、佰翔源食品有限公司、琳珑珊珠宝有限公司、嘉帆绒布制品有限公司等38家大型企业,来到西和县建设扶贫车间,实施扶贫项目工程,累计引入资金10亿多元。协调组织系列扶贫项目推介会,推动奇正集团、伎乐天文化传媒、众城拍卖等民营企业与西和县签约启动了10个扶贫项目,帮助建成55个扶贫车间,解决了西和县长期以来想解决而无法解决的一些难题。坚冰被打破,冻土在春风的吹拂下醒来,千百年来素面朝天的西和,突然来了个华丽转身,快得让人眼花缭乱,芝麻开门,梦寐以求的阿里巴巴宝库轰然洞开……

嘈嘈切切错杂弹,大珠小珠落玉盘

这么多的大企业和扶贫车间几乎同时落地开花,这在西和县历史上可谓开天辟地头一遭,西和的脱贫攻坚陡然提速。县委书记曹勇喜上眉梢,在石堡工业园,他指着一排排崭新的厂房,欣喜地对张效林副秘书长说:"幼苗破土了,不几年就将长成一片树林,这是西和脱贫的本钱和底气,必将为当前和今后的发展注入强劲的动力。有了这些现代化的工业做后盾,西和如期完成脱贫,基础会更加牢固。"不得不承认,在西和这样一个贫困的山区,光靠招商引进企业是远远不够的,只是起到"破题"的作用,后续配套措施能否跟上,关系脱贫攻坚这场战役的成败。大多数农民由于年龄和自身知识结构的限制,能进工厂打工的毕竟是少数,自身还是找不到脱贫的门路。千百年来形成的惯性和对乡土的依赖,使得村民专注地盯着自己的一亩三分地,眼光再也不肯挪开。但什么事都不是绝对的,辩证地看,这未尝不是一件好事,关键在于如何引导,顺势而为,旧瓶装新酒,同样蕴含着解决问题的智慧和方法。如何帮助培育富民产业,助力村民走上一条可持续发展的道路,成为横亘在省政协扶贫办面前的又一道坎,而又必须迈过。

再困难的事也要有人去做,要不,千里迢迢跑到西和来干什么?问题浮出水面,解决就是,没什么可说的。从某种意义上讲,正是在一次次破解难题的过程中,在一次次艰难困苦的磨砺中,才化茧成蝶,浴火重生的。路走多了,慢慢就有办法了,答案不在会议室,而在白云环绕的山间地头,在炊烟袅袅的村上人家。欧阳坚主席先后25次来到西和,在张效林副秘书长的带领下,省政协脱贫攻坚领导小组扶贫办集体深入大山,与村民倾心交谈,了解他们的需求,倾听他们的呼声,感知他们的困惑。满面尘灰烟火色,在一张张饱经沧桑的脸上,他们看到的是坚韧和渴望,是对世世代代生活的这片土地一往情深的炽热的爱。这些从省城来到穷山僻壤的扶贫干部,被深深地震撼和感动了。

西和地处西秦岭南麓,长江流域嘉陵江水系西汉水上游,属暖温带半湿润性气候。省政协帮扶办请来省上的农业专家,分析当地的气候、水土、光照等自然条件,经过多次论证,帮助西和县捋顺了县域经济发展思路:立足当地实际,构筑起以半夏为龙头的中药材产业,以花椒、八盘梨和食用菌为代表的林果产业,以养鸡养猪为主的养殖业三大产业体系。壮大各类农民专业合作社,形成产业集群,一家一户的发展逐渐融入一片一区的海洋,将广大村民紧密嵌到产业的链条上,实现对贫困群众最充分的保障,夯实脱贫攻坚的基础。这些土生土长的产业,与这片土地紧紧连在一起,与村民结成一种最牢靠的联盟关系,顽强地生根、发芽、开花、结果,野火烧不尽,春风吹又生。

"什么叫激发群众的内生动力?我的理解是,首先要与老百姓的切身利益相联系,空喊口号拔高调解决不了任何问题,还会引起他们的反感。把群众引领到舞台中央,让他们自导自演,从看客变为主角,不愁激不起热气腾腾的心气。"西和县副书记杜宏程的见解可谓独到,他是2018年主动请缨,被甘肃省政协派到当地挂职的,3年的时间,他由一个省城的机关干部俨然已经变成了一个地地道道的西和人,深谙基层工作的要义,一眼就能看到问题的本质。

登山则情满于山,观海则意溢于海

时间与追梦者逐跑,快得像一阵风。4年的光阴,鬓角已经渗出缕缕白发,多少往事随风飘散,多少记忆永远镌刻心间。仔细辨认着那些熟悉或陌生的景物,猛然间涌上不经意的点点滴滴……2020年8月4日,省政协帮扶办主任张效林在当天的记事本上写道:"这是一次扶贫成果的检阅,忙碌而充实的一天,欣慰。"

"上午9:00,到达位于石堡镇的西和县工业集中区,中国中药西和半夏、西和县佰翔源辣椒加工厂已经投产,有效解决了本地农业流通较差、销售半径过短、大市场和小生产的矛盾。甘肃铭欧智能物流配送中心及西和龙辉马铃薯粉条项目正在加紧施工,塔吊在头顶转动,运输沙石的车辆进进出出,这种感觉真好,心里感到特别踏实。"

"10:40到达卢河镇董河村,这个过去'满村是粪便,遍地是垃圾'的村庄,经过环境卫生整治,彻底大变样了,上次不让在自家外墙作画的村民看来做通工作了,清水芙蓉图画得清气,花心还有一只蜜蜂,钻进去半个身子……'后进'变'先进',思想观念上的变化,就是脱贫攻坚战最大的成果,这个结论经得起检验。"

"14:30到达何坝乡高庙梁中药材产业基地,这是由绿康农业发展公司牵头,联合11家合作社组建的大型综合体,主要种植板蓝根、半夏、玄参、桔梗等品种,打破地域限制,涉及3个乡镇7个村,山顶之上一片翠绿,蓝天白云映衬下的山峰格外翠绿,村民正在地里采挖半夏,今年的价格异常坚挺,西和'半夏之乡'的名气越来越大了。"

"16:40到达十里镇梁集村高山架豆产业基地,500多亩的规模真是壮观,绿油油一片,长势喜人,每亩产量高达3500公斤,这个品种顾长、饱满、筋少、翠绿、病虫害少,已经成为周边村民脱贫致富的好帮手,村民采摘后,统一送到西和县伟旺合作社,发送到各大集贸市场。村有特色产业,户有致富门路,真是生动的写照。"

这是一次集中的检验,梦想已经开花结果……4年来,从制定区域发展规划,找准产业的着力点,到选派精兵强将,深入山村第一线,参与具体的脱贫过程,再到异地布局销售网络,将大山里的物品发往全国各地,省政协帮扶小组的初心一直没有变,一直走在脱贫攻坚的前列。

追风赶月莫停留，平芜尽处是春山

现在，转过身回望走过的路，重新审视当时的情境，张效林副秘书长感慨万千："很多事就是被逼出来的，万幸的是，在事关西和县整体发展的大局上，省政协帮扶办没有出现决策上的失误，在这么艰苦复杂的环境下，交出这样一份答卷，殊为不易。发端于2017年的这场扶贫攻坚战，不但有效消灭绝对贫困，锤炼了干部，打造了一支敢打硬拼的干部队伍，更是眼睛向内，修炼内功，提升自身素质的一个绝佳机会，收获是全方位的。"

"五十而知天命。天命是什么？在我看来，就是肩负的责任。组织派我来，赶上脱贫攻坚这一历史性的机遇，是我莫大的荣幸，你付出多少心血和汗水，有多苦多累，最后胜利的果实就有多美多甜！"平日不苟言笑的他，难得款款吐露心声。

能舍者天地不弃，既得者无愧于心

2020年11月21日上午，甘肃省政府新闻办召开发布会，宣布西和县退出贫困县序列。4年的脱贫攻坚，他们的身心早已融进这片热土，挥洒在第二故乡的心血和汗水，比第一故乡都多，更加难以忘怀。成效是实实在在的，悄无声息地写在西和1861平方公里广袤的山川大地上，浮现在45万西和儿女甜美的笑脸上。一场大雪过后，窗外的梅花含苞怒放，清香氤氲，丝丝缕缕沁人心脾。"俏也不争春，只把春来报，待到山花烂漫时，她在丛中笑。"

2021年2月25日，在雄伟的人民大会堂，习近平总书记庄严宣告，中国扶贫事业取得彻底胜利。历时8年、惠及近1亿人的世纪传奇落下帷幕，甘肃省政协帮扶办不负众望，获得"全国脱贫攻坚先进集体"荣誉称号。千里之外，山高路远，正在下乡调研的扶贫办队员张艺、赵丰玲，听到张效林副秘书长用略带沙哑的嗓音传来的喜讯，在这乍暖还寒的时节，相互击掌庆贺，奔跑在早春明媚的阳光里，欢笑着拥抱在一起，突然泪流满面……

作者：孙鹏　青岛市市北区文化和旅游局干部，中国作家协会会员

欣忻笑口向西风

一

蒿林，既是西和县西南部的一个乡，又是乡上的一个村。按照书上的解释：蒿，两年生草本植物，常见的蒿属植物有黄花蒿、茵陈蒿、艾蒿、柳叶蒿和青蒿等，引申为野草的意思；"林"意即茂盛之意，望文生义，很容易解读为人烟荒凉之地，贫穷的代名词。在黄土高原流传已久的民歌《泪蛋蛋抛在沙蒿蒿林》唱道：

羊(啦)肚子(哎)手巾(呦)三道道蓝
(咱们)见个面来容易
(哎呀)拉话话难
一个在那(哎)山上(呦)一个在(那)沟
(咱们)拉不上(那)话儿(哎呀)
招一招那手
了(啦)见那(哎)村村(呦)
了不见(那)人
我泪(格)蛋蛋抛在(哎呀)沙蒿蒿林
我泪(格)蛋蛋抛在(哎呀)沙蒿蒿林

黄土高原贫瘠少雨，人们在土里讨生活，混个温饱都难，年轻姑娘钟情青年小伙，但姑娘的父母实在不愿后辈再过这样的苦日子，狠心棒打鸳鸯，年轻姑娘迫于压力,只能无人的时候跑上山梁,偷偷向心上人招招手……曲调悲凉,一唱三叹,道尽了相思之苦和贫穷的无奈。蒿林乡(村)是不是由于同样的原因而得名,我不知道,也无从考究。这里坡陡沟深,土地瘠瘦,旱、涝、雹、泥石流等自然灾害频繁。青年小伙娶媳妇难,本地姑娘纷纷远嫁他乡,尤其是沿海富庶一带,老百姓戏称"孔雀东南飞"。出门在外,人家问起哪儿人,都不好意思说是蒿林的,含糊其词、支支吾吾,好像做了见不得人的事。俗话说得好:人穷志短,马瘦毛长。贫穷,紧紧扼住人们的脖颈,动弹不得,发声不得,只能暗自嗟叹。这样想来,大概"蒿林"这个名字就是这么来的,也未可知,至少这种理解是有充分事实根据的,大体还是比较靠谱的。

但这只是过去的印象。2017年,精准脱贫加大攻坚力度以来,西和县各个乡村发生了翻天覆地的变化,有些简直令人难以置信,今天的蒿林,又会是个什么样子呢?如一团浓雾弥漫开来,看不清面孔,似乎想象得到,又好像很模糊,我在等待一个契机,盼望尽快揭开心中的谜团。

2020年7月28日,县文联应邀参加"蒿林首届花椒节"开幕式,吕程主席带队前往,花椒产业富民增收,翰墨丹青助推脱贫,非常风雅的一件事。我在县文联挂职,自然与众多书画名家一同前往。都说山路十八弯,这里却是盘山公路绕啊绕,条条道路S型。车辆在山间艰难前行,感觉晃晃悠悠的,头重脚轻,一阵阵眩晕。我问同车的县政协张惠副主席,还有多远的路程?张主席笑着说,蒿林是有名的"花椒之乡",不用看时间,也不用看里程表,闻到椒香味,不消说自然就到了。

张惠主席说的没错,空气里的香味愈来愈浓。车辆驶入蒿林乡政府所在地赵沟,可能椒油的味道过于浓烈,类似食用了芥末的感觉,刚打开车门,我忍不住连连打了几个喷嚏,车上的人都笑了,说来的次数少了,多闻几次就好了,这么好的香气,无缘消受,可惜了。

蒿林乡地处金陵山与云裹山西汉水河谷地区,位于西和县西南部,西汉水两岸,距离西和县城55公里,境内地势陡峭,植被稀疏,山体支离破碎,备受雨水冲刷,海拔在850~2300米之间,平均海拔1575米,年平均气温15

摄氏度,年均降雨量245毫米,无霜期188天,在长江水灌溉的西和县,这是唯一的干旱区。"高山油菜中药材,半坡花椒,川坝辣椒"曾经是这里的一大特色,但要说最耀眼的"明星",无疑还是出产于这里的"蒿林油椒"。

"思路一转,劣势可以转化为优势。蒿林的地形、地貌、光照、海拔等特点,使这里成为全国少有的花椒种植'黄金地带',因为光照充足,昼夜温差大,所产花椒色红油重、粒大饱满、香味浓郁、药效成分多、精油含量高,加之半坡地带空气清新,品质自然上乘。这几年'蒿林花椒'声名远播,外界又称'蒿林油椒',已经通过专家检测,正在申请有机产品认证,申报生态环境部'国家有机食品生产基地',目前我们已经注册了'西汉红、绿臻园、蜜采园、鸿椒满园、杨威六月红'等众多品牌。'在蒿林乡会议室,党委书记蔺东旭娓娓道来,自豪之情溢于言表。

蒿林种植花椒已经有40多年的历史,2017年以来,蒿林乡坚持通过政策引导、资金扶持、技术培训和示范带动等一系列有效措施,按照省政协帮扶小组和县委县政府的"南椒北果中部梨"的决策部署,把发展壮大花椒产业作为脱贫攻坚的主要途径,现在家家户户种植,花椒已然壮大为蒿林乡第一大产业。今年花椒管护面积达1.4万亩,年总产量近500吨,产值预计将达到7600多万元,全乡现有17个花椒种植农民专业合作社负责收购、加工、销售,小小花椒走出了一条致富的康庄大道。当地人亲切地称为"麻辣产业",花椒,成了老百姓眼里不折不扣的"金果果""香饽饽"。

以杨魏村为例,全村农业总人口198户954人,2013年,建档立卡贫困户153户685人,贫困发生率高达61.43%,这几年通过发展花椒产业,全部实现了脱贫。

杨刘祥,家中4口人,2013年底纳入建档立卡贫困户,通过政府引导大力发展花椒产业,2016—2017年共种植花椒15亩,产量550公斤,收入43000元,于2017年脱贫;

杨马正,家中8口人,2013年底纳入建档立卡贫困户,栽植花椒18亩,产量510公斤,收入48000元,2017年脱贫;

杨各红,家中7口人,2013年底纳入建档立卡贫困户,栽植花椒16亩,产量600公斤,收入47000元,2017年脱贫。

……

党政综合办公室主任郭阳阳和扶贫工作站副站长王智峰搬来几大摞脱贫台账,赵沟、寺申、团结、何山、段庙、大唐、老庄、李山、申集、杨魏、蒿林、杜林12个建制村,78个村民小组,1253户建档立卡户5861人,全部整整齐齐登记在案,家庭基本情况、帮扶责任人、全年收入多少、何种方式脱贫、全家何时退出,罗列得清清楚楚。这是2017—2020年的脱贫台账。王智峰站长指着墙上的各村作战进度表说,对今年未脱贫的建档立卡户,我们制作了作战图,制定了帮扶措施,明确了完成时限,对今年的收入和脱贫指标进行实时动态监测,确保2020年底全部消零。这既是一项严肃的政治任务,也是一份炽热的情怀。

我仔细查看着,不消说,花椒产业在脱贫攻坚中起到了决定性作用。随着一页页文档的翻阅,我仿佛看到一粒粒花椒化作了一张张笑脸,以及笑脸背后老百姓无以言表的深深的感激之情。厚厚的档案盒,像是一份沉甸甸的责任,更像是一座座亟待翻越的大山,嘹亮的军号已然吹响,各方急急加快进军速度,可谓快马加鞭急如星火,一刻也不曾放松,终点就在眼前,近了,更近了……

二

"走,咱们看采摘花椒去!"正当我沉浸在无限的遐思中时,人们已纷纷起身,向门外走去。"采摘现场在蒿林村林富合作社的地块,离这不远,也就一公里左右,咱们走着去,很快就到了"。蒿林乡党委副书记马卷卷忙着和前来的宾客打着招呼,忙得气喘吁吁,看得出办个节会不容易,估计这几天事特别多,天又热,额头渗出细密的汗珠。

两里的山路,还没走到,耳边就传来嘹亮高亢的山歌。后来问老乡,才知唱的是流行于当地的《一树花椒》:

花儿家门上一树椒

年年开花不结椒
今年开花结椒了
摘椒去了刺扎了
摘椒去了椒到手
一下子咬破麻到口
咀狸猫钻到洞里
麻到肋子缝里了

循声望去,一个20多岁的村姑,站在高坡上,风吹动一袭白色的长裙,一头乌黑的长发飘飘欲飞,身体轻盈地随风摇摆,那份收获的喜悦和自得,随歌声回荡在四面幽深的河谷。唯美清纯的画面,牢牢定格于一瞬,齐刷刷引来众多关注的目光。

"欢迎,欢迎!"蒿林乡郑清辉乡长大步迎了上来,"请领导们坐裁判席,采摘大赛马上开始。"听乡上的人说,今天花椒采摘大赛面向全县,男男女女共有247人参赛,老百姓热情高涨,因为是第一届花椒节,所以格外隆重。

"还有这等好事,摘下的花椒归自己,获得名次还能得现金大奖,头等奖1000元,二等奖600元,三等奖400元哩,真是不少,咱们老百姓可是头一次见,稀罕,开了眼界了。"现场不断有群众在兴高采烈地议论。

"能不能获奖,就看你的能耐了,光吹不行,是骡子是马拉出来遛遛,动真格的时候到了,自个儿几斤几两马上要见分晓了。"又有人兴奋地开着玩笑。

"加油啊小蒲,你可是种子选手,穷哥们穷姐妹就看你的了,你不是平日自夸手脚灵活吗,关键时候可不能让乡亲们看扁,不争(蒸)馒头争口气,得了一等奖不用你请客,兄弟姊妹们请你。"又有人在一旁大声嚷嚷着,不断地为参赛的选手鼓劲。

8点以前,参赛地块就挤满了黑压压的人群,比赛人员统一抽取号码前往场地,在进行了详细的规则讲解之后,9点整,郑清辉乡长宣布采摘大赛正式开始。参赛的选手快速奔向花椒地,沙沙沙,唰唰唰,似喜雨急速洒向林间草木,现场一片宁静。

不知过了多久，高音喇叭响起来了。"各位选手注意了，一个半小时的采摘时间已到！请速来过秤，迟到5分钟者取消参赛资格，现在开始过秤。"大喇叭里传来总裁判长郑清辉乡长清晰的口音。

"九斤二两。"

"六斤三两。"

"十二斤二两。"

"十四斤八两。"

"十五斤整。"

"十六斤七两。哇，太厉害了！"

……

上午11点钟，蒿林乡首届花椒节开幕式隆重举行。县委、县政府等相关领导出席，省市县多家媒体记者、知名书画家、文艺工作者、摄影达人，网红主播、蒿林乡广大群众和来自全县各村的采椒能手共计2000余人参加了这次活动，会场秩序井然，骄阳似火，老百姓的热情更高。仪式上，乡党委书记蔺东旭作了热情洋溢的致辞，县委常委王小元宣布花椒节开幕，在观看了精彩的文艺演出之后，台下人头攒动、屏息静气，等待获奖人员名单公布那激动人心的一刻。

"下面，我宣布：获得蒿林乡首届花椒节采椒大赛三等奖的有30人：李万里、申正牛、李小林、申鹏程、胡旭、赵三旭、蒲变花、何红燕、何小应、赵芳琴、申小江、刘玉明、王琪、周海梅、张付花、王彩花、王菲、李文元、邱王红、周秋林、赵玉环、张芳丽、蒲彩龙、张芳芳、王雪琴、杨会战、张军放、张桂叶、王红霞、申芳林。"

"获得蒿林乡首届花椒节采椒大赛二等奖的有20人：席文会、李桂花、杨淑娟、李万芳、杨琴玉、赵芳应、李娟霞、申荷瑞、毛福荣、李朝霞、赵芳兰、李学斌、申仁红、李小勇、张会子、冯有来、李新会、蔚旭东、马苏芳、申爱琳。"

"获得蒿林乡首届花椒节采椒大赛一等奖的有10人：蒲小伟、赵博学、张信娃、蒲旭霞、申娥娥、申具花、何应兰、张芳明、张爱红、张付花。"

政府副县长谭建武在主席台上大声宣读着,声音洪亮而清晰,观众席上一片欢呼,参赛选手按照三等奖、二等奖、一等奖的顺序依次上台领奖,从县上领导手里接过获奖证书和标注奖金数额的牌子,平放在胸前面向观众致意,《步步高》的乐曲环绕着,脸上洋溢着开心的笑容,媒体记者忙着抢拍镜头。身后,是文联的艺术家们为花椒节专门制作的巨幅彩画:绿水青山间,蓝天白云悠然徜徉,清澈的西汉水在山谷缓缓流淌,累累鲜红的花椒压弯了枝头,一个八九岁身穿淡红色服装的小姑娘和一个十七八岁身着蓝格布衣裳的少女,并立于一棵花椒树下,手里挎着篮子,神情专注地采摘着丰收的果实。这似乎是一个隐喻,更像是一种标志,预示着花椒在蒿林乡至高无上的地位。

蒿林乡寺申村的蒲小伟,是2013年的建档立卡户,小伙子身手敏捷,又吃苦耐劳,干活喜欢找窍门,是远近闻名的"吃劲人",无疑是此次花椒采摘夺冠的热门人选,事实也是不负众望,他荣获大赛一等奖,喜滋滋地将奖金1000元揽入怀中。在众人的欢呼声中,蒲小伟像一个凯旋的将军,精神焕发,眼角眉梢都是笑。乡上的干部作了引见,我和他进行了短暂的交流。人逢喜事精神爽,蒲小伟依然沉浸在巨大的喜悦中。他告诉我,他今年34岁,两个孩子还小,一个5岁,一个7岁,妻子无业,在家专门照看孩子,平日以种植为生,仅够温饱,勉强度日,农闲的时候出去打个工补贴家用。这几年,种花椒的势头蒸蒸日上,他看在眼里记在心里。这次获奖,更像是一粒火种,让他心底蛰伏已久的火山彻底喷发了,熊熊燃烧不止,他萌生了一个大胆的想法:明年将口粮地全部种成花椒,一心一意念好这门生意经。

"这么盛大的阵势,以前只是在大城市见过,蒿林有了专门的花椒节,又有这么多扶持政策,乡上的技术员随时到田间地头指导,政府这么重视,以后花椒行情保准错不了,我这就回去着手准备。"蒲小伟信心满满,准备明年大干一场,眼里满是期待和憧憬,神采奕奕。

杜林村的赵芳兰,这次获得二等奖,奖金600元,乡上干部介绍说我要采访她一下,赵芳兰有点不好意思,不过对于此次获奖,仍难掩兴奋之情。

她是村里的妇联主席,本来她不想来,家里家外一大摊子事,左邻右舍的姐妹都报了名,撺掇她也去,架不住众人一顿"炮轰",赵芳兰就抱着试试看的想法来了。一过秤,采摘的花椒竟然超过14斤,在众多采摘人员中,战绩喜人,大家都说能获奖,没想到还真获奖了,而且是二等奖,看来她有点过于谦虚了,忽视了自己真正的实力。

家庭是绕不过的话题,赵芳兰却也并不避讳。她说,2006年,丈夫刘建成在矿山干活时不幸摔断了腰,高位截肢,瘫痪在床14年,前前后后花了几十万元,那个年代农民没有医药费报销一说,都是自费,家中积蓄被彻底掏空,又欠了亲戚朋友不少外债。当时地里种了6亩多花椒,又少了一个整劳力,里里外外都需要她出面打理,千斤重担骤然压在她羸弱的双肩,一时喘不过气来,又要照看病人,又要接送孩子上学,花椒撂荒了,那是一段最难熬的日子,但她咬牙挺了过来。

2014年建档立卡,特别是2017年以来,情况有了明显的好转,医药费基本报销比例在85%以上,还有政府提供的各项临时补助,解了燃眉之急,她的生活逐渐走上正轨。今年赵芳兰家的花椒种植面积扩大了3亩,摘了100多斤,收益6000多元。今天获奖了,心气提上来了,她想把过去撂荒的花椒地全部恢复,政府免费提供椒苗,遇到自然灾害还有农业保险,放心着哩。

这些平日再平常不过的话语,在这个阳光明媚的上午,像一只只翩然纷飞的彩蝶,忽然在我眼前生动起来;又如一首美妙的乐章,在朝霞的光照里上下左右迅疾跃动,每一个音符都透着灵动和深情。我的眼前渐渐出现这样一幅纷繁绚丽的画面:巍巍金陵山与云裹山下,蓝天映衬着白云,红红的花椒配上翠绿的枝叶,像披着红盖头的新娘子,一脸灿烂的笑容点亮了整个夏天。花椒为媒,我绿水青山之间悠然徜徉。蒿林乡,与你相逢在激情似火的7月,相逢在漫山遍野馥郁的香气里,相逢在栏桥历史与未来的交汇点上。

作者:孙鹏　青岛市市北区文化和旅游局干部,中国作家协会会员

在希望的田野上
——甘肃省政协帮扶西和县高质量脱贫摘帽工作纪实

"采摘一斤鲜花椒3.5元,我一天能采摘50斤,能挣170元,今年可能要干一个月,这对我的家庭来说可是一笔不少的收入。"西和县石峡镇坛土村采摘工李小琴说。

眼下,在蒿林乡花椒基地,来自西和县蒿林周边乡镇的采摘工正在忙碌着。

"近年来,在蒿林乡党委、政府的帮助扶持下,合作社借助京东、天猫等电商平台,向四川、山东等一带的客户销售花椒和椒苗,由于蒿林油椒品牌打出去了,客户对我们的花椒品质很信赖,现在每天基本都有新的订单。"西和县蒿林乡财源花椒种植专业合作社理事长胡旭说。

据了解,2023年西和县在大桥、蒿林、西高山等16个乡镇106个行政村补栽植无刺花椒4450亩,采购优质无刺花椒嫁接苗22.25万株,目前,全县18.42万亩挂果花椒进入采摘期。

"巩固"是与乡村振兴有效衔接的基础,"拓展"是实现向全面推进乡村振兴转移的路径。

此刻,西和县农户在实实在在享受到脱贫攻坚带来实惠的基础上,正紧握乡村振兴"接力棒",满怀信心开启新征程,一幅农业强、农村美、农民富的乡村振兴新画卷正在这片希望的田野上徐徐展开。而这份自信和希望,源自每一位农户勤劳的双手,源自党中央和省委、省政府的坚强决心,也源自省政协的真帮实扶、真蹲实驻、真抓实干。

带着诚心摸清问题

春之伊始,希望之初。

2017年,党的十九大明确把精准脱贫作为决胜全面建成小康社会必须打好的三大攻坚战之一。为了到2020年与全国一道如期脱贫摘帽,甘肃省委决定由省政协主要领导联系帮扶西和县脱贫工作,并确定由省政协办公厅担任西和县省级帮扶组长单位。

2018年初,甘肃省政协完成换届,刚刚上任的十二届省政协主席欧阳坚第一时间赶赴西和县访贫问苦。

坐在老百姓的炕沿上,听听老百姓需要什么;走在田间地头,看看地里的农作物长势如何;召开协调推进会,谈谈大家齐心合力为老百姓做些什么;为基层党员讲党课,帮助基层党组织和党员进一步提升凝聚力和战斗力……

全县223个贫困村、15.38万贫困人口,贫困发生率39.52%。2013年底建档立卡时的数据让每一位帮扶干部都深感任务的艰巨和繁重。

人民政协为人民,既是对初心使命的庄重承诺,也是政协履职的出发点和落脚点。

坚定必胜信念、凝聚超常智慧、拿出超常举措、付出超常努力、拿下坚中之坚、攻克难中之难,不获全胜决不收兵成为政协人毅然前行的动力。

作为联系领导和组长单位,如何有效开展帮扶工作?经过多次蹲点调研论证,一套"组合拳"先后推出:成立以省政协党组书记、主席为组长的脱贫攻坚帮扶工作协调领导小组,抽调10名干部专职从事帮扶的联络、协调、推进、监督等工作;选派1名同志到西和县挂职县委副书记、7名同志担任驻村工作队长,深入一线开展帮扶工作;组织161名机关干部认领西和县6个贫困村533户贫困户,定期深入开展结对帮扶;向全体政协委员发出号召,以投身脱贫攻坚主战场为荣,积极为脱贫攻坚贡献力量。

自2018年以来,省政协主要领导先后25次到西和县蹲点调研,26次主持召开各类扶贫推进会、协调会和对接会,现场指导、整体推进,推动脱贫攻坚任务落实。

"在西和县扶贫工作中，省政协和各帮扶单位的身影无处不在，这既是一种使命，更是一种担当。"谈起省政协的帮扶工作，时任西和县委书记曹勇也不由感慨万千，他说，"在脱贫攻坚的广阔舞台上，省政协不仅帮助我们攻克难题重点，而且与基层干在一起、苦在一起。"

付出真心真帮实干

完善的机制和科学的方法是事半功倍的前提。

在脱贫攻坚工作推进中，总人口45万人的西和县里，既有中央定点扶贫和东西部协作对口单位，还有省市县各级帮扶单位，如何才能让这些帮扶力量发挥最大作用，产生最大效益？这是省政协主要领导一直在思索的。

在帮扶初期，每个帮扶单位负责帮扶几个定点特困村，扶贫对象分散、帮扶力量分散，脱贫攻坚就难以形成合力。大量的干部下去了，但是成效出不来，还会反过来干扰村民的正常生产生活，增加乡村和农户的负担。

难题面前显功力，责任面前靠担当。经过省政协主要领导多次深入西和县蹲点调研，与当地干部一起"解剖麻雀"，找到了解决问题的方法——把来自中央定点扶贫、东西部协作、省市县各级帮扶力量整合起来，打通配置、各展所长、优势互补，形成打赢脱贫攻坚战的强大合力，实现帮扶效益最大化。

机制一新，全盘皆活。

省生态环境厅不仅完成了联系的8个村的垃圾、污水处理和村容村貌的改造，还帮助西和县全面改善城乡人居环境，提升村容村貌。

省人民医院除了负责配置两个村卫生室配置和做好医务人员的培训之外，还帮助全县200多个贫困村建设标准卫生室，建成5个专业医疗中心，轮训了全部贫困村的医务人员，网上远程医疗服务实现了全覆盖。

省妇联发挥在组织劳务输转、开展家政服务上的优势，出面联系适合妇女刺绣、编织等手工劳作的订单，每人每月600~1000元的收入虽然不多，但让妇女在家庭中有了地位。

陇南市委政法委负责做好法制宣传和文明道德教育,以法制为基础,进行道德宣传教育,普及法律意识,宣传公民道德,让犯罪发生率大幅度下降,为脱贫攻坚创造人文条件。

……

机制创新让各单位的强项、优势得到了充分发挥,短处得以规避,帮扶工作由过去的"独奏曲"变成了"大合唱",取得了事半功倍的帮扶效果。

这一机制的创新,为西和县整县脱贫打下了坚实的基础。2018年9月,国务院扶贫办《扶贫信息》以《甘肃省政协整合县级帮扶力量实现帮扶效益最大化》为题总结了省政协统筹开展帮扶工作的相关做法,受到中央领导同志高度肯定。凭借这一创新机制,省政协也先后荣获全国脱贫攻坚奖组织创新奖、全国脱贫攻坚先进集体荣誉称号。

"群众需要我们做什么,我们就做什么。"这是省政协党组坚持需求导向,落实中央和省委省政府关于精准扶贫战略部署,对西和县困难群众最质朴的表白。

西和县长道镇石崖小学的重建、蒿林乡杨魏村花椒园里请来的农业专家、洛峪镇康河村不断发展壮大的村集体经济……有困难的地方,就有政协人的身影;群众有需求的地方,政协就有所呼应!

2018年12月,广州长隆国际会展中心内,由省政协主要领导带队,一场红红火火的西和脱贫攻坚项目推介会在这里举行。西和布鞋、西和草编、西和草药……60多种包装精美的农产品和乞巧文化产品,琳琅满目、绿色健康,吸引了众多广东客商的目光。

借力招商引资,助力脱贫攻坚。省政协主要领导多次带领西和县开展扶贫项目专题招商活动,先后在广州、深圳、佛山签约企业38家,落实项目55个;在青岛签约企业31家,落实项目32个;引进中国中药控股、云南百年置业等一批引领性强、成长性好的大型企业到西和县实施扶贫项目,累计引进项目170多项、引入扶贫资金10亿多元。

奉献爱心诠释担当

脱贫攻坚，关键在人。省政协把最会打仗、能打硬仗的干部派到脱贫攻坚最前线、最难处，合力攻坚最难啃的"硬骨头"。

驻村工作队纵向到底、帮扶小分队横向到边，全体干部动员覆盖到贫困户。一张织密的大网把政协的力量覆盖到西和全境。

2017年8月，省政协精选8名干部带着省政协党组的殷切嘱托，踏上了西和县的土地，开始驻村工作。

在这支队伍中，有的人父母年迈体弱多病，有的人新婚宴尔就告别妻子，有的人孩子尚在襁褓之中。

面对组织的重托、亲人的牵挂、群众的期盼，他们带着一个笔记本、一支笔，背着馍和水，翻过一座又一座大山，走进一户又一户贫困家庭，用自己的真情打开了群众渴望摆脱贫困的"话匣子"，找到了脱贫致富的"金钥匙"，留下了一段段感人肺腑的故事。

一位帮扶干部强忍着内心的不舍，把年幼的双胞胎女儿"丢"给妻子，一头扎进大山，脚踏实地，全身心投入脱贫帮扶工作。

杨魏村驻村队长积极争取通村道路升级改造项目，拓宽道路、新修护坡、河堤。

康河村驻村队长和群众商议，整合各方扶贫力量，把发展中药材种植、辣椒育苗作为富民主导产业，全村2019年整村脱贫。

硬化通社路，修建村民图书馆和文化广场，安装健身器材……赵沟村驻村队长来到村里后忙得不亦乐乎。

杨魏村第二任驻村队长协调联系医院，帮助村民蔚顺艮通过做手术治好了多年的白内障，让他重见光明。第一次看到自己最疼爱的孙子长啥模样，蔚顺艮老泪纵横。

"前些年，想都不敢想我们全家能住上新房子，感谢党和政府的恩情，感谢省政协干部的操心、帮忙，大人娃娃都过得好得很……"老实巴交的关坝村特困户雍响战,不善言辞,但句句饱含深情。

坚守初心拔掉穷根

脱贫攻坚是一场硬仗,越到最后越要紧绷这根弦,不能停顿、不能大意、不能放松。

"西和不仅要脱贫,而且要高质量脱贫。"在西和县脱贫攻坚进入攻城拔寨、全面收官的关键阶段,省政协办公厅在探索优化"西和帮扶模式"的基础上,发出高质量示范性退出倡议书,在省市帮扶单位大力开展"高质量示范性退出"行动,鼓励省市帮扶单位争当高质量脱贫的引领者、践行者、推动者、示范者……省市帮扶单位坚守初心,纷纷响应号召,发挥部门优势,各展所长,强强联合,涌现出一批典型经验和典型做法。

七月的西汉水畔,处处升腾着生机与希望。

绿油油的庄稼地,金灿灿的油菜花,整齐排列的温室大棚,规模化养殖的农业合作社……在广袤的乡村大地上,一个个乡村建设项目纷纷落地,一项项特色产业带动高质量发展,一支支乡村振兴工作队接力出发,西和县全面推进乡村振兴步履铿锵。

路时运是西和县十里镇仁义村的一名建档立卡户,因缺少技术,全家的收入仅靠种地所得,日子过得紧巴巴的。

"苦日子过得时间长了,也就不爱'折腾'了。"路时运告诉记者,过去他总觉得再怎么"折腾"生活也就那样了,"不会有多大的变化。"

但让路时运没想到的是,在各级帮扶单位的帮助下,自己的日子确实变了——住进了新房子,被聘为村里的保洁员,还搞起了养殖……

"收入高了,日子也越过越好了,最重要的是脱贫了,不拖大家的后腿了。"路时运笑着说。

路时运的生活变化是西和县最后一批贫困户实现脱贫的缩影。

如今的西和县城乡面貌焕然一新、干部的精气神不断提振、贫困群众的发展信心十足、致富产业多点"开花"……

通往胜利的道路,因顽强拼搏而铭心刻骨;实现梦想的征程,因奋发进取而荡气回肠。

2020年11月21日,省政府批准西和县退出贫困序列,至此,西和县历史性消除了绝对贫困。

2021年2月25日,在北京人民大会堂,全国脱贫攻坚总结表彰大会隆重举行。"我国脱贫攻坚战取得了全面胜利!"习近平总书记的庄严宣告,传遍了大江南北。

从2017年开始联系帮扶西和县,在短短3年多的时间里,曾是全省最贫困县区之一的西和县有223个贫困村全部退出贫困序列,累计减贫3.57万户、16.2万人,发生了历史性的巨变,帮助西和县脱贫攻坚工作走在了全省前列。

守正笃实,西和已然挥手告别贫困;久久为功,西和正向新的征程阔步前行!在西和县告别贫困通往小康的路上,省政协展现出的高度的政治自觉和使命担当,桩桩件件、点点滴滴都被记录在西和县的扶贫档案中,在通往乡村振兴的康庄大道上,他们依然信心满满、充满希望。

作者:李梁 《民主协商报》副总编

青山遮不住
——记那些年我们一起走过的扶贫岁月

关于扶贫,以及那些漫长的扶贫岁月里遇见的那些人,那些事,那些平凡,那些感动,仿佛电影镜头般时常在我脑海里盘旋,也仿佛一颗遗留的种子在我心里时常悄悄萌芽。但近乎两年了,这些故事好像又逆着记忆的方向离我而去,那些碎片化的记忆,断断续续,时而清晰,时而模糊,甚至连我自己都要遗忘了。疫情居家的日子,蓦然,那些埋藏已久的种子,在长久的孕育中,终于破土而出。终于,记忆找到了那些被追寻的事物。记忆的闸门一旦打开,往往情不自禁。直到那一刻,我才明白,原来,青山遮不住的,是奔腾不息的岁月长河,是激情澎湃的扶贫历程,是永不停歇的奋斗脚步……写下这些朴素的、粗糙的却发自肺腑的文字,谨以纪念,以祝福。

那些冬春里的伟大时刻,必将被我们铭记。

2020年11月21日,是一个刻骨铭心的日子。这一天,甘肃省政府发布的一份公告将甘肃人民的幸福定格,大家感慨万千、欣喜万分。这一天,西和县退出贫困县序列,甘肃省75个贫困县告别了延续千年的绝对贫困,对于西和乃至甘肃而言,这是脱贫攻坚历史性的成就,也是脱贫攻坚决定性的胜利。

2020年12月31日,当我们取下帮扶办倒计时最后一个数字时,我们的脱贫攻坚倒计时正式清零。那些曾经在脱贫攻坚战场上奋斗过的同事们纷纷聚集在倒计时牌前,相互拍照留念,想要永久地记录下这一历史性的时刻。省政协312办公室挤满了前来庆贺的同事,欢声笑语,在长长的楼道里阵阵回响。看着那一张张灿烂的笑脸,以及柜子上那一张张闪着金光的奖牌时,我们知道,这是脱贫攻坚最后的纪念,也是乡村振兴的美好开始。

2021年2月25日,全国脱贫攻坚总结表彰大会在北京人民大会堂隆重举行。习近平总书记在会上庄严宣告"我国脱贫攻坚战取得了全面胜利!"这是多么伟大的胜利,又是多么光辉的荣耀。会上,习近平总书记等中央领导同志为全国脱贫攻坚楷模荣誉称号获得者、全国脱贫攻坚先进个人和先进集体代表颁奖。甘肃省政协脱贫攻坚帮扶工作协调领导小组办公室被授予"全国脱贫攻坚先进集体"荣誉称号。这是心血、汗水浇灌的胜利之花,这是属于我们每个帮扶工作者、属于我们每个政协人的伟大荣光,每一个奋斗者怎能不热泪盈眶?

脱贫攻坚对我们而言是使命,也是责任,更是担当和奉献。每个人的一生都有值得回忆的片段,作为一名帮扶工作者,萤火之光汇入浩瀚的星河,个人与国家的命运紧紧结合在一起,能够亲眼见证中华民族彪炳史册的伟大奇迹,能够亲身参与西和县脱贫攻坚的宏伟工程,我感到无上荣光,无上骄傲。

扶贫,路漫漫其修远兮。3年来,从初识到攻坚再到繁华,这一路走来,我们披荆斩棘,我们栉风沐雨,我们攻坚克难,我们开拓创新。我们爬过高山,也蹚过水坑;我们看过最美的风景,也解决过最难的问题。这一路有"功成不必在我,功成必定有我"的豪迈,也有"舍小家为大家,一直在路上"的坚守;有"满腔热忱,事不避难"的担当,也有"患难与共、守望相助"的感动。如果说之前的西和是一只蚕蛹的话,我们有幸参与见证了她一次又一次华丽的蝶变。而今,这种蝶变散落于西和1800多平方公里土地的上空,我们祝福,我们凝望,这里的每一座山、每一条河以及每一棵花草树木都与我们结下深厚的感情,我们热爱这里的一切。

时光如白驹过隙,再回首,这段快乐又艰辛的脱贫时光俨然成为我们每个人不可磨灭的独家记忆,成为我们每个人不可缺少的精神财富,长存人生的价值和生命的长度,在年华中熠熠生辉。我们时常怀念、时常感动、时常留恋。

第一篇　初　识

"蒹葭苍苍，白露为霜。所谓伊人，在水一方。溯洄从之，道阻且长。溯游从之，宛在水中央……"一首《蒹葭》深情款款，千年吟咏传唱，娓娓道出了西和古老的历史和美好的情愫。西汉水岸、风中蒹葭、远方伊人……西和，就如同从遥远诗经里走出来的绝代佳人，浪漫、婉约、灵动、飘逸。

"七夕今宵看碧霄，牵牛织女渡河桥。家家乞巧望秋月，穿尽红丝几万条。"民间乞巧节的隆重和浪漫、盛大和热闹在唐代诗人林杰的《乞巧》诗中表现得淋漓尽致。而位于西和县长道镇乞巧文化广场的"巧娘娘"雕塑，默默见证了中国古代乞巧风俗在西和县代代传承、生生不息，这是一方文化的热土。

"万古仇池穴，潜通小有天。神鱼人不见，福地语真传。近接西南境，长怀十九泉。何时一茅屋，送老白云边。"杜甫在由陇入蜀途中写下的《秦州杂诗二十首》，字里行间流露着对远古仇池的留恋与不舍，一千多年后的今天，我们仿佛仍然可以窥见诗圣当年的心境。

"梦中仇池千仞岩，便欲揽我青霞幨。且须还家与妇计，我本归路连西南。"苏轼的《次韵和晁无咎学士相迎》因梦寄怀，殷殷流淌的心声，道出了对仇池的惊羡与憧憬之情，心心念念之地，仿佛神秘的桃花源，以致因终生未至，被大文豪引为毕生憾事，也引得后人摇头叹息。

从林杰的《乞巧》，到杜甫的《秦州杂诗二十首》，再到苏轼《次韵和晁无咎学士相迎》，勾画出一条清晰的脉络，我们可以真切地感受到古老西和的魅力，它曾是多少文人骚客想要留却留不住、想要到却到不了的诗和远方，更是无数中国人民灵魂的寄托和乡愁所在。

如果说每一座城市都有属于自己的基因的话，那么古风氤氲便是西和最为独特的文化基因，伏羲生处、仇池古国、乞巧之乡……无论是人文始祖伏羲的润泽与佑护、仇池古国的神秘与传说，还是古老秦风的传承与绵延，无一不诉说着西和悠久的历史和深厚的文化底蕴，她是集浑然天成的美与隽永灵秀的气质于一体的存在。

历史厚重、人文荟萃、物华天宝,我惊叹于西和的诗意与浪漫,但更惊讶于它的贫瘠与困顿。精神的富足与物质的贫穷,不可思议地交织在一起。

是的,这里是秦巴山片区,是全国189个、全省23个深度贫困县之一。2013年建档立卡时,全县有贫困村223个,贫困人口15.38万人,贫困发生率高达39.52%。如果说脱贫是一座山的话,西和就是那个最高最难攀越的山顶;如果将脱贫比喻为一场战役,那西和无疑就是全国、全省的"主战场",决胜陇原,此役关乎全局。

位于西秦岭南侧、长江流域西汉水上游的西和,气候湿润,四季分明,矿产资源丰富,境内高山与峡谷盆地交错,因地形复杂、矿藏丰富,这里成了地质学家李四光眼中"复杂的宝贝地带",但同时,这里地质灾害频繁,人们也因此常年受灾于山,受困于山。

山的这边是山,山的另一边还是山,目光所及皆是山,山与山之间没有路,走的人多了便成了山路,没有交通,更谈不上便捷。世世代代生活在山里,有些人一辈子都没有离开过家乡,他们大多数人都没有坐过高铁,更没有坐过飞机。在他们眼里,一盅罐罐茶悠闲度时光,几乎就是生活的全部,咖啡再香甜,面包再软糯,都和他们无关……外面的世界是他们梦寐以求的追求,也是遥不可及的梦想。走出大山的希望,便重重地落在下一代的肩上。

你可曾想象,在1861平方公里的土地上没有一座像样的工厂,农忙时干活,农闲时外出务工,成为年轻一代基本的生活方式和赚钱养家糊口的重要手段,迫于生计,年轻人大多都会去杭州、江浙、新疆一带务工,家里只剩老人和孩子,每到过年才能相聚团圆,聚少离多、苦熬时日,孤寡老人和留守儿童成了村里最无助的隐痛。

靠山生活,靠天吃饭,这里条件虽然艰苦,但秀美的山水培养了西和人民淳朴善良的品性。一碗杠子面,承载了西和人的喜怒哀乐;一句"好的好的",叙说着西和人的憨厚朴实。勤劳勇敢的西和人民,靠着自己的双手,努力地把一个个艰辛的日子融入生活,化为日常的活色生香,化为前行的强劲动力。

然而,这种努力和拼搏并没有彻底改变西和的现状,多少年过去了,西和仍然是脱贫攻坚最硬最难啃的骨头和最难攻克的贫困堡垒。

春潮涌动,令出如山。2017年,随着中共甘肃省委的一声号令,西和脱贫这个繁重而艰巨的任务便落到省政协的肩上,作为西和的帮扶组长单位,我们闻令而动,义无反顾地奔赴西和脱贫攻坚主战场。也正是在那个时候,我们才真正见识到什么是贫中之贫、困中之困,以前书本上的那些关于贫困的描述在那时有了活生生的例证。尽管有思想准备,但山村的贫穷,依然令人触目惊心,那些凄楚的眼神,还是让人不忍直视。在这场史无前例的战争中,纵使有包括中央定点、东西部协作扶贫在内的30多家帮扶单位,纵使有千军万马,面对复杂艰巨且时间紧迫的任务,我们也看不到一丝胜筹。这场硬仗到底该怎么打?大家是各自为政还是整体开展工作?这个问题一直困扰着各级帮扶单位的主要领导和分管领导,却最终没有统一的答案。

向基层求问,向实践探索。兰州到西和,400多公里,5个多小时的路程,我们跑了一趟又一趟,经过20多次的蹲点调研和日日夜夜的讨论研究,欧阳坚主席探索的"整合帮扶力量、打通资源配置,实现帮扶效益最大化"的"西和帮扶模式"终于应运而生了。俗话说"磨刀不误砍柴工","西和帮扶模式"犹如一把利剑,瞬间斩断了帮扶中所有的迷茫和困惑,犹如廓清了遮挡的迷雾,眼前瞬间阳光普照。正所谓机制一新,全盘皆活,从此,西和的帮扶从各部门各单位各自为政到统筹配置、各展所长、优势互补、集中发力。既没有急躁冒进、急功近利,也没有拖延等待、无所作为,而是蹄疾步稳,一步一个脚印向前推进,继而,帮扶沿着特定的快车道迅跑。

"犹记初相逢,淡烟微月中。"这是我们和西和的相逢,也是我们省政协帮扶工作的美好开始。

第二篇 攻 坚

(一) 甘逆狂风暴雨行

在天灾人祸面前,人类显得那么渺小、那么无助,但我相信,只要我们站在他们身后,就是一支不可战胜的力量,我们就是他们。

——题记

"8月11日以来,西和县遭受了持续时间长、降雨强度大、覆盖范围广的70年一遇的大暴雨。截至8月21日,西和县受灾13938户62751人(贫困人口4680户22206人),灾害造成直接经济损失83895.83万元……"2020年8月份以来,正当西和的脱贫攻坚胜利在望的时候,这份紧急电报与倾盆大雨一样骤然而至。整整七天七夜,仿佛四海龙王发怒,天空裂开了一道大口子,暴雨直接往下倒,直上直下!从欧阳坚主席到王建太秘书长再到帮扶办,报告里的受灾情况和数字牵动着主席、秘书长以及每个帮扶责任人的心。

8月24日上午,按照欧阳坚主席的指示要求,我们组织省直帮扶单位、省政协8个专项帮扶小分队召开了防汛救灾紧急会议,传达学习全省防汛救灾电视电话会议精神,积极部署动员。会后,大家积极行动,全力以赴投入防汛抢险救灾工作中。

"一定要坚持人民至上、生命至上,竭尽所能把灾害造成的损失降到最低,确保人民群众生命和财产安全……"带着欧阳坚主席的指示和嘱托,我们全体出动,奔赴西和抗灾救灾第一线,何惧雨骤风狂,何惧山洪暴发,心里只有一个念头,抢险救灾,将暴洪带来的损失降到最低。

青兰高速、连霍高速、大象山、洛礼公路、十天高速……从高速到国道再到高速,大家的心情也是几经波折。在抵达西和县城的路上,我们目睹了暴雨过后大片粮食倒地、一片狼藉的惨象。如果说,之前我们对这场暴雨只是停留在一些数字上,存在于模糊化的印象,又或者还仅存一丝幻想的话，那么此刻，残酷的现实就摆在眼前，压得人喘不过气来，车里的气氛也是异常沉重。我知道，从这一刻开始，我们将直面这场洪灾，并切身感受它带给西和人民的灾难和痛苦。在脱贫攻坚即将收官的关键时刻，老天给我们的这道"加试题"，仿佛是为了磨炼我们的心志，抑或是检验脱贫攻坚的成色和品质，但无论损失有多惨重，我们都得鼓足勇气，勇敢面对，千方百计打赢这场"遭遇战"和"狙击战"，在保证人员安全的基础上，想方设法弥补或者挽回一些损失，快速投入脱贫攻坚的轨道上来。

姜席镇、洛峪镇、十里镇、兴隆镇、晒经乡、蒿林乡、大桥镇、太石河乡、西高山镇、石峡镇、何坝镇……房前屋后、山上山下、村里村外……我们一路走、一路看，一路问，一路抚慰、一路帮扶。无论是涉及农户安全的山体滑坡问题还是影响群众生产生活的各种困难、各种问题，都深深揪着我们每个人的心。

有没有人员伤亡？安置群众生活有什么困难？目前还有哪些安全隐患……在救灾现场，这些问题一时间成为我们关注的焦点和难点，也是我们工作的"着力点"和"主抓点"。

"要尽最大力量做好群众转移安置和后续生活保障工作。"

"群众受损的房屋我们要尽快启动建设维修，防止因灾致贫，也要防止次生灾害发生。"

"塌方路面要设置警示牌，做好提示警示工作。"

"对有较大安全隐患的乡镇要科学规划，因村制宜，谋划打包一批灾后重建的重点项目。"

"疏通，有疏才有通，我们现在人为的各种填堵有意无意地在破坏这种'通'，只要是受灾地带都有我们人类活动过的痕迹，所以我们一定要反思成灾的原因，分析研究天灾的背后到底有多少人祸的成分，这样我们才能真正意识和体会到什么是人与自然和谐共生，什么叫作尊重自然规律。无论是山体滑坡还是道路塌陷，无论是村庄内涝还是河堤冲毁都要总结经验教训，制定防的体系，树立防的意识，做好防的工作。"

……

帐篷里、山坡上、田间地头、农户院落……各村的包抓县级分管领导、驻村干部、村干部及村上的长者……一个又一个的座谈会、一次又一次的谈话、一次又一次的交流……张效林副秘书长那些看似平淡的闲话家常，却句句精准点拨，句句温暖人心。

抗洪抢险的这些日子里，我们目睹了这场暴雨带给西和县人民的种种灾难，我们看到了西和领导干部冲锋陷阵、连续作战的顽强作风，也看到了他们努力圆梦却梦碎一时的无助和坚韧，更明白了他们长期坚守、越挫越勇、病倒在一线却毫不退却的意义。

这些天，我们和他们一起，一起蹚过淤泥，一起爬过陡峭的山峰，一起参与一个又一个灾区的重建；我们一起梳理问题，一起分析问题，一起解决一道又一道难题……三年攻坚战，他们努力拼来的各种成绩，也饱含着我们的每一份付出和艰辛。忆往日艰辛历历在目，看今昔之伤令人感慨万千。此刻，我们理解他们的情绪，我们的心情也和他们一样。此刻的我们，就像是他们结交多年的老朋友，在他们遇到危难的紧急关头，挺身而出，和他们一起并肩作战。虽然，我们知道，人类在天灾面前，往往显得那么渺小、那么无助，但我们相信，只要我们站在他们身后，就是一支不可战胜的力量。我们，就是他们。

附：张效林副秘书长写给西和县委书记、县长的一封信

曹勇书记、永贵县长：

8月25日—31日，我带领省政协帮扶办干部对全县20个乡镇的受灾情况进行了全面系统的摸排，对受灾较为严重的姜席镇、洛峪镇、十里镇、兴隆镇、晒经乡、蒿林乡、大桥镇、太石河乡、西高山镇、石峡镇、何坝镇等11个乡镇近30个村的道路交通、水毁河堤、山体滑坡、农户住房等进行了实地调研。对一些受灾较轻的乡镇采取电话询问的方式进行了深入的了解。

通过调研，我们感受到相比文县、武都等受灾严重的县区，西和灾情从面上看虽然没有造成人员伤亡和重大财产损失，但就局部而言，受灾情况还是比较严重。面对灾情,西和县及时安排部署、指挥得当、措施得力。县乡各级领导和干部发扬共产党员不忘初心、冲锋在前、勇于奉献、连续作战的作风,尽最大努力保障人民群众生命财产安全。特别是一些乡镇领导和干部因长时间坚守岗位,有的病倒在一线,有的乡镇领导带病坚持工作,这些都难能可贵。目前受灾群众情绪稳定,生产生活秩序正在迅速恢复,生产自救工作有序推进。这次灾情虽然对我们的"3+1""5+1"工作造成了一定影响,个别地方甚至比较严重,但不会从根本上影响我们年底实现整县脱贫摘帽的目标任务。

经过一周多的深入调研以及与相关业务部门、县乡各级干部和受灾群众的沟通交流,我们梳理出了一些对脱贫摘帽有影响和存在安全隐患的问题,9月1日下午召开了西和县脱贫攻坚挂牌督战暨防汛抢险救灾分析调度会,和县上有关领导和相关业务部门主要负责同志共同研究讨论,最终达成以下共识:

1.建议省上充分考虑受灾因素,在水利、交通、住房等方面对陇南市礼县、宕昌、西和等3个未脱贫摘帽县给予政策和项目支持。

2.建议省上下达的扶贫专项资金在用于促进产业健康发展的同时,在防贫返贫监测机制的建设,特别是在消除影响贫困群众生产生活安全隐患方面给予县级层面一定支配空间和自主权。

3.对道路交通、河堤治理、饮水安全以及地质灾害等安全隐患比较严重的事项应尽快申报项目支持。

以上事项,我在会上要求能雄、宏程同志及时向你们汇报,希望你们重视。

几点建议:

1.对有较大安全隐患的乡(镇)、村、组,应由县级联乡领导牵头,协调有关业务部门进行实地勘测,并与当地干部群众共同商议,制定出科学的、长久的、可行的防汛救灾方案,根据现实条件分步骤实施。

2.要注重健全和完善防灾、减灾、救灾方面的工作机制。这方面我们既有成功的经验值得总结,同时也应汲取以往工作中的教训,引导和启发各级干部从政策层面、工作层面、社会层面多思考、多研判,做到站在高处(站在治理能力和治理体系现代化的高度)、想在深处(从政策完善、成灾原因、治理方法等方面思考)、看到远处(从脱贫攻坚和乡村振兴的衔接、"十四五"规划的发展等方面长远规划)。

3.要引导各级干部树立"防大汛、防大灾"的意识,在"防、抢、救"三个环节上下功夫,把重点工作放在防和抢上,要有防的意识、抢的措施、救的方案。同时,要注意自身安全。

4.对于交通、水利、地质灾害方面存在的安全隐患要加强监测,设置警示牌,做好提示警示工作。

以上只是我个人的一些考虑和建议,仅供你们参考。如有不妥,请指正。

　　顺颂

秋安

张效林
2020年9月2日

(二)一份特殊的生日礼物

令我们感动的并不是他们在困难时刻能想起我们,而是他们在每一个幸福甜蜜日子里的惦记和想念。

——题记

"今天是欧阳坚主席的生日,我和儿子带了家里的土鸡和胡麻油来给主席过个生日……"时至今日,我依然还能清晰地记得欧阳坚主席的帮扶户李彦伯和他的儿子李汉文站在政协门口的情景。冬日阳光下的父子俩提着一大袋土特产忐忑地站在那里,提着东西的双手冻得通红,脸上却洋溢着灿烂的笑容,看到我时,眼睛笑得眯成了一条缝。

两只土鸡、一桶胡麻油,还有林林总总其他一些农家特产,我望着眼前的父子俩,一种莫名其妙的心酸和感动涌上心头,零下十几度的寒冬,他们从大山深处的大唐村坐班车到县城,再到天水转高铁,到兰州车站后再转公交车,400多公里路程,他们带着这么多的东西几经辗转才到这里,一路奔波而来,只为了给主席送上一份生日的惊喜,这可真是:不辞辛劳乡情浓,迢迢长路慰离情。

因为淳朴,方显珍贵;因为善良,所以感动。这份沉甸甸的礼物里到底承载了怎样的一种深情,又承载着怎样的一份厚意?

是的,它不仅代表了李彦伯和他的儿子李汉文,还代表了大唐村像他们一样被帮扶的深度贫困户赵贵子以及高兴妹,更是代表了西和县所有像他们一样的贫困群众的深情厚谊。

三年了,正如欧阳坚主席关心和期望的那样,李彦伯一家通过易地搬迁乔迁了新居,儿子李汉文又办起了养猪场,幸运地赶上猪肉涨价,仅仅半年时间,就挣了近30万元,不但脱了贫,更是致了富,彻底摆脱了贫穷;赵贵子拆了大山里住了24年的老房子,搬进了政府规划的新房,家里不但盘起了电暖炕,装上了暖气,厨房里还安上了抽油烟机、煤气灶等厨具,门口复垦的土地种上了花椒、辣椒、西红柿、茄子、西瓜等蔬菜水果。农闲之余,还养起了中蜂,日子像门口的花椒一样慢慢红火了起来,2019年主动申请并光荣脱了贫。

85岁的高兴妹奶奶也在欧阳坚主席和各种政策的关怀和帮扶下,过上了舒服的老年生活。我们去看她,她亲热地拉着我的手,指着桌上和欧阳坚主席的合影,乐呵呵地讲着党和政府有多好多好……一时间,曾经的高兴妹奶奶成了村里真正的"高兴妹"。

……

这样的脱贫故事在大唐村,在蒿林乡,在西和县我们听贫困户讲了一个又一个,讲了一遍又一遍,数不胜数,举不胜举。故事情节虽然简单,但这一个个故事却记录着每一个贫困户不一样的脱贫经历,记录了他们美好生活的开始。所以这种平凡,亦不平凡。那些年我们帮他们拍的全家福,在步入乡村振兴的今天,依然挂在他们的墙上,默默地向我们诉说着岁月静好、时光荏苒。

(三)戴草帽的秘书长

  他从遥远的金城走来
  布衣是他的戎装
  草帽里藏着最初的梦想
  跋山涉水 步履不停
  脑海里满是探索
  脚步里落满乡愁
  他不关心山高路远
  只想着乡村贫困
  想着百姓疾苦

  他向山间走去
  一身花香
  鞋子上满是泥土的芬芳
  他走过挂满露水的麦田
  走过洒满阳光的基地
  从这山到那山
  他关心辣椒的长势、半夏的销售、金鸡的生长
  关心着这里每一个产业、每一个工厂的成长
  以及和脱贫有关的所有大事小事

  他向农家院落走去
  一路奔波
  访贫问苦 嘘寒问暖
  他眉间带笑 满目温厚
  像春风更似细雨
  那些陈年旧事
  那些家长里短

瞬间都和他关联
他关心着这里的
一草一木 一砖一瓦
以及一切和群众利益有关的事

他就这样一直走着
从清晨走到夜晚
从春夏走到秋冬
从一家一户走到千家万户
走出了四季的更迭
走出了心怀国之大者的公仆情怀
走出了通往幸福生活的康庄大道
……

在西和的山间小道、田垄地头、农家院落、扶贫车间……我们经常能看到一个戴着草帽奔波忙碌的身影。民之所忧,他必念之;民之所盼,他必行之。他就是我们省政协分管扶贫的副秘书长张效林。

合作社风险防控、农业保险、产业发展、乡风文明、乡村旅游、乡村振兴项目谋划、乡村振兴人才培养、县域经济发展提速、"十四五"规划编制……农民收入、老人看病、孩子上学、农户改厕、电炕改造、邻里纠纷、家风养成……他关心着西和的大发展,也关注着西和的小民生。

他不是农人却胜似农人,他是贫困户眼里亲切的"张哥"。

"尊敬的张哥您好,最近一段时间里,你身体可好,工作顺利吗?""你是我的好大哥,人民的好领导,我永远记得您对我的帮扶与关心,您是一位平易近人、真心为老百姓谋幸福的好领导!"

……

张效林副秘书长的帮扶户张岁战发来问候短信的时候,我们正在去西和的路上,秘书长给我们看了他们的聊天记录。很长很长的一段对话,从除夕夜热气腾腾的饺子,到日常生活的一些美好变化,各种分享,各种感恩。

一张张图片，看似平常，却溢出他幸福生活的温馨和美好；一句句问候，看似简短，却蕴含着他的真诚和祝福。

张岁战是张效林副秘书长的帮扶户之一，也是洛峪镇清水村贫困户后进的典型代表。因为帮扶，昔日里贫困的他，现在成了村里有名的养牛大户，现在的他自诩为"放牛的老张"。我们每次去他家里，他都要带我们去看看他养的牛，满脸带笑地说着过去贫困的故事，言谈举止中，感受得到他对这个"张哥"的感恩和崇敬。

其实我们也和他一样，在三年下乡入户的日子里，我们看到了张效林副秘书长那种特有的"农民情结"，看到了他对群众的关爱以及处理各种问题的驾轻就熟。

当他戴着草帽坐在群众中间，和群众称兄道弟，聊家长里短，谈收成效益，一笔一笔算细账，竟毫无违和感。山里种什么，大棚怎么搭，秧苗怎么培育，半夏怎么储藏，养殖业怎么搞……那些不经意间流露出来的劳动本色让我们有时觉得他简直就是个地地道道的农业专家。

以理服人、以情感人……当他处理各种群众纠纷、上访事件时，他那与生俱来的亲和力和幽默感，化解了许多看起来不可调和的矛盾。那个由于和家人闹矛盾独居山中的倔强老人，经过他一番劝解后，最终被成功说服；那个住在村委会不愿意搬走的上访户，却愿意将心事一一说给他听；他给那个辛辛苦苦为老婆治病却人财两空的空巢老人讲"致富经"，给家里有两个中学生的贫困户解决孩子上学问题……群众利益无小事，只要是群众的事，他都看在眼里、记在心上。榜样的力量是无穷的，我们也时常被这些场景感动着，也常常想着要像他一样给予贫困户更多的关怀和温暖，尽其所能，竭尽全力，在脱贫攻坚这场硬仗中贡献自己更多的力量。

他虽是领导，却更懂干部，他是基层干部眼里细心体贴的"师哥"。

无论是督查还是调研，无论在乡上还是村上，无论是大问题还是小问题，张效林副秘书长从来都不去苛责。遇到问题，他总是先了解事情的原委，和风细雨地听干部讲述。常年跑基层，他深深知道基层干部的不容易，他们日夜奋战在一线，他们更需要肯定和认可。遇到问题，其实他们比谁都着急。气可鼓不可泄，和他们一起想办法，一起分担压力，才是对他们实实在在的关心和爱护。相比领导而言，他更像是一个师长，为驻村干部释疑解惑，排忧解难；也像一个无话不谈的好友，拉拉家常，交流心得。记得脱贫攻坚监督性调研的时候，我们和张效林副秘书长一起去过20多个村驻村工作队的宿舍，和他们一起在村上吃饭，查验他们的表册卡单以及脱贫日志、会议记录，和他们一起谈工作、找问题，帮他们出主意、想办法，解决问题。

"驻村干部吃得怎么样，住得怎么样，推进工作还有什么困难……"这些看似细小的问题，却是张效林副秘书长最为关注的问题。从洛峪镇的落凤村到马河村，他一遍一遍问、一遍一遍教，不厌其烦、语重心长。脱贫攻坚越是到后面，各种工作要求也越是精细。那段时间，因为中央、省上各种明察暗访、各种督查检查，干部们忙得焦头烂额，却因为不会讲或者讲不好而工作被否定，或者因为一个细节、一个错误而被要求整改。每天除了工作还要频繁应对各种检查，看着疲惫不堪的他们，张效林副秘书长很是担忧，也很为他们着急。调研中，他走到哪里，讲到哪里，教到哪里。

工作上指导帮助，生活上关心关爱。帮扶干部家庭的困难、孩子的上学问题、交通问题、生活问题、思想问题……热心的他帮驻村干部解决了一个又一个问题。

还记得有一年冬天，在晒经乡下乡的时候，我们看到有一个年轻干部在宿舍楼下的水龙头旁洗衣服，零下十几度的天，没有热水，他双手浸泡在冷水里，只是看一眼，就能让人感觉到那种渗到骨头里的冷。这一幕，让我们难以忘怀。

而正是因为这难忘的一幕，后来，经过张效林副秘书长多次协调争取，西和县所有的乡镇都有了属于干部的独立洗衣房，甘肃长风集团无偿捐赠的近百台洗衣机受到西和县乡镇干部的青睐。

工作之外，生活之内，这份关怀更显真挚、更加浓烈。或许因为他自己也是一步步从基层成长起来的，所以他更懂得基层干部的心声，理解他们有苦难言的坚韧和欲言又止的踌躇，他就如同基层干部人生路上的导师一样,指引着他们一步步成长,从青涩走向成熟。

他不是企业家,却懂管理懂经营,他是企业家眼里的"行家"。

"鲁马成,今年的半夏种子收得怎么样?"这是我第一次跟随张效林副秘书长到西和县广鸿中药材合作社,那时候的我还不认识鲁马成,也不知道那些白色的果实便是闻名天下的半夏,只是在一旁认真听着张效林副秘书长和鲁马成聊半夏重茬改良技术和养生产品研发等问题。

"重茬改良这个技术很关键,我们要好好攻克突破一下,对中药产业而言,只有牢牢把握道地药材的主动权,才能占有更多市场。"

"你这个枸杞红枣半夏养生茶味道不错,今后可以朝着这个方向多发展发展,尝试着多研发衍生出一些养生系列茶,提高产品附加值。"

"二楼平台这个观景台打造得不错,院子里这面空白墙也可以设计设计,加一些中药材和中医药学的文化元素进去,比如设计一面全国和全省中药材基地的地图墙什么的,门口两边种些花草,美化美化。"

……

后来,我也成了广鸿合作社的常客,认识了鲁马成,了解了他从饭店配菜工到半夏小贩,再到企业负责人的艰难创业史,广鸿合作社也成了西和县"十四五"期间重点扶持帮扶的合作社之一。张效林副秘书长说,企业家是最宝贵的财富,西和如果再多几个像鲁马成这样带贫助贫的企业家,脱贫攻坚的成果会更加显著,并嘱咐我们设身处地站在他们的角度,千方百计帮助他们解决实际困难。帮助他们,就是帮助更多的贫困群众。

因为扶贫,我们认识了一批像陈启明、王丽萍、白崇禧等本土创业的成功人士,也认识了耀华灯饰总裁王彦华、嘉帆绒布董事长郭帆、深圳松岗琥珀总经理张钟龙等一批在外闯荡多年又重返西和、投资西和、报效西和的陇人骄子。

从企业发展长期规划到企业订单管理,再到企业文化塑造,在他们每个企业遇到困难或者陷入困境时,张效林副秘书长都会及时站在他们背后,想方设法为他们排忧解难,指点迷津。在他们眼里,这个不是企业家的副秘书长,却成了他们心眼的行家和值得信赖、值得依靠的好兄长。

他爱才好士、广交良友,他是文人才子眼里可爱的"大朋友"。

西和是个文化底蕴很深厚的地方,人文荟萃、文脉昌盛,在西和这片热土上遍布着各行各业的人才,中书协的实力派书法家郑虎林、彭养育,中美协会员李权、党晓荣,书画家、诗人胡讯之等都是他的好朋友。下乡之余,他偶尔也会去拜访他们,大家欢聚一堂,品茶、观画、赏字、畅谈,大有"我有嘉宾,鼓瑟吹笙"的浓郁氛围。

我们时常感念于这样的美好,也时常感动于那些不经意的瞬间。

还记得,有一次我们到苏合镇下乡,路过明星村的时候,听说彭养育在那里担任驻村第一书记,我们就专门去了一趟。在村委会,我们听彭养育讲村里的脱贫规划以及未来的发展前景,看到他信心满满的样子,张效林副秘书长很是高兴。明星村是西和县文化馆结对帮扶村,他建议文化馆发挥自身特长优势,以文兴村强村,将明星村打造为乡风文明示范村。我们知道,对明星村而言,这或许是一种厚爱。但当彭养育拿出特意到山上为我们摘的野草莓,以及专门赠送给我们的墨宝时,我知道,我们也和明星村一样,享受了另外一种厚爱。

专题片《脱贫路上》最初策划的时候,张效林副秘书长就提出专题片的片名一定要有西和特色,我们很荣幸地邀请到西和县著名书法家郑虎林老师亲笔题字。这是我们的荣幸,也是西和人民的荣幸。

"脱贫路上"四个字,行书潇洒、含蓄蕴藉、字短情长、气韵平和。我们看着它们在屏幕上一遍遍跳动,一遍遍发光,一遍遍向人们诉说着诗意西和、天地人和。

(四)有一种工作日志叫我们的备忘录

2020年6月份挂牌督战工作:

1. 继续下乡,跑完48个未脱贫村、53个非贫困村剩余村子;

2. 制定"三同"工作实施方案,按照方案配合做好《人民政协报》"三同"各项工作;

3. 6月9日,召开"三同"工作协调会;

4. 6月12日,召开脱贫攻坚挂牌督战季分析会;

5. 组织协调县级相关部门开展《决战西和》联合审片工作,确保6月20日开播;

6. 对接县委办提出垃圾示范点项目具体安排意见;

7. 主要材料:欧阳坚主席呈阅件,5期简报,1期会议纪要;

8. 举办蒿林乡第一届花椒采摘节;

9. 协调联系省级媒体采访事宜;

10. 对接张惠主席、孙鹏副主席召开脱贫攻坚报告文学开题会;

11. 宣传西和县"五抓五促进"工作法;

12. 提前协调联系赴通渭开展挂牌督战相关事宜;

……

翻开我和赵丰玲的手机备忘录,几百条备忘录,密密麻麻写的全是扶贫以及和扶贫有关的人和事。

随时记录、随时工作、随时备忘,在路上、在车里、在镜头里,那时候的我们仿佛得了备忘魔怔。

这些备忘录里记录着我们的重点工作,记录着我们的工作日程,记录着我们走过的每一个乡镇每一个村,记录着我们需要衔接解决的各类问题……这里有工作总结、工作讯息,也有工作感悟、心得体会。这些大大小小的备忘录里承载着我们忙忙碌碌的工作日常,也深藏着我们割舍不下的扶贫情结。

脱贫攻坚这几年来,特别是挂牌督战以来,我们几乎每月都要到西和开展挂牌督战,历时10天左右。月调度会、季度分析会,还有帮扶单位协调会、帮扶组长单位联席会等。每次都是各种会议,各种协调,赵丰玲总是一项一项对接,一个一个衔接,一天动辄就拨打200多个电话,而我也是忙于各种汇报材料、讲话稿、呈阅件、工作简报等。那时的我们总感觉有打不完的电话,写不完的材料,干不完的工作,天长日久,更有割舍不下的牵挂。

"妈妈,妈妈,我想你呢,你什么时候回来啊?"有一天晚上我和赵丰玲准备第二天的会议材料时,电话那头她三岁多的儿子哭着问她,让人听着很是心疼。

"你从1数到10的时候妈妈就回来了。"

……

"妈妈,妈妈,我数到10了,你怎么还不回来?"

……

那一次,她失信于儿子。因为临时有突发事件,我们在西和县整整住了15天,她儿子从1一直数到10,再从10数到15时,才盼到他想念的妈妈。

我们回去时,他在单位等着接妈妈,小家伙很是坚强,看到妈妈第一眼时,脸上还勉强带着笑容,眼睛也是弯成一道可爱的弧线。但在妈妈的一番问话后,小家伙含在眼里的泪水便刷刷地流了下来,仿佛要将这段时间所有的想念和委屈都流出来。因为频繁出差,小家伙很没有安全感,每次听到妈妈出门都要黏着妈妈。无奈之下,赵丰玲便和儿子做了一个数数的约定。每次她出差前就和儿子约定好天数,儿子从她出差的第一天开始计时,一直数到她约定的数字,她就会回到儿子身边。约定本是一种承诺,本应说到做到,可是现实却总是不尽如人意,违约的总是她。

因为出差,那些年,儿子感冒生病的时候她不在身边,儿子过生日的时候她也不在身边,在儿子需要她陪伴的无数个白天和夜晚她都不在身边。

因为出差,二胎计划总是搁了又搁,拖了又拖……

对于儿子而言,她是不守承诺的妈妈。但对于工作,她却全力以赴、精益求精。面对艰巨繁重的脱贫攻坚任务和家庭生活的双重压力,她没有选择逃避和退缩,而是选择坚守在脱贫攻坚第一线。"赵大拿""赵协调""赵主任""赵宣传""赵姐"……巾帼不让须眉,她是一个毫不逊色的帮扶女干部,在工作中她有多少个身份就有多少个代号,有多少个代号就有多少种工作。她积极奔走在各级部门、帮扶干部和贫困户之间,协调沟通项目进度,协调脱贫攻坚各类会议,协调解决驻村干部的各类"难事"。她协调甘肃耀华灯饰集团向清水村捐助大型路灯;她帮助服装加工扶贫车间联系订单……处处协调,处处关心,事无巨细。在我们眼里,这些看似复杂的工作,她处理起来总是得心应手、游刃有余。

"我特别佩服赵姐,我刚来的时候,有一次赵姐出差了,我负责通知一个紧急会议,有好几个单位和部门的电话打了很多遍都没人接,当时我特别着急,就打电话问赵姐,她在电话那边不慌不忙地给我说,你打哪个电话找谁谁谁。她一边说我一边记,那么多的电话号码仿佛刻在她的脑海里一样……"有一次我们聊天的时候,马士媛说起她对赵丰玲的第一印象。是的,这就是她。在帮扶办,她陪走了一批又一批人,论资历,她算是我们的前辈;论业务,她样样精通。

在省政协庆祝新中国和人民政协成立70周年联欢会上,她作为帮扶女干部代表受邀参加省政协驻村书记段振鹏自导自演的脱贫攻坚微话剧《高岭之变》表演。剧本《高岭之变》通过"家庭矛盾""回忆过往""支书探望""妻子理解"四个不同的故事画面演绎了驻村干部刘弘毅扶贫路上的酸甜苦辣。

"爸爸,爸爸!"刘弘毅刚会说话的女儿在电话那头呼喊,"哎!"当他们异口同声地回应时,话剧在那一刻圆满落幕,那时的她也热泪盈眶,那一声声长长的"哎"永久地回荡在舞台上空,让剧场的观众感动不已,台下热烈的掌声更是经久不息。那一幕幕人间烟火剧,演出了脱贫攻坚战场上驻村干部的艰辛与奋斗,演出了他们的初心和情怀,演出了他们的担当和成就。她在剧里不遗余力地诠释着那些角色,那些角色也诠释着她。其实,不用过多演绎,她演的是别人,更是自己。"攻坚克难、不负人民",那就是她最真实的自己啊!

(五)关于脱贫攻坚宣传那些事

2020年3月6日,习近平总书记在决战决胜脱贫攻坚座谈会上强调,"脱贫攻坚不仅要做得好,而且要讲得好"。宣传工作是总结经验、宣传典型、营造氛围的工作,也是坚定信心、振奋精神、鼓足士气的工作,更是争取人心、凝聚人心、汇聚力量的工作。在脱贫攻坚进入全面收官的关键时刻和统筹推进经济社会发展的紧要关头,为了做好宣传这篇大文章,按照欧阳坚主席的指示要求,张效林副秘书长亲自谋划部署,经过多次协商讨论沟通,最终确定了拍摄大型专题片、撰写长篇报告文学、举办大型帮扶展等重大工程。

目标已定，剩下的只有快马加鞭、日夜兼程。我们知道，前行路上布满了各种各样的荆棘障碍，必须一步步跨越。虽然这几大工程对我们而言，都是具有创新性和探索性的工作，都需要花大工夫才能完成的工程，但是，值得庆幸和自豪的是，最终，我们的这几大工程圆满地画上了句号。

1. 关于《决战西和》专题片

"作为一名纪录片导演，这些年走南闯北，拍了不少题材，使我越发体会到我们西部故事的价值被低估了，西部的故事亟待被讲述。所以有机会参与拍摄这样一部反映甘肃脱贫攻坚战役的纪录片，用镜头记录下新时代西和农村脱贫攻坚的历史进程，我感到非常有意义和有价值。"《决战西和》纪录片总导演坚志强在《决战西和》纪录片开机仪式上如是说。

"中国西部故事，让世界看见"，这是大河奔腾公司摄制组全体成员的初心和愿望。"将西和脱贫攻坚战役全过程用影像记录下来，让西和被看见，让西部被看见。"这是我们的梦想。同样的初心、同样的使命，让我们和大河奔腾公司一拍即合。为了实现这个梦想，省政协帮扶办提前部署谋划，经过与西和县委县政府多次协商对接，最终决定由甘肃大河奔腾文化传媒有限公司拍摄制作。

2019年5月9日，大型电视专题片《决战西和》开机仪式在西和县何坝镇民旺马铃薯合作社举行。这是一个值得铭记的日子。当西和县委书记曹勇和坚志强总导演共同为《决战西和》揭幕时，我们知道，从那一刻起，拍摄梦想的大门已经为我们打开，此后，只有全力以赴，别无他途，而且只能成功，不能失败，坚毅和肃穆凝结在每个人的脸上。

于我们而言，拍摄专题片是艰难的创新，也是可贵的探索。对大河奔腾公司来说，脱贫攻坚是一项非常庞杂、非常细密琐碎的系统工程，由于认知和实践的局限性，拍摄工作更是充满了艰辛和挑战。为了拍好专题片，大河奔腾文化传媒有限公司邀请国内著名纪录片撰稿人张海龙担任总撰稿人，国家一级播音员、北京广播电视台著名主持人于越配音，还有其他优秀同行，短时间内组建了《决战西和》拍摄的超强团队。总导演坚志强导演虽然曾在央视工作十余年，其名下几十部作品在央视播出，多部作品获得国家级奖项,但面对《决战西和》的拍摄,他也有些许的不安,委实感到心头沉甸甸的。比如,拍摄量要多大?需要投入多少人员和时间,如何合理分配各项资源?再比如,如何统筹兼顾,把这些平行并列又相互关联交织的内容条理化,以一根主线贯穿其中,形成统一的主题,并且按照电视纪录片独有的表达方式,用人物故事完整呈现出来,这都是亟待解决的问题,时间紧,任务重,这是一个严峻的挑战,这些问题时常困扰着他,他感受到了扑面而来的压力。

正如坚志强导演所言,纪录片是时间的艺术,岁月的结晶体。这个工作,就像蜜蜂采蜜,采得百花方能最终酿成蜜。拍纪录片,没有捷径,只有下"笨功夫",花时间、花精力、花心思,是用辛勤的汗水浇灌,踏着荆棘一步步走出来的。

坚志强导演告诉我们,为了拍摄,摄制组在西和专门租了一套房子,扎根西和县域,深入乡村生活,跟随拍摄的主人公一起下地干活,和他们拉家常、交朋友;与帮扶干部一起工作,同吃同住,将自己彻底融入当地人的日常生活。

两年的时间里,坚志强导演带领摄制组去了许多西和当地人都没去过,甚至不知道的地方,至于风里来雨里去更是家常便饭。为了这部纪录片,团队付出了超常的努力,其中的甘苦如果自身没有经历过,是根本无法体会的,从开始策划、调研、拍摄,到后期制作完成,共历时三年,也是他做纪录片周期最长的一次。

后来,在剧组曝光的拍摄花絮中,我们也看到了《决战西和》剧组的常态:这里有顶着烈日、冒着大雨、跋山涉水的艰辛;有纵有十八般厨艺最终巧妇难为无米之炊,只得以泡面为食饥饱不均的无奈;有导演被花椒油辣得泪流满面令人捧腹大笑的时刻;有为了一个细节镜头,挑灯夜战、反复拍摄几十次的执着;有剧组成员因过度劳累随时随地倒头秒睡的感动……忙碌、艰辛、惊喜时刻相伴。然而,他们却习以为常,以苦为乐,翻山岭、蹚泥坑、烤土豆、拔萝卜、搬砖块……硬是玩出了许多自娱自乐的节目。

从春夏拍到秋冬,再从秋冬拍到春夏,穿越四季的风雨,跑遍了西和的山山水水、沟沟坎坎。这样简单而艰辛的日子,剧组在西和过了整整两年,他们笑称自己已经是半个西和人,甚至当地人觉得他们比自己更熟悉西和。

《决战西和》的摄影师张家硕说:"在拍摄过程中,我们常常不由自主地被扶贫故事感动着,被一种神圣的使命感驱使着,被遍地开花的产业鼓舞着,被贫困户的改变震撼着,我们每个人都经历了一次难得的心灵成长。《决战西和》里发生的事真切地感动了我们,我们也希望把这份感动传递出去,把一个又一个质朴、动人的扶贫故事完整地呈现出来,让每一个人都能感受到国家的扶贫好政策。"

而我们,也被他们深深地感动着。从最初的一拍即合到后来的通力合作,从第一次审片、第二次审片、联合审片到后来的成片宣传,从解说词到配词,从片名到logo设计,我们参与并见证了《决战西和》拍摄剪辑的每一步。

难忘,从《在水一方》到《决战西和》,一遍又一遍修改解说词的繁忙;

难忘,在321办公室,我们几个人趴在电脑前第一次看到成片的欣喜;

难忘,在电影院,和大河奔腾公司一起讨论《决战西和》片子的大规划、讨论短片片名、讨论落款logo设计,一点一点审核细节;

难忘,在西和会议中心,我们组织西和县各部门联合审片,大家集聚一堂,畅所欲言,那种欣喜,那种激动;

难忘,我们冒雨去甘肃电台协调对接《脱贫路上》播出事宜的场景,以及那些日子每晚按时集体观看的场景……

从2020年7月7日至7月18日,整整12天,《脱贫路上》13部短片先后在甘肃卫视、甘肃卫视微信、微博、视听甘肃、抖音、学习强国、甘肃党建、新甘肃、腾讯视频、今日头条、天天快报、搜狐、甘肃政协官网、甘肃政协发布、陇南电视台、西和电视台、陇南西和发布、看见兰州等10多个媒体平台同步播出,一时让人目不暇接。在学习强国App甘肃学习平台上,《红红火火的扶贫产业》单集播放量甚至达到57万+。

短片播出后,引发了强烈反响,社会各界纷纷点赞、评论、转发,在甘肃省内掀起了一股强劲的"西和热"。西和,这个不为人知的小县城,仿佛在一夜之间就火了。

短片里,我们看到了那个连老婆和孩子都不理解和支持却非要和苹果"死磕到底"的老白的执着,看到了为了守护村民健康骑坏三辆电动车的党全义的坚毅,看到了村干部带头人王丽平火辣辣的情怀;看到了省政协驻村书记马期远的深情独白,看到了西和半夏企业领军人物鲁马成带领村民脱贫的壮志豪情……

这一集又一集的真实记录,让各级帮扶领导、帮扶干部一次次产生情感共振。

"认真观看了省政协帮扶办精心策划拍摄的系列短片《脱贫路上》,感到短片通过唯美的画面,全方位、真实地呈现了西和脱贫攻坚取得的巨大变化,影片中每一个主人公的事迹都感人至深,每一步发展都凝聚着各级各方面的心血和汗水,尤其作为一名曾经的驻村干部,看到西和产业基础不断夯实,让人备受鼓舞,相信西和的明天一定会更加美好。"省政协原驻村干部魏继强说。

"回忆里有苦也有甜,苦的是驻村时无法照顾年迈的母亲和幼小的女儿,心里有对家人的亏欠感;甜的是看到群众收获脱贫果实、绽放幸福笑脸的一刹那,心里有说不出的自豪。在脱贫攻坚这场伟大战役中,我们能够亲身参与、亲眼见证,倍感光荣。"省政协原驻村干部史大勇观看短片后,勾起了他对驻村帮扶的回忆。

"每看一集都会被剧中的人物深深感动,全心全意为群众服务的村医党全义、农民劳模郭大权、第一书记张志强、'辣姐'王丽平……这样一群有情怀、有责任的人,是西和脱贫致富的有力推手,是我们每一位帮扶干部学习的榜样。"省政协帮扶办干部赵丰玲每天都会第一时间转发分享短片。

"产业兴则乡村兴,产业强则乡村强。蒿林群众通过发展花椒产业,挣钱的路子越来越宽,'蒿林油椒'让每位村民都拥有了看得见、摸得着的获得感和幸福感。"说起辣椒和花椒,西和县蒿林乡党委书记蔺东旭非常自豪。

"自己有幸亲身参与扶贫工作,目睹脱贫攻坚带来的巨大变化,见证了贫困村整村脱贫摘帽。看着贫困群众的腰包鼓起来了，精神富起来了，生活好起来了，贫困村实现了美丽蜕变，感到这是扶贫干部最大的成就。脱贫摘帽不摘责任，今后工作中，我们将牢记习近平总书记的嘱托，砥砺前行，再接再厉，全力以赴推动脱贫攻坚和乡村振兴有效衔接，让康河村的明天更美丽、村民生活更美好。"省政协驻康河村第一书记、驻村帮扶工作队队长马期远说。

感慨不断，赞叹不断，感动不断，惊喜不断……

《王丽平：辣姐当家》在1.3万多件作品中脱颖而出，在国务院新闻办指导、中国外文局主办的"讲好中国故事"创意传播大赛中，最终拿下决战脱贫攻坚主题赛二等奖。

"一切都才刚刚开始，这只是前奏。"面对《脱贫路上》的火爆，纪录片策划、大河奔腾公司张鹏平静地告诉我们。

是的，一切都是刚刚开始。直到2021年1月22日，甘肃"两会"前夕，《决战西和》在甘肃卫视播出时，我们才真正理解了这句话的含义。两年的时间，拍摄素材超过20T，甘肃卫视6天连播，省内外各大媒体热播，人大代表、政协委员及社会各界的广泛关注，西和再次"出圈"，"西和热"瞬间又沸腾炙热起来……

《决战西和》的播出，实现了大河奔腾公司"中国西部故事，让世界看见"的夙愿，也实现了我们"将西和脱贫攻坚战役全过程用影像记录下来，让西和被看见，让西部被看见"的梦想。

《风雨同舟》《落地生根》《跨越山海》《沧桑巨变》《真情如歌》《同心圆梦》，相比短片《脱贫路上》，《决战西和》从"两不愁三保障"、产业发展、东西扶贫等不同的侧面更加全面、立体、生动地呈现了西和县脱贫攻坚背后的故事，呈现了一个全国深度贫困县的"蝶变之路"。这里有省政协精准把脉、高位谋划、调研探索的用心用情；有各级帮扶单位各展所长、集中发力、风雨同舟的真情帮扶；有西和县与青岛市北区跨越山海、大爱无疆、守望相助的动人篇章；有西和居民乔迁新居、产业发展、日新月异的沧桑巨变；有各级驻村干部投身一线、脚踏实地、真情如歌的奋斗历程；有最美创业者卢美辰单枪匹马的奋斗,有年轻人刘启明回乡创业的最美逆袭,有农村中年要李陶人走出疾病阴霾、重拾生活信心的励志经历,以及那些普通却不甘平凡的小人物为了梦想奋勇前行的平凡故事……

如大河奔腾公司所言,6集太短,只够我们对这几年翻天覆地的变化做个简要概括、匆匆一瞥,如何能将这几年的艰辛看得清清楚楚真真切切?6集也很长,长得能连接起人们的日常生活,那些让我们心头一暖的事,那些让我们眼眶一热的人,此刻就活生生站在我们面前。

正如观众所言,这是西和的故事,也是西部的故事,更是中国的故事!

2.长篇报告文学片段

长篇报告文学《决战西和》备忘录:

2020.06.19,《脱贫路上》联合审片会议,提出报告文学写作思路;

2020.06.20,组建报告文学写作班子;

2020.06.20—07.20,孙鹏副主席熟悉资料,起草报告文学写作方案;

2020.07.21,讨论修改报告文学写作方案;

2020.07.22,报告文学启动会;

2020.07.22—8.22,收集素材、下乡调研采风;

2020.8.22—9.9,孙鹏副主席撰写前言、结语;

2020.9.9—9.14,孙鹏副主席撰写提纲;

2020.9.15,讨论提纲;

2020.9.20,孙鹏副主席下乡采访、修改提纲;

2020.9.24,讨论提纲……

2021年6月,《决战西和·一个贫困县的脱贫之路》由中国石油大学出版社正式出版,孙鹏副主席主笔的30多万字的长篇报告文学终于问世。不到短短一年的时间,能够创作这样一部宏大的脱贫攻坚文学作品,得益于省政协坚强有力的领导,得益于各方面密切配合,得益于孙鹏副主席雷厉风行的执行力。

东西协作,山海相连。2020年5月,因为东西协作扶贫,孙鹏副主席从青岛市北区文旅局到西和县挂职文联副主席。他响应时代的召唤,跨越四千里路奔赴甘肃西和,亲历东西协作扶贫攻坚,和我们一起决战决胜脱贫攻坚,用手中的笔记录这个波澜壮阔的时代和脱贫攻坚战场上的点点滴滴,讲述西和县脱贫攻坚的生动实践和感人肺腑的扶贫故事,为千百万投身祖国边远地区的扶贫干部放声高歌,为自强不息、坚韧不拔的西和人民鼓与呼,用笔尖传递着春天生生不息的希望和憧憬。热气腾腾的现实在他面前铺展开一幅巨大的生活画面,一年来,他步履不停、笔耕不辍。最终为我们献上脱贫攻坚大礼——长篇报告文学《决战西和》。

写作是孙鹏副主席的诗和远方,作为青岛市专业作家,中国诗歌学会会员,山东作协会员,齐鲁文化之星,孙鹏副主席的散文诗作品屡见于《星星》《散文诗》《山东文学》《青岛文学》《青海湖》等文学刊物,作品被收入多部散文诗选本,是资深的散文诗作者,但是对于长篇报告文学,却是首次尝试,《决战西和》的出版,算是圆了孙鹏副主席的报告文学梦。对他而言,这既是一种尝试,也是一项挑战,更是一次对自身的跨越。这其中艰辛、曲折的心路历程,或许只有他自己才能体会。作为长篇报告文学写作班子的一员,我深知孙鹏副主席上山、下乡、熬夜写稿的艰辛种种不易。一年的时间,他走遍西和20个乡镇,采访建档立卡户、驻村干部、第一书记等100多个人物,写下了60多万字的采访笔记,整理出80多个小时的电话录音,终于使这样一部长篇报告文学的创作从不可能变成了可能。

"纠结于这样一部长篇报告文学,自己挂职时间仅仅一年,从采访到创作,还要精心打磨,时间太仓促了,这么短的时间内能完成吗,完不成怎么办?纠结于自己对报告文学的理解及独特的表达方式,不知能不能经受住时间的考验,如果再走回头路,恐怕根本来不及;及至下定决心,在创作过程中,写得极不顺畅时,又纠结于自己是不是不自量力,还要不要进行下去,甚至曾经数度产生放弃的念头……"这是孙鹏副主席的纠结,也是我们报告文学写作班子的纠结。最初张效林副秘书长给我交代这个任务的时候,说真的,当时我的心里没有一点底。后来,我们抱着试一试的态度组建了写作班子,很庆幸的是,西和县委书记和县长对这项工作大力支持,给我们推荐了西和县才女、县文联副主席张惠,还有在西和县文联挂职的孙鹏副主席,这两位大家的加入,给了我们十足的底气。后来,在张效林副秘书长的多次动员和精心指导下,2020年7月底,报告文学启动会终于召开,写作方案也初步定了下来,孙鹏副主席主笔的事也敲定下来,一切都朝着预定的方向发展,直到那一刻,我们大家悬着的心终于落了下来。

对我们而言,写报告文学是一项重大的任务,虽步履维艰却依然奋力前行。后来,直到后来,孙鹏副主席创作完成后,我们才知道,这项大工程给了我们不一样的惊喜。原本,我们只是想要一片绿叶,孙鹏副主席却给了我们整片森林。我们无数次惊喜,无数次感动。

3.最苦的创作过程

苦是写作常态,难得的是孙鹏副主席日复一日的坚持和自我挑战的勇气。创作是一项既艰难又寂寞的事业,必须耐得住清苦,尤其是脱贫攻坚历时长、涵盖面广,各种人物事件交织在一起,千头万绪、错综复杂。对于刚到西和挂职几个月的孙鹏副主席而言,仅仅翻阅熟悉资料,就需要耗费大量的时间和精力,但是令我们感动并且骄傲的是,孙鹏副主席做到了,仅仅不到一年的时间,孙鹏副主席就完成了这部30多万字的作品。在无限感慨的同时,我们更佩服的就是孙鹏副主席的执行力,说写什么就写什么,说写多少字就写多少字,说今天写完的决不会拖到第二天。或许这就是孙鹏副主席作为作家最独特的魅力和人格吧。有人说,写作的乐趣在于自在,更在于折磨。那段时间,孙鹏副主席白天下乡采访,晚上加班加点赶稿子,没有周末,也没有节假日,更没有充足的睡眠和休息。那段时间,从讨论提纲、拟定提纲到正文写作,我们一次次对接沟通,经常一通电话就是半个小时、一个小时,但无论什么时候,无论有多疲惫,我都能从电话这边感受到孙鹏副主席对写作的热爱,对脱贫攻坚的一往情深。我们知道,写作是一项苦差,苦的不仅仅是身体,还有内心的煎熬和纠结。然而孙鹏副主席却以苦为乐,顶住巨大的压力,硬是一点点挺了过来。熬过寒霜苦,便是梅花香。诚如孙鹏副主席所言,文字带给他的不仅是愉悦和惊喜,还有苦尽甘来的兴奋,那美妙的感觉,宛如对春天无限的遐想……

4.最美的创作文风

只待春雷第一声、黄河远上白云间、山海何人更作经、人间巧艺夺天工、圣娲巧手炼奇石、欣忻笑口向西风、水光潋滟晴方好、绿水青山眼界新、黄叶霜前半夏枝、看似寻常最奇崛、狂风暴雨未有前、快马加鞭未下鞍、唯有清风明月知、我见青山多妩媚、一树春风千万枝,《决战西和》全书包括序章、正文、尾章、后记等15个独立的章节。

只是看标题,便是满满的诗意。

"其时正是荷花盛开的时节,偌大的湖面荷花像选美一样,粉红、嫩黄、雪白……或含蓄、或热情、或羞涩……重重叠叠,争奇斗艳,竞相展现娇美的一面。湖正中一条木栈道通向湖心,圆形的石墩伸向水中央,别有一番情趣,行人三三两两悠闲地漫步。"

初读时,是"早知有陇南,何必下江南"的清新淡雅、婉约悠然、耳目一新。

"独龙行不得雨,把散落在各个山坳间的资源和力量整合起来,帮扶县、乡、村在统一规划、统一方案的指导下,打破区域限制,'纵'的条块分割让位于'横'的整体发展:统筹配置,各展所长,优势互补,集中发力。使每个单位都来做最擅长的事,将散落在秦岭深处的零散帮扶力量拧成一股缚住'苍龙'的长缨,从而形成一个合力攻坚的有机整体,'独奏'变为'大合唱'"。

"'集团军'与'突击队'相互配合,合中有分,分中有合,共同作战,相互配合,散时满天星,聚为一条河,充分发挥各自专业领域的优势,实现帮扶效益的最大化。"

再读时,是"群山万壑赴荆门"的磅礴气势,是大军东征时的慷慨激昂,是"不破楼兰终不还"的义无反顾。

"马河村就掩映于这醉人的秋色之中,一座座整齐的院落古朴典雅,粉墙黛瓦飞檐翘角,秦汉建筑的风格平添了几许幽静,洁白的墙壁之上,铁划银钩水墨丹青竞胜,屋瓦缝隙间长出细密的青苔,近看若有若无,远观则翠色葳蕤,一棵棵高大的核桃树缀满成熟的果实,沉甸甸压弯枝头,房檐上一群群鸟雀落下又飞起,从头顶疾飞而过,格桑花和菜园点缀着房前屋后,远处的洛峪河缓缓流淌,通往山上的路沿山体上了一段防护墙,镶嵌着不规则的石块,小村宁静而优雅,宛如一脚踏进童话的世界。这是马河的秋天,属于它的节令……"

> 千朵花,万朵花
> 最养人的是洋芋花
> 洋芋花儿是五角星
> 党和人民一条心
> 洋芋花儿赛牡丹
> 洋芋就是金蛋蛋
> 绿色的叶叶雪白的花
> 百姓的生活就靠它

最后,是简约完美的叙事,散文诗一般灵动飘逸的语言,弥漫着"深山烟火气"的乡野风情。

散开,是一个独立的篇章;合拢,又是一条主线贯穿起来的整体。

《决战西和》报告文学坚持一丝不苟、精益求精写作原则,写出了西和伟大宏大的史诗和深厚的文化底蕴,写出了豪放大气和婉约飘逸,写出了作者独特的感悟和体味,真的是可观、可赏、可品、可读。正如青岛市文联副主席、鲁迅文学奖获得者铁流所言,《决战西和》报告文学填补了青岛市帮扶文学作品的空白。改革开放以来,青岛市先后帮扶支援过西藏日喀则市、贵州安顺市、甘肃陇南市等8地市,《决战西和》是第一部由青岛作家创作的反映帮扶城市脱贫攻坚题材的作品,开启了文艺帮扶的一条新路子,意义尤为重大。也如其他同行之评价,它是熊熊燃烧的火炬,照亮山区每一个角落;它是春天无尽的美丽长卷,长驻西和县45万群众的心中。

(六)那些和教育有关的故事

> 或许谁都不会想到,饭桌上不经意间的一句话,却成就了那些让教育更美好的梦想。
>
> ——题记

塑胶操场、彩虹跑道、花园露台……2020年10月,当我们下乡再次经过长道镇的时候,新建的石崖小学犹如一颗镶嵌在山麓的明珠,在夕阳的映衬下,五彩斑斓、闪闪发光,我们被眼前的景象所震惊。我们伫立在石崖小学的门口,久久不愿离去。

从地勘到选址,从设计到开工,从施工到落成,虽然我已记不清这是第几次来石崖小学,但我清楚地记得,上次我们来石崖小学调研的时候,这里还是布满钢筋框架的施工现场,我和赵丰玲站在一堆钢筋旁边,看着张效林副秘书长和杜宏程、王辉书记在钢筋和水泥之间来回穿梭,查看工程质量和项目进度。当时的我们虽然看过最初的项目设计图,也从布满钢筋和水泥的现场看到了学校的大体框架,但当时的我们真的很难想象,一所投资近1000万的小学到底会有多美。直到今天,当我们站在学校门口,看着这所令人赏心悦目的学校时,我承认,我们都被它的美折服了,这座像花园一样的学校里,藏着莘莘学子的梦想,满足了我们对学校生活所有美好的想象。

两年了,从最初墙体开裂的平房到现在的三层框架钢筋楼房,从单一的红白砖墙到绚丽多彩的时尚设计,从简陋的教室到现在集录播室、科学实验室、心理咨询室、淋浴室等为一体的现代化教学楼,从师资匮乏到创建一流学校……优越的环境、一流的设施、丰富的资源、敬业的团队,魔术般呈现在我们面前,这两年,我们看着它一步步成长,一点点壮大,最后惊艳地出现在我们面前,我们为之感叹,为之欣喜。

石崖小学从1970年始建于小峪村,到1983年分为石崖小学和小峪教学点,再到2007年两校合并为石崖小学,迁址石崖村,虽经历了多次分分合合,多次迁址重建,但始终没有摆脱农村小学破旧不堪的样貌。石崖小学校长赵晓峰告诉我们,原来的学校教室是砖木结构,又旧又小,夏天热、冬天冷,操场也是黄土地面,孩子们来的时候干干净净,走的时候身上一层土,校园整体环境可想而知。而现在展现在面前的,却是全省数一数二的现代化学校,学校里的国旗也升起来了,孩子们终于能和城里的孩子一样,在宽敞干净舒适的教室里上课学习了,这是以前想都不敢想的。孩子们特别感恩,也特别珍惜。现在孩子们上学的第一件事,就是在校门口的备用鞋寄存处,把从家里穿来的鞋换成干净的,再回到教室上课。这小小举动,看似很不起眼的一件事,却深深地透露出老师和孩子们对学校设施的珍惜和爱护,折射出学校新旧环境翻天覆地的变化。

"忆苦思甜,铭记甘肃政协助力仇池古国脱贫致富;饮水思源,感恩云南百年捐赠石崖小学大爱无疆。"石崖小学大门正对的教学楼上,挂着一条长达40字的横幅,这40字,字字是感恩,句句是感动。这种感恩、感动已经深深融入孩子们日常的学习生活当中,点点滴滴,汇成涓涓细流,每一天、每一时、每一刻,激励着孩子们奋勇向前,勇敢追逐自己的梦想。

"教育是百年大计,开展精准扶贫,教育扶贫要首当其冲。"正如缪俊熙董事长所言,教育是立德树人的宏伟事业,也是用生命温暖生命的过程。"再穷不能穷教育,再苦不能苦孩子",让孩子们有个好的学习环境,是长道镇所有村民的梦想,也是西和县以及帮扶西和县所有单位的心愿。而从梦想变为现实,或许谁都不会想到,它起源于饭桌上一次不经意的聊天,省政协穿针引线,迅速圆了西和县长道镇无数村民和儿童的梦,成就了让教育更美好的实践。

后来,张效林副秘书长告诉我们,这所学校最初的设想是欧阳坚主席和他云南的朋友,也就是百年置业房地产开发有限公司董事长缪俊熙在一起吃饭时,欧阳坚主席在饭桌上偶然聊到,说关于教育扶贫,他有一个梦想,他想在西和建一所功能完善、设施齐全、示范一流、抗震级别达到10级以上的现代化标准化学校。当时对他而言,这只是一个简单的不成熟的想法,只是朦朦胧胧的一种设想,却没想到缪俊熙董事长听完后,极力赞成,表示他也想为教育事业作点贡献,两个人一拍即合。后来,缪俊熙董事长为了实现欧阳坚主席的这一梦想,多次来西和考察,经过西和县委县政府和欧阳坚主席多次讨论研究,最终决定在西和县长道镇投资980万元重建石崖小学。

"这次看到长道镇石崖小学的孩子们在这样的环境中学习、成长,勾起了自己儿时很多甜蜜的回忆。希望这次捐学助教,能够给这里的孩子创造一个良好的学习环境,让他们健康快乐地成长。"缪俊熙董事长签订框架协议时特别感慨地说。

"最好的位置最舒服的房,留给全县读书郎。"如今,缪俊熙董事长的心愿已达成,一座全新的石崖小学给了孩子们更暖心、更有温度的教育和爱,这是西和县教育扶贫史上最生动、最暖心的一笔。缪俊熙董事长在把自己活成一道光的同时,用生命影响生命,照亮了孩子们的未来之路。希望西和县的孩子们能够借着教育扶贫的光,借着爱心人士的善良,斩断代际贫穷的根,走出大山、走向外面广阔的天地。

(七)十年磨一剑　砺得梅花香

"一直以来,我有一个情结,就是让家乡贫困地区的老百姓能在家门口看病、看得起病。"远程会诊"甘肃模式"的创始人省政协副主席、农工党甘肃省委会主委郭天康在2018年撰写的《远程会诊"甘肃模式"让我骄傲》中这样写道。20世纪70年代中期,郭主席在武山县桦林公社插队的时候,真真切切感受到了西北地区贫困县的落后。那时候,虽然贫有百样、困有千种,但因病致贫却是困中困、难中难。看病贵、看病难成了老百姓最大的痛与难,有病扛着,以致小病拖成大病,最后大病无法救治。疾病来袭,走不出大山;囊中羞涩,看不起医生,成为彼时农村的常态。因为疾病,无数个家庭支离破碎,那时候的农村,人间疾苦随处可见。太多的无可奈何、太多的无能为力、太多的"顺其自然",让学医的种子在郭主席的心里默默扎根。

恢复高考后,郭主席主动报考了医学院,毕业后顺利分配到了甘肃省人民医院。2004年,郭主席担任甘肃省人民医院院长时,就提出了"始终坚持人民医院为人民的服务宗旨,始终坚持公益性第一的服务职能,始终坚持以人为本的服务理念"。为了不折不扣地践行这个理念,充分发挥好省人民医院的龙头作用,尽最大努力解决贫困地区老百姓看病难、看病贵的问题,经过多次研究讨论,省人民医院最终决定在郭主席的带领下,开创性地提出探索构建"互联网远程会诊医疗模式",这是一着妙棋,也是一着险棋。

2007年,在甘肃省委、省政府和有关部门的大力支持下,甘肃省人民医院创建了甘肃省远程医疗会诊中心。据郭主席讲述,当时这在西北乃至全国轰动一时,影响非常大,无意间创下了三个国内"第一"。即：在国内第一个实现了将远程会诊服务网络覆盖全省所有县级医院以及具有网络条件的乡镇卫生院,其中所覆盖的乡镇卫生院约占全省乡镇卫生院总数的80%,这也是国内最大的远程医疗会诊中心;国内第一个免费为基层医院建立远程医疗会诊系统的省份;国内第一个远程医疗会诊服务收费标准最低的医疗单位,费用仅为每人次55元,不及国内同类远程会诊收费的十分之一。这一远程医疗会诊服务模式被称为"甘肃模式",曾被卫生部重点推介,在国内多个省份复制推广。

"甘肃远程会诊网络是目前国内最完善的远程会诊构架,它实现了'国内著名医疗机构、省、市(县)、乡、村'五级远程医疗网络构架的有效链接,充分调动起各方资源,极大方便了老百姓看病难看病贵的难题。"正是因为心系贫困山村的村民,担任省人民医院院长的这十年,是郭主席逐梦的十年,也是省人民医院不断提升医疗服务水平的十年。

十年磨一剑,砺得梅花香。这十年,甘肃省全省网络医院总数达到了创纪录的1495家,其中乡镇卫生院就有1132家,特别是285家村卫生室,是全国首家实现省级医院与村卫生室"直通"的远程会诊网络,意义非同小可;这十年,中心会诊平台汇集了省内外知名专家合计352位,完成各种会诊近10万例,这也是让郭主席倍感欣慰和自豪的事情。

人民医院为人民,这是甘肃省人民医院的初心和使命,也是甘肃省人民医院始终恪守的庄严承诺。在决胜全面小康、决战脱贫攻坚的道路上,甘肃省人民医院将责任扛在肩上,勇于担当、积极作为,努力奋战在脱贫攻坚一线,将远程医疗的触角延伸到400公里以外的西和县,在山区群众最需要的时刻,用心守护着人民的健康,最终实现了乡镇卫生院、村级卫生所全覆盖。这是省人民医院践行人民至上理念的感人事迹,也是决战脱贫攻坚的铿锵行动。

没有全民健康,就没有全面小康。作为西和县省级帮扶单位,甘肃省人民医院在省政协的指导下,成立了以院领导为主要负责人的脱贫攻坚领导小组,充分发挥专长,全力推进精准扶贫和"组团式"健康扶贫工作。从帮扶一开始，就为西和县"量身定制"，投入120余万元，建成病理、影像、心电、检验、消毒供应5个区域中心。另外，在县医院建成了胸痛、卒中、创伤、危重孕产妇、危重新生儿等5个救治中心，为西和县构建了"基本医保、大病医疗保险、医疗救助"为一体的健康扶贫医疗救助体系，帮扶力度不可谓不大。

授人以鱼，不如授人以渔。为了能够打造一支"永远不走"的医疗队，省人民医院针对县级医院技术力量薄弱、专业人才短缺的问题，从2018年开始，先后分3批派遣24名技术骨干，组成健康扶贫工作队，驻西和县人民医院展开长期医疗帮扶。同时，选派主治医生开展1—3个月的轮转帮扶，通过"走下去"义诊帮扶和"请上来"培养骨干的模式，既锻炼青年医生又整合驻点帮扶力量，有效形成"组团式"帮扶合力，快速提升了西和县医院技术水平。据统计，2019年西和县医院的业务量均较前一年增长了10%，转诊率较前一年下降10%以上，诊疗病种均从原来的100余种增加到了250种以上。

"早在2012年，甘肃省人民医院已经将远程会诊网络免费延伸到西和县白杨村、马河村、上铜村、丰水村和袁坝村卫生室，这是第一次延伸到村级卫生室，在全省乃至全国率先实现村卫生室与省级医院'直通'。和下乡义诊互为补充，对一些病情相对较重的患者，我们利用远程医疗手段进行会诊，切实降低了县域外转诊率，让西和的老百姓在家门口就能享受到省级专家的医疗服务。目前，在我们医院的努力下，西和县大多数乡镇卫生室以及部分村级卫生室已经实现远程诊疗全覆盖。下一步，我们要努力实现全县乡镇卫生室、村级卫生室全覆盖，这是省政协交给我们的重要任务，也是我们的重要目标，我们一定会完成好这个任务。"说起远程诊疗，裴中副院长眼里总是充满了欣慰和喜悦。我们都知道，省人民医院为了西和县人民的健康事业付出了很多心血，相对于驻村帮扶、义诊服务、各种培训、家庭医生签约服务等帮扶，省人民医院将更多的精力花到远程诊疗上，特别是裴中副院长和杜孟郡主任，从西和县远程诊疗最初的探索到试行再到运行，他们蹲点调研、沟通衔接、一路跟进，全程服务，一个村一个村跑，一个小组一个小组指导,他们为西和人民的健康事业付出的艰辛,我们都看在眼里,记在心上。

"到目前为止,我们已经把西和县(人民医院)建设到我们全国县级医院500强的排名里面去了,从过去一个基础薄弱、医疗水平低下的医院,帮扶到这个水平,昂首进入先进医院的行列,确实不容易。放眼全省,现在西和的医疗水平处于中上水平,这是很不简单的。西和医院的诊治水准,它们的服务,它们的管理,方方面面,全部实现了重大突破,实现了质的飞跃。今后,我们省人民医院还是跟过去一样,会按照帮扶政策,一如既往地做好这方面的工作。"省人民医院院长钱耀文在采访中告诉记者。

健康扶贫,虽任重道远,但我们在钱耀文院长的眼里看到了希望,看到了西和县医疗卫生事业的美好前景。因为帮扶,省人民医院为西和县构筑起一道道坚实的"健康防线"。

(八)赶考路上写华章

"截至目前,我们县'两不愁三保障'作战目标、作战任务全部实现,我们有信心年底完成整县脱贫摘帽工作任务……"2020年8月10日下午3时,西和县委书记曹勇在国务院新闻办公室举行的新闻发布会上信心满满地介绍着西和县脱贫攻坚挂牌督战成果。黑西服、白衬衣、蓝领带,略带陇南口音的普通话……发布会上的曹书记精神饱满、神采奕奕,近5分钟的发言,曹书记都是脱稿,几乎不假思索地脱口而出。发言结束后,台下掌声不断,在候机厅等待飞机的我也在心中默默为曹书记鼓掌。

此时的我,虽身处荧屏之外,却有一种身临其境的兴奋、激动、自豪和感动。我迫不及待地向身边赴南京参加脱贫攻坚培训的同仁们分享着这份属于西和县乃至甘肃省的荣耀,相信西和县40多万干部群众和我有着相同的情愫。

因为我们都知道,这份荣耀的背后意味着什么,知道这看似简短,仅仅5分钟、不到2000字的发言,有着怎样的分量,在我们内心深处,又激起了多么大的情感波澜。脱贫攻坚这几年来,特别是挂牌督战以来,曹勇书记和杨永贵县长坚持把挂牌任务作为实战方向,坚决贯彻落实习近平总书记关于"对工作难度大的县和村挂牌督战"的重要指示精神,坚决扛起"县抓落实"的主体责任,率先垂范,带头包抓最偏远、最困难、工作难度最大的村,结对帮扶最困难的建档立卡户,从最初的逐村逐户、逐人逐项,自下而上摸清贫困村、贫困户的短板弱项,制定"一户一策",明确"怎么战",到聚焦"两不愁三保障"重点任务,瞄准"战什么""谁来战",统筹整合东西协作、定点帮扶和省市帮扶单位、驻村工作队、县乡村干部全员参战,对标作战任务,以整县实战承接挂牌督战。每一步探索,每一步实践,每一份成绩,都来之不易,凝聚了曹书记和杨县长无数个"5+2"和"白+黑"奋战历程和艰辛付出,饱含了省市县30多家帮扶单位、2000多名驻村干部的心血和精力,袒露着西和县40多万干部群众舍"小我"成就"大我"的忘我情怀,可谓是用心用情用力谱写出的脱贫攻坚的鸿篇巨著。

我们也知道,在脱贫攻坚战到了攻坚拔寨最关键的时候召开的这次新闻发布会,对全国而言,到底有着怎样的意义和影响。而西和县作为国家挂牌督战县和省定深度贫困县,作为全国、全省扶贫工作的"主战场",能在国扶办的新闻发布会上代表全国52个挂牌督战县分享脱贫成果,这份荣耀是不言而喻的,所有的辛劳付出得到了丰厚的回报。

2020年8月,在曹书记和杨县长的带领下,"两不愁三保障"任务已经基本完成,剩下的工作就是查漏补缺和巩固成果。那时候的西和,因为"西和模式"的探索实践,已经深受国扶办的关注。再加上《脱贫路上》13部系列短片的播出,以及《人民政协报》《甘肃日报》、甘肃电视台、《民主协商报》等各级各方面媒体的大力宣传报道,西和仿佛在一夜之间就火了,兄弟县区"蹭"着这个热度,纷纷来西和参观学习考察,掀起了一波又一波的"西和热"。

俗话说打江山容易守江山难。那段时间,面对各种媒体镜头,面对各种考察观摩,还有省市县组织的各种督查暗访评估,西和县的干部经历了从未有过的考验和压力,西和县就像个老大哥一样,挺在最前面,涉险滩、卧冰雪,默默地扛下了这份责任与重担。

去北京,去国新办,去分享,去接受采访,去答记者问。

是欣喜,是荣幸,是骄傲,更是责任与压力。

西和县的干部群众都知道,曹书记是文县碧口镇人,文县虽然离西和县不远,但是因碧口镇毗邻四川,碧口话就有些像四川话,平时无论开会还是下乡,曹书记都是一口正宗的碧口话,很少说普通话,大家听得多了也就习惯了。但是,去北京,去国扶办新闻发布会到底是说标准的普通话还是带有地方特色的碧口话呢?为了更好地宣传西和,让西和声音能被更多的人听到,西和的脱贫成果能更多影响贫困地区,曹书记和大家商量后,最终决定还是用普通话发言。所以,练好普通话就成了曹书记去北京"赶考"的第一件事。

那段时间,大家虽然忙于各种事务,但每天晚上大家都会抽时间到八楼会议室和曹书记一起准备新闻发布会。从统稿到精简稿,从碧口话到普通话,曹书记一遍一遍调整稿子、一遍一遍纠正发音。平时大会上都是自己想怎么讲就怎么讲,现在准备了稿子,又要用普通话讲,反倒约束了自己。一边得记稿子,一边还得注意讲普通话,有时候稿子记住了,但发音错了;有时候发音准了,稿子却忘了。练着练着,平时不苟言笑的他都被自己拗口的普通话逗笑了,大家也都忍不住哄堂大笑。但他也不气馁,反而因为发挥不好显得有些不好意思,他像个小学生一样虚心地听取大家的各种意见建议,一遍遍调整,一遍遍提高,等到普通话练好了,稿子也背得滚瓜烂熟了。

或许,连曹书记都没有想到,自己的工作经历中居然会有这么一段精彩又极具挑战的片段。

曹书记从北京回来的时候,看到"赶考"胜利归来的他,谈论脱贫攻坚的成就自不必说,大家谈论最多的是他的普通话,真的,他那谦卑好学的精神值得我们每个人学习。改变自己,对于一个人而言,不是一朝一夕的事,50多岁说了大半辈子碧口话的他,为了能让全国人民听到西和的声音,他毅然决定练习说普通话,而且说得很是标准。发布会上,曹书记让大家看到了西和人民的精气神,以及坚强的毅力和永不服输的劲头。

"扶贫我们要的是90分,不要60分,要实现高质量脱贫。"这是曹书记对40多万西和人民的承诺,也是他多年来奋斗的目标和愿望。后来,如他所愿,在他的带领下,西和县人民走出了贫困,脱掉了全国倒数的贫困帽子,一步步走向富裕、走向更好的未来。脱贫攻坚胜利后,曹书记被评为全国脱贫攻坚先进个人,相信这是对他最大的肯定,也是最好的褒奖。

(九)西和四月芳菲尽

四月的西和,樱花烂漫,满山新绿,春天的美景轮番在这里上演。我们驱车行驶在崎岖蜿蜒的山路上,青山绿水之间,入目皆是清新、憧憬与希望。

今天我们要去的是西高山镇。西高山镇,属西和县最偏远的乡镇,距县城40公里,可谓山高路远。我们顺着蜿蜒的山路一路前行,经过方集村的时候,天突然下起了大雨。在路上,我们充分感受到了雨量的丰沛。到冉山的时候,雨停了,我们望向窗外,雨后的西高山可真是美啊,漫山遍野的绿夹着各色格桑花的五彩斑斓,小鸟在挂着雨滴的枝头欢唱个不停。

"这么好的景,你们谁来赋诗一首?"张效林副秘书长的话突然打破了山间的宁静和我们自由的思绪。我们知道,他又开始给我们出题呢。

"仇池山下号角响,青岗岭上摆战场。"

"西和儿女战天地,漾水河畔显荣光。"

……

张效林副秘书长已经开始诗圣"附体"了,我们的大脑还是空白一片。

"山间泉水叮咚响",他望着远处的山念了一句,便将话题抛给了大家。

大家还是沉默一片,仿佛是在思考。

"林中花儿自芬芳……"

"披星戴月帮扶忙……"

"欢天喜地奔小康……"

大家你一言我一语,终于凑齐了四句。

张效林副秘书长仿佛还不尽兴,提议我们以西和县乡镇名字来玩"文字串烧"。

听到"串烧",当时的大家或许和我一样,感觉整个脑袋都蒙了。

西高山镇、蒿林乡、姜席镇、大桥镇、何坝镇、六巷乡、汉源镇、马元镇、太石河乡、卢河镇、苏合镇、兴隆镇、石峡镇、石堡镇、洛峪镇、西峪镇、稍峪镇、长道镇、十里镇、晒经乡……

我们一遍遍念着西和县各乡镇的名字,一遍遍排列组合,将它们三四个分为一组,不断关联,不断合并,它们在我们一次次默念中,最终有了无形的牵连,形成了一定的交集。

西高山镇、蒿林乡、姜席镇……

"一山一林望姜席。"

大桥镇、何坝镇、六巷乡……

"一桥一坝走六巷。"

汉源镇、马元镇、太石河乡、卢河镇、苏合镇、兴隆镇……

"两源三河盼兴隆。"

石峡镇、石堡镇、洛峪镇、西峪镇、稍峪镇、长道镇……

"两石三峪顺长道。"

十里镇、晒经乡……

"十里晒经颂西和,开启壮美新征程。"

20个乡镇串完了,西高山也到了,拼字游戏结束了,这些文字游戏汇成《下乡感言》记录了我们繁忙又充实的一天。

下乡感言

（一）

仇池山下号角响,青岗岭上摆战场。

西和儿女战天地,漾水河畔显荣光。

（二）

山间泉水叮咚响,林中花儿自芬芳。

披星戴月帮扶忙,欢天喜地奔小康。

(三)

一山一林望姜席,一桥一坝走六巷。
两源三河盼兴隆,二石三峪顺长道。
十里晒经颂西和,开启壮美新征程。

(十)脱贫攻坚,我们一直在路上

"你们怎么又出差了?"

脱贫攻坚那几年,身边的同事和好友问的最多的就是这句话。

"我看到西和县的县委书记在北京参加国新办的发布会了。""《脱贫路上》在甘肃台开播了。""西和县暴发洪灾了,你们在一线要注意安全"……

后来,我身边的朋友也慢慢开始关注西和,看到和西和有关的新闻报道,他们也会欣喜,甚至激动,第一时间和我分享、讨论。

……

脱贫攻坚这3年,我们不是在西和,就是在去西和的路上。如果说用一句话来概括我们最真实的帮扶状态,那就是"一直在路上"。

这一路,因为机构改革、晋升提拔等原因,办公室的人来来去去,换了一茬又一茬,从最初的十几人的团队,到最后的两三人坚守。单位需要人留守,下乡也需要人员。因为人手问题,大多数时间我们一行四人,张效林副秘书长是我们的带队领导,是运筹帷幄的指挥官;康进师傅负责开车,是行走的"百度地图";赵丰玲负责各种联络协调,是无所不能的"协调员";我负责所有的记录和材料,是不折不扣的"记录仪"。张效林副秘书长说脱贫攻坚虽不是打仗,却胜似打仗。在这场史无前例的"战役"中,我们有属于自己的"作战工具",我们有贫困村挂牌实战"作战图",有贫困村和非贫困村一览表,有各乡镇主要领导联系表,还有后备厢里躺着的朴素又简约的马扎和草帽……张效林副秘书长常说我们是来给西和帮忙的,坚决不能再添乱,所以我们的调研从来都不指定路线,也没有陪同,更没有任何接待。借助"两图两表",我们在一定意义上实现了"下乡自由、调研自由",掌握了第一手鲜活的资料。

"大庄村、张牟村、月王村、叶河村、侯庄村、潘豆村、青坝村、双庙村……"3年来,从48个未脱贫村到53个非贫困村,我们几乎跑遍了西和的每一个村子,跑遍了西和的山山水水、沟沟坎坎,看尽了西和的花花草草、风土人情。西和的20个乡镇都有我们的足迹,有我们满满的回忆。踏遍青山,西和风景独好。

1. 石堡镇,西和工业的开始

"2018年,在甘肃省政协的协调下,国内中药制造企业的翘楚——中国中药集团正式结缘西和。建设中的西和县半夏产业园,即将成为中国最大的半夏加工交易基地。"

"2019年4月27日,山东湘鲁食品有限公司东西扶贫协作项目在西和县石堡工业园区开建。"

"在深圳打拼了20多年的郭帆,回到家乡后,建起了国内领先的绒布加工生产线。一期投资3500万元,预计年产值6千万元,带动就业人员150多人。"

"在深圳打拼的西和人张钟龙,从事珠宝行业18年,回到西和后建起了琥珀加工厂。"

"甘肃西部粤海生物科技有限公司在西和建起了第一家全自动化的双孢菇生产基地。日产5吨,年产值将近2000万元的双孢菇生产基地边建设边生产,西和又新增一处现代农业示范基地。"

……

栽下梧桐树,引得凤凰栖。在石堡镇,我们见证了西和县工业集中区从无到有、由小到大到迅猛发展的成长史。看着中国中药、湘鲁食品、嘉帆绒布等清一色的扶贫招商企业入驻西和,我们倍感欣喜,因为我们知道,对于甘肃这么偏远省份的县城而言,"走出去"就已经很难,更不用说"引进来"。为了招商,欧阳坚主席和陈伟秘书长带领西和县脱贫攻坚招商团到广东、深圳、山东、青岛等地跑了一趟又一趟。花甲之年的欧阳坚主席抱着受伤的胳膊,不顾伤痛,无畏艰辛,一程又一程地奔赴,一路又一路地奔波,一次又一次地探寻,我们时常被他这种"西和不富人不闲,千里之行为招商"的拼搏精神感动着。

星光不负赶路人,时光不负有心人。在脱贫攻坚战役的感召和欧阳坚主席的带动下,一批西和籍企业家纷纷重返西和,他们跨越万水千山而来,带着报效家乡的诚意,在西和投资建厂,一批质量优、前景好的项目在仇池大地落地生根、开花结果。厂房鳞次栉比、机器轰轰作响、产业红红火火……

一个蓬勃发展的工业集中区,一片创新创业的投资热潮、一派欣欣向荣的生产场景……新动能、新业态、新发展……在工业的扶持下,西和已经成为活力之城、发展之城、希望之城。

2.十里镇,金鸡产业迎来了发展的春天

在十里镇,我们参加了西和县金鸡产业扶贫计划(种禽)项目投产仪式。西和的四月,天气乍冷乍寒,那天天空飘着小雪,但这丝毫阻挡不了我们参观金鸡项目投产仪式的热情和激动。

看着那一辆辆满载雏鸡的货车驶入了德清源青年鸡养殖区时,我们欣喜、自豪,甚至感动。据说这36000只优质鸡苗,是从河北邯郸出发,行程1000多公里,历时20多小时才抵达西和的。3个月后,它们将从青年鸡舍转移到产蛋鸡舍,在西和孵化出下一代,供应德清源在西北的蛋禽产业链。

这是西和金鸡产业扶贫的希望,也是西和县人民脱贫致富的希望。金鸡扶贫项目的正式运营,标志着西和县这个有着40多万人口的小县城终于迎来了产业发展的春天,终于有了属于自己的标准化、规模化、智能化的生态环保产业,这对于西和而言,具有里程碑的意义,可以说是划时代的巨变。

2018年,在省政协的牵线搭桥下,西和县与北京德清源农业科技有限公司签订合作协议,大胆探索资产收益扶贫新模式,实施了"金鸡产业"扶贫项目。

从选址、建厂、设备安装到投产,当时的场景无不历历在目……仅仅8个月的时间,北京德清源公司就在这里建成了全国一流的金鸡扶贫产业园,金鸡扶贫项目在这深山幽谷之中悄悄崛起。那不可言说的胜利和喜悦,犹如那一片片飘扬的雪花,化作心头美妙的歌曲,轻轻地在每个人心田荡漾。

3.蒿林乡,"麻""辣"的幸福味

在蒿林乡,我们和乡上的领导一起策划举办了"西和县蒿林乡首届花椒节采摘大赛"。以花椒采摘为媒,文艺汇演、产品展示、书画添彩,更是将节会的气氛推向了高潮。在脱贫攻坚如火如荼之际,这场别开生面的花椒采摘比赛,为蒿林乡甚至西和县的脱贫攻坚呐喊助威,注入了强劲的动力,营造了既紧张热烈又欢快轻松的气氛,"蒿林热""西和热"在陇南市乃至全省再次升温,再次颠覆了人们对蒿林"穷乡僻壤"的最初认知。对于蒿林而言,也算是一种锦上添花吧。

作为全省40个深度贫困乡镇之一,蒿林乡是欧阳坚主席包抓的乡镇,所辖的12个村全部是深度贫困村,贫困面广、贫困程度深,曾经是我们帮扶工作的难中之难、重中之重。惟其艰难,方显不易,沧海横流方显英雄本色,一时间,豪气锐气心气,统统被调动了起来,千锤百炼的老书记,精明干练的女乡长,派驻的年轻干部,民营企业委员、企业家……3年来,最精锐的力量、最能打仗的队伍、最优质的人力资源,纷纷下沉到蒿林乡脱贫一线。蒿林乡也不负众望,立足自身资源禀赋,将有40多年种植历史的花椒作为主导产业,全力打造"蒿林油椒"品牌,并借助东西扶贫协作的机遇和平台,从山东省引进多个辣椒品种,发展订单辣椒,实现了花椒、辣椒"双椒"合璧,从此,蒿林乡群众的生活便充满了"麻""辣"的幸福味。

4.卢河镇,仿佛误入"江南小镇"

在卢河镇,当车子经过董河村时,我们被眼前的场景惊呆了,一排排连片的别墅群在我们眼前整齐地铺展开,清一色的白墙上描绘着各种山水,楼后是郁郁葱葱的山景,楼前的庭院里种满了各色的小花,古风悠悠,淳朴秀美,瞬间有种误入"江南小城"的错觉。忽如一夜春风来,千树万树梨花开。谁能想到,曾经十里八乡有名的"后进村",如今摇身一变,成了美丽乡村的典范。曾经贫困户多、矛盾纠纷多、群众上访多、地上垃圾多,人心乱、管理乱、秩序乱的"四多三乱"的董河村,如今成了脱贫攻坚的"急先锋"。"收官之战看董河",这是对董河村华丽转身的最大褒奖和肯定。

5. 西高山镇，朱刘村贴在墙上的麻纸

在西高山镇，我们带着好奇和敬畏的心情，参观了西和麻纸的制作过程，讨论研究麻纸的传承和保护，以及如何乘着时代的东风，快速形成产业化，做大做强。在朱刘河村委会，听完陈祯书记讲麻纸的历史和制作过程，我们不禁感叹西和麻纸的古朴和珍贵。不入朱刘村，焉知麻纸之神奇？"造纸七十二道手，上墙还要吹一口"，那一张张看似斑驳陆离的麻纸，从构树皮到成品纸，经过选料、蒸穰、碾穰、淘穰、制浆、打捞、榨水、上墙、麻钱计数、切边等七十二道工序，凝结着古代劳动人民多少智慧和汗水？不由人感佩不已。

毫无疑问，这种原始、复杂、古朴的制作方法，凝聚着时代的沧桑和厚重，蕴藏着西和造纸人的聪明才智，表达着他们对古法造纸的敬畏与珍视。再看时，那些麻纸已不再是粗糙的麻纸，它们经过时光洗礼，仿佛变成了一件件"艺术珍品"，光彩夺目，熠熠生辉。它们，是千年历史的诉说者，是古法造纸的记录者，是朱刘河人工匠精神传承的生动写照。如今，这个西和人赖以生存的"指尖上的手艺"，彻底转变为"指尖上的精细产业"，成为西和对外的一张闪光名片，一举登上央视财经频道《经济半小时》，成为国内外书画家追捧的"新贵"，炙手可热，成为朱刘河村群众过上幸福生活的坚实支撑。

6. 大桥镇，那些誓言依然响彻耳边

在大桥镇，我们和县联乡领导、县委常委王小元一起参加了赵尧、韩河、联合、白五4个未脱贫村挂牌实战誓师大会。"我们要坚定信心决心，抱定战则必胜的信念，下定破釜沉舟的决心，铆足干劲、全线出击、冲锋陷阵、不胜不休，决不在脱贫攻坚战场上辜负党和政府的信任，决不辜负人民的期盼，决不辜负自己的良知，坚决做到不误时、不误事、不失误，交出让组织放心、让人民满意的答卷！"在脱贫两年后的今天，当初的铮铮誓言依然响彻耳边。

7. 晒经乡，那些美丽的邂逅和感动

在晒经乡，我们有感于美丽的风景和温暖。在那里，我们邂逅了藏在

青山之间,宛如古朴玉石的村落——朱山。烈日之下,丛草之间,这个村落仿佛是这片天地留给我们的别样惊喜。感动无处不在,那个从大木箱子里捧出核桃兜在胸前,急急忙忙追赶在我们身后,非要送给我们的老奶奶。那么陌生却又那么熟悉,让我们既惊喜又感动。那一幕很容易让我们想起小时候,疼爱我们的奶奶常常将好吃的藏起来,等我们回去的时候悄悄塞给我们,看着我们开心地吃着,脸上的皱纹如花般绽放……不是亲人,胜似亲人,这种朴素平凡生活里的小惊喜小感动,在漫长艰辛的扶贫岁月里,足以让一切忙碌变得有意义,继而让我们心甘之如饴、无怨无悔。

……

这一路走来,我们深刻地感受到各级帮扶单位的用心用力、用情用功,他们奔走在西和县各个乡镇,以真金白银的投入和不遗余力的帮助为西和保驾护航,用自己的"独门秘籍"解决着脱贫攻坚中各大领域的大题、难题。因为全国妇联和省妇联的帮扶,西和县的"乞巧文化"传承遍地开花,建立了研发刺绣、草编、柳编、剪纸等系列产品的"乞巧坊",培育了"巧嫂""巧妹"等系列劳务品牌,"乞巧女"开始走出大山,活跃在北京等多个城市的劳务市场,"她经济""她力量"撑起了西和人民致富的半边天。因为青岛市北区的帮扶,西和和青岛的产业合作逐年深入,劳务协作更加精准,人才交流更加全面,也成就了东西部扶贫协作"山海情深"的美好佳话。因为省人民医院的帮扶,西和县各乡镇的群众实现了远程诊疗,群众在家门口就可以享受专家诊疗,对于西和这个偏远地区的群众而言,这是健康生活的大福音。因为省生态环境厅的帮扶,西和县各乡镇的垃圾处理、污水处理等得以改造,村容村貌更加整洁,农村人居环境得以改善,"美丽西和"的梦想一步步得以实现。因为省农行的帮扶,西和县有了"半夏贷""粉条贷""花椒贷""辣椒贷"等特色产业快贷,发展特色产业有了更多的金融支持。因为省电力公司在西和县大力建设农村电网,满足了老百姓脱贫致富和全面建成小康社会的用电需求,实现了西和县农村电网从"温饱型"向"小康型"的转型升级。因为有甘肃长风公司的帮扶,西和县的合作社和扶贫车间有了扶贫车间建设工作小分队的专业指导,项目更加规范、健康、有序。因为有中国银联的帮扶,西和县的农产品、土特产等被搬到云闪付App上,在甘肃"消费扶贫专区"售卖,借力云闪付3亿用户的体量和全国影响力,销路更加广阔……在脱贫攻坚的战场上,西和无疑就是那个最幸运的宠儿,得到了各级各方面最大的宠幸,在西和的帮扶实践中,大家各显神通、各展所长,群策群力,合韵芬芳。

这一路走来,我们看到一批又一批的挂职书记和驻村干部奔赴西和战场,当他们胸前戴起大红花,就是脱贫攻坚中最光荣、最称职的"战士"。他们不负众望,不畏艰难,终年鏖战在西和脱贫一线。他们走进大山,融入大山,一点一点适应,一点一点改变,从最初的"不会干""被动干"到最后的"主动干""创新干",从最初的"不被接纳"到最后的真正融入,这其中的艰辛和努力,只有他们自己知道。他们将自己定义为大山的孩子,就驻扎在群众身边,老百姓的住房问题找他们,就业问题找他们,吃水问题找他们,收入问题找他们……他们无所不能,就像是一个个娴熟的工兵,排除一颗颗影响群众生活生产的"地雷"。他们吃得下"白+黑""5+2"的苦却禁不住父母、妻儿遥远的牵挂,他们受得了所有的委屈却不让群众受一丝苦,他们就是脱贫战场上最可爱又最可敬的人!

这一路走来,我们看到西和县各级领导干部在他们的主战场竭尽全力、奋力拼搏。在"拆危治乱"现场,走在最前面的是他们;在抗洪救灾一线,挺在最前面的也是他们;在项目施工现场、农民专业合作社、扶贫车间、农户家里,那些忙碌的身影依然是他们,他们是绿水青山和乡村巷陌间一道充满活力和生机的风景。

这一路走来,我们看到西和县贫困群众精神风貌的显著变化,淳朴善良的他们,曾有着不堪回首的昨天。那时候,他们宁愿整天靠着墙根晒太阳,也不愿意收拾收拾脏乱的院落,更不愿意为生活四处打拼。贫困仿佛已经深入他们的骨髓,麻木了他们的心智,使他们深陷生活的泥潭,却浑然不知外面的世界发生了多大的变化。因为扶贫,他们住上了安全的房子,吃上了干净的自来水,也发展起了各种特色产业,门前院落种满了各式各样的花……几乎每一寸土地都洋溢着幸福、焕发着生机。被脱贫唤醒的贫困群众，他们精神饱满，信心十足，连眼睛里都放着光芒。这光芒，散发着他们对美好生活的憧憬和向往，激励着他们在追求幸福生活的路上阔步前行，而这些巨大的改变，也正是我们帮扶的初心和梦想。这，又何尝不是我们的梦！

第三篇 繁 花

初见不见花，再见花似锦……
西和县城的月季花开了，灼灼如火，烁烁其华；
晚霞湖山麓的樱花开了，一树又一树的芬芳；
西峪镇千亩梨花开了，一片又一片的黛粉；
大桥镇的油菜花开了，一山又一山的青绿；
晒经乡的连翘花开了，满山尽现黄金甲；
……

高庙梁、王家梁的半夏，蒿林乡的花椒、辣椒，十里镇的豆角，长道镇的苹果，西高山、石峡镇的核桃，姜席镇的香菇，太石河乡的食用菌，兴隆镇、河坝镇的羊肚菌，大桥镇的金丝皇菊……梨白、樱粉、椒红、菊黄、半夏绿……姹紫嫣红，如点点繁星，缀满西和丰足美好生活的星空。

"西和半夏"入选"甘味"农产品，顺利通过国家农产品地理标志评审。

今天的西和是一个繁花似锦、人文充盈、宜居宜业、开拓创新的西和。

大型电视专题片《决战西和》《在水一方》和13集系列短片《脱贫路上》拍摄完成，在甘肃卫视、学习强国、甘肃党建、新甘肃、腾讯视频、今日头条等近20个媒体平台同步播出，"西和热"一次又一次升级。

长篇报告文学《决战西和——一个贫困县的脱贫之路》经中国石油大学出版社正式出版，这不仅填补了西和县长篇报告文学的空白，也填补了青岛市帮扶文学作品的空白。

西和麻纸制作技艺、影子腔分别入选国家和省级非遗保护名录。

国家4A级云华山景区项目正在实施，东方情人节、华夏女儿国——国家4A级景区晚霞湖正在建设打造中。

红色经典·晚霞湖红色主题游、寻根问祖·仇池古国一日游、乞巧民俗文化游等旅游线路也相继推出。

乞巧女儿节、"翰墨缘·乞巧情"国际妇女书画作品展、"大美陇南"书画作品巡展、仇池山歌比赛、西北五省区秦腔会演等文艺活动走出西和县，影响日隆。

今天的西和是一个欣欣向荣、蓬勃向上，百花齐放、硕果盈枝的西和。

西和县首条定制客运专线开通。

西和至宕昌高速公路工程即将开工。

西和县中部人口密集区及礼县雷王片区供水工程开工。

西和县城区10千伏线路迁改暨2022年电网转型升级工程开工。

西和县中医医院业务楼建设项目暨应急医疗救治设施及附属工程建设项目完成。

四星级西和大酒店开始运营。

长道镇宁家村乡村振兴示范、长道镇大柳河流域人居环境综合整治等项目完工……

今天的西和是一个四通八达、流动开放，活力满满、蓄势待发的西和。

富庶西和、秀美西和、人文西和、平安西和、活力西和……从无人问津到备受关注，从满山荒芜到色彩斑斓，从满目忧愁到处处笑语欢声，今天的西和人民，收获的不只是甜蜜的果实，更是满满的获得感和幸福感，那一条条通向未来的路啊，一直延伸到遥远的天际……一个政通人和的西和，宛然亭亭玉立地站在眼前。而谁又能相信，这翻天覆地的沧桑巨变，仅仅用了三年的时间。3年，在历史的长河中，何其短暂，而在西和广袤的山川大地，却是那样光彩夺目，千秋永驻！

后 记

这一路，我们调研，我们探索。

我们循着总书记的足迹，去过高高的元古堆，感受过元古堆八年来的蝶变；

我们去过布楞沟,参观过布楞沟村史馆,实地感受新旧生活的强烈对比;

我们考察过悬崖边上的村子朱雀村,去过扶贫英雄张小娟的故乡城马村,探究一个普通人所迸发出的夺目光彩。

渭源、岷县、东乡、礼县、舟曲、西和……脱贫攻坚,我们没有缺席,一直都在路上。

这一路,我们学习,我们思考。

"一点飞上天,黄河两边弯;八字大张口,言字往里走;左一扭,右一扭;西一长,东一长,中间加个马大王;心字底,月字旁,留个勾搭挂麻糖;推了车车走咸阳。"在车里,我们学会了中国最难的汉字。

西和县遭受大暴雨的那段时间,从《山海经》到《尚书》,从"大禹治水"的传说到李冰修建都江堰的壮举,我们真正理解了古人从改堵为疏、引水分流到修建水利工程防御洪水的大智慧,也深刻地感悟到,治水的根本以及防患于未然对于西和的重要性。

高山油菜、冬小麦、大麦、金银花、青稞……我们了解了各种植物的生存条件和收播季节,也知道了藏寨门口那些闲置木架的真正用途。

……

从传说到现实、从历史到人文、从美食到语言,我们走到那里,学到那里,看到什么,学习什么,想到什么,思考什么。

这一路,我们忙碌,我们快乐。

从一中心到八区,我们调研西和半夏、花椒、香菇等产业发展情况以及扶贫车间、合作社的运行。

从贫困村到非贫困村,我们关注"两不愁三保障"完成情况、驻村工作队工作情况以及拆危治乱、防灾救灾等工作。

从监测户到非监测户,我们披星戴月、走街串巷,从群众收入、养老保险、合作社分红……我们不曾落下一个问题。

从产业规划、项目规划到"十四五"规划,只要涉及民生,可谓样样关注……我们累并坚持着。

从春夏到秋冬，从日月到山川、从花木到雨雪……在忙碌中领略西和四季的美，我们忙并快乐着。

这一路走来，我也在慢慢成长、慢慢进步。

在张效林副秘书长身上，我了解到了"三度"思维，即做人做事的高度、宽度和深度。他总是有意无意地给我们传授一些谋事做事做人的策略和方式方法。在康进师傅身上我领略了什么是术业有专攻，在那些下乡入户的时间里，因为有他，我们在那些山间小道来回穿梭，却从来都不迷路。在赵丰玲身上，我看到了她工作的独特风格和为人处事的果断干练，她就像风铃一样，所到之处皆欢声笑语……在马世嫒、谢欣容、李博文他们身上，我看到了他们认真、细致、上进的优秀品格，他们默默无闻地从事着办公室的日常事务，虽琐碎繁杂，却打理得井井有条、妥妥当当。还有陶宗红、杜向国、尚克臻、郑志先……他们在每一个我们需要的大后方，时刻给我们帮助，给我们温暖，为我们排忧解难；还有在西和挂职的那些领导、驻村书记（干部）、记者朋友以及曾经和我们在一个战壕里拼搏的兄弟姐妹，他们每个人身上都有属于自己的闪光点，在时代的大潮里奋力拼搏，他们都是我学习的榜样。

新的征程上，猎猎长风，浩浩荡荡。西和脱贫后，原来的帮扶办更名为振兴办，我们最终也离开了那里，回到了原来的岗位。西和的那些老领导、老朋友也都去了新的岗位，一切，都是最好的安排，西和也有了新的领导班子。从贫困走来，向美好奔去，一个充满活力、蓬勃向上的西和正以崭新的面目走向乡村振兴，走向更加辉煌的明天。未来可期，大有可为，我们祝福西和，祝福西和的40多万人民，愿西和迎着党的二十大的曙光，乘势而上开新局，跨越发展著华章！

作者：张艺　甘肃省政协委员工作委员会一级主任科员

我的驻村日志

关坝村的夜晚

甘肃省西和县农村有一个饮食习惯：一天只吃两顿饭，上午10点左右吃一顿，叫"干粮"；下午5点前后吃一顿，叫"黑饭"。因此，关坝村的人们习惯晚上8点左右、最迟9点就睡觉了。

只有关坝村村委会办公楼上的灯常态化地亮到深夜……而最近，省上对今年的预脱贫村开展第三方评估验收，从11月1日起，每天晚上11点，第三方评估组就在县里通过抽签方式决定第二天到哪个村评估。

像学生面对大考一样，省城来的我、城关区的驻村队员、乡镇来的包村干部、村两委班子成员等十几位，白天集中强化软件资料，傍晚"黑饭"之后就聚到这里，一边等候，一边互相启发还有哪些工作需要拾遗补阙。既有大考之前的忐忑，又有早日通过评估的期待，也有想在评估组面前展示一下8年苦干成果的兴奋。

"再查查有没有只按了手印没有签名的？"村主任王玉香平时就是个大嗓门，这几天嗓门更大了。全村800多人，只有80多人读过高中，很多村民不会写字，在他们的生活中，按手印比签名字更加正式。再加上很多建档立卡户村民外出务工，扶贫的相关表册都是由亲戚代办的，这些表册内容是需要电话核实进行标记的。

何鹏飞虽然不是本村人，但是从2016年就在关坝村当包村干部，他熟悉情况甚于其他人。关坝村106户建档立卡贫困户和6户边缘户这些年享受的国家政策与标准，他心里有本"明白账"。而今年年初才调到村里的包村干部张贵生是个"细心人",每户17组数据,一个一个核对表格上的相关数据这种"细活",非他莫属。

"前几天塌方的路段清理出来没有?"陇南山区不稳定的地质条件让包村片长张明明非常担心,他坐在电脑前,一边跟村干部核对数字,一边问刚进来的村文书雍红卫。村文书这几天正忙着在楼下核对106盒"一户一档"的脱贫材料是否齐全,也没有顾得上出村。最近3个月,关坝村连续下雨,本来就不厚的土层已经达到了水饱和,而土层下面的页岩也已经不堪重负,随手抽出一块,用手一掰一捻,便成了一堆粉末,因此雨水过后的山体垮塌、泥石流等次生灾害极易发生。"评估组来不来是他们的事,但是咱不能让人家堵在路上有危险!"张明明如是说。

"在村里的微信群里通知一下,让各社村民把最新的明白卡拿到户里贴到最显眼的地方,给群众培训一下,入户评估时,如果群众说不明白就让人家看墙上的明白卡,可不敢随口胡说!"刚刚上任20多天的村支书杨瑞荣不善言辞,但心思细腻。陇南人本就不善言辞,再加上很多村民听不懂、不会说普通话,省城干部入户走访时常常对群众说的话"不明所以",需要县里的同行兼职翻译。

"王富彦的母亲9月份去世了,查查从常住人口和户籍人口的数据中清理出来没有?"我不放心地又问。来村里两年多,我已经把自己当成了"本村人",老乡家的大事小情都会来请我帮忙,一来二去,我也就对村里的人口变动情况了如指掌了。村里谁家的老人去世了,谁家的孩子满月了,谁家因为户口冻结分不了户,谁家要娶新媳妇,只要通知,我都会参加。用村干部的话说:"村里人有个大事小情就想着叫你,那是拿你当自家人呢!"

"噗——"火炉上煮着的一锅甜醅汤潽锅了,火炉盖上升起一股水汽,空气中散发出诱人的酒香。干部们一人端一碗热甜醅,有的在一项一项核对着数字,有的到走廊中给被窝里的村民打电话核实遗漏项。土烟味、煤炉味夹杂着甜醅的酒香,随着不时响起的玩笑声,在陇南山区的黑夜里传得很远、很远……

"三只水桶"

甘肃省陇南市西和县洛峪镇关坝村村委会门前,有一条小河,叫铜厂河。这条河最后要流入漾水河。漾水河是嘉陵江的支流,因此,浪漫点说,"我住长江头,君住长江尾,日日思君不见君,共饮长江水……"我们是住在广义的长江边上。但现实却实在让我一点也浪漫不起来。

两年多前,我刚来的时候发现,村里干部在我宿舍里放了三只水桶,我搞不明白,为什么不准备一口大一点的水缸,而是三只小水桶呢?其实,不仅我的房间里有三只水桶,当时村里每家每户都会准备至少三只水桶。但并不是每只水桶里的水都能喝,只有一只水桶里面的水可以喝,其他两只水桶中,一只是沉淀一天的水,另一只是沉淀两天的水。相当于一个简陋的三级过滤。

铜厂河从上游几个村子流过,不仅不卫生,而且居住在半山腰以上的村民取水用水也很不方便,只能打井引流山上的泉水。石头山上的泉眼还好,但关坝村的山绝大多数是土山,山上的泉水从土中渗出,又在土中流淌,汇集到集水点的时候,已经成了一碗泥水。县上也曾费大气力修了输水管道,但过不了多久,管道还是会被沉淀下来的泥水堵死,要一段一段地检查、疏通、清理。不堵的时候,流下来的还是泥水。一桶水要沉淀至少两三天才能喝。

我刚来的时候,省政协领导来慰问我,问我缺什么生活物资?我简单而迫切地回答:"水,尽可能地多带些桶装水!"我是甘肃省政协社会和法制委员会办公室副主任,2018年8月开始到关坝村当第一书记和驻村帮扶队队长。一晃,住村已经3个年头了。喝了一年多的泥水,最近一年才喝上了干净的水!

今天全国政协"三同"活动的记者就要来我们村了,我计划在他们到达的当天,我带他们看的第一个地方就是铜厂河边的提水站:在铜厂河边挖一口巨型井,让山泉水和铜厂河里的水一起经过渗透过滤进入水井,然后在提水站进行氯化消毒,再二次提灌到高山上的蓄水池内,靠地势供给全村每个家庭。这个项目一共花了20多万元的人饮安全专项扶贫资金,从根本上一劳永逸地解决了村民的饮水问题。现在,村里家家户户的院子里都有一套自来水稳定供应的设备:裸露在地面上的水管都包上了防冻管的泡沫棉,同时在旁边还有一个1.5米深的井筒,里面放置了冬季稳定供水的软管水龙头。

"'两不愁三保障'中的'不愁吃'不仅指不愁吃粮,在我们关坝村,更重要的是不愁喝上安全卫生的饮用水。"从"三只水桶"到"一只水桶",这是我难忘的一段记忆。我很感谢留在这里的三年青春,至今还保留着沉淀泥水汤的照片和视频,准备以后给孩子们看看,让他们也感受感受农村的变化。

关坝村的"六间房"

"三同"活动小分队来到甘肃省西和县洛峪镇关坝村已有两天半,他们说,村里的面貌和他们想象中的深度贫困村大相径庭——这不是他们想象中的贫困村!

一进村,目之所及的房子,都是两三层带小院的独栋楼房。我一边随意带着记者走访入户到村民家中,一边有意无意地讲述我发现的关坝村"房子"的故事。

(一)"黑房子"

陇南一带,家家户户、祖祖辈辈都保留着一种独特的品茗风俗——喝罐罐茶。所谓罐罐茶,就是在炕上架起一座火炉,火炉上放一只朴素小巧的土瓦罐。先将干"春尖"茶叶放入瓦罐内烤火加热至稍有青烟时,再将煮沸的开水倒入罐中,随着"吱"一声,熬罐罐茶的第一道工序才刚刚结束,再根据口味将红枣、核桃、冰糖或蜂蜜等放入。边熬边喝,边喝边聊……罐罐茶好喝,可是,熬罐罐茶熏出来的房子就不怎么好看了。

因为日复一日的烟熏火燎,房子四壁、棚顶被慢慢地熏黑,这便形成了来陇南之前,从未听说过的"黑房子"。

我带"三同"小分队队员来到了今天的第一户王谢子家中,这是一户即将进行"黑房子"改造的农户。村上今年陆陆续续得到了青岛市市北区12家企业的扶贫捐款116万,其中有一部分款项用于改造提升村民的户内居住环境。我知道王家老人为了给小儿子看病,平时很节省,剩饭剩菜都不舍得扔,有几次就是因为吃了变质的饭菜坏了肚子。我给王家大儿子建议,捐赠给王家的这笔款项,不但要用于刷房子、换吊顶,还要添台冰箱。他们父子听闻后,高兴得有些合不拢嘴,一个劲地往我们兜里塞他家自种的核桃。

其实,随着村里居住条件的不断改善,与之相辅相成的是增加村民的眼界见识和逐渐改变生活习惯,这样才能使"黑房子"只存在于陇南的记忆之中。

(二)板房子

王谢子家的院里还有一间特殊的房子,这是王谢子的小儿子王伟军的画室。

画室是他的帮扶责任人——甘肃省政协原秘书长陈伟协调帮忙搭建的板房。王伟军患有强直性脊柱炎,无法像健康人一样坐立行走,但他自小酷爱画画。陈伟了解情况后,根据他的爱好和特长,帮助他找到老师免费教授绘画技能,同时还积极协调,搭建了这间画室。

王谢子说,他最担心的就是将来自己和老伴故去后,小儿子的后半生怎么过。他希望小儿子能有一技之长傍身,不再依靠政府的救济。

王伟军本人对此也有着强烈的意愿,这些年他通过坚持不懈的努力学习,绘画技艺不断进步。在各级残联组织的绘画比赛中他还多次获得优异的名次。现在村里也有热心人通过互联网,帮助他在线上出售作品,他觉得日子很有奔头。他说,太多的人关爱我、帮助我,我希望能尽己所能回馈社会。

(三)洋房子

距离王谢子家不远处,有一栋三层小楼,这栋楼在关坝村众多房子中显得格外洋气。虽未建完,但门口两根粗壮的罗马柱,二楼、三楼若干的小罗马柱围成的栏杆,颇有国外洋房的味道。这些栏杆都是这户人家的年轻主人王红亮亲手制作的。

王红亮性格倔强在村里是出了名的,连父母也经常劝服不了他。但同时,他又是一个颇有想法的青年人。我来到村里后,王红亮倒是一反常态,常去找我谈心。在平均学历只有初中以下水平的关坝村里,或许让王红亮感到,只有我能理解他,我带来的党的政策能够帮助他。

王红亮对我说,他想靠建房的技能谋一份营生。我建议他,建房很多人都会,不如掌握一项专门的技能。我在很多自媒体平台上了解到制作罗马柱的技术较容易掌握,制作成本也很低廉,就建议他不妨学学试试。王红亮当真听了我的话,很快花了1000块左右的钱买了模具,琢磨掌握了这项技能。

王红亮家过去是村里有名的贫困户,按政策,他家能享受2万元的危旧房改造补贴款,加上向亲戚朋友借的钱,王红亮家盖起了这栋漂亮洋房。村里几处特意打造的小景致、小巷道也用上了王红亮做的罗马柱,既美化了环境,也做了宣传。慢慢地,外村人建房纷纷请他去制作罗马柱。王红亮还有别的想法,他说,将来关坝村更美了,他的房子可以做关坝村的第一家农家旅社!

通过精准的帮扶,让这个有想法、有闯劲儿的汉子有地儿发挥、有处儿使劲,几年下来,不但还了盖房子一半的欠款,还娶了个外地媳妇,生了三个漂亮的娃娃。我们去他家时,三个孩子刚放学,媳妇在做饭,厨房收拾得干干净净,日子过得有滋有味。

(四)新房子

"三同"活动小分队来到关坝村的第二天,下午的日程安排结束后,马上要吃晚饭前,我突然接到镇政府的电话,让我组织村里人帮一户五保户搬家。为了不打搅刚端起碗准备吃饭的记者们,我没告诉他们。但当我们村、镇干部们三下五除二将柜子、锅碗瓢盆等搬上了农用三轮车的时候,记者们早已用他们的采访设备默默地记录着……四轮农用车小心翼翼地行驶在仅能容下后排两个轮子的狭窄山道上,干部们手里拎着衣服、暖壶、被褥,和五保户王新战跟在车后。来到王新战的新家,那一刻,老人高兴得手舞足蹈起来。

王新战无儿无女,脑部有些不太严重的损伤。十多年以前因关坝村贫穷,逼着当时身体康健、头脑灵活的他外出谋生,后来逐渐与村上失去联系。在今年排查外来人口的检查当中,成县民政部门发现了在街头流浪的王新战,同时也发现他身上还揣着一本老旧的户口本,便把他送回了关坝村。

回到村上,看到如今的关坝村早已不是当年的关坝村,王新战是真不想走了。镇上和村里马上帮他登记办理新户口本、身份证,申请民政救助,同步动工修建了两间五保户安全住房。

(五)平房

关坝村四社原址所在的平套山上如今都是村里"养贩一体"合作社的牛圈,我带"三同"小分队去看合作社产业的路上,在爬到海拔1500多米高处时,我们俯瞰到整个关坝村的全貌,很美!尤其在村尾,有一片整齐划一的平房,白色的墙壁上有乡土气息浓郁的民间绘画。这片区域,正是关坝村易地搬迁集中安置点的新房。

关坝村山大沟深,加之多雨和地质灾害,时常有山洪和泥石流发生,居住在山上的农民每年都要面对这些危险。国家花了很大的财力物力动员村民下了山。我带小分队下山后,近距离查看了这片平房,发现房顶上还留有建设二楼的基础。我告诉他们,将来村里脱贫摘帽后,下一步就是乡村振兴,这是群众特意留下的,将来靠自己的努力,在有条件的时候就可以加盖二层小楼,习近平总书记不是有那么一句话嘛:幸福都是自己奋斗出来的!

(六)土房子

在关坝村一座座新房中,赫然伫立着一间与众不同的土房子。

传统的土木结构,雕花木刻的门窗,侧房还被讲究地隔成了上下两层。

据村里人讲,这间土房子建造于民国时期,当年房主是一户殷实人家。如今这土房子的主人已搬到平房居住了,土房子门前已是一片低矮的草丛和盛开的野花。

我给小分队队员说,国家政策规定要拆掉危房,但是这间土房子,我请县住建部门认定过,是安全房屋,村里的群众和我们村"两委"都觉得应该留下来,因为这既是村里历史和文化的见证,也是村里今昔对比的实证,它能让村里的后辈们看到祖辈走过的路,保留了每位关坝人心中那一抹淡淡的乡愁。

诗歌:小康欢歌

一个承诺,暖了中国

(女)一棵小草从露水中醒来
用嫩绿摇曳的生机　承诺大地的哺育

(男)一朵小花携香飘过四季
用缤纷的色彩　承诺阳光的赠予

(女)一棵稻穗　弯下成熟的腰身
用丰收的景象　向淌落在根下的每一滴汗水承诺

(男)一缕炊烟　向着乡路招手
用一家人的欢声　向联通千万家的每一行脚印承诺

(女)这是一个个温暖的承诺　承诺报答
(男)这是一个个郑重的承诺　承诺实现

(女)当一个民族向她的子孙承诺:
我们要告别世代的贫穷
让小康欢歌唱响在每一寸土地

(男)当一个声音向历史承诺:
我们要让"两个一百年"的宏愿

在每个人的梦中落地生根

（女）于是大地之上　无数的奋斗者
肩负着这份承诺　开始了复兴路上的全民大进军
（男）于是高天之下　无数的早中晚
锁定了这个承诺　开始了庄严的计时
（女）这是"第一个百年"的目标　却是千百年的期盼
（男）这是"第一个百年"的伟业　立于初心　近在身边

（女）它随着扶贫工作者的身影
在老、少、边、穷地区播种下心愿
它伴着脱贫后乡亲们的笑容
让东、西、南、北的疆土弥漫着快乐

（男）它落户在城镇乡村
是"全面建成小康社会　一个也不能少"的深情嘱托
它共鸣在我们心中
是"共同富裕路上　一个也不能掉队"的庄严号令

（女）何等壮阔的胸怀　能喷薄出如此壮丽的画卷
让地球上千分之一的人们　同享梦想的硕果
（男）何等坚定的使命与担当　能成就如此光荣的伟业
在世界版图的中国这方　永远抹去了绝对贫困

（女）这是一个对岁月的承诺　承诺中国梦的美好
这是一个对人民的承诺　承诺新时代的幸福
（男）这个承诺暖了中国　暖了亿万中国人的每时每刻
今天的我们是何等的荣幸啊

共同见证这个承诺的豪迈登顶

(女)如果我是小草　我承诺还大地浓绿
如果我是小花　我承诺还田野绚烂
(男)如果你　如果我　如果让我们承诺这个时代——
是用过好每一天回报那个承诺
是用此刻唱响在我们心中的小康欢歌
(合)对这个时代承诺……

奇迹,有一种奋斗的果香

男:一条村路的深浅,扑面的风不会知道
连绵的雨也不会知道
在这大山里,能够踩出沥青路面的双脚
早已沾满了泥泞,洞穿了辛劳

女:一个地图上难以找到的小山村
也会发出笑声,传到千里之外
那是开心和幸福混凝出的味道
甚至能隔着山峦,拥抱外面的世界

男:一盏孤独的油灯,能牵引千百万人的驻望
我看到,驻村帮扶的人们走进一家家贫困户
把微弱的灯火一点点拨亮
为长久的夜,打捞出一轮日出

女:小小的稻米,能为嗷嗷待哺的餐食做一次绽放吗
我看到,一本致富经正打开歉收的山野

快乐的镰刀,从此再也不想停歇
通向山外的车马,碾过了穷困
驮回了一个个世代的向往

男:当枯树冒出新芽,贫瘠变成了沃土
我看见豪迈的集合,坚定的出发,和扑向山野的热忱的奔走
那不惜挥洒的汗珠
映出一个民族共同的愿景

女:当贫穷被连根拔除,山村脱胎换骨
我看见花香四溢,笑靥如歌
在携手同行的行列中,有多少奋斗者的身影
满腔热血里奔涌着一朵朵扶贫的浪花

男:一个奇迹,就这样挺立在古老的东方
不同口音的方言,从东西南北汇聚在同一条康庄大道
女:新的时代会叫醒每一棵秧苗,每一座粮仓
叫出那些奇迹背后的故事和名字
而奇迹四周,那漫山遍野散发出的,正是奋斗的果香

合:飘出山野,飘向四方……

一座丰碑,写着你、我、他的名字

女:我从万里之遥的黄河源头走来
携来奔腾九曲的浪花心跳
2021 我要为你筑一座丰碑

以"母亲河"的名义——
发布一个民族等待千年的圆梦报告

男：我从千帆竞发的长江沿岸走来
踏着城乡欢歌的春水秋潮
2021 我要为你筑一座丰碑
以"嘉兴湖"的誓言——
书写一个民族奋斗百年的脱贫报告

女：我从百转千回的澜沧江雨林走来
采撷弥漫晨露的鲜花芳草
2021 我要为你筑一座丰碑
以"泰山"巍峨的气魄——
镌刻下中华儿女跨入新时代的幸福报告

男：突如其来的疫情改变世界跑道
唯有中国风景这般独好——
镰刀锤头承诺的目标　一诺千金　决不动摇
脱贫攻坚一路冲刺决胜高潮
千年夙愿百年圆梦就看今朝

女：我们要和东西南北的"第一书记"们一起
我们要和"老少边穷"地区的"村官"们一起
让所有付出的汗水和奋进的足迹
在父老乡亲的喜悦和百姓的生活中定格新时代的美好

男：我们要和对口扶贫的驻村工作队队员们一起
我们要和精准扶贫的城市乡村一起

在父辈跋涉的旅途和投向未来的目光中
用"全面小康"向"第一个百年"的春天报到

女:我要走进广西的大山　和黄文秀姑娘聊一聊
你青春的美丽已化作山里红　扮美着山里人甜美的笑
男:我要去兰考在焦书记铜像前补种一棵泡桐苗
告诉他当年的盐碱地已成一片林海绿潮

女:我还要去十八洞村　在"十四五"规划里看她如何领跑
男:我还要去青岛西和结对帮扶的示范村镇　走一走　瞧一瞧
女:看看脱贫的村民如何共同把小康梦打造
男:瞧瞧东部的山水如何与西部的家园并肩妖娆

合:此时我要与你盛情相邀——
女:一起为百年党建筑起一座伟大的丰碑
一起共襄人类历史上前所未有的奇迹和壮举
男:她　立于天地之中　为万世做华表
她　庄重地写下——不忘初心,砥砺前行
女:落款是中国道路　中国故事　中国骄傲
男:作者是你　是我　是他
是我们的名字
合:我们的自豪

作者:段振鹏　甘肃省政协研究室调研员,西和县洛峪镇关坝村原驻村帮扶工作队队长

业仁村辞章

暖风吹，为业仁而醉

时光丰裕。

风雅颂，村庄的春秋与冬夏。

我踏歌而行，内心盛满了阡陌田垄，诚挚的表达在云水禅心之上，瞬间被荡涤得隆重热烈，目光所及——牛羊与云彩的交错，正在演绎一场朴素恬淡的完美。

一株青稞的心事，触及五谷满仓和笑声酣畅的秋实累累，二十四节气变得丰盈厚重。

半亩当归随锄出土，有一种悬壶济世的庄重，让病困伤痛四处流浪终将无处落脚。

花盛开，云雀跃。

美丽的传说正在土地上寻找着源头活水。

澄净的天空，深远的意境铺满了深深浅浅的甜蜜。

天苍苍，野茫茫，一粒麦芽开始了破土之旅，生命在孕育中蓬勃向上。

当我以诗者的目光去翻阅村庄的过往，那一场温柔的细雨，洒落在群山之中，撩动起我内心澎湃豪壮的灵思。

邂逅，感慨。我把薄雾、彩云和天空下的一切美好，全部写进好山好水好甘南的歌谣和弹唱之中，让土地上生长出明媚的阳光和皎洁的月色。

也许,我曾经迷茫。

在旷野中,不断迷失自己,不断找回希望,随着那片缓缓移动的羊群,翻山梁、越沟坎,追随着一片白云,向着远方跋涉,与一瓣花叶一起吟诵内心的诗句。

学会在雨雪霏霏之前,把脆弱的心紧紧裹起,不让寒冷和困窘找到突破的缝隙。尝试着开始一场前所未有的冬眠,在梦境里执掌一颗沸腾的心,然后跟着粗壮的风去经营一段情满江湖的姻缘。

修辞格调是春的温和,夏的欢悦,秋的伤感,冬的冷峻……每一季,我都在一些分行的词句中寻找失散的灵感。

透过时光的背影,我会念及夜雨寄北——巴山夜雨轻剪西窗烛。书卷之中,有村庄的爱恨情仇,有人生的离愁别绪,还有生活的苦乐浓淡。

格桑花芬芳了高原。
仰首腾空,草地选择了一匹骏马的呼吸和疾驰。

月上弦,徘徊的心境正在努力培植一畦春光灿烂。
暑云散,凉风起。以另一种方式与村庄相遇时,我学会了写实、记录、叙事、抒情,还有浅吟和高唱,用饱满的真情去感染每一个过往和未来。

长路漫漫,有相思,有追随,有坚守,更有不离不弃的热爱永恒。
每一次交谈,每一份离散,总是在风起雨落的日子里有些许大小不同的心动扑面而来,让低落的心花在刹那间怒放不止。
一段往事,一些人影,清波逐流的澄澈与宁静,月落星疏的辽远与深广,丝丝红尘的纷乱复杂,都在某一个灯火阑珊的夜晚跌入茫茫的心绪大潮。

业仁,在晨曦中清秀迷人,在晚霞中沉稳端庄。
我缓步轻轻踏进你不老的时光流转中,开始用心经营着每一颗籽粒的嫩芽和根系。

在无限的眷恋中的想念那些枝梢上的绿意,庭院里的温饱,灶台上的烟火和仓廪里的殷实,还有精壮的子孙后代。

执着向前而行,穿越密林,翻过山峦,聆听一条小河的前世今生,洞悉人生的流程,曲折环绕,光芒与黯淡时常交汇。走出泥沼,迎面而来的即是坦途大道和柳暗花明。

暖风吹,昨夜的圆月成为一往情深的寄托。

关于美与善的话题,越行越远,从眉头直抵心头。

业仁,每一天都在我血液中以炙热的豪壮起伏翻滚,向着远方,向着梦想。

一季花开在马旗

远行,终究是一次心灵的净化和回归。

村庄,有爱有诗,以质朴灵动迎接一季花开。

旷达的叙述正在栉风沐雨,在飞檐上谛听风铃的动感,远处的神祇眼里只有国泰民安。

古老的房厦里,茶香四溢,炉火旺盛,冬日里的一席寒暄,让彻骨的冰冷融化在一杯清茶中,然后用心再叙长情。

风里飘香,雨中抒情。毛毛雨轻柔绵长,马旗以古老的姿态渲染着崭新的乐曲。

我默诵"忠厚传家久,诗书继世长"时,一株杨树正在疯长出娇艳的叶子,青翠欲滴。

每一个起点都是勤劳铸就,生活的圆心围着光阴旋转,涟漪与波澜,是一次次曲折和奋起。

我的章节中,山是水的故事,风是雨的故事。

马旗是黎民百姓的庄窠,是抚慰伤痕的归宿,是庄稼和百果笑逐颜开的阳光热土。

花期来了,羞涩的鲜嫩吹弹可破。
一场微风,一场密语,犹如百姓的婚嫁。

雏芽萌动。细腻的春雷,响过马旗村庄,落在耳畔。
潮流与河,爱情与火焰并肩而来。面对一场盛大的破旧立新,我曾经也试图整理家徒四壁的青春与文字,在一簇花团中安放正在衰老的鬓发和不老的情缘。
在花瓣上,在车辙迂回中,伸开双臂扯下一绺天空之蓝,在迷雾消散之后,填补唱念做打里的那些空白。

阳光静美。再向前行走,就是一片圣洁,请双手捧好最后盛开的那枝花朵。
呵护好每一个花瓣,就会拥有一个完整的春天。轻盈的蜂蝶,在明亮一侧静听木鱼声响。
这些水流,从源头就深念着从善如流,嫉恶若仇。
在抵达之前,我把一粒饱满的葵花籽种进体内。从此,一片向阳的芬芳在内心,铺天盖地。

我写下一纸姓氏笔画时,五彩经幡正在远处播撒着吉祥的佑词,天地安好,人寿年丰。
马旗是一座文明的城池,比邻一条长河,在灯火中一起谈及的话题,有生养,有教化,有苦难,有母仪天下。
而最庄重的是耕云播雨的手掌里,盛开着一朵彩色的莲花。

春天的尾部盛开了一树杏花,信仰与向往占据了整个心原。

赤脚走过水火共鸣,孤独在身后烟消云散。

从漫长的路途开始破解封闭的宫殿和经卷册页,所有的荣华富贵随时做好了由衷的陈词。

水流在激荡中洞悉了岸上杨柳的青春,请记住石桥上一抹红丝巾的耀眼。

这是谷雨之后的一次幽梦,迷离着闪烁着几点迷雾。

不曾涉猎的浩渺中,七弦古琴的乐音正在沙哑着流浪。

此时,我想:所有的寂静中,除去柴米油盐酱醋茶,便是波涛起伏的碧空里浓密的表达——

幸福在人间狂奔而来!

诗意回转马旗沟

那些静穆的时光之上,有百家姓,也有苍鹰翔。

选择在日月星辰中张弛,我需要一种血性,从隐居中出发去探秘寒暑往来。

我在马旗沟的群山之中遥想睡莲盛开在家园,天高云淡。月光洒下了蝉鸣,在窗前种下了童年。

由嫩芽到飞奔远去,每一次成熟的征兆到来时,羽毛里激扬的唱词,都会逆流而上。

总有一些心动,在云层低垂的傍晚执鞭跑马而过,踩裂了我守卫已久的防线,这是一次脱胎换骨的蜕变。

隔夜的风吹来时,我的生命正在远方爱上一首忧伤的长诗。

时而有婉转的低泣,在豪迈的土地上华丽转身。

陪你踏上天涯羁旅前,我把沧桑视为花事。四月的上旬,持续专注于一杯烈酒。故事的开端与最悲伤的那片紫色花瓣密切相关。眼角的皱纹,额头的疾苦,内心激荡汹涌的忧郁,有序排成方阵。

是谁正在这片空旷里放纵撒野,我们拒绝抢劫、偷盗、谎言、欺瞒,和明目张胆的蹂躏,箍上律令的秘诀。

在天明之前,结束一场黑色的葬礼。这种风号乌啼的逆运中,缄口不提那些陈旧腐烂的痛心事。

鼓角争鸣隐入一双受潮的翅膀,跃跃欲飞。
一条瞬间复活的清流汩汩,以弹唱喂养着羸弱和单薄。
那些纤纤的爱和纤纤的恨越过白昼黑夜,正缠绵悱恻,难分难舍。

冷峻巍然,偶遇一场盛大的聚集。
冰清玉洁正在燃烧层层淤积的严寒,暮光深处是灼热的心潮奔腾怒发。
喜悦由淡到浓。与雪相拥的浅诉在血管深处喷涌激荡。
尘埃无缝,凡间是嘈嘈切切的站台,所有的过往终将上演挥手话别。

杯盏相恋。一粒雪花痛失苍穹。
而一滴水却沉浸在无限的潮湿之中。

执着的表达,从史册辗转于诗行。
饱满的掌声,从四面八方玲珑而起。

此时,我在马旗沟的和谐中笑意盎然!

作者:金凯　农工民主党驻业仁村第一书记,甘肃省作家协会会员

回仁义
——甘肃长风电子科技公司驻村帮扶干部随笔

心呀吗莫要这么厉害地跳,
泪水水呀莫把眼睛模糊了。
满山的青翠滋润了我双眼,
清新的空气浸透了我心田,
泥土的清香把我来陶醉,
几回回梦里回仁义。
炕头上乡亲们紧紧地围住我,
把那诱人的罐罐茶慢慢地熬。
千声万声呼唤您,
第二故乡在这里。
一沟沟的油菜黄澄澄,
一坡坡的麦苗绿茵茵,
绕堤的杨柳拂开了我的笑脸,
隔岸的槐花沁透了我的心脾,
宽敞的马路加快了我的脚步,
石雕的栏杆牵住了我的手。

一

陈家沟唱来董家沟跳,
路大爷一把搂住了我的腰,

于书记呀，于书记，
我们嘴上说祝您高升，
工作干到省上去，
干到北京去，
可我们实在舍不得你走呀！
当年老天爷赶了我，
老来丧子成了苦命人，
是你一遍遍，一趟趟，
不厌其烦来帮忙，
协调村上联系镇，
既给补贴又救助，
积下的医药费全报了，
党的好政策我全享了，
从此我就直起了腰。
儿媳外出去打工，
孙子考上大学成了人上人，
今天的幸福生活全靠了你，
您是我家的大恩人！

二

东家送出来西家迎，
李大嫂笑着迎进门，
于书记呀，您切莫再叫我是"瓜"人，
你看我家干净不干净？
你李大哥不在炕上抽烟了，
光脚片子地板上不跑了，
烂酒不喝了，钱也不要了，
干农活来打零工，

从此忙着没消停，
我俩的架早就不吵了，
时常帮我扫地刷碗哩。
还修了卫生厕所和洗澡间，
三天两头洗洗澡来刮个脸，
眉目清秀真干散。
脚不熏来汗不臭，
蜘蛛跳蚤早没了，
外地打工的儿子对象谈上了，
年底结婚把您请下了，
到时候你就住我家，
保证比城里的宾馆还舒坦。

三

告别了郑家场来到刘家台，
红军的故事墙上摆，
丰收的景象绘成了一幅幅画。
走上便民桥来放眼望一望，
一片片明镜连在河中央，
一层层瀑布源远流又长。
村支书握住我手问短长，
多亏了"长风"修建的护河堤，
多大的洪水也没把路冲垮。
于书记请您到村委会歇一下，
听我汇报思想与变化，
排排奖状墙上挂，
省、市、县、乡四级文明先进全拿下。
当年可不是这个样，

书记主任还没满届就让村民们搞下场,
为了蝇头小利窝里使劲掐。
您当年鼓励我挑起担子试一下,
把致富带头人培养成干部来当家,
把干部培养成致富带头人带领大家把财发!
教我们学习理论知识和文化,
担责任行得正,
转观念想办法,
才有了今天的进步与变化。
按照您当年的建议和规划,
我带领大家养殖牛羊和鸡鸭,
亚云带领大家种豆种花种半夏,
大家齐心来共同把文旅抓,
乡风文明产业兴旺变化大,
休闲广场天天有人来"打卡"。

四

支书的心里话说不完,
陪我走到小学大门前,
放学的孩子们跑过来,
小小手高举把队礼敬,
"爷爷好"来喊不停,
连忙回应"娃们乖"
你们的学习怎么样?
奖状得了多少张?
新课桌,大电视,新书包,
还有故事看不完图书角,
都是爷爷的功劳。

您装的净水机真先进,
方便卫生又干净。
蹦蹦床真好玩,
快乐学习每一天。
修的厕所真卫生,
再也没有臭味和苍蝇。
常想起您教我们写字和画画,
我爸爸说这就叫吃水不忘挖井人,
时刻想念于爷爷,
叽叽喳喳说不停。

五

远远看见刘大娘,
一边跑来一边嚷,
于书记、于书记,
她姨姨怎么没有来?
我后人说一定要好好谢谢她。
她姨姨当年随您来教书,
星期天还给娃娃们补习功课哩,
我还有点不愿意,
女娃子上学有啥子用,
何况她的学习不咋地,
还不如帮我干活哩。
多亏了她姨姨的教育和补习,
女娃子爱上了看书和学习,
明年就要考大学哩,
娃娃说目标是那北上广,
最低也要到西安兰州闯一闯。

你们两口子真是我们的大恩人,
今天说啥也要到我家吃顿饭,
就表表我们的心意你别嫌。
……
广场上的红旗高高飘,
花园里的花儿点头笑,
青砖碧瓦的小洋楼,
这哪里是当年的穷山沟!
往事幕幕眼前现,
思绪感慨起万千,
八年脱贫攻坚战,
千年愿望已实现,
有幸能够来实践,
此生今后无遗憾!

作者:郁万盛 甘肃长风电子科技有限责任公司驻仁义村第一书记

西和大桥欢迎您

一

中华大地美如画,
锦绣西和惹人恋。
历史悠久八千年,
人文荟萃实堪怜。
秦王挥鞭扫六合,
得陇望蜀威名传。
物产丰饶富庶地,
乡村振兴在明天。
"乞巧"民俗故事多,
西和麻纸非等闲。
今日欣逢国运盛,
两个文明齐登攀。
国富民强不是梦,
撸起袖子加油干。
待到经济腾飞时,
重整河山遂我愿。

二

山清水秀大桥镇,

民风淳朴桃花源。
致富路上不停歇,
党的恩情说不完。
自从来了工作队,
调查研究开局面。
实事求是找原因,
扬长避短谋发展。
依托资源方向明,
乡村旅游属前瞻。
摄影写生风光好,
人间仙境换新颜。
诚邀四海众宾朋,
观光养生到此间。
乡村振兴景无限,
锦绣江山带笑颜。

作者:冀臻　西和县大桥镇王山村驻村第一书记兼工作队队长

我的扶贫故事

2016年初春,我被组织安排到礼县王坝镇杨沟村驻村帮扶,任帮扶队长兼第一书记。我包的这个村有五个组,即五个自然村,分散在五个山头。这里山多地少,森林密布,四季鸟声啁啾,溪水潺潺。密林深处藏着刺五加、羊角菜、乌龙头、花菇、羊肚菌,也藏着小鹿、野猪、野鸡和蛇。我享用着这里的美景和菜肴,也体味着这里的艰辛和蜕变,因为这是我的第二故乡。

清晨,我从党员活动室出发,由近到远,一家挨一家,一庄挨一庄,一座山挨一座山,用脚步丈量着村庄的深度,用心感受着大山跳动的脉搏。这里,祖祖辈辈如此,苦成了一把干柴,瘦成了一钩弯月。每到夏秋之季,更是暴雨成灾,山体滑坡,房屋移位,路上泥石流横行霸道,路下咆哮的山水掏空了路基。修了冲,冲了修,人和大水抢着通行。

精准扶贫的政策使农村大地焕然一新。不到三年的时间,通村公路、通组公路、户与户之间的小巷道都硬化了,自来水拉到了家门口,土坯瓦房、塌房烂院,被青砖红瓦、水泥庭院取而代之,滑坡地带的房屋都搬到了川坝,盖起了小洋楼、盖起了四合院。村卫生室、文化广场、路灯等配套设施一应俱全。

村容村貌发生了变化,致富产业随之跟进。红油香椿、花椒、乌龙头、花芸豆种满了坡洼沟壑,老品种的核桃高接换优。昔日传统的养猪模式,由母猪领着猪娃在庄里乱转,猪粪遍地乱流的景象一去不复返,如今成了规模养猪,成立了农民养猪专业合作社。今年一个猪娃平均1000元,一头母猪一年下两窝,每窝10头左右,当农户数着一沓沓新崭崭的钞票时,心里乐开了花。

经济收入增加了,但人们的思想意识却没有跟进,有些懒汉、好事者只动嘴不动手,还嫌这也少那也少;盖了好房不让老人住;修路占地你家不让,他家也不让;邻里间为水渠偏差或树木长过界限而争论不休,甚至拳打脚踢等不良习气严重地制约着村庄的发展,并影响着下一代的成长。我困惑、懊恼,就从扶贫先扶志入手。

利用雨雪天干不成农活,我们举办了道德讲堂。讲堂不拘形式,有集中讲、有分散讲,党员活动室里讲、农户家里讲。我和村民们一起学习"如何做一个好媳妇、好婆婆""如何教育好子女""如何处理好邻里关系""怎样才能做一个致富能人"。真是久旱逢甘霖,近半年的宣讲和协调,平日里邻居间的吵嚷不见了,还多了一份帮助;婆媳间有什么恩恩怨怨也互不对质了,都找我说说心病,我们心与心地交流着,再给她们举几个和谐家庭的例子,并加以开导,心结都解开了。

九月九重阳节我们召开了"尽赡养义务、促精准脱贫——孝善之星表彰大会",全庄男女老少都参加。会上,我和村支书、妇联主任为表现最为突出的15名好媳妇颁了奖。她们怀抱着厚实的床上用品四件套,很暖心。同时,我满含深情地朗诵了一首自己不成诗的诗:

> 绿叶匆匆秋叶黄,人到暮年秋风凉。
> 侧耳探头临窗望,门前无有雁飞过。
> 雨打落叶叶自怜,谁人还念娘可怜。
> 孩儿尿床床未干,抱在娘怀娘暖干。
> 如今力单身又薄,手拄拐杖独彷徨。
> 儿大远走他乡外,暮色心酸满目泪。
> 老母倚门常守望,心系儿女泪沾裳。
> 瑟瑟秋风瑟瑟娘,不敬父母寸断肠。

读完这首诗,没有掌声,没有喧哗,大山屏住了呼吸,男人们红了眼圈,女人们鼻子酸涩——

我入户时发现,青壮年在外打工,爷爷奶奶都把孩子给宠坏了。就在我包的一户人家,我给上小学二年级的学生出了一道数学题:"爷爷今年50岁,我今年8岁,我比爷爷小几岁?"孩子二话没说,呼地起身光着脚丫跳下炕,从抽屉里取出卷尺,先量了爷爷的身高,再量了自己的,然后鼓捣着手指头一减,便一口回答"爷爷比我大12岁"。爷爷奶奶仰起脖子开怀大笑,我却笑不出声,一种莫名的惆怅让我步履沉沉。

走着,瞧着,我低头盘算着,怎样才能让文化进万家?怎样才能真正拔穷根?

小课桌:在暑假,我自筹资金买来8张小方桌,30多条小凳子,摆在我住的房子里和屋檐下的走廊里,开始实施"小课桌"工程。一开始只有两三家的孩子。我像教自家的孩子一样手把手地教拼音、教数学、教写日记和背唐诗。慢慢地,孩子们都来了,特别是下午一放学,他们不急着回家吃饭,先来我的"小课桌"做作业,作业完成了再回家。冬天天黑得早,辅导他们做完作业时已太晚,我就挨着送他们回家。

"小课桌"为孩子们打开了智慧的天窗,还使他们收敛了以往的惰性。元香在小考中得了全镇考点第一名,佐娟得了四年级第三名,就连当初在直角三角形里找不到直角的六年级学生小杨,数学也考及格了。第二年夏日,彩彦以564分的成绩考上了重点大学,我们隆重召开了表彰大会。会上我奖励彩彦500元,并赠她《习近平七年知青岁月》一书。彩彦作了表态发言,我作了《知识可以改变命运》的激情演讲,演讲没有一句普通话,都是土话,但唤醒了沉睡的大山,撞开了大人娃娃那扇虚掩的心门。

广场舞:搭建了"大课桌"的平台。利用入户之机,我便动员妇女们跳起了广场舞。刚开始跳舞,常年苦苦劳作的婶子阿姨们胳膊伸不直,双腿迈不开,有点羞涩。我鼓励她们:"谁都一样,我也是拔猪草、割麦子长大的,只不过是跳的时间长了而已,你们也一样,坚持上一段时间就会跳了。"她们听了心里美滋滋的,快乐地干完农活,吃完晚饭,就准时来了。我们一周教一个新舞,大家都学会了,我和她们一样信心倍增。

大课桌:跳完舞,我又增加了一门新课程——学识字,就办起了"大课桌"。我们从写大、小、多、少、人、口、头、手开始,当姐妹们能写出自己名字的时候,都高兴得眼里闪出泪花,激动地问我:"以后签名再不寻人代签了?"我说:"那肯定再不要别人签你的名字了。"她们对知识的需求绝不亚于"小课桌",她们白天干活,晚上跳舞和学习,回家时还要把生字本拿到家里去学,第二晚听写生字时,她们都学会了,字虽然写得粗大,却很方正。

故事会:写字之余我们开展了故事会,会上大家畅所欲言,但我是主讲,我给她们讲"孟母三迁""三娘教子""让他三尺又何妨"等故事,她们听得入脑入心。每听完一个故事,都会感叹和评论,惠风和谐的氛围如一轮圆月照亮了整个村庄。

一次我病了,病得很重,脊背上出了一片水泡,高烧不断,嗓子肿得张不开嘴,大概是潮湿导致的。这里看不见村庄,只见绿浪滚滚的森林,如海、如茵。我住的房子每天都敞开着门窗,但地上如泼了水,天晴就晒被褥和床板,床板像刚从河里捞出来的,湿漉漉的。难怪农户家中一年四季炕上火盆里烟火不断,房子熏得乌黑。我这次身染重病,全靠了这群姐妹,是她们每天上街去买药,给我输液,一直陪我到天亮。把热腾腾的饭菜提来让我吃,有时候一顿饭能收到好几家提来的饭菜。

厚道,是这里土生土长的,原生态的,家家如此。就是搞工作,我走到谁家,饭就吃到谁家,碰上洋芋吃洋芋,碰上油饼吃油饼。老人们更把我当亲闺女一样看待,有啥心里话都跟我说哩。

小伟一家在新疆,只留下80多岁的奶奶一人在家,老人家身体还很硬朗,但眼患白内障,一次扫雪时脚下一滑大腿骨折了。我帮她梳头、做饭,直到病愈。打那以后,她吃的药、馒头和其他生活用品就由我从城里买上,周日准时送去,每次去时老人总是眼巴巴地等着。

满贵兄弟俩均已40出头,却患有智障,父亲早逝,生活全靠双目失明的母亲照料。每次当我们把低保送去时,一家三口没有一个会数钱的。这样的事例在这里很常见,我心里的疙疙瘩瘩,怎么也抚不平啊!

从此,孤寡老人、残疾人和五保户便成了我割舍不下的亲人,除了分配好他们的低保和救助金安置生活外,我适时给他们买衣服和鞋子,用自己的医保卡给他们买药。久而久之,他们会用哑语和我打招呼,用手势感谢我,还把自家的包包菜剁了给我提来。有一个精神病患者也很感人,一次,我入户走远了,突然暴雨来临,忘记了院子里晒的被褥,傍晚回来,被褥已架到党员活动室的窗子上了,雨没淋着,后来才知道是这个精神病患者给收的。

如今因工作需要,我离开了我的帮扶村,但我无论走到哪里都走不出大山的怀抱,无论走到哪里都丢不下我的牵挂。

山风呼啸,树影婆娑,大山还在呼唤,我亲耳听见:娃娃们喊我老师,大人们喊我书记,老人们喊我闺女……

作者:吕慧芹　甘肃省作家协会会员,礼县党史办干部

守望农耕家园

——记"刚强兄弟"

许志刚、许志强是通渭县榜罗镇张川村许堡社的双胞胎兄弟,75岁的老哥俩,因为痴情栽树出了名:全国绿色小康示范户、CCTV2016年度"三农"人物、"中国网事·感动2017"季度获奖人物、2022年全国"最美家乡人"、2022年度"感动甘肃·陇人骄子"……哥俩还有一个享誉全国的名字——"刚强兄弟"。

我先后4次到"刚强兄弟"家,吃蜂蜜、喝罐罐茶、看栽树、聊种地、拉家常。第一次,还是20世纪90年代末当记者的时候,"刚强兄弟"腰里系上绳子挂在悬崖上栽树的情景犹在眼前。第二次,是10余年前在县委办公室工作的时候,那次陪大学生暑期实践,"刚强兄弟"惜地如金、精耕细作的情怀感人至深。第三次,是2023年5月"刚强兄弟"参加全省"感动甘肃·陇人骄子"颁奖活动回来不久。从县城出发,沿通榜路蜿蜒行驶,虽然节气已进入夏季,但由于持续低温少雨,庄稼长势一般,树木、植被稀稀落落,北方冬春的干枯还未完全褪去。车子过了榜罗镇山巅,再绕过两个山头,就到了张川村许堡社。这里的山很高很陡,车子左转右拐,经过盘绕约三四里路的虎狼湾,停在靠近山根的一个山咀咀处。下车一转身,就看到另一片天地,崖畔处绿树成荫,"刚强兄弟"的家隐隐约约可见。山咀咀离他们家不远,但极其陡峭。下到山根,大路的左边是"刚强兄弟"三弟的家,右边是老二许志强家,稍往前左边是老大许志刚家,再往前就是高低不平、栽满树木花草的崖畔,一座白色亭子点缀其间。这里松树、云杉、侧柏、竹丛、柳树、杨树遮天蔽日,牡丹、丁香、月季、荷花竞相绽放,花香扑鼻,鸟雀和鸣,蜂蝶飞舞,真如媒体报道的"世外桃源""小江南"。第四次,是2023年6月初,他们哥俩的故事太多太多,看了还想看、听了还想听……

"地种三年如娘亲"

土地是农民的命根子。对这亘古不变的道理,随着时代变迁,有的人渐渐淡忘了,有的人视而不见,而"刚强兄弟"坚守如初、痴情未改。更令人难以置信的是,20余年不施化肥农药。

许志刚家有承包地17亩,许志强家有30亩,他们的地零零碎碎分布在虎狼湾、旮旯岔、背洼沟等20多个地方,大的三四亩、小的一半亩,至今还有不通架子车的。以前,儿子、儿媳还能帮上忙,女儿也未出嫁,干活的人多。渐渐地,打工的打工,办企业的办企业,出嫁的出嫁,留守农业的只有70多岁的老哥俩和他们的老伴。尽管如此,他们两家没有一分一厘的地撂荒,不管远近,无论大小,精耕细作,岁丰年稔,许志刚还流转了25亩地种了牡丹。

"地种三年如娘亲。庄稼今年天旱了、冰雹打了,收成不好,明年还种;明年又天旱了、冰雹打了,收成不好,后年还是种。三年不收,该翻地时翻地、该播种时播种,对地还是那么爱。"许志强说起年轻人不想留在农村、不愿种地,满脸的惋惜和不安。许志刚说:"有干部有工人有农民才合适,农民就是农民,农民干好农民的事,其实当农民最畅快。"

农民干好农民的事。老哥俩只读过一年书,可在农业上是一把好手,干什么都有模有样。他们打从记事起,就参与生产队和家里的劳动,拔柴草、铲野菜、拾粪便、看雀儿、放牛羊、饮牲口……只要力所能及的,啥活都干。许志刚10岁时和父亲铡草,右手的食指、中指被铡刀铡掉,血流如注,人都疼晕过去了,最后用棉花灰止住血,救了一命,两根指头的伤残伴随终身。许志强从小心灵手巧、老实本分,大人们很看得起,记过工分,看过场,还是摞麦摞的匠人。

"农药化肥对土地破坏严重,生产的粮食也不安全,蜜蜂现在没办法养了。"许志强对不施农药化肥照样务好庄稼充满自信和自豪。大概是1997

年,儿子、儿媳追求高产,施了大量化肥,但那一年过于干旱,庄稼被化肥烧了,几乎没有收成。从第二年开始,任凭儿子、儿媳怎么说服,许志强就是不再用农药化肥。几年下来,他们家的庄稼并不比别人家的差。后来,许志刚种地也不施农药化肥。2022年,"刚强兄弟"家施用农家肥的洋芋亩产近5000斤,而别的施用化肥的亩产不到2000斤,而且施用农家肥的洋芋表皮光滑明亮,施用化肥的遇雨就烂。

不施化肥农药,照样可以种好庄稼,但得付出成倍的劳动。别人用旋耕机、播种机两三个小时耕种的地,老哥俩用犁得两三个早晨耕种;别人不养牲畜、不拉运粪土,化肥一撒,农药一喷,除草剂一打,就等着收庄稼,而老哥俩得日复一日地积攒、拉运农家肥,常年累月用手、用铲、用锄去除草。最传统的方式,最笨的办法,最辛苦的劳动,换来的是最纯净的果实,还有老哥俩富足的心情。

地种三年如娘亲。"刚强兄弟"对自家的"一亩三分地"有割舍不下的情愫,宁可自己多下苦,也不亏欠土地。用犁耕的地下面形成了沟道,便于集储雨水,柴草也能拾得干干净净。小型旋耕机旋的地看似松软,其实只是表皮的一层,而且柴草都打碎埋到了地里,满地柴草密密麻麻,没办法除尽。草甘膦能喷死杂草叶子,但杀不死杂草根茎,还会伤害农作物、污染土壤。

种地看似简单,其实还有许多讲究。"早起三晨顶一个工""秋里满犁沿,不如伏天戳一橡""薄地害怕富汉,害怕伏里翻二次""深谷子浅糜子,胡麻种在浮皮子"。老哥俩的务农经验一套一套的,种小麦的地要在伏天两翻三糖,种扁豆要用未耕翻的茬子地,种谷子要深而且多糖,种洋芋最好提前一个月把粪土翻到地里……

小麦、胡麻、洋芋、扁豆、高粱、糜子、谷子……以前种的,他们几乎都种,而且一直用耕畜耕种。2016年,"刚强兄弟"被评为"CCTV2016年度'三农'人物",各自奖了一辆电动三轮车。电动三轮车在家里放了两年才试着用,拉运果然省力多了。

一年春耕至,田家人倍忙。对"刚强兄弟"而言,四季都播种,天天是农忙。许志强从不午睡,他怕睡习惯了,耽搁干活。许志刚有午睡习惯,但最多不超过半小时。几十年来,哥俩仅1次到新疆看儿子,1次去河南串亲戚,3次去北京、1次去兰州参加颁奖活动。不管去哪里,哥俩都匆匆去匆匆来,不想浪费时间,只怕误了农时。

"住在楼上,啥也不干,一点精神没有。在家里,从早到晚脚不离地,浑身是劲。"他们经常说教子女,现在政策这么好,只要人勤快,种些小麦、小杂粮、药材,吃的有了,烧的有了,也能变成钱,吃的还是绿色环保的,进门有一个温暖的家。不管到外面干什么,家不能丢,地不能荒。

"牲畜也是家庭成员"

"刚强兄弟"爱种地、爱栽树,也爱饲养牲畜。在耕畜被机械普遍替代的今天,许志强家饲养着一匹毛色发亮的枣红大马,一头膘肥体壮的灰白毛驴。许志刚家也养着两头毛驴。

"说是牲畜,你养着就有感情,其实也是家庭成员。""刚强兄弟"由衷地感叹,"和耕畜搭档了大半辈子,不知借了多少力、替了多少劳苦,比儿子都靠得住。"

"刚强兄弟"从小喜欢牲口,也能降住性子烈的。不管是饮水、放牧,还是驮麦、拉车,最强壮的牲口非他们弟兄莫属。农业社的牲口分槽喂养时,他们家分到的是最好的骡马。

包产到户那一年,农业社从山丹马场拉来的几匹马占的份额大,大多数群众不愿意要,"刚强兄弟"弟兄三家分到一匹骡马。从此,这匹马的子孙在他们家扎下了根。许志刚算了算,那匹马的后代40年繁殖了24匹骡马,他家现在的枣红马是第三代。老马产下第11匹骡马驹的时候,老得不行了,不吃不喝,父亲准备卖掉,评志强死活不肯,而且要给它养老送终。马最终如愿死在了它的圈里,许志强选了自家一块向阳避风的地,挖出方方正正的墓穴,用席子把死马裹住埋了,这件事被庄里庄外的人传为佳话。那匹小骡马在许志强家生活了10年的样子,许志强因身体有病做了手术,便将马卖给附近平套村的一户人家。家里不养马,好像缺了什么,干活也不得劲。两三年后,许志刚又从那户人家买回来一匹那匹马下的马驹。小马驹便一直饲养着,现在也是6匹骡马的母亲了。

时间是个魔术师。农业生产队以及包产到户最初的10余年间,耕作、拉运主要靠耕畜,担麦、驮粪、耕地、播种,几十个劳力,成百头牲口,十几辆架子车,走起来排成一条条长龙,干起活儿首尾呼应,唱山歌的此起彼伏,马嘶驴叫人吆喝的场景已成记忆。如今,许堡社和大多数山区农村一样,路头路尾很少能碰到劳作的农民,更难看到耕畜,偶尔能听到机械耕作的"嗒嗒"声。

儿孙都不在身边,农活一样不能落下。凌晨4点,"刚强兄弟"起床了,边熬罐罐茶,边给牲口加料饮水,这儿洒、那儿扫,雕一下根雕、画一下画,一分一秒不闲着。4点钟,就出门了。耕种时节,他们给牲口戴上"笼嘴"、绑上"拥脖",如要捎带驮籽种还得垫上"汗垫"、套上"鞍子",如拉架子车就要架上"套花"。9点钟,懒散一点的人才往地里走,"刚强兄弟"已耕完或播完一两亩地,解"套花"、擦"犁",回家。牲口可以避开烈日暴晒,到圈里凉棚下,悠闲地或吃草、或养神,而他们还得干其他的活。

凌晨4点起床,半个世纪,一年四季,雷打不动。"刚强兄弟"宁可自己多吃苦,对牲口总是那么体恤,怀驹了不能拉车,天热了不能耕地。许志强说:"拉犁耕地还轻一点,耱地得有人站在耱上,妻子在耱上站不住,只好把妻子和马架在一起拉,自己站在耱上耱地。"儿子许亚龙上初中时,和马架在一起耱地、拉车是常有的事。以前三轮车很少,碾场一般是赶着牲口拉着碌碡一圈一圈碾压,多数人一手牵着缰绳并提着粪笼随时准备接粪,另一只手举着鞭子、口里不停地吆喝着,而许志强总是把自己和马架在一起拉碌碡碾场。

许志强除了养骡马、毛驴等耕畜外,还养过猪、养过羊,一直养蜜蜂、养鸡,不管养什么,自己累死累活都要精心呵护,自己少吃少喝也不让牲畜饿着,养得总是膘肥体壮、繁殖也快。许志强说:"牲畜也有灵性,你善待它,它会亲近你。"别人养的羊偷吃抢喝、糟蹋庄稼,他养的羊从不乱跑、不偷吃,骡马也很乖顺。

牲口都有野性,既要善待,也要调教。许志强一共打过两次牲口,一次是马在泉上喝水的时候,听到山上有马的嘶鸣,一下子跑掉了;一次是一匹骡子驮粪的时候,刚把粪装到背篓里,骡子跳了两下把粪倒了出来。他打牲口用的是软鞭子,防着不让受伤,但要叫它知害怕、长记性。许志强养的牲口有灵性是出了名的,不论骡马还是毛驴,耕地、耱地、拉车不用人牵,或上或下,或快或慢,靠吆喝声和缰绳牵引。"嘚——"的一声,牲口就迈出了脚步,"驾、驾"两声,步子就加快了,如果犁铧上挂的柴草多了,便长长地喊一声"吁——",牲口就站住脚步等把铧上的柴草拾净。到了地头,随着一声"哎——回",引绳轻轻一拉,牲口就掉过了头;遇到地旮旯儿犁铧够不着,他轻轻地"捎、捎"两声,牲口便碎步往后退,犁铧能够着尽头了,他又连着"吁——""嘚——"两声,牲口就疾步向前,犁铧不深不浅游走于土地上,翻出一垄波浪。

马看起来性子烈,但相比较骡子和毛驴,更有灵性。许志强身体并不强壮,但个性极强,他的气场也影响到了马和其他牲口。别人给牲口刮蹄子,先要拴在树上,嘴里带上嚼子,上唇拧上勒子,几个人牵住,才能把蹄子刮好。而他刮蹄子时,只用一个小板凳,一边轻轻握住蹄腕,一边小声喊"跷、跷",牲口便随着提起小腿,把蹄子放在木板凳上,刮蹄子轻而易举。特别是他养的马,以前饮水是在虎狼湾的后沟里,离家里有两三里路,他疲乏的时候,把马牵到庄上头的山咀咀处,盘上缰绳,在马屁股上轻轻一拍,马便自己跑到泉上喝水,喝完又跑回来,不乱跑,也不贪吃路边的草或庄稼。

或者由于朝夕相处、细心善待,"刚强兄弟"饲养的牲口极通人性。无论春耕秋驮还是寒暑拉车,他们饲养的牲口不偷懒、不耍奸,善解人意,随令而动,还常常与老哥俩互动交流,嘶叫、打响鼻、摇尾巴、蹬蹄子……用动作、声音、眼神分享它们的快乐。

"树要一直种下去!"

55年,400亩地,8万株树。

这组数字看似简单,其实不然。400亩地,零零碎碎挂在崖台、挤在沟坎、靠在地畔、散在路边，大多是一次次垒起来的土崖、填起来的"窟圈"，遍布3条荒沟、5面荒坡。8万株树，是从牙缝里抠出来的，卖鸡蛋的钱、卖粮食的钱、卖猪卖羊的钱、卖骡马的钱、儿子在外面打工挣的钱，都用来买过树苗。55年，2万个日日夜夜，尕小伙成了古稀老汉，仅铁锨用坏过百余把。

熟悉"刚强兄弟"的人说，他们哥俩一辈子下了三辈子、五辈子的苦。而他们则说："不管下了几辈子苦，苦还没下够，树要一直栽下去，等我们种不动了，就儿子种、孙子种。"

说"刚强兄弟"是新时代"愚公"也不为过，他们要种树，就得"移山"。许堡社的100多户人家坐落在大山深处一条沟的两边，而"刚强兄弟"的家处在庄子中间的低洼地段，由于湿陷性黄土和暴雨、山洪冲刷，庄前屋后形成了许多被当地人称为"窟圈"的洞穴，有大有小、有明有暗，这里刚拉土填平，那里又遇雨塌陷。"刚强兄弟"和他们的妻子、儿子儿媳，还有孙子，不分季节、不分晴雨、不分早晚，经常要干的一件事，就是填"窟圈"。他们往地里担的、拉的是粪，回家担的、拉的则是填"窟圈"的土。

以前，许堡社和西北大多数地方一样，到处光秃秃的，刮风尘土飞扬，下雨山洪暴发。"刚强兄弟"的家一边靠着山根一边挨着土崖，通庄里的路从中而过，山水卷着黄泥汤漫进院子、冲出"窟圈"是常有的事，有几次甚至连庄子差点被端走。1968年，从小心思缜密、富有主见的弟弟许志强萌生了栽树固土、改善环境的念头，并坚定地付诸行动。慢慢地，哥哥许志刚也在不知不觉中开始栽树。

50多年前，缺吃少穿，也没柴烧，栽树谈何容易。起初，他们从农业社分的柴火中拣出树干、树枝，只要还有丁点水分就栽下来。有时，他们哥俩请一天假，担上点粮食到30公里外的陇西、45公里外的武山换杈、耙、扫帚等山货，回来卖掉补贴家用，每次都要捎带树苗。这一去一回，就得前后两个半夜和一个白天，饿了啃点干馍馍，渴了喝点山泉水，他们从没有觉得苦。

为了栽树，两个老实的男人不惜多次"骗"各自的妻子，还巧用"声东击西"的办法，哥哥买了树苗，放在弟弟家，弟弟买了树苗，放在哥哥家。有一次，许志强要去赶集，结婚还不到两年的媳妇让把下蛋的母鸡卖了，给她买件衣服,可他在集市上看到树苗就把媳妇的话忘到九霄云外了,媳妇为此和他呕了不少气。大约是1996年,儿媳妇娶进门时间不长,许志强家养的马下了一个小马驹,卖了700元,一家人商量好存下来盖房子。恰巧什川公社(镇)八里湾林场有一批松树、柏树要卖,许志强取出存款全买了下来,一棵6元,三轮车送了3趟。这一次,妻子、儿子和儿媳虽不敢明着发火,却都以行动抗议,儿子说要外出打工,儿媳妇赶着羊上了山,妻子也上山除草去了,许志强一个人栽了两天,最后他们见拗不过,只得加入栽树的行列。许志强还不失时机地开导:"一棵树长一天就能长一元钱,比存钱的利息多多了。"2010年左右,哥俩从六盘山的一个林场各买来了3000株树苗。许志刚一次购买树苗最多的是2014年,儿子在新疆鄯善县种瓜,给家里寄了4000元,他用这笔钱从迭部县的一家林场买了1万株松树、云杉。

栽活一棵树,比养大一个孩子还难。当时,缺少经验,树苗弱小,地面塌陷,栽了死,死了再栽。别人下雨往家里走,他们下雨往外面走,把雨水引到树坑里,把冲倒的树扶起来,把冲开的水渠填平,不让一滴雨水白白流掉。浇树,是一年四季的活,是全家人的事,从沟里担水抬冰,从路上引水扫雪。从沟底到庄前几乎是悬崖,许志强从崖顶往半山崖挖了一条一人高的通道,用砖石砌好,顺着旋转的阶梯就可以上下出入,一方面方便担水,一方面用挖出的土填深坑、筑地埂。集中栽树或干旱的时候,他们会整夜整夜地担水浇树。特别是冬天,别的人家在炕上暖暖和和,他们哥俩领着妻子、儿女不是挖土填坑,就是挖冰、担冰或担雪往树下堆,一时一刻也不闲着。

栽树看起来不复杂,但要栽好不简单。整地,挖坑,栽植,浇水,松土,除草,防治病虫等等,一个环节都不能少。多年的摸爬滚打,"刚强兄弟"积累了丰富的经验,常青树栽植时要注意南北方向;松柏树要选择草皮多、阴湿的地方,二三月或七八月栽;不管什么树,栽前要把树根的旧茬子剪掉;夏天、冬天也可以栽树,只要土球大,多浇水,夏天还要把嫩枝全部剪掉;南方的树栽到这里不容易活,刚开始用塑料盖住,过冬注意保暖,还要防霜冻。近几年,两位老人还学会了自己育苗,自己栽不完的,给左邻右舍送,或卖给别人。从电视上看到南方的果木,试着种了芒果、棕榈等,竟然活了下来。

两年前,在儿女的支持下,他们在沟底筑起了蓄水坝,坝水清澈透明。他们想着有了水可以更好地栽树种花,将来发展乡村旅游,让那一片绿色更加鲜亮。

"将生活过成了自己想要的样子。""刚强兄弟"不仅仅把种地、植树看成乐趣,而且钟情于根雕、绘画、收藏以及庭院造景、亭台建设。许志刚的家,进外门通过连翘搭起的拱形通道,院子里满是牡丹、芍药,长方形的荷花池中荷花亭亭玉立,客房里摆放着大画案,一个偏房是根雕工作间,摆架上各类根雕人物栩栩如生。而许志强家的院子很大,靠路建有一个门亭,上面刻有"芳草苑",入门便是一条干净的砖铺小甬道,两边的两排松树苍然挺立。由甬道进入院子,带着月亮门的矮墙隔出前后两个院落,前院住人,客房两边带着耳房,一间耳房是专门的画室,房檐下摆满了草泥裹的蜂窝。后院原来是菜地,10年前花30多万元建起了一座卯榫结构的名叫"全亭子"的房子,里面陈列着毛泽东、周恩来等伟人不同时期的照片,还有自己的根雕、绘画和长年累月收集起来的摆件。"全亭子"前面,有一棵据说是清嘉庆年间祖太爷栽的冬果树,前后院都是树木葱茏、花团锦簇。

"耕读传家久,诗书继世长。""刚强兄弟"用自己的智慧和汗水守望着农耕家园,绘就了一幅美丽的乡村画卷。

作者:张新社　通渭县政协主席

礼县脱贫两三事

礼县地处秦岭以西
这里,
山隔着山,像我们帮扶村七零八落的连不到一起的兄弟姐妹
树望着树,一年又一年片片零落,
像我贫穷至极的父辈一茬又一茬
礼县,秦皇祖邑
一代代,守着大堡子山像草一样地活着
村庄蔓草疯长
出门打工的人忙忙碌碌
心中想起故乡隐隐作痛

工作队　脱贫组
一面红旗就是一句誓言
即刻起,一群人改变着一个个村庄

这是一首我们大家的歌
在路上,一起走,谁也不掉队
秦皇故里又唱响新时代的歌
"精准扶贫""自上而下"
到每一个基层乡镇工作者
甘肃43个贫困县

"礼县"是一个向来被冠以贫困的县
人口众多,土地贫瘠,基础工业滞后
这一系列的短板再一次呈现出来
一个主题,就是一次革命
"下村,入户,摸排,商讨,下沉"
一次次上门,一次次沟通
从春到冬,年复一年
放弃了家庭,放弃了周末节假
甚至为了一句和村民的承诺放弃了自身安全

曾记得那还是我在宽川镇工作的时候
因为和村民说好第二天解决几个棘手的问题
谁知第二天天气骤变
想想几十公里的山路
看着眼前的狂风暴雨
我义无反顾踏上征程
在路上,疾驰的风撕开荆棘
想起扶贫户期盼的眼神我加油疾驰
突然狂风裹挟着树枝打在了前挡风玻璃上
急速刹车,车轮打滑碰到了路上围栏
我惊魂未定,起身查看,车体上一道道撞痕
半小时处理好事故
我义无反顾地继续到村到户
在百姓中党员是参天的大树
在百姓中党员是通往幸福的路

青山长青,红旗长红
风还是秦风,喜悦荡漾在父辈的脸上

苹果树长满又红又大甘甜的果
花椒树枝繁叶茂,一串串花椒像粒粒晶莹的宝石
驰名中外的大黄又一次乘机跨出国门
羊肚菌,乌龙头,蕨菜,粉条,土豆,蜂蜜等等许多的土特产
在扶贫车间又一次地加工包装,货车排长队
农副产品的交付马上到位
农户里人声鼎沸
直播间的互动让走不出大山的土特产在全国各地走家串户

回头望,心中有梦,信念坚定
再难走的路终究都能走过去
初心不改
黛瓦映照着白墙,绿树聚拢成荫
你看,西汉水流域的苹果红彤彤
你看,那些笑容又一次坐实果实
你好,这里是礼县
这里是《秦风·蒹葭》的故乡
这里有十万亩苹果花海
这里结果似海
这里摘果如山
这里连接"十天高速"
这里通达南北幸福

作者:申强　礼县政协党委、礼县石桥镇人大主席

那时的我们

党旗下的誓言
飘舞的党旗迎风飘展
那是乡村振兴路上的明灯
每一次排查,每一次入户
群众渴求的目光
和小康路上不落一个的誓言
风里,雨里,质疑声里
你是谁的父亲,又是谁的儿子
在防汛减灾的路上
在环境整治的路上
在产业谋划的路上
……
一滴滴汗水,夹杂的还有泪
面对群众满意的笑容
面对满仓金色的种子
付出的青春值得
迎着风,党旗映红石桥大地
耳边传来铮铮誓言
石桥人,踏上小康路

作者:申强 礼县政协党委、礼县石桥镇人大主席

后 记

　　回首来时路,甘肃政协倾情倾力助推脱贫攻坚的三年,是极不平凡的三年,更是刻骨铭心的三年。我们经历了前所未有的考验,但从未改变负重前行的信念,哪怕激流滚滚,始终逆流而上。每一个平凡的我们,都在用不平凡的坚守绘就脱贫攻坚的画卷。

　　三年有声音。那是"功成不必在我,功成必定有我"的无私承诺,也是"咬定青山不放松""不破楼兰终不还"的铿锵誓言;是"等你凯旋归来"的亲人寄语,也是"风雨同舟"的互助情谊。

　　三年有成就。甘肃各级政协组织坚决贯彻落实"六个精准""五个一批",紧盯"两不愁三保障"和脱贫攻坚时间节点,奋发图强,知重负重;广大干部不分昼夜,不约而同按下"快进键",奋战在脱贫攻坚一线……最终,甘肃的绝对贫困在2020年11月21日这一天彻底成为"过去式"。

　　三年有情怀。省政协根据帮扶县脱贫攻坚目标任务,创新形成"统筹配置、各展所长、优势互补、集中发力"的帮扶模式,将帮扶"游击队"锻造成有组织、有协作、有专长的"生力军"。各方面帮扶力量深入基层、走乡下村,用心倾听所想,用情温暖所盼,用脚丈量所需。把帮扶对象当亲人,把驻地当第二故乡,情与情交融,心与心互换,用责任担当和为民情怀诠释了初心使命。

　　时间,镌刻了奋斗的年轮……

　　未来已来,行则将至。站在新的起点,我们信心满怀。

　　我们将认真贯彻落实习近平总书记"脱贫摘帽不是终点,而是新生活、新奋斗的起点"的重要指示,按照党中央和省委有关决策部署,严格落实

"四个不摘"要求,以"胸中若有凌云志,不待扬鞭自奋蹄"的奋斗姿态奔跑,始终与甘肃人民想在一起、站在一起,继续保持足够热情和工作定力,持续协助各帮扶县实现巩固拓展脱贫攻坚成果同乡村振兴有效衔接,找好找准努力方向和奋斗目标,把事关甘肃人民福祉的大事办好办实,同心同向再创佳绩,凝心聚力续写新篇!

谨向参与脱贫攻坚战的每一位战友致敬!

由于水平有限,敬请各位批评指正。

编写组

2024 年 1 月